हॉब्स, लॉक और रूसो
(Hobbes, Locke and Rousseau)

टॉमस हॉब्स • जॉन लॉक • जीन जेक्स रूसो

(Thomas Hobbes • John Locke • Jean Jacques Rousseau)

स्नातक, स्नातकोत्तर, संघ एवं राज्य लोक सेवा आयोग की प्रतियोगिता परीक्षाओं के लिए वस्तुनिष्ठ प्रश्नों के साथ

चन्द्रदेव प्रसाद

ATLANTIC

PUBLISHERS & DISTRIBUTORS (P) LTD

प्रकाशक :

एटलांटिक पब्लिशर्स एण्ड डिस्ट्रीब्यूटर्स (प्रा.) लि.

7/22, अन्सारी रोड, दरियागंज, नई दिल्ली-110002

दूरभाष : +91-11-40775252, 23273880, 23275880, 23280451

फैक्स : +91-11-23285873

ई-मेल : orders@atlanticbooks.com

वेबसाइट : www.atlanticbooks.com

शाखा कार्यालय :

5, नालाथम्बी स्ट्रीट, वालाजाह रोड,

चेन्नई-600002

दूरभाष : +91-44-64611085, 32413319

ई-मेल : chennai@atlanticbooks.com

मुद्रक : ग्लोरियस प्रिंटर्स, ए-13, डी.एस.आई.डी.सी., झिलमिल औद्योगिक क्षेत्र, नई दिल्ली-110095

HOBBES, LOCKE AND ROUSSEAU (*in Hindi*)

By Chandra Deo Prasad

अपने पूज्य गुरुदेव

प्रो. शैलेश्वरधारी सिंह

को

सादर

समर्पित।

अटलांटिक द्वारा प्रकाशित लेखक की रचनाएँ

1. यूनानी राजनीतिक विचारक
2. मध्यकालीन एवं आधुनिक राजनीतिक विचारक
3. हॉब्स, लॉक और रूसो
4. आधुनिक राजनीतिक विचारक
5. राजनीतिक सिद्धांत
6. कौटिल्य
7. गांधी-दर्शन
8. तुलनात्मक राजनीति भाग-1
9. तुलनात्मक राजनीति भाग-2
10. तुलनात्मक राजनीति

निवेदन

प्रस्तुत पुस्तक स्नातक, स्नातकोत्तर एवं प्रतियोगिता परीक्षाओं के लिए लिखी गयी है। इसके अंतर्गत, राजनीतिक दर्शन के सभी अध्यायों के विचारों की व्याख्या, संबद्धता और आलोचना स्वतंत्र एवं निष्पक्ष रूप से करने का प्रयास किया गया है। इस पुस्तक की भाषा यथा संभव सरल, स्पष्ट एवं प्रवाहशील रखी गयी है। विद्यार्थियों की सुविधा के लिए सामान्य और वस्तुनिष्ठ प्रश्नों का भी पुस्तक में समावेश किया गया है।

मैं अपने सभी मित्रों, सहकर्मियों और लेखकों का आभारी हूँ जिनके प्रत्यक्ष एवं परोक्ष परामर्श-प्रोत्साहन के कारण ही इस ग्रंथ का प्रणयन हो सका है।

शिवादेवी, बासुदेव प्रसादगुप्ता, सुधा, मीना, हर्ष, पराग, राजदेव, विजया, शिप्रा, आनंद, प्राची और प्रिंसी धन्यवाद के पात्र हैं जिनके आशीर्वाद, सतत् प्रेरणा, प्रेम एवं सहयोग से यह ग्रंथ पल्लवित एवं पुष्पित हो सका है।

मुझे पूरी आशा है कि यह पुस्तक पाठकों को पूर्णरूप से सन्तुष्ट करेगी। इस पुस्तक को त्रुटि रहित बनाने की पूरी कोशिश की गई है फिर भी इसमें कोई त्रुटि रह जाती है तो उसे अगले संस्करण में सुधार दिया जाएगा।

अंत में, इस पुस्तक को साकार रूप देने वाले डॉ. के. आर. गुप्ता, मुख्य प्रबन्धक एवं हरजीत, प्रकाशन समन्वयक, एटलांटिक पब्लिशर्स एण्ड डिस्ट्रीब्यूटर्स (प्रा.) लि., नई दिल्ली का चिरऋणी हूँ।

चन्द्रदेव प्रसाद

भूमिका
(Introduction)

टॉमस हॉब्स (1588-1679 ई.)

आधुनिक युग का हॉब्स इंग्लैंड का महान राजनीतिक विचारक है और 'लेवियाथन' उसकी जगत्प्रसिद्ध कृति है। उसका संबंध इंग्लैंड के कैवेण्डिश और चार्ल्स के राजपरिवार से था। उसने दो गृह-युद्धों से यह निष्कर्ष निकाला कि इंग्लैंड की सुरक्षा राजपरिवार से ही संभव है। अतएव वह आनुवंशिक राजतंत्र का प्रणेता है। दैवी सिद्धांत का खंडन कर, उसने यह सिद्ध कर दिया कि राज्य एक मानवकृत संस्था है। उसने प्राकृतिक कानून, प्राकृतिक अधिकार, नागरिक कानून और भौतिक विज्ञानवाद पर भी विचार किया है। उसने चर्च को राज्य के अधीन बताकर, मार्सिलियो के आंदोलन को सार्थक सिद्ध किया। हॉब्स को व्यक्तिवाद, उपयोगितावाद और निरंकुशतावाद का प्रमुख प्रणेता माना जाता है। आत्मरक्षा हेतु व्यक्ति को राज्य के विरुद्ध जाने का अधिकार देकर, उसने मानवता की रक्षा की है। वह मध्ययुग का हिंसक और आधुनिक युग का मसीहा है।

जॉन लॉक (1632-1704 ई.)

जॉन लॉक इंग्लैंड का प्रसिद्ध दार्शनिक है, जिसका संबंध लॉर्ड ऐशले और ह्विग पार्टी से था। उसने मनुष्य को परमार्थी जीव बताया है। उसका भी कथन है कि राज्य एक मानवकृत संस्था है। जीवन, स्वतंत्रता और संपत्ति का प्राकृतिक अधिकार, लॉक की मौलिक सूझ है। उसने सीमित सरकार की व्याख्या की है, जो शक्ति-पृथक्करण सिद्धांत पर आधृत होती है। व्यवस्थापिका, कार्यपालिका और न्यायपालिका को पृथक् रूप से काम करना तथा अवरोध और संतुलन स्थापित करना-एक राजनीतिक सत्य है। लॉक की सहिष्णुता नीति और धर्मनिरपेक्ष

राज्य की कल्पना–आधुनिकता का संदेश है। उसका व्यक्तिवाद, उदारवाद और संपत्ति-सिद्धांत राजनीतिक विचारधारा के इतिहास में क्रांतिकारी सिद्धांत माने जाते हैं। शासन जनइच्छा पर आधारित होता है तथा व्यक्ति को राज्य का विरोध करने का अधिकार है–यह जनतंत्र के लिए हरी झण्डी है। व्यक्तिवाद, उदारवाद, संविधानवाद, सहिष्णुवाद, धर्मनिरपेक्षवाद और शक्ति-पृथक्करण के मसीहा के रूप में राजनीतिक साहित्य में जॉन लॉक का नाम अमर रहेगा।

जीन जेक्स रूसो (1712–1778 ई.)

स्विस दार्शनिक रूसो की बाल्यावस्था मातृविहीन और विषयासक्त तथा उत्तरदायित्वहीन पिता के कारण काफी कारुणिक थी। वह शिक्षा और प्रेम के अभाव में भटकता रहा। हॉब्स और लॉक के समान उसने भी राज्य को एक मानव-कृत संस्था माना है। वह सामान्य इच्छा और प्रजातंत्रीय सरकार का मूल प्रणेता है। उसने कानून, स्वतंत्रता, समानता, संपत्ति, अधिकार, शिक्षा और धर्म पर भी अपने विचार व्यक्त किए हैं। वह व्यक्तिवाद, समाजवाद और निरंकुशतावाद जैसे परस्पर विरोधी विचारों का जनक माना जाता है। इसके साथ ही, (क) मनुष स्वतंत्र जन्म लेता है, लेकिन वह अपने को सर्वत्र जंजीरों में पाता है, (ख) वह मनुष्य पतित पशु है, जो चिंतन करता है तथा (ग) हमें सभी तथ्यों को उठाकर एक तरफ कर देना चाहिए, क्योंकि समस्याओं से वे असंबद्ध है–ये सभी परस्परविरोधी विचार रूसो की गहन दार्शनिकता से संबंध रखते हैं, जो उसके मौलिक चिंतन के प्रत्यक्ष प्रमाण हैं। वस्तुतः, प्रजातांत्रिक सरकार के मसीहा के रूप में राजनीतिक साहित्य में रूसो का यश सदा कीर्तिमान रहेगा।

चन्द्रदेव प्रसाद

विषय-सूची
(Contents)

जॉन लॉक
(John Locke)

जीन जेक्स रूसो
(Jean Jacques Rousseau)

परिशिष्ट

टॉमस हॉब्स
THOMAS HOBBES
(1588–1679 ई.)

1

हॉब्स का जीवन

(The Life of Hobbes)

1. जन्म (Birth)–हॉब्स का जन्म इंग्लैंड के दक्षिणी तट पर स्थित माल्सबरी नामक नगर में एक पादरी के घर में 5 अप्रैल 1588 ई० को हुआ था। इसी वर्ष उसके जन्म के पूर्व स्पेन के आर्मेडा ने इंग्लैंड पर आक्रमण किया था, जिसके कारण वहाँ सर्वत्र भय का साम्राज्य बन गया था। उसकी माता आर्मेडा का समाचार सुनकर काफी भयभीत हो गयी थी। इसलिए हॉब्स का जन्म समय से पहले ही हो गया था। इस घटना का हॉब्स के मस्तिष्क पर इतना गहरा प्रभाव पड़ा कि वह भय से कभी मुक्त नहीं हो पाया। **हॉब्स** ने स्वयं लिखा है कि "मेरी माँ के गर्भ से जुड़वाँ शिशु पैदा हुए–मैं 'स्वयं' और मेरा भाई 'भय'।" यह भय उसे जीवन भर सताता रहा। "उसके पिता ने एक पादरी पर हमला कर दिया था, जिसके कारण उन्हें अपने तीन बच्चों और पत्नी को छोड़कर निर्वासित होना पड़ा। पिता की अनुपस्थिति में हॉब्स का पालन-पोषण उनके चाचा ने किया।"

शिक्षा (Education)–हॉब्स के चाचा ने उसकी शिक्षा-दीक्षा का अच्छा प्रबन्ध किया। हॉब्स ने चार वर्ष की अवस्था में अच्छी तरह पढ़ना-लिखना सीख लिया था तथा छह वर्ष की अवस्था में ग्रीक और लैटिन का अध्ययन आरम्भ किया। चौदह वर्ष की आयु में उसने यूरीपीडीज के माडिया नामक नाटक का यूनानी से लैटिन भाषा में अनुवाद किया। पन्द्रह वर्ष में उसने ऑक्सफोर्ड विश्वविद्यालय में प्रवेश लिया और पाँच वर्ष के अन्दर स्नातक की उपाधि प्राप्त की। उसे वहाँ प्राचीन शिक्षा के प्रति तीव्र घृणा उत्पन्न हुई, जिसके कारण शिक्षा में रुचि नहीं ले सका और इसलिए उसने चार वर्ष के स्थान गर

पाँच वर्ष में स्नातक की डिग्री ली। फिर भी, उसने समाजशास्त्र, राजनीतिशास्त्र, दर्शनशास्त्र, गणित जैसे विषयों का पर्याप्त ज्ञान अर्जित कर लिया था।

2. कवेण्डिश परिवार से सम्पर्क: शिक्षक: यात्रा (Contact with Cavendish Family: Teacher: Visit)–1608 ई० में, ऑक्सफोर्ड की शिक्षा समाप्त करने के तुरन्त बाद ही, हॉब्स का सम्पर्क कवेण्डिश परिवार से हुआ और वह विलियम कवेण्डिश का शिक्षक बना। इसी परिवार के द्वारा उसे बेकन, बेन जान्सन जैसे श्रेष्ठ साहित्य प्रेमियों से परिचय प्राप्त करने का अवसर प्राप्त हुआ। इसके साथ ही, 1610 ई० में, उसने कवेण्डिश के साथ यूरोप की पहली यात्रा की। वहाँ उसे वैज्ञानिकों और प्रसिद्ध दार्शनिकों के सम्पर्क में आने का शुभ अवसर प्राप्त हुआ।

1628 ई० में, विलियम कवेण्डिश की आकस्मिक मृत्यु के कारण, हॉब्स का शिक्षण कार्य समाप्त हो गया। अब वह सर जरवेस क्लिन्टन के पुत्र के शिक्षक के रूप में कार्य करने लगा। इसी बीच हॉब्स का ध्यान यूक्लिड की रेखागणित की ओर गया और वह स्वयं यूक्लिड से मिला। वह यूक्लिड के ज्यामितिशास्त्र से इतना अधिक प्रभावित हुआ कि उसने इसके आधार पर राजनीति विज्ञान को वैज्ञानिक रूप देने का निश्चय किया।

1631 ई० में, हॉब्स का कवेण्डिश परिवार से पुनः सम्पर्क स्थापित हुआ और वह विलियम कवेण्डिश के पुत्र का शिक्षक बना। इसी वर्ष उसने अपने नये शिष्य के साथ छह वर्ष की दूसरी यात्रा पर यूरोप गया। जहाँ पर उसने गैलिलियो, होर्वे, डेकार्ट जैसे वैज्ञानिकों से सम्पर्क स्थापित किया।

हॉब्स अपनी यूरोप यात्रा में फ्रांस के राजतंत्र से विशेष रूप से प्रभावित हुआ, क्योंकि वहाँ अन्य देशों की अपेक्षा अधिक शान्ति थी। अतएव, वह इस निष्कर्ष पर पहुँचा कि राजतंत्र में ही शान्ति, व्यवस्था और सुख की प्राप्ति हो सकती है। इसी विचार से वह 1637 ई० में अपने शिष्य के साथ इंग्लैंड लौटा।

3. चार्ल्स परिवार से सम्पर्क तथा पुनः यात्रा (Contact with the Charles Family and Again Travelling)–उस समय इंग्लैंड में राजा और संसद के बीच गृह-युद्ध आरम्भ होने वाला था। संघर्ष जारी था। हॉब्स ने इंग्लैंड की निरंकुश राजसत्ता के समर्थन में कुछ लेख प्रकाशित करवाया। 1640 ई० में संसद की विजय के कारण, हॉब्स की स्थिति खतरे में पड़ गयी। अतः, वह पुनः फ्रांस चला गया। उसने लगभग ग्यारह वर्षों तक इंग्लैण्ड और हॉलैण्ड में अपना निर्वासित जीवन व्यतीत किया।

इसी बीच, फ्रांस में इंग्लैंड का राजकुमार चार्ल्स द्वितीय भागकर आया। हॉब्स उसका शिक्षक बना और 1646 ई० से 1648 ई० तक उसे पढ़ाता रहा। वहीं पर उसने अपनी प्रसिद्ध पुस्तक **लेवियाथन** का लेखन प्रारम्भ किया और 1651 ई० में प्रकाशित कराकर, उसकी एक प्रति चार्ल्स द्वितीय को भेंट की। यह ग्रन्थ राजनीति विज्ञान का सर्वोत्कृष्ट रचना माने जाने लगा। इससे हॉब्स की ख्याति काफी फैली। उसने इस ग्रन्थ में निरंकुश राजसत्ता का समर्थन किया है और कैथोलिक धर्म पर कड़ा प्रहार किया है।

4. इंग्लैण्ड वापस तथा चार्ल्स द्वितीय का राजसिंहासन, 1660 ई० (England Return and Enthronement of Charles II in 1660)–हॉब्स ने धर्म पर कड़ा प्रहार किया था, जिसके कारण फ्रांस सरकार को उसकी नास्तिकता का संदेह होने लगा और चार्ल्स द्वितीय को भी उसके चरित्र पर रोष पैदा हुआ। हॉब्स का फ्रांस में रहना खतरनाक सिद्ध होने लगा। अत:, वह इंग्लैण्ड वापस आ गया। उसने क्रामवेल से मित्रता स्थापित कर ली। यहाँ रहकर उसने 1655 ई० में **डीकारपोर** और 1658 ई० में **डी होमाइन** पुस्तकों का प्रकाशन करवाया। इन पुस्तकों से वह पूर्णरूप से नास्तिक सिद्ध हो गया। उसका जीवन संकट के बादलों से घिर गया। लेकिन, सौभाग्यवश 1660 ई० में क्रामवेल के शासक का अन्त हो गया और चार्ल्स द्वितीय गद्दी पर बैठा।

चार्ल्स द्वितीय हॉब्स को भूला नहीं था। उसने उसे दो सौ पौण्ड वार्षिक पेंशन प्रदान की और उसने दरबार में आने की छूट दे दी। लेकिन, नास्तिकवाद के कारण, हॉब्स का विरोध बढ़ता गया। इसी बीच 1665 ई० के प्लेग और 1666 ई० की महान अग्नि से लन्दन को भयंकर क्षति पहुँची। इन दोनों आपत्तियों को हॉब्स की नास्तिकता का परिणाम बताया गया। अतएव, कुछ पादरियों ने सुझाव दिया कि हॉब्स को जीवित जला दिया जाय। चार्ल्स ने अपने शिक्षक की मदद कर, उसके प्राण बचाये और यह परामर्श दिया कि राजनीति से सम्बन्धित विवादास्पद ग्रन्थों की रचना न करें।

अन्तिम दिन (Last Days)–हॉब्स ने अपने जीवन के अंतिम दिनों में चार्ल्स के परामर्श का आदर करके, अपने को राजनीतिक जीवन से पूर्णतया पृथक् रखा। लेकिन, उसने अपना अध्ययन और लेखन कार्य स्थगित नहीं किया। उसने अपनी आत्मकथा लैटिन पद्य में और होमर की ओडसी तथा इलियड नामक कविताओं का अंग्रेजी अनुवाद करके, संसार को आश्चर्यचकित कर दिया। 1679 ई० में लगभग 92 वर्ष की अवस्था में इस महान विचारक का पार्थिव शरीर मिट्टी में विलीन हो गया। उसकी महानता को श्रद्धांजलि अर्पित करते हुए **मैक्सी** ने लिखा है कि "इस प्रतिभाशाली और प्रकाण्ड विचारक को

राजतंत्रवादी इंग्लैण्ड के सबसे अधिक मूल्यवान एक गुण (वीरता) के अलावा सब गुणों का प्रतिरूप समझा जाता था।"[1]

हॉब्स पर प्रभाव
(Influence on Hobbes)

हॉब्स के मस्तिष्क पर निम्नलिखित परिस्थितियों का महत्वपूर्ण प्रभाव पड़ा है जो उसके राजनीतिक विचारों को प्रभावित कर एक निश्चित दिशा देने का प्रयास किया है।

1. गृह-युद्ध और राजनीतिक परिवर्तन (Civil War and Political Changes)–हॉब्स के समय इंग्लैण्ड की राजनीति में काफी उतार-चढ़ाव हुआ। जब हॉब्स पन्द्रह वर्ष का था, तब जेम्स प्रथम इंग्लैण्ड की गद्दी पर बैठा। उसने संसद की उपेक्षा करते हुए राजाओं के दैवी अधिकार का पक्ष लिया। उसका कथन था कि ईश्वर राजा का प्रतिनिधि है और जनता को उसकी आज्ञा का पालन करना चाहिए। ईसाई धर्म ने भी इसका समर्थन किया कि राज्य ईश्वर कृत है। जेम्स प्रथम की इस राजनीतिक अदूरदर्शिता ने स्थिति को अधिक बिगाड़ दिया। आगे चलकर रानी एलिजाबेथ की मृत्यु से, राजा के प्रति नागरिकों की भक्ति भावना समाप्त होने लगी। जेम्स प्रथम संसद के समर्थकों की माँगों को ठुकराकर निरंकुश शासक बना रहा।

जेम्स की मृत्यु के बाद, उसका पुत्र चार्ल्स प्रथम राजसिंहासन पर बैठा। वह भी पिता के समान प्रतिभाहीन और अदूरदर्शी था। राजा और संसद के बीच संघर्ष छिड़ गया। जिसके फलस्वरूप प्रथम गृह-युद्ध (1642-45), द्वितीय गृह-युद्ध (1648), चार्ल्स प्रथम का वध (1649), रम्प पार्लियामेंट (1649-53) के खूनी हत्याकाण्ड, क्रॉमवेल का सैनिक शासन (1654-58) और पुनः 1660 में चार्ल्स द्वितीय का गद्दी पर आसीन होना–प्रमुख राजनीतिक घटनायें हैं जिनका बहुत बड़ा प्रभाव हॉब्स पर पड़ा। इस बीच इंग्लैण्ड में बड़े पैमाने पर रक्तपात, हिंसा, हत्या तथा नागरिकों के जीवन और सम्पत्ति की क्षति हुई। हॉब्स इस निष्कर्ष पर पहुँचा कि केवल प्रयोग द्वारा ही शान्ति की स्थापना की जा सकती है।

अन्त में, 1688 ई० में, इंग्लैण्ड में रक्तहीन क्रांति हुई जिसके अन्तर्गत विलियम ऑफ ऑरेंज और रानी मेरी के नेतृत्व में सांविधानिक राजतन्त्र की स्थापना हुई। संसद की शक्तियों में वृद्धि की गयी और राजा की शक्तियों को सीमित कर दिया गया।

---

1. "A brilliant and profound thinker, Hobbes was regarded as the personification of all but one (physical bravery) of the most prized virtues of cavalier England."—Maxey, C.C., *Political Philosophies*, p. 218.

2. वैज्ञानिकों का प्रभाव (Influence of Scientists)–गैलिलियो, केप्लर, डेकार्ट और यूक्लिड जैसे वैज्ञानिकों का बहुत बड़ा प्रभाव पड़ा। विज्ञान के विकास के कारण भौतिक संसार के विषय में पुरानी धारणायें बड़ी तेजी के साथ टूटती चली जा रही थी। हॉब्स गैलिलियो के गति के नियम और यूक्लिड के ज्यामितिशास्त्र से काफी प्रभावित हुआ। उसने राजनीतिक चिन्तन का आधार बनाया। उसने कहा कि जिस प्रकार विश्व उन अणुओं से बना है जो गतिशील है और आपस में टकराते रहते हैं। उसी प्रकार पृथ्वी पर रहने वाले मनुष्य भी सदैव गतिशील हैं और आपस में टकराते रहते हैं।

3. विरोधी विचारधाराएँ (Contradictory Thoughts)–हॉब्स के राजनीतिक विचारों को प्रभावित करने वाली विरोधी विचारधाराओं का संघर्ष था। ये विरोधी विचारधाराएं–राजा के समर्थकों, संसद के पक्षपोषकों, न्यायाचार्यों, कुछ विद्वानों, कट्टर धर्मान्धों और प्रजातन्त्र के समर्थकों की थीं। राजा के समर्थकों का कहना था कि राजा ईश्वर का प्रतिनिधि है। इसलिए, वह अपने सभी कार्यों के लिए ईश्वर के प्रति उत्तरदायी है। जनता को उसकी आज्ञा का पालन करना चाहिए। संसद के पक्षपोषकों का कहना था कि राजा को संसद की ओर उत्तरदायी रहना चाहिए। सर एडवर्ड कोक जैसे न्यायाचार्यों का कहना था कि सामान्य विधियाँ ही सब कुछ है। अतएव, राजा और संसद को इनका समान रूप से पालन करना चाहिए। कुछ विद्वानों का मत था कि प्राकृतिक विधियाँ सभी व्यक्तियों की मर्यादा को निश्चित करती है। अतएव, किसी भी व्यक्ति को उनका उल्लंघन करने का अधिकार प्राप्त नहीं है। कैथोलिकों और काल्विनवादियों के समान कट्टर धर्मान्धों का आग्रह था कि राजा और प्रजा–दोनों को उनकी श्रेष्ठता स्वीकार करनी चाहिए। प्रजातन्त्रवादी विचारकों का मत था कि राजा और प्रजा के सम्बन्धों का आधार समझौता है, और यदि राजा समझौता की शर्तों का पालन नहीं करता है, तो उसे प्रजा हटा सकती है।

इस प्रकार की विरोधी विचारधाराओं के बीच, हॉब्स को यह निर्णय करना था कि प्रभुसत्ता का वास्तविक अधिकारी कौन है तथा शान्ति और सुव्यवस्था की स्थापना किस प्रकार की जा सकती है। यही कारण है कि हॉब्स ने अपने राजनीतिक सिद्धान्त में शक्तिशाली और स्थायी सरकार के लाभों तथा इसकी सत्ता की अधीनता के महत्व पर अधिक जोर दिया है।

उपर्युक्त तथ्यों से यह स्पष्ट है कि हॉब्स के मस्तिष्क पर राजनीतिक परिवर्तनों, वैज्ञानिकों और विरोधी विचारधाराओं का अत्यधिक प्रभाव पड़ा है और इन्हीं के जाल से उसका सम्पूर्ण राजनीतिक सिद्धान्त अच्छादित है।

हॉब्स की रचनाएं
(The Works of Hobbes)

हॉब्स की निम्नलिखित रचनाएँ विशेष रूप से उल्लेखनीय हैं–

1. डी सिवे (De Cive, 1642)–हॉब्स ने इस पुस्तक में समाज और राज्य का वर्णन किया है। उसने प्रभुसत्ता का स्पष्टीकरण करके उसकी नई परिभाषा दी है।

2. कानून के तत्व (Elements of Law, 1650)–इसमें हॉब्स ने राजा का समर्थन किया है कानून की व्याख्या की है और उसके विभिन्न प्रकारों पर विचार किया है।

3. लेवियाथन (Leviathan, 1951)–यह हॉब्स का सर्वश्रेष्ठ राजनीतिक ग्रन्थ है। इसमें राजनीतिक विज्ञान का क्रमबद्ध और वैज्ञानिक रूप से विवेचन किया गया है। हॉब्स की यह अरमकृति चार भागों में विभाजित है। पहले भाग में, प्राकृतिक अवस्था और प्राकृतिक कानूनों का वर्णन किया गया है। दूसरे भाग में, राज्य की उत्पत्ति और प्रभुसत्ता पर प्रकाश डाला गया है। तीसरे भाग में, धार्मिक विषयों, चर्च और राज्य के संबंधों का स्पष्टीकरण है। चौथे भाग में धर्म ग्रन्थों की व्याख्या तथा कैथोलिक धर्म की कटु आलोचना की गई है।

4. डी कारपोर (De Corpore, 1655)–इसमें हॉब्स ने पदार्थ, गति और वैज्ञानिक प्रकृतिवाद का सामान्य विवेचन किया है।

5. डी होमाइन (De Homine, 1658)।

6. गृह-युद्ध पर एक वार्ता (A Dialogue on the Civil Wars)।

हॉब्स की पद्धति
(The Method of Hobbes)

हॉब्स, मेकियावेली और जीन बोदाँ के अनुभववादी, ऐतिहासिक और तुलनात्मक पद्धति से प्रभावित नहीं हुआ। वह डेकार्ट के इस विचार से प्रभावित हुआ कि अन्य विज्ञानों की समस्याओं का समाधान करने के लिए गणित का प्रयोग किया जा सकता है। गतिविज्ञान और भौतिकविज्ञान में उसे विशेष रुचि थी। अतः, वह इस निष्कर्ष पर पहुँचा कि राजनीतिविज्ञान का निर्माण केवल ऐसे तथ्यों के आधार पर किया जा सकता है। जिनमें अंततः सत्य हो। इस प्रकार, उसने भौतिक विज्ञान के आधार पर मनोविज्ञान की और मनोविज्ञान के आधार पर राजनीतिविज्ञान की स्थापना की।[1]

1. "The Science of politics is therefore built upon psychology, and the mode of procedure is deductive."—Sabine.

हॉब्स ने गणित, भौतिकविज्ञान और मनोविज्ञान की पद्धतियों का अनुसरण किया। लेकिन, उसने इन सबसे अधिक महत्व रेखागणित की पद्धति को दिया है। वह रेखागणित को सर्वश्रेष्ठ विज्ञान मानता था। वह इस पद्धति के अनुसार निकाले जाने वाले परिणामों को सर्वोत्कृष्ट मानता था। वह इस पद्धति के आधार पर अपने विचारों की परिभाषाओं और लक्षणों को लिपिबद्ध करता है और फिर निगमनात्मक पद्धति की सहायता से ऐसा निष्कर्ष निकालता है कि पाठकों को बाध्य होकर उसकी बात स्वीकार करनी पड़ती है। उसने अपने सभी ग्रंथों में रेखागणित या यूक्लिड की इसी पद्धति का प्रयोग किया है। **डनिंग** ने स्पष्ट शब्दों में लिखा है, "आचारशास्त्र और राजनीतिविज्ञान से संबद्ध हॉब्स के सभी विचारों का आधार भौतिकवाद था और इन विचारों का विकास करने के लिए उसे यूक्लिड की पद्धति के अलावा और किसी पद्धति ने आकृष्ट नहीं किया।"[1]

हॉब्स का वैज्ञानिक भौतिकवाद (Hobbes's Scientific Materialism)

हॉब्स के पूर्व राजनीतिक विज्ञान का आधारभूत सिद्धांत नैतिक और धार्मिक धारणाएँ थीं। हॉब्स ने राजनीति को धर्म से पूर्ण विच्छेद करके राजनीति को भौतिकवादी, मनोवैज्ञानिक और समाजशास्त्रीय आधार प्रदान किया। वह भौतिकवाद का कट्टर समर्थक था। अतएव, उसने अपने राजनीतिक दर्शन में धर्म, परम्पराओं आदि को कोई स्थान न देकर, उसे वैज्ञानिक आधारों पर प्रतिष्ठित करने का प्रयत्न किया।

हॉब्स भौतिकवादी इसलिए है; क्योंकि वह मनुष्य को पदार्थ मानता है। भौतिकवादी होने के कारण वह गति के नियम से आरम्भ करता है और कार्य-करण संबंध की यांत्रिक प्रक्रिया पर अपने संपूर्ण राजदर्शन को आधृत करता है। वह गति को परम सत्ता मानता है और इसके महत्व तथा विश्वव्यापकता पर जोर देता है।

हॉब्स का कथन है कि संपूर्ण भौतिक जगत एक यंत्र या मशीन है और उसका संचालन यंत्र की तरह होता है। उसमें घटने वाली संपूर्ण क्रियाएँ एक-दूसरे से संबंद्ध रखने वाले पदार्थों की गतिशीलता के फलस्वरूप संपादित होती है। गति विषमता के माध्यम से ही विभिन्न पदार्थों में भेद किया जा सकता है। इस आधार पर हॉब्स सिद्ध करता है कि पदार्थ से निर्मित होने के कारण मनुष्य भी एक यंत्र के समान है। उसका समस्त व्यवहार उसके शरीर-यंत्र के विभिन्न अंगों की गतिशीलता से निर्धारित होता है। अतः, हॉब्स का मत है कि मनुष्य की सभी भौतिक और नैतिक मान्यताओं का स्रोत पदार्थ और उनकी गतियाँ हैं। मनुष्य की इंद्रियों पर पड़ने वाला बाध्य वस्तुओं की गति का

1. "The basis of all his thought in ethics and politics was materialistic, and for its development no method appealed to him but that of Euclid."—Dunning.

यह प्रभाव अच्छा या बुरा हो सकता है। अगर यह गति प्रभाव उसे आकर्षित करे, तो अच्छा होता है और विकर्षित करे तो बुरा। इस तरह, बाह्य पदार्थों की गति का मनुष्य की इंद्रियों पर होने वाले प्रभाव से मानव हृदय की यह इच्छा और अनिच्छा[1] उसके संपूर्ण सामाजिक व्यवहार को जन्म देती है। अतएव, इसका अध्ययन करके ही उसके व्यवहार के प्रेरणास्रोतों को समझा जा सकता है। इस प्रकार, हॉब्स ने भौतिक मनोविज्ञान को अपने राजनीतिक चिंतन का आधार बनाया। उसका विचार है कि मनुष्य का आचरण भौतिक तत्वों द्वारा प्रभावित होता है, पारलौकिक, आध्यात्मिक या दैवी सत्ता द्वारा नहीं। अतएव, हॉब्स का राजनीतिक दर्शन वैज्ञानिक भौतिकवाद पर आधृत है।

प्रश्न
(Questions)

1. हॉब्स के जीवन पर प्रकाश डालिए
   Examine the Life of Hobbes.
2. हॉब्स को प्रभावित करने वाली विभिन्न परिस्थितियों का वर्णन करें।
   Describe the different circumstances which influenced Hobbes.
3. हॉब्स की रचनाओं का उल्लेख करें।
   Mention the works of Hobbes.
4. हॉब्स की अध्ययन-पद्धति की व्याख्या कीजिए।
   Explain the method of study of Hobbes.
5. हॉब्स के वैज्ञानिक भौतिकवाद की विवेचना करें।
   Discuss the Scientific Materialism of Hobbes.

वस्तुनिष्ठ प्रश्न
(Objective Questions)

1. Who said this?
   "A brilliant and profound thinker, Hobbes was regarded as the personification of all but one (physical bravery) of the most prized virtues of Cavalier England".
   (a) Maxey (b) Sabine (c) Catlin (d) Dunning
2. टॉमस हॉब्स किस देश का विचारक था?
   (क) जर्मनी (ख) इंग्लैण्ड (ग) फ्रांस (घ) इटली

1. Desire and Aversion.

3. हॉब्स का जन्म कब हुआ?
(क) 1688 (ख) 1488 (ग) 1588 (घ) 1589
4. हॉब्स का निधन कब हुआ?
(क) 1579 (ख) 1779 (ग) 1688 (घ) 1679
5. यह कथन किसका है?
"मेरी माँ के गर्भ से जुड़वाँ शिशु पैदा हुए–मैं स्वयं और मेरा भाई भय।"
(क) हॉब्स (ख) मेकियावेली (ग) लॉक (घ) रूसो
6. **Leviathan** पुस्तक के रचयिता कौन हैं?
(क) लॉक (ख) हॉब्स (ग) रूसो (घ) बोदां
7. **De Cive** पुस्तक के लेखक कौन हैं?
(क) लॉक (ख) रूसो (ग) हॉब्स (घ) बर्क
8. **Elements of Law** पुस्तक के लेखक कौन हैं?
(क) रूसो (ख) बर्क (ग) लॉक (घ) हॉब्स
9. Who said this?
"The science of politics is therefore built upon psychology and the mode of procedure is deductive."
(a) Sabine (b) Dunning (c) Jones (d) Catlin
10. Who said this?
"The basis of all his thought in ethics and politics was materialism, and for its development no method appealed to him but that of Euclid."
(a) Jones (b) Dunning (c) Sabine (d) Catlin

उत्तर
(Answers)

1. (a) 2. (ख) 3. (ग) 4. (घ) 5. (क) 6. (ख) 7. (ग) 8. (घ) 9. (a) 10. (b)

2

राज्य की उत्पत्ति के सामाजिक समझौते का सिद्धान्त
(The Social Contract Theory of the Origin of State)

मानव स्वभाव
(Human Nature)

प्रत्येक विचारक राजनीतिक समाज का अध्ययन मानव स्वभाव से प्रारंभ करता है। हॉब्स ने मानव स्वभाव का वर्णन अपनी पुस्तक **डी कारपोर** एवं **लेवियाथन** के प्रथम भाग के अंतिम चार अध्यायों में किया है। उसने मनुष्य का चित्रण एक स्वार्थी और भयत्रस्त प्राणी के रूप में किया है, जो सदा अपने हित साधन में लगा रहता है। अपने स्वार्थ के लिए वह संघर्षशील रहता है। उसका मुख्य उद्देश्य अपने यश की वृद्धि करना है और उसमें शक्तिवृद्धि की लिप्सा सदा बनी रहती है। यह लिप्सा उसे सदा क्रियाशील रखती है और यह इतनी तीव्र होती है कि इसके कारण वह सदा बेचैन रहता है। मनुष्य की यह लिप्सा तभी लुप्त होती है, जबकि उसकी मृत्यु हो जाती है।[1] हॉब्स के मानव स्वभाव की प्रमुख विशेषताएँ निम्नलिखित हैं–

अहम्-भाव (Ego)

हॉब्स का कथन है कि मनुष्य में अहम्-भाव अत्यंत प्रबल होता है। यही भाव उसमें सभी संवेगों और आवेगों को जन्म देता है और उसके समस्त

1. "A perpetual and restless desire of power after power that ceases only death."—Hobbes, *Leviathan*, Chapter XI.

व्यवहार का आधार होता है। हॉब्स के इसी विचार ने उसकी प्रणाली को एक निश्चित रूप प्रदान किया है और इसी प्रणाली के कारण उसका स्थान मेकियावेली से श्रेष्ठतर माना गया है।

स्वार्थ की भावना (Feeling of Selfishness)

हॉब्स का मत है कि मनुष्य में स्वार्थ की भावना अधिक प्रबल होती है। इसी से उसके समस्त कार्य संचालित होते हैं। यदि कोई व्यक्ति उसकी स्वार्थसिद्धि में बाधा उपस्थित करता है, तो वह उस पर सर्वग्राही पिशाच के समान टूट पड़ता है और उसका विनाश करने में क्रियाशील हो जाता है।

आत्मरक्षा की भावना (Feeling of Self-preservation)

हॉब्स का कहना है कि मनुष्य में आत्मरक्षा की भावना सदैव बलवती रहती है। मनुष्य प्रत्येक संकटपूर्ण स्थिति में अपने जीवन की रक्षा करना चाहता है। उसका संपूर्ण व्यवहार इस सिद्धांत से निर्देशित होता है और अपने व्यक्तित्व के विकास में संलग्न रहता है।[1]

इच्छा और अनिच्छा या आकर्षक और विकर्षण (Desire and Aversion)

हॉब्स के अनुसार, मानव स्वभाव में दो विरोधी तत्व हैं–आकर्षण और विकर्षण। जो पदार्थ आकर्षक होता है, वह प्रिय लगता है और जो पदार्थ विकर्षक होता है, उससे घृणा होती है। एक पदार्थ को प्राप्त करने पर मनुष्य को प्रसन्नता, आशा और उल्लास मिलता है; दूसरे को पाने पर दुःख, निराशा और विषाद। इस प्रकार, आशा और निराशा, सुख और दुःख, उदारता और क्रोध तथा साहस और भय–ये विरोधी तत्व मनुष्य के सभी कार्यों और प्रयासों के मूल में होते हैं।

सुख और दुःख (Pleasure and Pain)

हॉब्स का मत है कि मनुष्य का आचरण सुख और दुःख के सिद्धांत पर आधृत होता है। मनुष्य सुख की इच्छा और दुःख से बचने का उपाय करता है। इसी सुख-दुःख सिद्धांत के कारण हॉब्स को उपयोगिता दर्शन का मूल प्रणेता माना है।

अतृप्त अभिलाषाएँ (Unsatisfied Desires)

हॉब्स की मान्यता है कि मनुष्य में अनेक अभिलाषाएँ होती हैं और वे सदैव अतृप्त रहती है। मनुष्य अपनी अभिलाषाओं का अंत उसकी मृत्यु के साथ

---

1. "The psychological principle behind all behaviour is self-preservation, and self-preservation means just the continuance of individual biological existence."—Sabine.

ही होता है। मनुष्य में शक्ति प्राप्त करने की अभिलाषा अधिक प्रबल है। वह शक्ति प्राप्ति की चेष्टा करता है और अधिक शक्ति प्राप्त करने पर भी चैन से नहीं बैठता।

समानता: संघर्ष (Equality: Struggle)

हॉब्स का कथन है कि मनुष्यों की समस्त शारीरिक और मानसिक शक्तियों पर विचार करने से यह स्पष्ट हो जाता है कि उनमें पूर्ण समानता होती है। **हॉब्स** के शब्दों में, "प्रकृति ने मनुष्यों को शारीरिक और मानसिक शक्तियों में इतना समान बनाया है कि यद्यपि एक मनुष्य दूसरे मनुष्य से अधिक शक्तिशाली या अधिक बुद्धिमान हो सकता है, लेकिन जब सब बातों पर ध्यान दिया जाता है, तो मनुष्य में कोई विशेष अंतर नहीं मिलता है।"

हॉब्स सब मनुष्यों में समान शारीरिक और मानसिक शक्तियों को स्वीकार नहीं करता है। उसका विचार है कि शारीरिक शक्ति की कमी को मानसिक योग्यता और मानसिक योग्यता की कमी को शारीरिक शक्ति पूरा कर देती है। इस दृष्टि से, मनुष्यों में अधिक अंतर न होने के कारण समानता होती है। लेकिन, उनकी यह समानता उनके पारस्परिक संघर्ष को जन्म देती है। जैसा कि **हॉब्स** ने लिखा है, "सामान्यतः मनुष्यों में अपना लक्ष्य प्राप्त करने की समान योग्यता होती है। इस समानता के कारण उनमें अपने लक्ष्यों को प्राप्त करने के लिए आशा की समानता का उदय होता है। अतः, यदि दो मनुष्यों का लक्ष्य एक ही वस्तु को प्राप्त करना है, तो वे एक-दूसरे के शत्रु बन जाते हैं। उनमें संघर्ष आरंभ हो जाता है और वे एक-दूसरे को नष्ट करने या अपने अधीन करने का प्रयास करते हैं।"

हॉब्स ने मनुष्य के पारस्परिक संघर्ष के तीन कारण बताते हुए लिखा है, "हमें मानव स्वभाव में झगड़े के तीन कारण मिलते हैं–स्पर्धा, भय और यश।[1] जब मनुष्यों में स्पर्धा उत्पन्न हो जाती है, जब वे अपने लाभ के लिए, उनको किसी का भय हो जाता है, जब वे अपनी सुरक्षा के लिए और जब उनके यश को कोई कलंकित करता है, जब वे अपनी प्रसिद्धि को बनाए रखने के लिए दूसरे मनुष्यों से संघर्ष करते हैं।"

विवेक (Reason)

हॉब्स का मनुष्य अहंवादी, स्वार्थी, झगड़ालू और महत्वाकांक्षी है। इन गुणों के कारण आपस में संघर्ष होता रहता है, लेकिन, हॉब्स ने यह स्वीकार किया है कि मनुष्य में कुछ ऐसे स्वाभाविक गुण होते हैं, जो उन्हें संघर्ष करने से

1. "Competition, fear and glory."

रोकते हैं। उसके शब्दों में, "कुछ मानव-इच्छाएँ संघर्ष का कारण न होकर शांति और सामंजस्य की स्थापना में योग देती हैं। जैसे–आराम की इच्छा, शारीरिक सुख की इच्छा, ज्ञान प्राप्ति की इच्छा, कला में दक्षता प्राप्त करने की इच्छा तथा अवकाश की इच्छा।"

उपर्युक्त तथ्यों से यह स्पष्ट है कि हॉब्स का मनुष्य अहंवादी, स्वार्थी और झगड़ालू है। लेकिन, मनुष्य में दया, सहानुभूति और उदारता भी होती है। हॉब्स ने मनुष्य के सद्‌गुणों की उपेक्षा की है, जो उसके सिद्धांत का बहुत बड़ा दोष है। उसके अनुसार, जब हम किसी दु:खी मनुष्य को देखते हैं, तब हमें भय उत्पन्न होता है कि कहीं हमारी भी ऐसी ही दशा न हो जाए। इस भय से हमें दु:ख का अनुभव होता है और यही दया का मूल है। इसी प्रकार, धर्म भी भय पर आधृत होता है।

प्राकृतिक अवस्था
(State of Nature)

प्राकृतिक अवस्था का स्वरूप (The Form of State of Nature)

हॉब्स का कथन है कि राज्य की उत्पत्ति के पूर्व मनुष्य प्राकृतिक अवस्था में रहता था, जिसमें न समाज था और न राज्य। उसकी प्राकृतिक अवस्था किसी ऐतिहासिक तथ्यों पर नहीं, बल्कि मानव स्वभाव पर आधृत थी। अतएव, हॉब्स मानव स्वभाव का चित्रण करने के बाद प्राकृतिक अवस्था का वर्णन करता है। उसके शब्दों में, "जब मनुष्य किसी ऐसी शक्ति के बिना रहते हैं, जो उन सबको भयभीत रखती है, तब वे उस दशा में रहते हैं जिसे युद्ध कहते हैं, और यह ऐसा युद्ध होता है जिसमें प्रत्येक मनुष्य का प्रत्येक मनुष्य से युद्ध होता है। ऐसी अवस्था में उद्योग-धन्धे, संस्कृति, न-वाहन, ज्ञान, कला, साहित्य और समाज कुछ भी नहीं होता है। इस अवस्था में सबसे बुरी बात यह होती है कि निरंतर भय और हिंसात्मक मृत्यु का खतरा बना रहता है तथा 'मनुष्य का जीवन एकाकी, निर्धन, घृणित, पाशविक और अल्पायु होता है।'[1] इस अवस्था में न न्याय होता है और न अन्याय, न उचित होता है और न अनुचित। इस अवस्था में जीवन का नियम केवल यह है कि मनुष्य जो कुछ प्राप्त कर सकता है, उसे प्राप्त कर ले और उसे जब तक अपने पास रख सकता है, तब तक अपने पास रखे।"[2]

1. "The life of the man in the state of nature was solitary, poor, nasty, brutish and short."—Hobbes: *Leviathan,* Chapter XIII.
2. "Only that is to be every man's, that he can get, and for so long as he can keep it."—*Ibid.*

इस प्रकार, प्राकृतिक अवस्था पूर्ण अराजकता की अवस्था थी। प्रत्येक मनुष्य एक-दूसरे से भयभीत रहता था। चारों तरफ मत्स्य-न्याय फैला हुआ था। जिसकी लाठी, उसकी भैंस वाली स्थिति थी। कोई किसी की हत्या कर सकता था और कोई किसी की संपत्ति लूट लेता था।[1] लोग अस्त्र-शस्त्र लेकर चलते थे। वे आपस में झगड़ते रहते थे। शक्ति और छल का अधिक बोलबाला था। आपस में ईर्ष्या और आशंका की भावना थी। लोगों का जीवन अत्यन्त कष्टमय था।

प्रमुख विशेषताएँ (Main Features)

हॉब्स ने जिस प्राकृतिक अवस्था का वर्णन किया है, उसकी प्रमुख विशेषताएँ निम्नलिखित हैं।

1. **नैतिकता का अभाव** (Lack of Morality)–प्राकृतिक अवस्था में नैतिकता का पूर्ण अभाव था, क्योंकि समाज और राज्य नहीं था। मनुष्य केवल राज्य में रहकर नैतिक प्राणी बनता है।

2. **न्याय और अन्याय का अभाव** (Lack of Justice and Injustice)–प्राकृतिक अवस्था में न्याय और अन्याय दोनों का अभाव था। हॉब्स का विचार है कि न्याय और अन्याय समाज में रहने वाले मनुष्यों के गुण हैं।

3. **सत् और असत् का अभाव** (Lack of Right and Wrong)–प्राकृतिक अवस्था में मनुष्यों में सत् और असत् के ज्ञान का पूर्ण अभाव था। अतएव, वे कोई भी बुरा और पापपूर्ण कार्य कर सकते थे। हॉब्स का कथन है कि प्राकृतिक अवस्था में मनुष्य ईश्वर के विरुद्ध भी पाप कर सकता था।

4. **निजी संपत्ति नहीं** (No Private Property)–प्राकृतिक अवस्था में लोगों के पास निजी संपत्ति का पूर्ण अभाव रहता था। इस संदर्भ में, **हॉब्स** ने लिखा है, "प्राकृतिक अवस्था में प्रत्येक मनुष्य से संघर्ष होता रहता है। अतः जब तक एक मनुष्य शक्तिशाली रहता है, तब तक उसका अपनी वस्तुओं पर अधिकार रहता है। उसके निर्बल होते ही उसकी वस्तुएँ किसी दूसरे शक्तिशाली मनुष्य के द्वारा छीन ली जाती है।"

5. **मानव अधीनता नहीं** (No Subjugation)–प्राकृतिक अवस्था में मानव अधीनता का पूर्ण अभाव था। प्रत्येक व्यक्ति पूर्ण स्वतंत्रता का उपभोग करता था और उसकी स्वतंत्रता पर किसी का नियंत्रण नहीं रहता था।

---

1. "Kill whom you can, take what you can."

प्राकृतिक नियम
(Natural Laws)

हॉब्स ने प्राकृतिक अवस्था में प्राकृतिक नियमों और प्राकृतिक अधिकारों के अस्तित्व को स्वीकार किया है। मनुष्य प्राकृतिक अवस्था में निरंतर युद्ध और मृत्यु के भय से सदा आतंकित रहता था। वह शांतिपूर्ण जीवन व्यतीत करना चाहता था। हॉब्स का कहना है कि विवेक शांति के नियमों का सुझाव देता है, जिसके आधार पर मनुष्य समझौता कर सकता है। इन्हीं नियमों को प्राकृतिक नियम कहा जाता है।[1] विवेक के द्वारा ही मनुष्य अपनी जंगली, एकाकी और अराजकतापूर्ण स्थिति से निकलकर सभ्य तथा सामाजिक जीवन में प्रवेश करता है और यह परिवर्तन प्राकृतिक नियमों द्वारा ही होता है।

प्राकृतिक नियम की परिभाषा (Definition of Natural Law)

हॉब्स ने **लेवियाथन** और **डी सिवे** में प्राकृतिक नियमों की परिभाषाएँ निम्नलिखित रूप से दी है–

1. "प्रकृति का नियम एक उपदेश या सामान्य नियम है, जो विवेक पर आधृत है और जिसके अनुसार मनुष्य जीवन का विनाश करने वाली वस्तुओं का त्याग करता है तथा जीवन की रक्षा करने वाली वस्तुओं को अपनाता है।"[2]

2. "प्राकृतिक नियम उचित विवेक का आदेश है। यह उन बातों से परिचित होता है, जिन्हें जीवन की सतत रक्षा के लिए या तो करना पड़ता है या छोड़ना पड़ता है।"[3]

इन दोनों परिभाषाओं के आधार पर यह कहा जा सकता है कि प्राकृतिक नियम विवेक द्वारा निर्दिष्ट वे नियम हैं, जिनके अनुसार आचरण करके व्यक्ति सुगमतापूर्वक अपने जीवन की रक्षा कर सकता है तथा प्राकृतिक अवस्था की अराजकता से बच सकता है।

प्राकृतिक नियम के प्रकार (Kinds of Natural Law)

हॉब्स ने अपने ग्रंथ **लेवियाथन** और **डी सिवे** में उन्नीस प्राकृतिक नियमों का उल्लेख किया है, जिनमें प्रथम तीन अधिक महत्वपूर्ण हैं–

---

1. "Reason suggests convenient articles of peace, upon which men may be drawn to agreement. These articles are called the laws of nature."
2. "A law of nature is a precept or general rule, found out by reason, by which a man's forbidden to do that, which is destructive of his life, or takes away the means of preserving the same."
3. "The law of nature is the dictate of right reason, conversant about those things which are either to be done, or omitted for the constant preservation of life."—Hobbes, *De Cive,* Chapter II.

1. शांति (Peace)–प्रत्येक व्यक्ति को शांति प्राप्त करने का उस समय तक प्रयास करना चाहिए, जब तक उसे शांति प्राप्त करने की आशा हो। अब वह उसे प्राप्त न कर सके, तब उसे युद्ध के सभी उपायों की खोज करनी चाहिए और उनका प्रयास करना चाहिए।

2. आत्मरक्षा (Self-preservation)–प्रत्येक व्यक्ति को आत्मरक्षा का अधिकार प्राप्त करने और शांति स्थापित करने के लिए प्राकृतिक अधिकारों का त्याग करने को सक्रिय रहना चाहिए और दूसरों के विरुद्ध उतनी स्वतंत्रता पर ही संतोष कर लेना चाहिए, जितनी वह दूसरों को स्वयं के विरुद्ध देने के लिए तैयार हो।

3. समझौते का पालन (Obedience of Contract)–मनुष्यों को अपने समझौतों का पालन करना चाहिए।

4. जिस मनुष्य को दूसरे की कृपा से कोई लाभ हो, उसे उस मनुष्य के प्रति अकृतज्ञ नहीं होना चाहिए।

5. प्रत्येक मनुष्य को दूसरे मनुष्यों के साथ सामंजस्य रखने का प्रयत्न करना चाहिए।

6. जो मनुष्य अपने अपराधों के लिए पश्चाताप करे, उसे क्षमा कर देना चाहिए।

7. प्रतिशोध लेने में मनुष्यों की बीती हुई बुराई की ओर ध्यान न देकर, उससे होने वाली भावी अच्छाई की ओर ध्यान देना चाहिए।

8. किसी मनुष्य को धर्म, शब्द, मुखाकृति या हावभाव द्वारा किसी दूसरे के प्रति घृणा व्यक्त नहीं करना चाहिए।

9. प्रत्येक मनुष्य को दूसरे मनुष्यों को प्राकृतिक रूप में अपने समान समझना चाहिए।

10. शांति की शर्तों को मानते समय किसी मनुष्य को अपने लिए ऐसे अधिकार सुरक्षित नहीं रखना चाहिए, जिन्हें वह किसी दूसरे के लिए सुरक्षित नहीं समझता।

11. जिस व्यक्ति को दो मनुष्यों के झगड़े का निर्णय करने का काम सौंपा जाए, उसे उनमें से किसी का पक्ष नहीं लेना चाहिए।

12. जो वस्तुएँ विभाजित नहीं हो सकती हैं, उनका उपभोग साझेदारी में और जो विभाजित हो सकती हैं, उनका उपभोग उपभोक्ताओं की संख्या के अनुपात में किया जाना चाहिए।

13. जिन वस्तुओं का उपभोग साझेदारी में या विभाजित करके नहीं किया जा सकता, उसके उपभोग का अधिकार लॉटरी द्वारा प्रदान किया जाना चाहिए।

14. राजवंश की ज्येष्ठ संतान को ही अधिकार मिलना चाहिए।

15. मध्यस्थों को बिना किसी खतरे के आवागमन की सहूलियत होनी चाहिए।

16. मनुष्यों के झगड़ों को मध्यस्थता द्वारा सुलझाया जाना चाहिए।

17. किसी मनुष्य को अपने स्वयं के झगड़े में निर्णायक नहीं बनना चाहिए।

18. जो मनुष्य किसी पक्ष में हो, उसे न्यायाधीश का काम नहीं करना चाहिए।

19. न्यायाधीश को सब गवाहों की बातों को समान महत्व देना चाहिए।

समीक्षा (Evaluation)

1. प्राकृतिक नियमों में व्यक्ति और समाज के शुभ जीवन से संबद्ध सभी महत्वपूर्ण बातों को स्थान दिया गया है, जैसे–शांति, न्याय, समानता, आत्मरक्षा, क्षमा, दया, सहनशीलता आदि। हॉब्स इन नियमों को विवेक का आदेश या उपदेश मानता है। अतः, इनको कानून नहीं कहा जा सकता है।

2. आलोचकों का कहना है कि कानून प्रभु का आदेश होता है। उसके पीछे अनुशक्ति होती है, जिसे सभी व्यक्ति पालन करने के लिए बाध्य होते हैं। दूसरी ओर, प्राकृतिक नियम के पीछे कोई शक्ति नहीं होती। उसका आधार नैतिकता होता है। इसलिए व्यक्ति उसे मानने या न मानने के लिए स्वतंत्र होता है।

निष्कर्ष में, यह कहा जा सकता है कि प्राकृतिक नियमों का संबंध मनुष्य के अंतःस्वभाव से होता है। इनमें नैतिकता और सामाजिक जीवन का बीज अंतर्निहित रहता है। ये नियम शाश्वत, सर्वव्यापी और अपरिवर्तनशील होते हैं। **सेबाइन** ने ठीक ही कहा है, "प्राकृतिक नियम ही वे सिद्धान्त हैं, जिनके आधार पर हॉब्स अपने समाज का निर्माण करता है। वे विवेक और सामाजिक नैतिकता के सिद्धान्त हैं। वे सभ्यता के नियम और नैतिकता के मूल्यों की रचना करते हैं।"

प्राकृतिक अधिकार
(Natural Rights)

हॉब्स प्राकृतिक अधिकारों की मीमांसा प्राकृतिक नियमों के प्रसंग में करता है।

परिभाषा–मनुष्य प्राकृतिक अवस्था में अपने जीवन की रक्षा करने के लिए जिस किसी भी कार्य को करने के लिए स्वतंत्र है, वही उसका प्राकृतिक अधिकार है।

1. **हॉब्स** के शब्दों में, "प्राकृतिक अधिकार प्रत्येक मनुष्य की वह स्वतंत्रता है, जो उसे अपनी स्वयं की शक्ति को, अपने स्वयं के जीवन की रक्षा करने के लिए प्राप्त है।"[1]

2. **डनिंग** के सरल शब्दों में, "प्राकृतिक अधिकार व्यक्ति की स्वतंत्रता का द्योतक है, जिसके द्वारा व्यक्ति अपनी सुरक्षा के लिए उचित कार्य करता है।"[2]

प्राकृतिक नियम और प्राकृतिक अधिकार में अंतर–हॉब्स के अनुसार दोनों में निम्नलिखित अंतर हैं–

1. प्राकृतिक नियम एक बंधन है, जबकि प्राकृतिक अधिकार स्वतंत्रता प्रदान करता है।[3]

2. प्राकृतिक अधिकार के अनुसार, प्रत्येक मनुष्य को अपनी किसी भी इच्छा को संतुष्ट करने की पूर्ण स्वतंत्रता है, जबकि प्राकृतिक नियम के अनुसार उसे दूसरे व्यक्तियों के हित के लिए अपनी स्वतंत्रता में कुछ कमी करनी पड़ती है।[4]

3. **हॉब्स** का कहना है, "प्राकृतिक अधिकार और प्राकृतिक नियम में वही अंतर है, जो स्वतंत्रता और उत्तरदायित्व में है।"[5]

दोनों में संबंध–हॉब्स का कहना है कि यद्यपि दोनों एक-दूसरे के विपरीत हैं, लेकिन उनमें घनिष्ठ संबंध भी है। जैसा कि **जोन्स** ने लिखा है, "प्राकृतिक अधिकार, वे विशेष सुविधाएँ हैं, जिनकी अनुमति प्राकृतिक नियम देते हैं; प्राकृतिक नियम वह व्यवस्था है, जिसके अंतर्गत प्राकृतिक अधिकार निर्धारित किए जाते हैं और न्यायसंगत बनाए जाते हैं।"

---

1. "The right of nature is the liberty each man has to use his own power for the preservation of his own life."—Hobbes
2. "Natural right, he decleared, signifies simply the liberty possessed by everyman of doing what seems best for the preservation of his existence."—Dunning.
3. "Natural law implies primarily restraint rather than liberty."
4. "By right of nature, everyman has a claim to whatever will satisfy any of his desires; by the law of nature he is obliged to renounce some part of his claim for the more certain realization of the rest."—Dunning.
5. "Law and right differ as much as obligation and liberty."—Hobbes.

सामाजिक समझौता और राज्य की उत्पत्ति
(Social Contract and the Origin of State)

हॉब्स ने **लेवियाथन** के सतरहवें और उठारहवें अध्याय में सामाजिक समझौते तथा राज्य की उत्पत्ति पर प्रकाश डाला है।

राज्य की उत्पत्ति के कारण (Causes of the Origin of State)

यद्यपि प्राकृतिक अवस्था में प्राकृतिक नियम विद्यमान थे, लेकिन बाध्यकारी शक्ति के अभाव में सभी व्यक्तियों द्वारा उनका पालन नहीं किया जाता था। अतः, ऐसी शक्ति या संस्था की आवश्यकता थी, जो स्वार्थी और झगड़ालू मनुष्यों को नियंत्रण में रखकर उन्हें अनुशासनबद्ध कर सके। व्यक्तियों में स्वार्थ और असामाजिकता होते हुए भी आत्मरक्षा, शांति तथा सुरक्षा की इच्छा तो विद्यमान थी ही, अतएव वे एक शक्तिशाली संस्था की स्थापना के लिए प्रेरित हुए। दूसरे शब्दों में, प्राकृतिक अवस्था के मनुष्यों ने अपने स्वाभाविक विवेक से निर्देशित होकर यह निश्चय किया कि युद्ध की दुःखद अवस्था और आकस्मिक मृत्यु के भय से छुटकारा पाने, वासनाओं पर अंकुश रखने तथा प्राकृतिक नियमों का पालन करवाने के लिए किसी शक्ति का होना आवश्यक है। अतः, **हॉब्स** के अनुसार, "राज्य की उत्पत्ति का सुनिश्चित कारण मनुष्यों की अपनी स्वयं की सुरक्षा और इससे संबद्ध अधिक संतुष्ट जीवन की दूरदर्शिता है।"[1]

राज्य-स्थापना की विधियाँ (Methods for the Formation of the State)

हॉब्स के अनुसार राज्य-स्थापना की दो विधियाँ हैं–

1. बल प्रयोग द्वारा (By Acquisition or Conquest)–शक्तिशाली मनुष्य के द्वारा अपने बल के आधार पर राज्य की स्थापना की जाती है। वह मनुष्य शासक के रूप में इतना शक्तिशाली होता है कि लोग उससे भयभीत होकर उसकी अधीनता स्वीकार कर लेते हैं और संगठित होकर राज्य का निर्माण करते हैं।

2. संस्थान द्वारा (By Institution)–संस्थान द्वारा राज्य की स्थापना मनुष्यों के पारस्परिक समझौते के आधार पर होती है। वे किसी व्यक्ति का चुनाव करके, उसे अपने पारस्परिक युद्धों से उत्पन्न होने वाली मृत्यु और असुरक्षा के भय का निवारण करने के लिए करते हैं।

हॉब्स का कथन है कि दोनों प्रकार के राज्यों की स्थापना का कारण भय है, लेकिन दोनों में भय का रूप भिन्न है। एक में शासक का भय है और दूसरे में मृत्यु तथा असुरक्षा का भय।

---

1. "The final cause of the commonwealth is men's foresight of their own preservation and of a more contented life thereby."—Hobbes: *Leviathan,* Chapter XVII.

सामाजिक समझौते का समर्थन (Acceptance of Social Contract)

राज्य की स्थापना की विधियों का उल्लेख करने में हॉब्स का मुख्य उद्देश्य सामाजिक समझौते का समर्थन करना है। हॉब्स बल पर आधृत राज्य को स्वीकार करता है; क्योंकि उसमें बाह्य एकता होती है, आंतरिक एकता नहीं तथा यह राज्य कृत्रिम एवं अस्वाभाविक होता है। अतएव, उसके अनुसार समझौते पर आधृत राज्य सच्चा और स्वाभाविक होता है। उसका कहना है कि सभी संगठित मानव संस्थाओं की उत्पत्ति समझौते के ही कारण हुई है। यह समझौता शासकों तथा शासितों के बीच नहीं हुआ था; क्योंकि समझौते के समय शासकों का अस्तित्व नहीं था। यह समझौता मनुष्यों का पारस्परिक समझौता था, जिसके अनुसार उन्होंने शासकों की नियुक्ति की।

इस संदर्भ में, **मैक्सी** का कहना है, "हॉब्स के लिए राज्य सामाजिक समझौते पर आधृत संस्था है। मनुष्यों को यह समझौता अनियंत्रित स्वतंत्रता से उत्पन्न होने वाले हिंसा के साम्राज्य से बचने के लिए करना पड़ा है। शासक इस समझौते में भाग लेने वाले न होकर इसके लक्ष्य हैं। समझौते के अनुसार मनुष्यों से अपने कर्तव्यों का पालन करवाने के लिए इन शासकों को शक्ति और अधिकार से संपन्न किया गया है।"[1]

सामाजिक समझौते द्वारा राज्य की उत्पत्ति (Origin of State as the Result of Social Contract)

हॉब्स ने **लेवियाथन** के अठारहवें अध्याय में राज्य की उत्पत्ति के संबंध में लिखा है, "राज्य की स्थापना तब होती है, जब किसी मानव-समुदाय के अनेक मनुष्य एक-दूसरे से सहमत होकर यह समझौता करते हैं कि समुदाय के सब मनुष्य उस मनुष्य या मनुष्यों के उस समूह के कार्यों और निर्णयों को अपने स्वयं के कार्य और निर्णय समझेंगे, जिसे उनके अधिकांश भाग ने अपना प्रतिनिधि चुना है, चाहे उनमें से किसी ने उसके पक्ष में मत दिया हो या विपक्ष में। इस समझौते का उद्देश्य यह है कि समुदाय के सब मनुष्य परस्पर शांतिपूर्वक तथा दूसरे मनुष्यों के विरुद्ध सुरक्षित रहेंगे।"[2]

हॉब्स के अनुसार समझौते में एक मनुष्य दूसरे मनुष्य से कहता है, "मैं अपना स्वशासन का अधिकार इस मनुष्य या मनुष्यों के इस समूह को इस शर्त पर सौंपता हूँ कि तुम भी इसे अपने अधिकार को इसी प्रकार सौंप दो।"[3]

---

1. Maxey, *Political Philosophies*.
2. Hobbes, *Leviathan,* Chapter XVIII.
3. "I authorize, and give up my right of governing myself to, this man or to this assembly of men, on the condition, that thou give up thy right to him and authorize all his actions in like manner."—*Ibid*., Chapter VII.

इस तरह एक व्यक्ति में संयुक्त होने वाला मानव-समुदाय राज्य कहलाता है। **हॉब्स** के शब्दों में, "इस प्रकार उस महान *लेवियाथन* या नश्वर देवता का जन्म हुआ है, जो हमें अविनाशी ईश्वर की अधीनता में शांति और सुरक्षा प्रदान करता है।"[1]

सामाजिक समझौते की विशेषताएँ (Features of the Social Contract)

हॉब्स के सामाजिक समझौते की निम्नलिखित विशेषताएँ विशेष रूप से उल्लेखनीय हैं-

1. सामाजिक समझौता, शासनात्मक नहीं (Social Contract, not Governmental)-हॉब्स के पूर्व प्रतिपादित समझौता राजा और प्रजा तथा शासक और शासित के बीच होने के कारण शासनात्मक समझौता था। लेकिन, हॉब्स का समझौता प्राकृतिक अवस्था में सभी व्यक्तियों के बीच में होने के कारण सामाजिक समझौता का रूप लिया।

2. समझौता सामाजिक और राजनीतिक दोनों (Contract Social and Political Both)-प्राकृतिक अवस्था पूर्व सामाजिक और पूर्व राजनीतिक अवस्था थी, अर्थात न समाज था और न राज्य। मनुष्य द्वारा अपने व्यक्तिगत अधिकारों को त्यागकर सामाजिक समझौते के बंधन को स्वीकार किए जाने के कारण समाज की उत्पत्ति हुई तथा उस समाज में शांति और व्यवस्था को बनाए रखने के लिए राज्य का आविर्भाव हुआ।

3. संप्रभु समझौते का भागीदार नहीं (The Sovereign was not Party to the Contract)-सामाजिक समझौता प्राकृतिक अवस्था के मनुष्यों के बीच हुआ। संप्रभु समझौते का भागीदार नहीं था। जैसा कि **एबेन्स्टीन** का कहना है, "हॉब्स का सामाजिक समझौता प्रजाजनों के बीच हुआ है। संप्रभु समझौते का भागीदार नहीं है, वह तो उसकी उत्पत्ति है।"[2]

4. निरंकुश संप्रभु (Absolute Sovereign)-समझौते के द्वारा सभी मनुष्यों ने अपने सभी अधिकार उस व्यक्ति को दिया, जो समझौते में सम्मिलित नहीं था। अतः, वह व्यक्ति असीम शक्ति की प्राप्ति कर निरंकुश संप्रभु बन बैठा। उसकी सत्ता पर किसी तरह का प्रतिबंध नहीं था और वह अपनी सत्ता का प्रयोग अपनी इच्छानुसार करने को स्वतंत्र था।

---

1. "This is the generation of that great leviathan, or mortal god, to which we owe under the immortal god, our peace and defence."—*Ibid.*, Chapter XVII.
2. "The social contract of Hobbes is made between subjects and subjects. The sovereign is not a party to the contract but its creation."—Ebenstein, *Masters of Political Thought*.

5. समझौते का उल्लंघन नहीं (No Violation of the Contract)–प्राकृतिक अवस्था छोड़ने और समझौते में सम्मिलित होने के बाद व्यक्तियों ने अपने सभी अधिकार संप्रभु को दिए। वे अब समझौते का उल्लंघन किसी भी कीमत पर नहीं कर सकते। समझौता नहीं मानने का अर्थ है फिर से प्राकृतिक अवस्था में जाना, जो वांछनीय नहीं था।

6. समझौते का उद्देश्य (Aim of the Contract)–सामाजिक समझौते का मुख्य उद्देश्य था–लोगों के जीवन और संपत्ति की रक्षा करना तथा राज्य के बाह्य आक्रमण से रक्षा कर उसके अंदर शांति की स्थापना करना।

7. व्यक्तिगत समझौता (Individual Contract)–हॉब्स के अनुसार समझौता सामूहिक रूप से न होकर सभी मनुष्यों ने व्यक्तिगत रूप से किया।

8. राजा और प्रजा की धारणा का जन्म (The Birth of the Concept of the King and Subjects)–समझौते के द्वारा राजा और प्रजा की धारणा का जन्म हुआ। सभी मनुष्यों ने सत्ताधारी को राजा स्वीकार किया और स्वयं उसकी प्रजा का रूप धारण किया।

9. दासता (Slavery)–समझौता ने मनुष्यों को दासता की स्थिति प्रदान की; क्योंकि, उन्होंने अपनी स्वतंत्रता और अधिकारों का त्याग करके संप्रभु की पूर्ण अधीनता को बिना किसी शर्त स्वीकार की।[1]

निरंकुश सरकार या संप्रभु[2] (Absolute Government or Sovereign)

इस प्रकार, सामाजिक समझौते के आधार पर एक निरंकुश सरकार या संप्रभु की स्थापना की गई। किसी भी व्यक्ति को शासक के विरुद्ध जाने का अधिकार नहीं था, हॉब्स कहता है कि जनता का एकमात्र कार्य संप्रभु के आदेशों का पालन करना था, चाहे वे आदेश ईश्वरीय या प्राकृतिक नियमों के विरुद्ध ही क्यों न हों, जनता के लिए उनका पालन करना ही न्यायपूर्ण और वैध था। संप्रभु को जनता की संपत्ति छीनने का, यहाँ तक कि उसके प्राण लेने का अधिकार भी था; क्योंकि जनता की संपत्ति और प्राण उसकी सत्ता से ही सुरक्षित था।

वस्तुतः, हॉब्स ने निरंकुश संप्रभु का निर्माण इसलिए किया; क्योंकि वह इंग्लैंड के राजपरिवार का समर्थक था। उसी समय इंग्लैंड में दो गृह-युद्ध हो चुके थे। जनता राजा की संप्रभुता को मानने के लिए तैयार नहीं थी। वे उसकी संप्रभुता पर सीमा लगाना चाहती थी। क्रामवेल जनता का नेता था। उसने राजा की शक्तियों पर आघात किया और कहा कि राजा नहीं, बल्कि संसद संप्रभु

1. "Hobbes's social contract, instead of being the charter of liberty, it is a bond of slavery for the people."
2. विस्तृत अध्ययन के लिए 'संप्रभुता' अध्याय देखें।

है। इस प्रकार, उस समय इंग्लैंड के राजनीतिक क्षेत्र में आतंक का साम्राज्य छाया हुआ था। हॉब्स ने **लेवियाथन** ग्रंथ लिखकर यह सिद्ध करना चाहा कि जनता का सुखमय और शांतिमय जीवन राजा की निरंकुश शक्तियों को मानने में ही है। इसलिए, हॉब्स ने निरंकुश राजतंत्र या संप्रभु का समर्थन किया।

सामाजिक समझौते का मूल्यांकन (Evaluation of the Social Contract)

हॉब्स के सामाजिक समझौते की कटु आलोचनाएँ की गई हैं, जिनका उल्लेख निम्नलिखित रूप से किया जा सकता है–

दोष (Demerits)–सामाजिक समझौता सिद्धांत के निम्नलिखित दोष उल्लेखनीय हैं–

1. मानव स्वभाव के प्रति एकपक्षीय दृष्टिकोण (One-sided View of Human Nature)–आलोचकों का कहना है कि मानव स्वभाव के प्रति हॉब्स का दृष्टिकोण एकांगी और एकपक्षीय है। हॉब्स ने मनुष्य को घोर स्वार्थी, कपटी, हिंसक, असामाजिक तथा युद्धपिपासु पशु कहा है। लेकिन, विद्वानों का मत है कि मनुष्य स्वार्थी होकर भी सामाजिक है और जहाँ उनमें आसुरी प्रवृत्तियाँ हैं, वहाँ साथ ही उनमें दया, प्रेम, परोपकार और सहानुभूति जैसे मानवीय गुण भी वर्तमान हैं। हॉब्स ने इन सदगुणों की उपेक्षा की है। वह केवल मनुष्य की आसुरी प्रवृत्तियों पर ही विशेष जोर देता है। अतएव, उसके सिद्धांतों का मूलभूत आधार ही गलत है। केटलिन ने इसे स्वीकार करते हुए लिखा है, "हॉब्स के दोषपूर्ण दर्शन का अधिकांश भाग उसके दोषपूर्ण मनोविज्ञान के कारण है।"

2. मानव स्वभाव का विभाजन (Division of Human Nature)–हॉब्स ने मानव स्वभाव को कृत्रिम और दोषपूर्ण बताया है। इसका कारण यह है कि एक ओर तो वह मनुष्य को स्वार्थी, अहंकारी तथा प्रतिस्पर्धाशील बताता है पर दूसरी ओर उसको विवेक द्वारा निर्देशित मानता है।

3. प्राकृतिक अवस्था का वर्णन काल्पनिक (Description of State of Nature Imaginative)–आलोचकों का विचार है कि हॉब्स की प्राकृतिक अवस्था का इतिहास में कोई प्रमाण नहीं मिलता है। अतः, वह कोरी कल्पना पर आधारित है। मानवशास्त्र और इतिहास यह स्पष्ट करता है कि सबका सबसे युद्ध की अवस्था में मनुष्य कभी भी नहीं रहा है, अगर ऐसी स्थिति रहती तो मनुष्य जाति ही नष्ट हो जाती। प्राचीन समाज की इकाई व्यक्ति नहीं, बल्कि परिवार, कुल या कुटुम्ब था तथा व्यक्ति रीति-रिवाजों, परम्पराओं और रूढ़ियों के बंधनों में जकड़ा हुआ था। अतएव, हॉब्स की प्राकृतिक अवस्था का चित्रण कोरी कल्पना है।

4. मनुष्य एक सामाजिक प्राणी है (Man is a Social Animal)–हॉब्स के अनुसार, प्राकृतिक अवस्था में मनुष्य स्वार्थी होने के कारण एकाकी जीवन व्यतीत करता था, जो मानव प्रकृति और मनोविज्ञान के विरुद्ध है। अरस्तू बहुत पहले ही यह सिद्ध कर चुका है कि मनुष्य एक सामाजिक प्राणी है तथा कितना भी स्वार्थी होने के बावजूद समाज में रहकर ही वह सुख का अनुभव कर सकता है और अपने को अधिक सुरक्षित रख सकता है।

5. प्राकृतिक नियम (Natural Law)–हॉब्स का कहना है कि प्राकृतिक अवस्था में मनुष्य कुछ प्राकृतिक नियमों से आबद्ध था, जैसे–शांति, न्याय, आत्मरक्षा, क्षमा, दया, समानता और सहनशीलता आदि। वह इन प्राकृतिक नियमों को विवेक का उपदेश मानता था, अतएव, इनको कानून नहीं कहा जा सकता; क्योंकि, कानून राज्य द्वारा निर्मित होता है और उसके पीछे अनुशक्ति होती है। स्वार्थी मनुष्य द्वारा प्राकृतिक नियमों का पालन भी हास्यास्पद मालूम होता है।

6. प्राकृतिक अधिकार (Natural Rights)–हॉब्स ने प्राकृतिक अवस्था में मनुष्यों के प्राकृतिक अधिकारों का उल्लेख किया है। आलोचकों का कथन है कि समाज और राज्य के अभाव में अधिकारों की धारणा कोरी कल्पना है। इस संबंध में, टी॰ एच॰ ग्रीन का कहना है कि सामाजिक समझौते का सबसे बड़ा दोष उसके अधिकारों की धारणा है।

7. समझौता नितांत अतार्किक (Contract Quite Illogical)–हॉब्स का समझौता नितांत अतार्किक इस अर्थ में है कि प्राकृतिक अवस्था में मनुष्य संघर्षरत और निंदनीय जीवन व्यतीत करता था, लेकिन अचानक समझौता होते ही वह सामाजिक बनकर शांतिपूर्ण जीवन व्यतीत करने लगा। ऐसा चमत्कार कैसे हो गया? यह तर्क के आधार पर समझ में आने वाली बात नहीं है; क्योंकि समझौते के लिए विवेक की आवश्यकता होती है। **वॉहन** ने इस असंगति की ओर इंगित करते हुए लिखा है, "हॉब्स का कहना है कि प्राकृतिक अवस्था संघर्ष की अवस्था है, जिसमें प्रत्येक मनुष्य प्रत्येक के विरुद्ध युद्ध में रत रहता है....भला यह कैसे माना जा सकता है कि दानव रूपी व्यक्ति एकाएक ऐसी अवस्था में प्रवेश कर सकते हैं, जिसमें उनकी पूर्वस्थिति एकदम विपरीत हो जाए, अर्थात ऐसी स्थिति जिसमें युद्ध के स्थान पर शांति का साम्राज्य हो; पशुबल से जो मुक्त हो और सत्य तथा न्याय जिसके आधार हों। जिस तरह एक हब्शी अपने रंग नहीं बदल सकता, उसी तरह हॉब्स द्वारा वर्णित रक्तपिपासु व्यक्ति शांतिप्रिय श्रमिक नहीं बन सकता।"[1]

1. Vaughan, C.E., *History of Political Philosophy.*

8. समझौते की शर्तें अबुद्धिसंगत (Conditions of the Contract not Reasonable)–आलोचकों का मत है कि हॉब्स के समझौते की शर्तें बुद्धिसंगत हैं। हॉब्स कहता है कि लोगों के बिना किसी शर्त के अपने अधिकार एक व्यक्ति या सभा को दे डाले; जिसका परिणाम हुआ निरंकुश राज्य की स्थापना, जिसमें नागरिकों को कोई अधिकार नहीं। मानवीय बुद्धि से यह संभव प्रतीत नहीं होता कि कोई भी प्राणी इस प्रकार अपने सब अधिकार बिना शर्त किसी को देकर अपने को दासता के बंधन में बाँध ले। यदि यह ठीक है तो हमें मनुष्य के विवेक पर ही संदेह होता है। इस संदर्भ में, **लॉक** कहता है, "क्या प्राकृतिक अवस्था में रहने वाले व्यक्ति इतने मूर्ख थे कि वे लोमड़ियों और जंगली बिल्लियों की शरारतों से तो बचने का प्रयत्न करते थे, लेकिन उस अवस्था में संतुष्ट थे तथा अपने आपको सुरक्षित अनुभव करते थे जब शेर उन्हें निगले जा रहा हो।"

9. समझौता एकपक्षीय और अवैध (Contract Onesided and Illegal)–हॉब्स का सामाजिक समझौते का सिद्धांत वैधता की कसौटी पर खरा नहीं उतरता है। इसका कारण यह है कि समझौता सदा दो पक्षों के बीच में होता है और दोनों को उसकी शर्तों का पालन करना पड़ता है। यदि एक पक्ष इन शर्तों का पालन नहीं करता है तो दूसरे पक्ष को समझौते को भंग करने का कानूनी अधिकार होता है। हॉब्स के समझौते में इनमें से एक भी बात नहीं मिलती है। वहाँ वह संप्रभु को समझौते से पृथक रखता है तथा व्यक्तियों को समझौते को भंग करने के अधिकार से वंचित रखता है। इस प्रकार, हॉब्स का समझौता एकपक्षीय होने के कारण अमान्य तथा अवैध है।

10. पुलिस राज्य, कल्याणकारी नहीं (Police State, not Welfare)–हॉब्स के राज्य की उत्पत्ति का आधार भय है, जनकल्याण की भावना नहीं। उसका मुख्य कार्य व्यक्तियों को शांति, सुरक्षा और व्यवस्था प्रदान करना है। वह पुलिस राज्य है, कल्याणकारी राज्य नहीं। वस्तुतः, **हॉब्स** का राजनीतिक समाज मानव समाज न होकर, पशुओं का झुंड है, जिनको लेवियाथन अपने डंडे से हाँकता है। वे लेवियाथन के क्रीतदास हैं और प्रत्येक दृष्टि से स्वतंत्रता तथा अधिकार से शून्य हैं। उसके प्रत्येक कार्य तथा विचार पर लेवियाथन का कठोर नियंत्रण है।

इस संदर्भ में, **गूच**[1] ने लिखा है, "लेवियाथन केवल अतिमानवीय का पुलिसमैन है, जो अपने हाथ में डंडा लिए है; उसका राज्य अनिवार्य बुराई है,

1. "Leviathan is simply a policeman of such human size with a truncheon in his hand. His state is a necessary evil, an organ of coercion, not an indispensable instrument for the attainment of a free and progressive civilization."—Gooch, *Studies in Diplomacy and Statecraft.*

दबाव का यंत्र है, स्वतंत्र विकासोन्मुख सभ्यता की प्राप्ति का अपरिहार्य साधन नहीं।"

11. राज्य और सरकार में अंतर नहीं (No Difference between State and Government)—हॉब्स के समझौता सिद्धांत का एक दोष यह है कि उसने केवल राज्य के विरुद्ध ही नहीं, बल्कि सरकार के विरुद्ध भी प्रजा का विद्रोह अमान्य ठहराया। हॉब्स ने राज्य और सरकार में कोई विभेद नहीं किया है। **विलोबी** के शब्दों में, "राज्य और सरकार में अंतर न मानना हॉब्स की सबसे बड़ी भूल है।"[1] वस्तुतः, राज्य और सरकार दोनों दो संगठन हैं।

12. निरंकुश संप्रभुता (Absolute Sovereignty)—हॉब्स ने निरंकुश संप्रभुता की निरंकुशता दार्शनिक दृष्टिकोण से चाहे जितनी अनिवार्य हो, लेकिन व्यवहार में इसका प्रयोग संभव नहीं है। वस्तुतः, संप्रभुता नियंत्रित रूप में ही कार्य करती है। हॉब्स ने संप्रभुता को अभिवाज्य और असीमित माना है। लेकिन, अमेरिका में संप्रभुता सरकार के तीनों अंगों में विभाजित है। ऐसी मिश्रित शासन-व्यवस्थाओं को ही अब सुशासन के लिए उपयुक्त माना जाता है। इस आधुनिक युग में निरंकुश संप्रभुता व्यावहारिक और वांछनीय नहीं है।

13. संकीर्ण कानून (Narrow Law)—हॉब्स का कानून संबंधी विचार अत्यंत ही संकीर्ण है; क्योंकि हॉब्स अपने संप्रभु शासक को ही कानून का एकमात्र स्रोत तथा उसका अंतिम व्याख्याता मानता है। उसने रीति-रिवाज, परम्पराओं, अभिसमयों और नैतिक सिद्धांतों को कोई महत्व नहीं दिया है; जबकि इंग्लैंड में शासन उन पर आधारित था। हॉब्स ने इंग्लैंड का राजनीतिक विचारक होते हुए इंग्लैंड की परम्पराओं, रीति-रिवाजों और अभिसमयों पर आधृत सरकार की उपेक्षा की है।

14. दासता (Slavery)—आलोचकों का यह कथन है कि हॉब्स ने अपने राज्य में व्यक्तियों को सभी अधिकारों से वंचित कर उन्हें लेवियाथन रूपी महादैत्य की दासता के बंधन में जकड़ दिया है। अतः, व्यक्तियों की स्थिति सर्वप्रभुता संपन्न निरंकुश राज्य रूपी चरवाहे द्वारा हांके जाने वाले पशुओं के रेवड़ जैसी हो गई है। यदि प्राकृतिक अवस्था में विद्यमान अराजकता की स्थिति अत्यंत शोचनीय थी, तो समझौते द्वारा अंत करके उसके स्थान पर जिस व्यवस्था की स्थापना की गई है, वह उससे भी बदतर और निंदनीय है।

गुण (Merits)—उपर्युक्त आलोचनाओं के अतिरिक्त, हॉब्स के सामाजिक समझौते के निम्नलिखित गुण विशेष रूप से उल्लेखनीय हैं—

---

1. "The cradinal fault of Hobbes is the utter failure to distinguish between the two conceptions of state and government."—Willoughby, *The Nature of State.*

1. राज्य मानवकृत है, ईश्वरकृत नहीं (State is the Creation of Man, not of God)–हॉब्स के पूर्व तक राजनीतिविज्ञान के रंगमंच पर राज्य की उत्पत्ति का दैवी सिद्धांत मुख्य रूप से प्रचलित था। लोगों में विश्वास था कि ईश्वर ने राज्य का निर्माण किया है और राजा को दैवी अधिकार देकर उसे पृथ्वी पर शासन करने के लिए भेजा है। हॉब्स ने दैवी सिद्धांत का जोरदार शब्दों में खंडन किया और राज्य के सामाजिक समझौते के सिद्धांत का प्रतिपादन किया, जिसके द्वारा उसने सिद्ध किया कि राज्य मनुष्य के आपसी समझौते का प्रतिफल है, वह ईश्वर की कृति नहीं है। लोगों के मस्तिष्क पर इस सिद्धांत के प्रति उनकी आस्था समाप्त हो गई। हॉब्स ने राज्य को साधन और व्यक्ति को साध्य माना है।

2. इंग्लैंड की अराजकता का निदान निरंकुश संप्रभु है (Remedy of the Anarchy of England is Absolute Sovereign)–लेवियाथन तत्कालीन इंग्लैंड की अराजकतापूर्ण स्थिति के निदान का एक स्वच्छ दर्पण है। हॉब्स ने सामाजिक समझौते के द्वारा जिस राज्य और निरंकुश संप्रभु का निर्माण किया है, वह इस बात का सूचक है कि निरंकुश राजतंत्र ही इंग्लैंड की अराजकता का निदान है और वही वहाँ शांति, सुरक्षा और व्यवस्था की स्थापना कर सकता है। क्योंकि, उसका संप्रभु समझौते का भागीदार नहीं है और इस प्रकार समझौता एकपक्षीय किया गया, ताकि जनता संप्रभु का विरोध न कर सके तथा पुनः अराजकता की स्थिति में न जा सके। **हरमॉन** ने ठीक ही लिखा है, "हॉब्स का विचार था कि जनता सदैव कष्ट का कारण होगी। अतः, हॉब्स के समझौते का निर्माण विद्रोह के किसी भी औचित्य को नष्ट करने के लिए किया गया है।"[1] इस प्रकार, हॉब्स संप्रभु को निरंकुश बनाकर इंग्लैंड में शांति और सुरक्षा की स्थापना करना चाहता था।

अतएव, हॉब्स के राज्य की उत्पत्ति के सामाजिक समझौते का सिद्धांत राजनीतिक दर्शन में एक विशेष उद्देश्य के लिए निर्मित हुआ, जिसे विशिष्ट स्थान प्राप्त है।

प्रश्न
(Questions)

1. "हॉब्स मानव स्वभाव का मानव-द्वेषी चित्र अंकित करता है।" जोन्स–विवेचना कीजिए।

   "Hobbes gives a cynical picture of Human Nature." Jones. Discuss.

1. "To Hobbes, the troublesome party would always be the people. Hobbes's contract, therefore, is designed to avoid any justification of revolution."—Harmon, M.J., *Political Thought from Plato to the Present, 1964.*

2. मानव स्वभाव पर हॉब्स के विचरों की समीक्षा कीजिए।
   Explain the views of Hobbes on Human Nature.
3. प्राकृतिक अवस्था पर हॉब्स के विचारों का वर्णन करें।
   Describe the views of Hobbes on the State of Nature.
4. "प्राकृतिक अवस्था में मानव-जीवन एकांकी, निर्धन, घृणित, पाशविक और अल्पायु था।" विवेचना कीजिए।
   "In the state of nature human life was solitary, poor, nasty, brutish and short." Discuss.
5. प्राकृतिक नियम पर हॉब्स के विचार को स्पष्ट कीजिए।
   Explain the views of Hobbes on Natural Law.
6. प्राकृतिक अधिकार पर हॉब्स के विचार को स्पष्ट कीजिए।
   Explain the views of Hobbes on Natural Rights.
7. प्राकृतिक नियम और प्राकृतिक अधिकारों पर हॉब्स के विचारों की मीमांसा कीजिए।
   Discuss the views of Hobbes on Natural Law and Natural Rights.
8. प्राकृतिक नियम की परिभाषा दीजिए और उसके प्रकार का उल्लेख कीजिए।
   Define Natural Law and mention its kinds.
9. प्राकृतिक अधिकार की परिभाषा कीजिए तथा प्राकृतिक नियम और प्राकृतिक अधिकार के अंतर को बतलाइए।
   Define Natural Right and show the difference between the Natural Law and the Natural Right.
10. हॉब्स के राज्य की उत्पत्ति के सामाजिक समझौता सिद्धांत की विवेचना कीजिए।
    Discuss the theory of the origin of state of the social contract of Hobbes.
11. हॉब्स के राज्य की उत्पत्ति के कारणों का वर्णन करें।
    Describe the causes of the origin of state of Hobbes.
12. राज्य-स्थापना की विधियों का उल्लेख करें।
    Mention the methods of the formation of state.
13. हॉब्स के सामाजिक समझौते की प्रमुख विशेषताओं का वर्णन करें।
    Describe the main features of the social contract of Hobbes.

14. हॉब्स के सामाजिक समझौते द्वारा निर्मित राज्य की सरकार की प्रकृति की व्याख्या करें।

    Explain the nature of government of the state created by the social contract of Hobbes.

15. "हॉब्स के संविदा का निर्माण विद्रोह के किसी भी औचित्य को नष्ट करने के लिए निर्मित किया गया है।" हरमॉन। विवेचना कीजिए।

    "Hobbes contract is designed to avoid any justification of revolution." Harmon. Discuss.

16. हॉब्स के राज्य की उत्पत्ति के सामाजिक समझौता सिद्धान्त का मूल्यांकन करें।

    Evaluate the theory of social contract of the origin of state of Hobbes.

17. हॉब्स के राज्य की उत्पत्ति के सामाजिक समझौते सिद्धांत के गुण-दोषों का वर्णन करें।

    Describe the merits and demerits of the theory of social contract of the origin of state of Hobbes.

वस्तुनिष्ठ प्रश्न
(Objective Questions)

1. Who said this?

   "A perpetual and restless desire of power after power that ceases only in death."

   (a) Hobbes (b) Locke (c) Maxey (d) Catlin

2. Who said this?

   "The psychological principle behind all behaviour is self-preservation, and self-preservation means just the continuance of individual biological existence."

   (a) Dunning (b) Sabine (c) Jones (d) Catlin

3. Who said this?

   "The life of the man in the state of nature was solitary, poor, nasty, brutish and short."

   (a) Sabine (b) Locke (c) Hobbes (d) Rousseau

4. Who said this?

   "Only that is to be every man's, that he can get, and for so long as he can keep it."

   (a) Locke (b) Rousseau (c) Burke (d) Hobbes

5. Who said this?

   "Kill whom you can, take what you can."

   (a) Hobbes (b) Locke (c) Rousseau (d) Hobbes

6. Who said this?

   "Reason suggests convenient articles of peace, upon which men may be drawn to agreement. These articles are called the laws of nature."

   (a) Locke (b) Hobbes (c) Bodin (d) Rousseau

7. Who said this?

   "A Law of Nature is a precept or general rule, found out by reason, by which a main's forbidden to do that, which is destructive of his life, or takes away the means of preserving the same."

   (a) Locke (b) Rousseau (c) Hobbes (d) Bodin

8. Who said this?

   "The Law of nature is the dictate of right reason, conversant about those things which are either to be done, or omitted for the constant perservation of life."

   (a) Bodin (b) Locke (c) Rousseau (d) Hobbes

9. Who said this?

   "The right of nature is the liberty each man has to use his own power for the preservation of his own life."

   (a) Hobbes (b) Locke (c) Rousseau (d) Catlin

10. Who said this?

    "Natural right, he declared, signifies simply the liberty possessed by everyman of doing what seems best for the preservation of his existence."

    (a) Sabine (b) Dunning (c) Jones (d) Catlin

11. Who said this?

    "By right of nature, everyman has a claim to whatever will satisfy any of his desires; by the law of nature he is obliged to renounce some part of his claim for the more certain realization of the rest."

    (a) Sabine (b) Catlin (c) Dunning (d) Jones

12. Who said this?

    "Law and Right differ as much as obligation and liberty."

    (a) Locke (b) Burke (c) Bodin (d) Hobbes

13. Who said this?

"The final cause of the commonwealth is men's foresight of their own preservation and of a more contented life thereby."

(a) Hobbes (b) Locke (c) Bodin (d) Rousseau

14. Who said this?

"I authorize, and give up my right of governing myself, to this man or to this assembly of men, on the condition, that thou give up thy right to him and authorize all his actions in like manner."

(a) Locke (b) Hobbes (c) Rousseau (d) Bodin

15. Who said this?

"This is the generation of that great *Leviathan* or mortal god to which we owe under the immortal god, our peace and defence."

(a) Locke (b) Rousseau (c) Hobbes (d) Burke

16. Who said this?

"The social contract of Hobbes is made between subjects and subjects. The Sovereign is not a party to the contract but its creation."

(a) Sabine (b) Dunning (c) Jones (d) Ebenstein

17. Who said this?

"*Leviathan* is simply a policeman of such human size with a truncheon in his hand. His state is a necessary evil, an organ of coercion, for the attainment of a free and progressive civilization."

(a) Gooch (b) Sabine (c) Dunning (d) Jones

18. Who said this?

"The Cardinal fault of Hobbes is the utter failure to distinguish between the two conceptions of state and government."

(a) Sabine (b) Willoughby (c) Jones (d) Dunning

19. Who said this?

"To Hobbes, the troublesome party would always be the people. Hobbes's contract, therefore, is designed to avoid any justification of revolution."

(a) Sabine (b) Dunning (c) Harmon (d) Jones

20. यह कथन किसका है?

"कुछ मानव-इच्छाएँ संघर्ष का कारण न होकर शांति और सामंजस्य की स्थापना में योग देती है। जैसे–आराम की इच्छा, शारीरिक सुख की इच्छा, ज्ञान प्राप्ति की इच्छा, कला में दक्षता प्राप्त करने की इच्छा तथा अवकाश की इच्छा।"

(क) लॉक (ख) रूसो (ग) बर्क (घ) हॉब्स

21. यह कथन किसका है?

"प्राकृतिक अवस्था में मनुष्य का जीवन एकाकी, निर्धन, घृणित, पाशविक और अल्पायु होता है।"

(क) हॉब्स (ख) लॉक (ग) रूसो (घ) बोदां

22. यह कथन किसका है?

"प्राकृतिक नियम ही वे सिद्धांत हैं, जिनके आधार पर हॉब्स अपने समाज का निर्माण करता है। वे विवेक और सामाजिक नैतिकता के सिद्धांत हैं। वे सभ्यता के नियम और नैतिकता के मूल्यों की रचना करते हैं।"

(क) डनिंग (ख) सेबाइन (ग) जोन्स (घ) केटलिन

23. यह कथन किसका है?

"प्राकृतिक अधिकार, वे विशेष सुविधाएँ हैं, जिनकी अनुमति प्राकृतिक नियम देते हैं; प्राकृतिक नियम वह व्यवस्था है, जिसके अंतर्गत प्राकृतिक अधिकार निर्धारित किए जाते हैं और न्यायसंगत बनाए जाते हैं।"

(क) डनिंग (ख) मैक्सी (ग) जोन्स (घ) सेबाइन

24. यह कथन किसका है?

"हॉब्स के दोषपूर्ण दर्शन का अधिकांश भाग उसके दोषपूर्ण मनोविज्ञान के कारण है।"

(क) सेबाइन (ख) हॉब्स (ग) डनिंग (घ) केटलिन

25. यह कथन किसका है?

"क्या प्राकृतिक अवस्था में रहने वाले व्यक्ति इतने मूर्ख थे कि वे लोमड़ियों और जंगली बिल्लियों की शरारतों से तो बचने का प्रयत्न करते थे, लेकिन उस अवस्था में संतुष्ट थे तथा अपने आपको सुरक्षित अनुभव करते थे, जब शेर उन्हें निगले जा रहा हो।"

(क) लॉक (ख) हॉब्स (ग) रूसो (घ) गेटेल

उत्तर
(Answers)

1. (a) 2. (b) 3. (c) 4. (d) 5. (a) 6. (b) 7. (c) 8. (d) 9. (a) 10. (b) 11. (c) 12. (d) 13. (a) 14. (b) 15. (c) 16. (d) 17. (a) 18. (b) 19. (c) 20. (घ) 21.(क) 22. (ख) 23. (ग) 24. (घ) 25. (क)

3

संप्रभुता
(Sovereignty)

राजनीतिविज्ञान के क्षेत्र में हॉब्स की सबसे बड़ी देन-संप्रभुता का सिद्धांत है। संप्रभुता राज्य की उत्पत्ति के सामाजिक समझौते का प्रतिफल है। प्राकृतिक अवस्था के मनुष्यों के आपसी समझौते के फलस्वरूप राज्य की उत्पत्ति हुई; लेकिन इस समझौते को सुरक्षित रखने के लिए एक सर्वोच्च शक्ति की आवश्यकता हुई; क्योंकि स्वयं हॉब्स ने कहा है, "शक्ति के अभाव में समझौता केवल शब्दजाल है।"[1] अतएव, उसने एक सर्वशक्तिशाली संप्रभु का निर्माण किया, जो समझौते की पवित्रता को सुरक्षित रखकर शांति की स्थापना करें तथा समझौते का उल्लंघन करने वाले व्यक्तियों को दंड दे। यद्यपि, विवेक के आधार पर समझौता हुआ, लेकिन मनुष्यों में उसकी मात्रा कम रहने के कारण आवेगों और स्वार्थों को नियंत्रण में रखना कठिन था; इसलिए एक निरंकुश संप्रभु या सरकार की आवश्यकता हुई।[2]

आधुनिक युग में मेकियावेली पहला विचारक था, जिसने विद्वानों का ध्यान संप्रभुता की ओर आकृष्ट किया। आगे चलकर जीन बोदाँ ने संप्रभुता को परिभाषित किया। उसके शब्दों में, "संप्रभुता नागरिकों और प्रजाजनों पर शासन करने वाली वह सर्वोच्च शक्ति है, जिस पर कानूनों का कोई नियंत्रण नहीं होता।"[3]

---

1. "Covenants without the sword, are mere words, and of no strength to secure a man at all."—Hobbes, *Leviathan,* Chapter VII.
2. "Apparently Hobbes meant that reason provides a sufficient ground for mutual accord but is too weak to affect the avarice of men in the mass. So he gave force to government."—Sabine.
3. "Sovereignty is supreme power over citizens and subjects, unrestrained by the laws."—Jean Bodin.

यद्यपि, बोदाँ ने सर्वोच्च शक्ति को संप्रभुता माना है, लेकिन वह ईश्वरीय, प्राकृतिक, सांविधानिक, अंतर्राष्ट्रीय और संपत्ति संबंधी कानूनों से सीमित तथा नियंत्रित रहता है। अर्थात् बोदाँ का संप्रभु निरंकुश नहीं है। वह उपर्युक्त कानूनों से आबद्ध रहता है। दूसरी ओर, हॉब्स ने असीमित और निरंकुश संप्रभुता का सांगोपांग तथा क्रमबद्ध सिद्धांत विकसित किया है एवं संप्रभुता को उन समस्त सीमाओं से मुक्त कर दिया है, जो बोदाँ ने लगाया था। **सेबाइन** ने ठीक ही कहा है, "हॉब्स ने संप्रभुता को उन समस्त अयोग्यताओं से पूर्णतः मुक्त कर दिया, जिन्हें बोदाँ ने अनावश्यक रूप से बनाए रखा था।"[1]

वस्तुतः बोदाँ का संप्रभुता का सिद्धांत एक अपूर्ण सिद्धान्त था। हॉब्स ने उसे सभी प्रकार की सीमाओं, बंधनों और मर्यादाओं से मुक्त करके पूर्णता प्रदान की है। जैसा कि **हरमॉन** का विचार है, "हॉब्स का संप्रभु बोदाँ के संप्रभु की अपेक्षा पूर्ण शक्ति से युक्त है।"[2]

संप्रभुता की परिभाषा
(Definition of Sovereignty)

हॉब्स संप्रभुता को उस व्यक्ति या व्यक्ति समूह में निहित मानता है, जिसे लोग समझौते के अनुसार अपने सब अधिकारों को हस्तांतरित कर देते हैं। **हॉब्स** के शब्दों में, "संप्रभुता वह शक्ति है, जिसको एक विशाल जनसमूह ने, एक-दूसरे से पारस्परिक समझौता करके इस उद्देश्य से अपने कार्यों का कर्त्ता बना लिया है कि वह उनकी शांति और सुरक्षा के लिए उन सबकी शक्तियों और साधनों की आवश्यकता के अनुसार प्रयोग कर सकता है।"

प्रो॰ डनिंग ने भी लिखा है, "संप्रभु का अर्थ उस व्यक्ति या व्यक्ति समूह से है जो समझौते की उन शर्तों द्वारा जिन पर राज्य आधारित है, समझौता करने वाले प्रत्येक पक्ष के बदले शांतिपूर्ण जीवन के उद्देश्य की प्राप्ति हेतु कार्य करने के लिए अधिकृत हो।"[3]

उपर्युक्त परिभाषा से यह स्पष्ट है कि संप्रभु समझौते का प्रतिफल है और उसका मुख्य कार्य है राज्य में शांति तथा सुरक्षा की स्थापना करना। वह राज्य में सर्वोपरि और सर्वशक्तिमान है।

---

1. "Hobbes relieved sovereignty completely from the disabilities, which Bodin had inconsistently left standing."—Sabine, *History of Political Theory.*
2. "Hobbes's sovereign has far more complete power than does Bodin."—Harmon.
3. "By the sovereign is meant that individual or assembly who, by the terms of the contract on which the commonwealth rests, is authorised to will instead of every party to the contract for the end of a perpetual life."—Dunning, *A History of Political Theories.*

संप्रभुता की विशेषताएँ
(Characteristics of Sovereignty)

हॉब्स की संप्रभुता की निम्नलिखित विशेषताएँ उल्लेखनीय हैं–

1. संप्रभुता निरंकुश (Absolute Sovereignty)–हॉब्स ने जिस संप्रभुता का वर्णन किया है, वह अपने-आप में निरंकुश है; क्योंकि उसके पास सारी शक्तियाँ हैं। वह सर्वशक्तिशाली और सर्वशक्तिमान है। वह कानून का निर्माता और प्राकृतिक अधिकारों का प्रदाता है। वह पद और सम्मान में भी सर्वोच्च है। उसके कार्यों की कोई सीमा नहीं है। सिक्का बनाने, संपत्ति का हस्तांतरण करने, परमाधिकार का प्रयोग करने या उन्हें हस्तांतरित कर देने की पूरी शक्ति उसे प्राप्त है। इस हस्तांतरण से उसकी संप्रभुता में कोई कमी नहीं होती। वेपर ने लेवियाथन को घमंडी राजा कहा है, जिसकी शक्ति की तुलना पृथ्वी पर किसी से नहीं की जा सकती।[1]

2. संप्रभुता अविभाज्य (Indivisible Sovereignty)–हॉब्स का कथन है कि राज्य का विभाजन नहीं हो सकता; क्योंकि उसमें संप्रभुता विभाजित हो जाती है और राज्य का अस्तित्व अपने आप में समाप्त हो जाता है। राज्य का विभाजन होते ही विरोधी सेनाएँ खड़ी हो जाती हैं तथा गृह-युद्ध आरम्भ हो जाते हैं। अतएव, हॉब्स का मत है कि विधायिका, कार्यपालिका और न्यायपालिका–ये तीनों शक्तियाँ एक ही संप्रभु के हाथों में रहनी चाहिए। उनके विभाजन करने से राज्य में अशांति और खतरा उत्पन्न हो जाएगा। इस प्रकार संप्रभुता अविभाज्य है।

3. संप्रभुता अदेय (Inalienable Sovereignty)–राज्य में जिस व्यक्ति के पास संप्रभुता है, उससे लेकर वह किसी दूसरे व्यक्ति को नहीं दी जा सकती। क्योंकि, लोगों ने राज्य के निर्माण के समय ही इस बात का समझौता किया है कि संप्रभु के कार्यों को वे स्वयं अपने द्वारा किए गए मानेंगे और वह जो निर्णय करेगा उसे अपने द्वारा किया गया निर्णय मानेंगे। अत:, यदि कोई एक व्यक्ति इस समझौते को तोड़ता है, तो सभी को अपना समझौता तोड़ना पड़ेगा। वस्तुत:, संप्रभु अपनी शक्तियों में विभाजन कर किसी दूसरे व्यक्ति को हस्तांतरित नहीं कर सकता। जैसे, यदि वह सेना का हस्तांतरण कर स्वयं केवल न्याय की शक्ति अपने पास रखे तो न्याय व्यर्थ हो जाएगा; क्योंकि तब कानूनों का कार्यान्वयन हो ही नहीं सकता। अतएव, संप्रभुता अदेय है।

4. संप्रभुता असीमित (Unlimited Sovereignty)–हॉब्स के अनुसार, संप्रभु की शक्ति की कोई सीमा नहीं है। वह नागरिक और सांविधानिक कानूनों का

---

1. "Leviathan, the King of the proud, with whom no power on earth can compare."—Wayper.

स्रोत है तथा प्राकृतिक नियमों का व्याख्याता है। वह कानूनों की सीमा से ऊपर है; क्योंकि कोई कानून उसे बाँध नहीं सकता। किसी न्यायालय में उसके विरुद्ध मुकदमा नहीं चलाया जा सकता। कानून तथा नैतिकता उसकी इच्छाएँ हैं।[1]

5. संप्रभुता अपरिवर्तनशील (Irrevocable Sovereignty)–संप्रभुता अपरिवर्तनशील इस अर्थ में है कि एक बार जिन लोगों ने समझौते द्वारा किसी व्यक्ति को अपना संप्रभु बना लिया है, बिना उसकी पूर्व स्वीकृति के उसकी संप्रभुता को अस्वीकार नहीं कर सकते और पुनः प्राकृतिक अवस्था में वापस भी नहीं लौट सकते।

6. संप्रभु अदंडनीय (Unpunishable Sovereign)–हॉब्स के संप्रभु को कोई दंड नहीं दे सकता; क्योंकि जब संप्रभु कोई अपराध ही नहीं करता तो उसे दंड देने का प्रश्न ही पैदा नहीं होता।

7. संप्रभु अनुत्तरदायी (Irresponsible Sovereign)–हॉब्स का कथन है कि संप्रभु स्वयं समझौते का कोई पक्ष नहीं है; क्योंकि प्रत्येक व्यक्ति संप्रभु को शक्ति देने के लिए प्रत्येक दूसरे व्यक्ति से समझौता करता है, स्वयं संप्रभु से नहीं। अतएव, संप्रभु अपने कार्यों के लिए किसी के प्रति उत्तरदायी नहीं है तथा उसके किसी भी कार्य से समझौते की शर्तों का उल्लंघन नहीं होता।

8. संप्रभु कानून का स्रोत है (Sovereign is the Source of Law)–संप्रभु सभी प्रकार के कानूनों का स्रोत है। उसका आदेश ही कानून होता है।[2] वह कानून का निर्माण करता है तो आवश्यकता पड़ने पर उसमें वह संशोधन भी करता है।

9. संप्रभु न्यायी और हानिरहित होता है (Sovereign is just and Harmless)–संप्रभु राज्य में न्यायी होता है। वह किसी भी व्यक्ति को हानि नहीं पहुँचाता है। वस्तुतः, संप्रभु द्वारा दिया गया कष्ट स्वयं अपने द्वारा दिया गया कष्ट है। इसलिए, व्यक्ति उसके लिए स्वयं को ही दोष दे सकता है, संप्रभु को नहीं। आगे चलकर रूसो ने भी हॉब्स के इस मत को स्वीकार किया है।

10. बहुमत संप्रभुता का निर्माण करता है (Majority Creates Sovereignty)–हॉब्स का मत है कि सामाजिक समझौते के आधार पर राज्य का निर्माण किया गया और बहुमत ने संप्रभुता की सृष्टि की। अल्पमत इसका विरोध करने योग्य नहीं है। बहुमत का निर्णय अंतिम होता है।

11. संप्रभु पूर्व समझौते से मुक्त (Sovereign Free from Previous Covenants)–हॉब्स का संप्रभु पूर्व के सभी समझौतों से मुक्त रहता है। उसके

1. Hobbes, *Leviathan,* Part II, Chapter XXVI.
2. "Law is the command of the sovereign."

रहते राज्य में कोई दूसरा संप्रभु नहीं हो सकता। जनता दूसरा समझौता नहीं कर सकती।

संप्रभु की शक्तियाँ और कार्य
(Powers and Functions of Sovereign)

संप्रभु की शक्तियाँ और कार्य निम्नलिखित हैं–

1. नियुक्ति-शक्ति (Appointing Power)–संप्रभु राज्य में प्रशासन का सर्वेसर्वा होता है। अतः, प्रशासन को सुचारू रूप से चलाने के लिए वह मंत्रियों सेनापतियों, परामर्शदाताओं, न्यायाधीशों तथा दूसरे सार्वजनिक पदाधिकारियों की नियुक्ति करता है तथा उनके कार्य पर निगरानी रखता है।

2. संप्रभुता-शक्ति का उपयोग (Power to Consume Sovereignty)–संप्रभु अपनी संप्रभुता का उपयोग अविच्छिन्न रूप से करता है। उसमें कोई बाधा नहीं उपस्थित करता है। वह संप्रभुता का प्रयोग स्वेच्छा से करता है।

3. शांति और सुरक्षा (Peace and Security)–संप्रभु का पुनीत कर्तव्य है कि राज्य में शांति और सुरक्षा की व्यवस्था करे। शांति में ही राज्य प्रगति के मार्ग पर चलता है और जनता अपने कर्तव्यों का पालन सही ढंग से करती है।

4. कर लगाना (To Levy Taxes)–संप्रभु राज्य के सभी संपत्ति का भोक्ता है। वह राज्य शासन को चलाने के लिए प्रजा पर समय-समय पर कर लगाता है। अतः, प्रजा को ईमानदारी के साथ कर देना चाहिए।

5. युद्ध और शांति की घोषणा (To Declare War and Peace)–संप्रभु कभी भी किसी राज्य के साथ परिस्थिति के अनुसार युद्ध की घोषणा कर सकता है या संधि करके शांति की स्थापना कर सकता है। उसे इस कार्य के संपादन के लिए किसी से पूर्व अनुमति नहीं लेनी पड़ती, चूँकि वह राज्य का सर्वेसर्वा शासक होता है।

6. दंड देने की शक्ति (Power to Punish)–संप्रभु को अपराधियों को दंड देने की शक्ति प्राप्त है। अगर राज्य में कोई व्यक्ति चोरी, डकैती, हत्या, व्यभिचार और कानूनों की अवहेलना करता है, तो संप्रभु उसे उचित दंड देकर राज्य में न्याय की स्थापना करता है।

7. न्याय करना (To do Justice)–संप्रभु राज्य में उत्पन्न नागरिकों के बीच झगड़ों का निपटारा करता है। वह विवादों को सुनता है और कानूनों के आधार पर अपना निर्णय देता है।

8. कानून की व्याख्या (To Interpret the Law)–संप्रभु सभी कानूनों का स्रोत है। अत:, वह अस्पष्ट कानूनों की व्याख्या करता है, जिसे जनता को स्वीकार करना पड़ता है।

9. भाषण और लेखन पर नियंत्रण (Control Over Speeches and Writings)–लोगों के भाषण और लेखन पर संप्रभु का नियंत्रण रहता है। कोई भी व्यक्ति अपने सिद्धान्त का प्रसार तब तक नहीं करता, जब तक कि संप्रभु उसे अपनी स्वीकृति न दे दे। ऐसा इसलिए किया गया है कि राज्य की शांति भंग न हो और व्यक्ति की सुरक्षा बनी रहे।

10. संपत्ति पर नियंत्रण (Control Over Property)–राज्य में संपत्ति पर संप्रभु का नियंत्रण रहता है; क्योंकि वह समस्त संपत्ति का स्वामी होता है। वह जनता की संपत्ति को राज्य हित में छीन सकता है। वह संपत्ति विषयक कोई भी कानून बना सकता है।

11. सर्वोच्च सेनाध्यक्ष (Supreme Commander of Forces)–संप्रभु राज्य की स्थल, जल, वायु, आदि सभी सेनाओं का सर्वोच्च सेनाध्यक्ष होता है। वह मुख्य सेनाध्यक्षों की नियुक्ति करता है, जो उसके निर्देशन में कार्य करते हैं।

12. पुरस्कार और सम्मान देना (To Give Award and Honour)–संप्रभु राज्य में विशेष और महत्वपूर्ण सेवाओं के लिए लोगों को पुरस्कार देता है और उन्हें सम्मानित करता है, जिससे राज्य की प्रतिष्ठा बढ़ती है और राज्य आगे बढ़ता है।

इस प्रकार, संप्रभु की शक्तियाँ और कार्य काफी विस्तृत है। **हॉब्स** ने कहा है, "इन्हीं अधिकारों में संप्रभुता का सार निहित है।"[1]

बल का औचित्य
(Justification of Force)

बल का प्रयोग उचित (The Use of Force is Justified)–हॉब्स ने संप्रभुता द्वारा बल का प्रयोग किया जाना सर्वथा उचित ठहराया है। उसका कथन है कि मनुष्यों में समाजविरोधी प्रवृत्तियाँ होती हैं। अतएव, उनसे यह आशा नहीं की जा सकती है कि वे समझौते की शर्तों के अनुसार एक-दूसरे के अधिकारों का सम्मान करेंगे। वे ऐसा तभी कर सकते हैं, जब शासक शक्तिशाली हो और समझौते की शर्तों का पालन न करने वालों को दंड दे। **हॉब्स** ने स्वयं लिखा है, "तलवार के बिना, समझौते केवल शब्द ही शब्द हैं और उनमें वह शक्ति नहीं है कि मनुष्य उनका पालन करने के लिए विवश हो।"[2]

1. "These are the rights which make the essence of sovereignty."—Hobbes.
2. Hobbes, *Leviathan,* Chapter XVIII.

हॉब्स का विचार है कि समझौते के द्वारा शासक की स्थापना इसलिए की जाती है कि वह मनुष्यों को शांति तथा सुरक्षा प्रदान करे। अतएव, उसमें यह शक्ति होनी चाहिए कि शांति तथा सुरक्षा की स्थिति को बनाए रखे। आवश्यकता पड़ने पर उसे मनुष्यों की असामाजिक प्रवृत्ति के दमन की भी शक्ति होनी चाहिए। मनुष्य दंड के भय से ही सामाजिक व्यवहार करने के लिए विवश होता है। हॉब्स ने कहा है कि मनुष्य अपने विवेक के आधार पर एक-दूसरे से मिलकर रह सकता है। लेकिन, विवेक इतना दुर्बल होता है कि साधारण मनुष्य की वासनाओं पर नियंत्रण नहीं रख सकता। अतएव, संप्रभु द्वारा बल का प्रयोग किया जाना आवश्यक और वांछनीय है जैसा कि **हॉब्स** स्वीकार करता है, "यदि किसी विवशकारी शक्ति का भय न हो तो मनुष्य की इच्छा, लोभ, क्रोध तथा अन्य वासनाओं को नियंत्रण में नहीं रखा जा सकता है।"[1]

इस संदर्भ में, **सेबाइन** भी कहता है, "हॉब्स के सिद्धांत ने शासन को बल के साथ समीकृत किया है। बल का चाहे प्रयोग किया जाए या नहीं, वह पृष्ठभूमि में अवश्य रहना चाहिए।"

जनता को संप्रभु के विरूद्ध विद्रोह करने का अधिकार (The Right of People to Revolt against the Sovereign)

हॉब्स ने अग्रलिखित परिस्थितियों में जनता को संप्रभु के विरूद्ध विद्रोह करने का अधिकार दिया है–

1. आत्मरक्षा (Self-protection)–यदि संप्रभु जनता के जीवन को बचाने में असमर्थ सिद्ध होता है, तो वैसी स्थिति में जनता उसके विरूद्ध विद्रोह कर सकती है। जैसा कि **हॉब्स ने लेवियाथन** में लिखा है, "यदि राजा किसी व्यक्ति को अपनी हत्या करने, अपने को घायल करने, अपने अंग को भंग करने, अपने आक्रमणकारियों का विरोध न करने या भोजन, वायु, औषधि या जीवन को सुरक्षित रखनेवाली किसी दूसरी वस्तु के प्रयोग न करने की आज्ञा देता है तो व्यक्ति को संप्रभु की अवज्ञा करने का पूर्ण अधिकार है।"[2]

2. यदि संप्रभु का आदेश जीवन को खतरे में डाले (If the Command of the Sovereign Makes the Life in Danger)–यदि किसी व्यक्ति को संप्रभु शत्रु से लड़ने और उसे अपना खतरे में डालने की आज्ञा दे, तो वह व्यक्ति

1. *Ibid.*, Chapter XVII.
2. To begin with, it should be obvious why logic requires Hobbes to allow that every man has a right to disobey if his sovereign command him, "to kill, wound, or may be himself, or not to resist those that assault him, or to abstain from the use of food, air, medicine, or any other thing, without which he cannot live."—Hobbes.

उसकी अवहेलना भी कर सकता है; क्योंकि संप्रभु की आज्ञापालन का एकमात्र उद्देश्य आत्मरक्षा ही है।

इस प्रकार, उपर्युक्त दोनों ही परिस्थितियों में जनता संप्रभु के विरूद्ध विद्रोह कर नए संप्रभु को चुन सकती है, जो उसके जीवन की रक्षा पूर्ण रूप से कर सके। **जोन्स** का भी कथन है, "मनुष्य समझौते द्वारा अपने जीवन की सुरक्षा के लिए शासक की स्थापना करते हैं। इसका यह अर्थ नहीं है कि उन्होंने उसे अपने प्राण लेने का अधिकार दे दिया है।"[1]

हॉब्स आगे लिखता है कि यदि शासक अपनी प्रजा को सुरक्षा प्रदान करने में असफल होता है, तो प्रजा उसका विरोध कर सकती है। इस संदर्भ में, हॉब्स के विचारों को अंकित करते हुए; **सेबाइन** ने लिखा है, "प्रजा केवल सुरक्षा के लिए शासन की अधीनता स्वीकार करती है। यदि शासन सुरक्षा प्रदान नहीं कर पाता, तो उसका विरोध वास्तव में आवश्यक हो जाता है। यदि विरोध सफल हो जाता है और शासक अपनी शक्ति खो देता है, तो वह शासक नहीं रह जाता तथा उसकी 'प्रजा प्रजा नहीं रह जाती। ऐसी स्थिति में, प्रजा अपनी रक्षा के लिए किसी दूसरे शासक की आज्ञा का पालन करने के लिए तैयार होकर उचित कार्य करती है। हॉब्स के सिद्धांत में शक्तिविहिन शासक के अधिकार को कोई वैधता नहीं है।"

संप्रभुता की आलोचनाएँ
(Criticisms of Sovereignty)

हॉब्स के संप्रभुता सिद्धांत की आलोचनाएँ निम्नलिखित आधार पर की गई है–

1. निरंकुश संप्रभुता (Absolute Sovereignty)–आलोचकों का कथन है कि हॉब्स की संप्रभुता अविभाजित, अदेय, असीमित और सर्वशक्तिमान है। हॉब्स ने संप्रभुता को उन सब मर्यादाओं से पूर्णतः मुक्त करके, जो बोदाँ ने उसपर आरोपित की थीं, पूर्णतया स्वतंत्र, स्वच्छंद तथा स्वेच्छाचारी बना दिया। इस प्रकार, उसने अपने सिद्धांत द्वारा निरंकुशवाद का प्रचंड पोषण किया है। निरंकुश संप्रभुता अव्यावहारिक और अवांछनीय है।

2. खतरनाक और असंभव (Dangerous and Impossible)–प्रो॰ वाहन ने निरंकुश संप्रभुता को खतरनाक और असंभव बताया है। यह खतरनाक इसलिए है कि इसमें निरंकुशता का समर्थन किया गया है। असंभव इसलिए

1. "The reason is that, since men contract together to institute a sovereign only in order to save their lives, it cannot be maintained that they grant to the sovereign whom they thus set up the right to take their lives."—Jones, W.T.

है कि इसके अनुसार राज्य के प्रजाजनों में एकता का एकमात्र आधार प्राकृतिक अवस्था में पुनः लौट जाने का भय है।

3. राज्य की एकता भय पर आधारित (Unity of the State Based on Fear)–हॉब्स का राज्य भय पर आधारित है। वस्तुतः, भय का बंधन सदा कृत्रिम और अस्वाभाविक होता है। अतएव, संप्रभु के भय को राज्य के सदस्यों की एकता का सूत्र बताकर हॉब्स ने भयंकर भूल की है। इस भूल का कारण उसकी यह गलत धारणा थी कि समकालीन इंग्लैंड में होने वाले विनाशकारी गृह-युद्ध का अंत करने के लिए निरंकुश शासन ही एकमात्र वास्तविक निदान था। इसलिए, उसने निरंकुश संप्रभु का समर्थन किया है, जिसकी कटु आलोचनाएँ उसके जीवनकाल में ही की गईं। जैसा कि **गेटेल** ने लिखा है, "हॉब्स का सामाजिक समझौता के सिद्धांत के आधार पर निरंकुशवाद का समर्थन करने का प्रयत्न पूर्णतः विफल रहा है।"[1]

4. असीमित संप्रभुता (Unlimited Sovereignty)–हॉब्स ने असीमित संप्रभुता की कल्पना की है। उसने संप्रभु की आज्ञा को कानून माना है। उसका संप्रभु असीम शक्ति का प्रयोग करता है। लेकिन, सर हेनरी मेन ने ऐतिहासिक तथ्यों के आधार पर इस कथन को असत्य प्रमाणित किया है। उसका विचार है कि प्रत्येक राज्य में अनेक ऐसी प्रत्यक्ष और परोक्ष प्रभावशाली शक्तियाँ कार्य करती हैं, जिनकी अवहेलना कोई भी प्रभुसत्ताधारी नहीं कर सकता। इस तर्क के पक्ष में उसने सिखों के महाराजा रणजीत सिंह का उदाहरण दिया है और कहा है, "रणजीत सिंह कुछ भी आदेश कर सकता था। उसकी आज्ञा न मानने पर मृत्युदंड या अंग-भंग हो सकता था। लेकिन, उसने अपने जीवन में एक बार भी ऐसा आदेश जारी नहीं किया, जिसे हॉब्स कानून कह सके। वह हमेशा प्रजा में प्रचलित रीति-रिवाजों और परम्पराओं को मानता रहा।" वस्तुतः, रणजीत सिंह निरंकुश शासक होते हुए भी रीति-रिवाजों और परम्पराओं का आदर करता था। लास्की का भी कहना है, "कहीं भी, किसी अधिपति ने कभी असीमित शक्तियाँ नहीं पाई। ऐसी शक्तियों के प्रयोग का परिणाम संरक्षण ही सिद्ध हुआ है।"[2]

5. अव्यावहारिक और अमान्य (Impracticable and Unacceptable)–हॉब्स के संप्रभुता सिद्धांत को अव्यावहारिक और बताया गया है। इसका व्यावहारिक

---

1. "Hobbes's attempt to divert the social contract theory to the support of absolution was a complete failure."—Gettell, *History of Political Thought,* 1979.
2. "No sovereign has anywhere possessed unlimited power and in attempt to exert it has always resulted in the establishment of safeguards."—Laski.

रूप कभी भी नहीं दिया जा सकता है और न कोई राज्य इसे सिद्धांत में ही स्वीकार कर सकता है।

6. **आत्मविनाशक संप्रभुता** (Self-destructor Sovereignty)–हॉब्स का संप्रभुता-सिद्धांत आत्मविनाशक है; क्योंकि हॉब्स ने लोगों को भेड़-बकरी के समूह जैसा मानकर, उन्हें दासता के बंधन में बाँध दिया है।

7. **नैतिकता की उपेक्षा** (Negligence of Morality)–हॉब्स ने मनुष्य की नैतिक प्रवृत्ति को मान्यता दी है। उसने केवल, उसकी आत्मरक्षा की प्रवृत्ति को ही मान्यता दी है। भय और आतंक ही राज्य में प्रजाजनों को बाँधने का बंधन है। उसके सदस्यों के बीच में कोई नैतिक संबंध नहीं है। इस प्रकार, नैतिकता की पूर्णरूप से उपेक्षा की गई है।

8. **जनहित नहीं** (No Public Welfare)–हॉब्स के अनुसार, प्राकृतिक अवस्था में लोगों ने राज्य का निर्माण एक समझौते के द्वारा अपने हित के लिए किया। लेकिन, संप्रभु की शक्ति को देखकर ऐसा लगता है कि उन्हें हित पहुँचाने वाली कोई वस्तु उनके पास बची ही नहीं। यदि ऐसा है, तो फिर इतने निरंकुश संप्रभु की क्या आवश्यकता थी। यदि संप्रभुता की स्थापना का उद्देश्य सभी को हित पहुँचाना था, तो उसको व्यावहारिक रूप नहीं दिया जा सका। वस्तुत:, संप्रभुता की स्थापना के बाद व्यक्ति का हित संभव नहीं है।

9. **सद्गुणों का प्रयोग** (Use of Virtues)–आलोचकों का कथन है कि दुष्ट व्यक्तियों को सही रास्ते पर लाने के लिए केवल निरंकुश संप्रभु ही पूर्ण नहीं, बल्कि सद्गुणों के आधार पर भी उनकी दृष्टता को समाप्त किया जा सकता है। इतिहास में अनेक ऐसे शासक हुए, जिन्होंने अपने धार्मिक और उदार नीतियों के द्वारा आततायियों पर निरापद शासन किया तथा सबके विश्वासभाजन बने।

10. **कोई संप्रभु बुरा नहीं** (No Sovereign is Bad)–हॉब्स के सिद्धान्त में कोई भी सरकार बुरी नहीं होती, केवल लोग शक्ति के भय के कारण उसे बुरा या भला कहते हैं। अतएव, उनका संप्रभु कभी बुरा नहीं होता। वह सदा पूज्य है तथा यदि वह अकारण ही किसी की जान ले ले, तो भी उसे संप्रभु का अपराध नहीं कहा जा सकता। इसे उस व्यक्ति द्वारा आत्महत्या कहा जाएगा; क्योंकि संप्रभु के सभी कार्य के अपने ही कार्य हैं। आलोचकों के अनुसार यह तर्क गलत सिद्धांत पर आधारित है।

11. **शक्ति न्याय का आधार** (Power is the Basis of Justice)–हॉब्स का मत है कि संप्रभु के अस्तित्व का औचित्य केवल शक्ति है। उसका प्रयोग

ही न्याय है। बिना नियंत्रण की शक्ति जब न्याय का स्रोत बन जाती है, तो वह सर्वविनाशी और दुर्दमनीय बन जाती है।

12. निरा वैधानिक संप्रभु (Quite Legal Sovereign)–आलोचकों का कहना है कि हॉब्स ने जिस संप्रभु की कल्पना की है वह निरा वैधानिक है; क्योंकि ऐसा सर्वशक्तिशाली तथा अनियंत्रित संप्रभु कभी व्यावहारिकता में नहीं हो सकता; केवल विधान में ही संभव है।

निष्कर्ष

उपर्युक्त आलोचनाओं के बावजूद भी यह मानना पड़ेगा कि हॉब्स के संप्रभुता-सिद्धांत का ऐतिहासिक महत्व है। किसी व्यक्ति या व्यक्ति समूह को संप्रभु मानकर सत्ता के विभाजन का उसने विरोध किया है। हॉब्स के निरंकुश संप्रभुता का मूल लक्ष्य था–इंग्लैंड में स्थायी राजतंत्रात्मक शासन की स्थापना करना। उसकी एकात्मक और कानूनी संप्रभुता का बहुत बड़ा प्रभाव रूसो की सामान्य इच्छा तथा जॉन आस्टिन के संप्रभुता-सिद्धांत पर पड़ा। अंततः, जैसा कि हॉब्स ने कहा है, "संप्रभु नश्वर ईश्वर है, जिसके हाथों में तलवार और छड़ी दोनों हैं।"[1]

प्रश्न
(Questions)

1. हॉब्स के संप्रभुता-सिद्धांत की विवेचना कीजिए।
   Discuss the theory of sovereignty of Hobbes.
2. हॉब्स की संप्रभुता की परिभाषा दीजिए और उसकी मुख्य विशेषताओं का उल्लेख कीजिए।
   Define Hobbes's sovereignty and mention its chief characteristics.
3. हॉब्स की संप्रभुता से आप क्या समझते हैं? उसकी शक्तियों और कार्यों का वर्णन कीजिए।
   What do you mean by Hobbes's sovereignty? Deseribe its powers and functions.
4. हॉब्स की संप्रभुता की परिभाषा कीजिए। क्या संप्रभु के द्वारा बल का प्रयोग औचित्यपूर्ण है? विवेचना कीजिए।
   Define Hobbes's sovereignty. Is the use of force by the sovereign justified? Discuss.

---

1. "Very properly does Hobbes call his sovereign a mortal God and unite in his hands both the sword and the crosier."—Sabine.

5. हॉब्स की संप्रभुता क्या है? क्या जनता को संप्रभु के विरुद्ध विद्रोह करने का अधिकार है? विवेचना कीजिए।

   What is Hobbes's sovereignty? Have the people the right to revolt against the sovereign? Discuss.

6. हॉब्स के संप्रभुता-सिद्धांत की व्याख्या कीजिए और उसकी आलोचनाओं पर प्रकाश डालिए।

   Explain the Hobbes's theory of sovereignty and throw light on its criticisms.

7. संप्रभुता पर हॉब्स और बोदां के विचारों की तुलना कीजिए।

   Compare the views of Hobbes and Bodin on sovereignty.

8. "बोदां ने संप्रभुता पर जो मर्यादाएँ आरोपित की थीं, हॉब्स ने उसे उनसे पूर्णतः मुक्त कर दिया।" सेबाइन। विवेचना कीजिए।

   "Hobbes relieved sovereignty completely of the disabilities which Bodin had inconsistently left standing." Sabine. Discuss.

वस्तुनिष्ठ प्रश्न
(Objective Questions)

1. Who said this?

   "Covenants without the sword, are mere words, and of no strength to secure a man at all."

   (a) Hobbes (b) Locke (c) Bodin (d) Rousseau

2. Who said this?

   "Apparently Hobbes meant that reason provides a sufficient ground for mutual accord but is too weak to affect the avarice of men in the mass. So he gave force to government."

   (a) Locke (b) Sabine (c) Jones (d) Dunning

3. Who said this?

   "Sovereignty is supreme power our citizens and subjects, unrestrained by the Laws."

   (a) Hobbes (b) Locke (c) Bodin (d) Rousseau

4. Who said this?

   "Hobbes relieved sovereignty from the disabilities, which Bodin had inconsistently left standing."

   (a) Dunning (b) Jones (c) Maxey (d) Sabine

5. Who said this?

   "Hobbes's sovereign has far more complete power than does Bodin."

   (a) Harmon (b) Sabine (c) Dunning (d) Jones

6. Who said this?

   "By the sovereign is meant that individual or assembly who, by the terms of the contract on which the commonwealth rests, is authorised to will instead of every party to the contract for the end of a perpetual life."

   (a) Sabine (b) Dunning (c) Jones (d) Maxey

7. Who said this?

   "*Leviathan*, the king of the proud, with whom no power on earth can compare."

   (a) Sabine (b) Jones (c) Wayper (d) Maxey

8. Who said this?

   "These are the rights which make the essence of sovereignty."

   (a) Sabine (b) Locke (c) Bodin (d) Hobbes

9. Who said this?

   "To begin with, it should be obvious why logic requires Hobbes to allow that every man has a right to disobey if his sovereign command him, to kill, wound, or may be himself, or not to resist those that assault him, or to abstain from the use of food, air, medicine, or any other thing, without which he cannot live."

   (a) Hobbes (b) Locke (c) Bodin (d) Rousseau

10. Who said this?

    "The reason is that, since man contract together to institute a sovereign only in order to save their lives, it cannot be maintained that they grant to the sovereign whom they thus set up the right to take their lives."

    (a) Sabine (b) Jones (c) Maxey (d) Wayper

11. Who said this?

    "Hobbes's attempt to divert the social contract theory to the support of absolutism was a complete failure."

    (a) Jones (b) Wayper (c) Dunning (d) Sabine

12. Who said this?

    "No sovereign has anywhere possessed unlimited power and in attempt to exert it has always resulted in the establishment of safeguards."

    (a) Sabine (b) Jones (c) Maxey (d) Laski

13. Who said this?

"Very properly does Hobbes call his sovereign a mortal God and unite in his hands both the sword and the crosier."

(a) Sabine (b) Wayper (c) Laski (d) Jones

14. यह कथन किसका है?

"संप्रभु की शक्ति की कोई सीमा नहीं है। वह नागरिक और सांविधानिक कानूनों का स्रोत है तथा प्राकृतिक नियमों का व्याख्याता है। वह कानूनों की सीमा से ऊपर है; क्योंकि कोई कानून उसे बाँध नहीं सकता। किसी न्यायालय में उसके विरुद्ध मुकदमा नहीं चलाया जा सकता। कानून तथा नैतिकता उसकी इच्छाएँ हैं।"

(क) लॉक (ख) हॉब्स (ग) बोदां (घ) रूसो

15. यह कथन किसका है?

"तलवार के बिना, समझौते केवल शब्द ही शब्द है और उनमें वह शक्ति नहीं है कि मनुष्य उनका पालन करने के लिए विवश हो।"

(क) लॉक (ख) बोदां (ग) हॉब्स (घ) लास्की

16. यह कथन किसका है?

"हॉब्स के सिद्धान्त ने शासन को बल के साथ समीकृत किया है। बल का चाहे प्रयोग किया जाए या नहीं, वह पृष्ठभूमि में अवश्य रहना चाहिए।"

(क) जोन्स (ख) बोदां (ग) वेपर (घ) सेबाइन

17. यह कथन किसका है?

"मनुष्य समझौते द्वारा अपने जीवन की सुरक्षा के लिए शासक की स्थापना करते हैं। इसका यह अर्थ नहीं है कि उन्होंने उसे अपने प्राण लेने का अधिकार दे दिया है।"

(क) जोन्स (ख) सेबाइन (ग) वेपर (घ) डनिंग

18. यह कथन किसका है?

"रणजीत सिंह कुछ भी आदेश कर सकता था। उसकी आज्ञा न मानने पर मृत्युदंड या अंग-भंग हो सकता था। लेकिन, उसने अपने जीवन में एक बार भी ऐसा आदेश जारी नहीं किया, जिसे हॉब्स कानून कह सके। वह हमेशा प्रजा में प्रचलित रीति-रिवाजों और परम्पराओं को मानता रहा।"

(क) सेबाइन (ख) सर हेनरी मेन (ग) डनिंग (घ) वेपर

19. यह कथन किसका है?

"कहीं भी, किसी अधिपति ने कभी असीमित शक्तियाँ नहीं पाई। ऐसी शक्तियों के प्रयोग का परिणाम संरक्षण ही सिद्ध हुआ है।"

(क) बोदां (ख) लॉक (ग) लास्की (घ) सेबाइन

20. यह कथन किसका है?

"संप्रभु नश्वर ईश्वर है, जिसके हाथों में तलवार और छड़ी दोनों हैं।"

(क) लॉक (ख) रूसो (ग) बोदां (घ) सेबाइन

उत्तर

(Answers)

1. (a) 2. (b) 3. (c) 4. (d) 5. (a) 6. (b) 7. (c) 8. (d) 9. (a) 10. (b) 11. (c) 12. (d) 13. (a) 14. (ख) 15. (ग) 16. (घ) 17. (क) 18. (ख) 19. (ग) 20. (घ)

4

सरकार
(Government)

हॉब्स की सरकार उसके सम्प्रभुता-सिद्धान्त पर आधारित है। बोदां के समान हॉब्स ने सरकार तथा सम्प्रभुता के अन्तर को मुख्य रूप से स्पष्ट नहीं किया है।

सरकार का वर्गीकरण
(Classification of Government)

हॉब्स के अनुसार सरकार के रूप का निर्धारण सत्ताधारियों की संख्या के आधार पर होता है। अर्थात् सम्प्रभुता कितने व्यक्तियों के हाथों में है। उसने सरकार के तीन रूप बतलाये हैं–

1. राजतन्त्र, 2. कुलीनतन्त्र, 3. प्रजातन्त्र।

1. राजतन्त्र (Monarchy)–यदि सम्प्रभुता एक व्यक्ति में निहित है तो राजतन्त्र होता है।

2. कुलीनतन्त्र (Aristocracy)–यदि सम्प्रभुता कुछ व्यक्तियों में निहित है तो शासन कुलीनतन्त्र होता है।

3. प्रजातन्त्र (Democracy)–यदि सम्प्रभुता राज्य के सभी व्यक्तियों में निहित है तो शासन प्रजातन्त्र होता है।[1]

हॉब्स का विचार है कि इन तीन रूपों के अतिरिक्त सरकार का कोई दूसरा रूप नहीं होता है। बोदां के समान वह मिश्रित सरकार का समर्थन नहीं करता है, और न अरस्तू की भाँति सरकार के विकृत रूपों का वर्णन करता है। उसकी दृष्टि में कोई भी सरकार भ्रष्ट नहीं होती है तथा अत्याचारीतन्त्र और धनिकतन्त्र जैसे शब्दों का प्रयोग व्यक्तिगत असन्तोष व्यक्त करने के लिए ही किया जाता

1. Hobbes, *Leviathan*, Chapter XVIV.

है। जो प्रजातन्त्र से असन्तुष्ट है वह इसे अत्याचार तन्त्र कहता है, जो कुलीनतन्त्र से क्षुब्ध है वह इसे धनिकतन्त्र कहता है तथा जिसे प्रजातन्त्र से घृणा है वह इसे अराजकतातन्त्र कहता है।

राजतन्त्र सरकार का सर्वश्रेष्ठ रूप
(Monarchy the Best Form of Government)

राजतन्त्र के सर्वश्रेष्ठ होने के कारण (Causes for the Best Form of Monarchy)–हॉब्स के अनुसार सरकार के इन तीन रूपों की श्रेष्ठता निरंकुशता पर आधारित न होकर शान्ति और सुव्यवस्था बनाये रखने की शक्ति पर आधारित है। वह राजतन्त्र को सर्वश्रेष्ठ सरकार मानता है। उसके अनुसार राजतन्त्र की श्रेष्ठता के निम्नलिखित कारण हैं–

1. राजा के वैयक्तिक हित सार्वजनिक हित (King's Individual Interest is Public Interest)–राजतन्त्र में राजा का वैयक्तिक हित सार्वजनिक हित के अधिकतम निकट होता है। इसके साथ ही, राजा की सम्पत्ति और कीर्ति राज्य के वैभव तथा यश को बढ़ाने वाली सिद्ध होती है।

2. दृढ़ निर्णय (Firm Decision)–राजा के निर्णय में दृढ़ता होती है, लेकिन, किसी परिषद या समिति का निर्णय सदस्यों की संख्या में परिवर्तन होने के कारण बदलता रहता है।

3. विद्रोह नहीं (No Revolt)–हॉब्स का मत है कि एक बड़ी सभा में साधारणतः दो मत हो जाते हैं तथा मतैक्य के अभाव में विद्रोह की आशंका उत्पन्न हो सकती है। लेकिन, राजा के निर्णय में एकरूपता होने के कारण विद्रोह की स्थिति उत्पन्न नहीं होती है।

4. संरक्षक की आवश्यकता नहीं (No Need of Guardianship)–हॉब्स ने परिषदों की तुलना एक नाबालिक शासक से की है और कहा है कि जिस प्रकार एक नाबालिक शासक को संरक्षक की आवश्यकता होती है, उसी प्रकार परिषद-संचालित शासन को भी संरक्षक की आवश्यकता होती है; जबकि, राजतन्त्र में इसकी आवश्यकता नहीं होती है।

5. कृपापात्रों की संख्या कम (Less Number of Gainers)–यद्यपि राजतन्त्र में कृपापात्रों को धन और अधिकार देने की प्रवृत्ति पायी जाती है, लेकिन कुलीनतन्त्र तथा प्रजातन्त्र में तो यह प्रवृत्ति अधिक जोर पकड़ती है। अतः, शासकों की संख्या अधिक होने से कृपापात्रों की संख्या भी अधिक होती है।

हॉब्स के अनुसार राजतन्त्र के दोषों में सबसे बड़ा दोष उत्तराधिकार के कारण होने वाला संघर्ष है। लेकिन, उसकी यह धारणा दृढ़ है कि शासन के दूसरे रूपों में इससे कई गुना अधिक और घातक दोष पाये जाते हैं।

हॉब्स का मत है कि शासन के तीन अंग–संसद, निगम और मैजिस्ट्रेट साधनमात्र हैं और ये सम्प्रभु के आदेशों को क्रियान्वित करते हैं। शान्ति और

सुरक्षा की व्यवस्था, व्यापार तथा उद्योग-धन्धों की देखभाल, शिक्षा एवं धार्मिक उपासना का संचालन सम्प्रभु के आदेशों से विभिन्न माध्यमों द्वारा होता है।

निष्कर्ष

निष्कर्ष में, हॉब्स ने कहा है कि राजतन्त्र ही एकमात्र स्वाभाविक शासन व्यवस्था है तथा अन्य सभी सरकारों की रचना कृत्रिम रूप से विद्रोहों द्वारा जर्जरित राजतन्त्र की अवशेष राजा से हुई है। इस प्रकार, राजतन्त्र केवल उचित ही नहीं है, बल्कि सर्वश्रेष्ठ और स्वाभाविक भी है। इसके साथ ही आनुवंशिक राजतन्त्र ही उचित है निर्वाचित राजतन्त्र की पद्धति उपयुक्त नहीं है।

प्रश्न
(Questions)

1. सरकार के वर्गीकरण पर हॉब्स के विचारों का उल्लेख करें।
   Mention the views of Hobbes on the classification of government.
2. हॉब्स राजतंत्र को सरकार का सर्वश्रेष्ठ रूप क्यों मानता है? उसके समर्थन में कारणों को स्पष्ट कीजिए।
   Why does Hobbes regard the monarchy as the best form of Government? Give the causes in its support.
3. सरकार पर हॉब्स के विचारों की व्याख्या कीजिए।
   Explain the ideas of Hobbes on government.

वस्तुनिष्ठ प्रश्न
(Objective Questions)

1. हॉब्स के अनुसार सरकार के कितने रूप होते हैं?
   (क) तीन (ख) चार (ग) पाँच (घ) छह
2. हॉब्स ने सरकार के किस रूप को सर्वश्रेष्ठ माना है?
   (क) कुलीनतंत्र (ख) राजतंत्र (ग) धनिकतंत्र (घ) प्रजातंत्र
3. हॉब्स के अनुसार राजतंत्र कैसा होना चाहिए?
   (क) निर्वाचित (ख) मनोनीत (ग) आनुवंशिक (घ) युद्धविजीत
4. Who wrote the book *Leviathan*.
   (a) Augustine (b) Bodin (c) Locke (d) Hobbes

उत्तर
(Answers)

1. (क) 2. (ख) 3. (ग) 4. (d)

5

नागरिक कानून
(Civil Law)

नागरिक कानून हॉब्स के संप्रभुता-सिद्धांत का प्रतिफल है। हॉब्स नागरिक कानूनों को ही वह साधन मानता है, जिनके द्वारा संप्रभु राज्य की सीमाओं के अंदर अपने कार्यों को संपादित करता है; जैसे–उद्योग और व्यापार की उन्नति, शिक्षा का निर्देशन, धार्मिक उपासना की विधि का निर्धारण तथा शांति एवं सुरक्षा की स्थापना।

डनिंग का विचार है, "यद्यपि हॉब्स ने नागरिक कानूनों का वर्णन बोदाँ के समान ही प्रारंभ किया है, लेकिन उसने इनकी विशद विवेचन करके, इनके स्वरूप को निखार दिया है।"

नागरिक कानून की परिभाषा
(Definition of Civil Law)

हॉब्स संप्रभु के आदेश को ही कानून मानता है। उसके शब्दों में, "कानून उचित रूप से उस मनुष्य का आदेश है, जिसे दूसरे मनुष्यों पर शासन करने का अधिकार है।"[1]

हॉब्स का विचार है कि शासन करने की शक्ति केवल संप्रभु को प्राप्त है। उसे यह शक्ति उस समझौते के कारण प्राप्त होता है, जिसके द्वारा राज्य की स्थापना होती है। इस मत के आधार पर हॉब्स ने नागरिक कानून की परिभाषा इस प्रकार की है–"नागरिक कानून संप्रभु की इच्छा की अभिव्यक्तियाँ हैं, जो स्वयं उनसे बँधा नहीं है।"[2]

1. "Law, properly, is the word of him that by right hath command over others."—Hobbes, *Leviathan,* Part II, Chapter XXVI.
2. "Civil laws consist in expressions of the will of the sovereign, who himself is not bound thereby."—*Ibid.*

नागरिक कानून के प्रकार
(Kinds of Civil Law)

हॉब्स ने नागरिक कानून के दो प्रकारों का उल्लेख किया है–

1. वितरणात्मक या निषेधात्मक कानून (Distributive or Negative Law)–इसमें समस्त नागरिकों को कानूनी तथा गैर-कानूनी कार्यों का ब्यौरा बताया जाता है।

2. आज्ञात्मक या दंडात्मक (Commanding or Punishable Law)–इसमें राज्य के मंत्रियों को जनता के प्रति यथापराध क्या दंड विधान है, इसकी व्याख्या की जाती है। संप्रभु ही कानूनों का एकमात्र स्रोत तथा उनका व्याख्याकार है।

नागरिक कानून की मुख्य विशेषताएँ
(Main Features of Civil Law)

हॉब्स के नागरिक कानून की मुख्य विशेषताएँ निम्नलिखित हैं–

1. संप्रभु कानून का स्रष्टा (The Sovereign is the Creator of Law)–सभी राज्यों में संप्रभु ही कानून का स्रष्टा होता है, चाहे वह राजतंत्र हो या कुलीनतंत्र या प्रजातंत्र हो। इसके साथ ही, संप्रभु ही राज्य होता है। अत:, राज्य ही कानून का प्रदाता है। जो कानून का निर्माता है, उसे छोड़कर कोई इन कानूनों को तोड़ नहीं सकता है।

2. कानून संप्रभु का आदेश (Law, the Command of the Sovereign)–कानून संप्रभु का एक आदेश है और आदेश इसकी इच्छा की अभिव्यक्ति है, जो शब्दों द्वारा, लेखों द्वारा या अन्य तरीकों से उन पर शासन करता है, जो उसे समझते हैं। बच्चों, पागलों और प्राकृतिक नासमझों के लिए कोई कानून नहीं होता। संप्रभु ही अस्पष्ट कानूनों की व्याख्या करता है। कानून की भाषा लिखनेवाले या उस पर टीका करनेवाले को उसकी व्याख्या करने का अधिकार नहीं है।

3. कानून को शक्ति संप्रभु से प्राप्त (Law Derives Power from the Sovereign)–कानून को शक्ति संप्रभु से प्राप्त होता है। कानून का नियंत्रण संसद नहीं कर सकती, केवल संप्रभु करता है। संसद कानून की नियंत्रण शक्ति तभी हो सकती है, जब वह स्वयं में संप्रभु हो और किसी दूसरे के आदेश या इच्छा के द्वारा नहीं, बल्कि अपनी ही शक्ति से अपनी बैठक करती हो तथा स्थगित होती हो।

4. संप्रभु कानून से ऊपर (The Sovereign Above the Law)–स्वयं संप्रभु कानूनों की अधीनता में नहीं होता है; क्योंकि वह स्वयं उनका निर्माण, संशोधन तथा स्थगन कर सकता है। इसके साथ ही, जो भी कानून उसकी स्वतंत्र इच्छा में बाधा डालता है, उसे समाप्त कर वह स्वतंत्र हो जाता है।

5. प्राकृतिक नियम समझौते द्वारा नागरिक कानून बनता है (Natural Law Becomes Civil Law Through the Contract)–प्राकृतिक कानूनों का आधार न्यायप्रियता, न्याय कृतज्ञता और दूसरे नैतिक गुण हैं, तथा सही माने में कानून है ही नहीं, बल्कि वे गुण हैं जिनके द्वारा लोगों में शांति और आज्ञाकारिता की वृद्धि होती है, लेकिन, जब राज्य का समझौता द्वारा निर्माण हो जाता है तब वे संप्रभु का आदेश बनकर कानून बन जाते हैं तथा उन्हीं को नागरिक कानून की संज्ञा दी जाती है। संप्रभु की शक्ति ही उनका पालन करने के लिए लोगों को बाध्य करती है। अतः प्राकृतिक कानून राजा के कानूनों के ही एक भाग है। दूसरी ओर, नागरिक कानून भी प्राकृतिक आदेश के ही भाग हैं।

6. रीति-रिवाज कानून का अंग (Customs, Part of Law)–रीति-रिवाजों को बहुत वर्षों तक प्रयोग होते रहने के कारण कानून की सत्ता प्राप्त हो जाती है, लेकिन सत्ता भी बिना संप्रभु के समर्थन के प्राप्त नहीं होती। यह सत्य है कि इस प्रकार समर्थन संप्रभु व्यक्त रूप में नहीं देता, लेकिन रीति-रिवाजों को न रोकने का अर्थ है मूक समर्थन।

7. शासन परिवर्तन के साथ कानून बदलता है (The Law Changes with the Change of Administration)–शासन के परिवर्तन होने से कानून में भी परिवर्तन होता रहता है। राज्य की विजय के कारण पुराने कानूनों का प्रचलन बना रहता है। लेकिन वहाँ भी विभिन्न कानून विजेता-संप्रभु के दिए गए कानून ही माने जाते हैं।

8. न्यायपूर्ण और अन्यायपूर्ण तथा उचित और अनुचित का ज्ञान (Knowledge of Just and Unjust and Right and Wrong)–हॉब्स का विचार है कि प्रत्येक व्यक्ति नागरिक कानूनों की सहायता से यह जान सकता है कि क्या न्यायपूर्ण है और क्या अन्यायपूर्ण तथा क्या उचित है और क्या अनुचित एवं क्या उसका है और क्या दूसरे का तथा क्या ईमानदारी है और क्या बेईमानी। इस प्रकार, ये कानून न केवल मानव-व्यवहार को नियंत्रित करते हैं, बल्कि उसका मापदंड भी निर्धारित करते हैं।

नागरिक कानून और प्राकृतिक कानून में अंतर तथा समानताएँ (Differences and Similarities between Civil Law and Natural Law)

अंतर (Differences)–हॉब्स के अनुसार, नागरिक कानून और प्राकृतिक में निम्नलिखित अंतर है–

1. प्राकृतिक और नागरिक कानून का पालन क्रमशः मनुष्य और नागरिक के रूप में (Obedience of Natural and Civil Laws as a Man and as a Citizen Respectively)–हॉब्स का कहना है कि हम मनुष्यों के रूप में

प्राकृतिक कानूनों का और नागरिकों के रूप में नागरिक कानूनों का पालन करते हैं। उसके शब्दों में "प्राकृतिक कानून वे कानून हैं, जिनका पालन हमें मनुष्यों के रूप में करना पड़ता है और नागरिक कानून वे कानून हैं, जिनका पालन हमें नागरिकों के रूप में करना पड़ता है।"[1]

2. विवेक का आदेशः संप्रभु का आदेश (Command of Rason: Command of the Sovereign)—हॉब्स के अनुसार, प्राकृतिक कानून विवेक का आदेश है, जिसे केवल आलंकारिक रूप में ही कानून कहा जा सकता है। दूसरी ओर, नागरिक कानून संप्रभु का आदेश है, जो राज्य का यथार्थ कानून होता है।

3. बंधनकारी (Binding)—नागरिक कानून और प्राकृतिक कानून में सबसे बड़ा अंतर यह है कि नागरिक कानून प्रजा पर बंधनकारी होता है, जबकि प्राकृतिक कानून ऐसा नहीं होता।

4. दंड (Punishment)—प्रजा को नागरिक कानून का पालन करना है। यदि वह उसका पालन नहीं करती है, तो वह दंड का भागी होती है। दूसरी ओर, प्राकृतिक कानून का स्वेच्छा से पालन किया जाता है। इसके नहीं पालन करने से, प्रजा दंडित नहीं होती है।

समानताएँ (Similarities)—नागरिक और प्राकृतिक कानूनों में अंतर होते हुए भी दोनों में काफी समानताएँ पाई जाती हैं और दोनों एक-दूसरे के अभिन्न अंग होते हैं। इस संदर्भ में, हॉब्स का तर्क है कि कोई भी नागरिक कानून प्राकृतिक कानून के प्रतिकूल नहीं हो सकता है। संपत्ति प्राकृतिक अधिकार हो सकती है, लेकिन नागरिक कानून ही संपत्ति की व्याख्या कर सकता है।

हॉब्स आगे कहता है कि जिन प्राकृतिक कानूनों का नागरिक कानूनों में समावेश हो गया है, वे लिखित रूप धारण कर लिए हैं तथा वे नागरिक कानून के अंग बन गए हैं। दूसरी ओर, जो प्राकृतिक कानून नागरिक कानून के अंग नहीं हैं, वे अलिखित हैं तथा केवल नैतिक नियम हैं, जिनकी मनुष्य किसी के प्रति उत्तरदायी हुए बिना, स्वेच्छा से व्याख्या कर सकता है। इन नैतिक नियमों को प्राकृतिक कानूनों की संज्ञा दी जा सकती है। प्राकृतिक कानून केवल वे ही हैं, जो नागरिक कानून के अंग है। **हॉब्स** के शब्दों में, "प्राकृतिक कानून संसार के सब राज्यों में नागरिक कानून का अंग है।"[2]

---

1. "The laws of nature are the Laws, which we are bound to obey as men, and civil laws are the laws, which we are bound to obey as citizens."—Hobbes, *Leviathan,* Part II, Chapter XXVI.
2. "The law of nature is a part of the civil law in all commonwealths of the world."—*Ibid.*

नागरिक कानून का मूल्यांकन
(Evaluation of Civil Law)

दोष (Demerits)

हॉब्स के नागरिक कानून के निम्नलिखित दोष विशेष रूप से उल्लेखनीय हैं–

1. नागरिक और प्राकृतिक कानून में विरोधाभास (Contradiction between Civil and Natural Laws)–हॉब्स एक ओर नागरिक कानून और प्राकृतिक कानून को तद्रूप मानता है, तथा दूसरी ओर यह स्वीकार करता है कि शासक द्वारा बनाए जाने वाले नागरिक कानून प्राकृतिक कानून के प्रतिकूल हो सकते हैं। यह तर्क विरोधाभास का सूचक है।

2. केवल संप्रभु के विवेक का महत्व (Importance of Reason of the Sovereign Only)–हॉब्स केवल संप्रभु की इच्छा को ही विवेक की अभिव्यक्ति मानता है और सामान्य मनुष्यों के विवेक को कोई महत्व नहीं देता है। इसका अर्थ यह है कि जिस विवेक से प्रेरित होकर, मनुष्यों ने प्राकृतिक अवस्था से निकलकर, सभ्य और व्यवस्थित समाज में प्रवेश किया, वह उसके पदार्पण के पश्चात हमेशा के लिए लुप्त हो गया।

3. संप्रभु की इच्छा सद्विवेक का प्रतीक (The Sovereign's Will is the Symbol of Virtues)–हॉब्स का कथन है कि संप्रभु की इच्छा उसके सद्विवेक का प्रतीक है। अतएव, जिस बात को संप्रभु विवेकसंगत समझता है, उसे जनता को भी विवेकसंगत समझना चाहिए। हॉब्स इस तथ्य की ओर ध्यान नहीं देता कि संप्रभु का विवेक सद्विवेक न होकर दुराग्रह भी हो सकता है।

4. नागरिक कानून के निर्माण में जनता का हाथ नहीं (No Participation of People in Making Civil Law)–नागरिक कानून जनता के लिए होता है, लेकिन हॉब्स जनता को इसके निर्माण कार्य पूर्णतः पृथक रखता है। इतना ही नहीं, वह जनता को नागरिक कानून के विषय में अपने विचारों को व्यक्त करने तथा उसको उचित या अनुचित बताने के अधिकार से भी वंचित रखता है।

5. जनता को नागरिक कानून की अवहेलना का अधिकार (The Right of People for Violating the Civil Law)–हॉब्स प्रत्यक्ष रूप से नागरिक कानूनों का पालन करना जनता का पुनीत कर्तव्य बताता है, लेकिन यदि वे जनता की आत्मरक्षा के प्रतिकूल हैं तो हॉब्स अप्रत्यक्ष रूप से जनता को उनकी अवहेलना करने का अधिकार देता है।

6. नैतिक कानून संबंधी विरोधाभास (Contradiction Regarding Moral Law)–नैतिक कानून की व्याख्या में विरोधाभास पाया जाता है। प्रारंभ में हॉब्स

का कहना था कि नैतिकता नाम की कोई वस्तु संसार में नहीं थी। जो अशक्तिपूर्ण हो, वह अच्छी है और लोग इस अच्छाई को एक नैतिगुण मानने लगते हैं तथा बुराई को दोष। बाद की व्याख्या में हॉब्स ने नैतिकता को प्राकृतिक कानून तथा राजनीतिक क्षेत्रों से मिला दिया है और कहा है कि नैतिक दर्शन एवं प्राकृतिक कानून एक ही वस्तु है।

7. प्राकृतिक अवस्था में नैतिक कानून (Moral Laws in the State of Nature)–कानून की व्याख्या करते समय हॉब्स ने यह माना है कि प्राकृतिक अवस्था में राज्य के निर्माण के पूर्व नैतिक गुण प्राकृतिक कानूनों के आधार थे और वास्तविकता तो यह है कि प्राकृतिक कानूनों के स्थान पर केवल नैतिक गुण ही थे, कानून थे ही नहीं। प्राकृतिक कानून तो राज्य निर्माण के बाद संप्रभु की शक्ति के साथ अस्तित्व में आए।

गुण (Merits)

हॉब्स के नागरिक कानून के प्रमुख गुण इस प्रकार हैं–

1. नागरिक कानून में नैतिक कानून का स्थान नहीं (No Place of Moral Law in Civil Law)–हॉब्स ने उन अलिखित नैतिक नियमों को, जो अति दीर्घकाल से प्राकृतिक कानून कहे जाते थे, नागरिक कानूनों में स्थान नहीं दिया है। अपने इसी विवेकपूर्ण कार्य द्वारा उसने कानून संबंधी विचारों का प्रतिवादन करने में आस्टिन का मार्ग प्रदर्शन किया है।

2. चर्च के अधिकारियों का मुँह बंद (Attack on the Authorities of the Church)–हॉब्स ने चर्च के अधिकारियों का भी मुँह इस स्पष्टता पर बंद कर दिया है कि दैवी कानूनों को कोई निश्चित रूप से नहीं बता सकता है। इसलिए, संप्रभु ही उनका सर्वोत्तम व्याख्याकार है।

3. कोक को जवाब (Reply to Coke)–हॉब्स ने कोक को यह कहकर चुप कर दिया कि कोई भी कानूनवेत्ता, विधिशास्त्री, प्रारूपकार और न्यायाधीश प्राकृतिक कानूनों का व्याख्याकार नहीं हो सकता है।

4. रीति-रिवाजों और परम्पराओं के समर्थकों को जवाब (Reply to the Supporters of Customs and Traditions)–हॉब्स ने रीति-रिवाजों और परम्पराओं के समर्थकों को भी संप्रभुता का हिस्सेदार मानने से अस्वीकार कर दिया है। तथा इस कारण हॉब्स की स्वतंत्रता चाहे जितनी निरपेक्ष और व्यावहारिक क्यों न बन गई हो, वह निर्बल और अस्पष्ट बिलकुल नहीं है।

5. नागरिक और प्राकृतिक कानूनों के बीच स्पष्ट विभाजन (Clear Cut Division between Civil and Natural Laws)–हॉब्स ने नागरिक और प्राकृतिक कानूनों में विभाजन की स्पष्ट रेखा खींचकर यह सिद्ध कर दिया है

कि जहाँ तक मानव-संबंधों की बात है, वे केवल मानवनिर्मित नागरिक कानूनों द्वारा ही नियमित किए जा सकते हैं।

निष्कर्ष

उपर्युक्त तथ्यों से यह स्पष्ट है कि हॉब्स ने कानून की व्याख्या स्वतंत्र रूप से की है और यहीं उसका असली तर्क प्रकट हुआ है, लेकिन तार्किक असंगति को रोकने में वह असफल रहा है। यदि राज्य के निर्माण के पूर्व नैतिक गुणों का ही अस्तित्व था, तो हॉब्स को अपनी प्राकृतिक अवस्था का वर्णन लॉक जैसा करना चाहिए था। वस्तुतः, "हॉब्स ने बेंथम और वैज्ञानिक कानून निर्माण के महान आंदोलन का मार्ग प्रशस्त करने में काफी योगदान दिया है।"[1]

प्रश्न
(Questions)

1. नागरिक कानून पर हॉब्स के विचारों की मीमांसा कीजिए।
   Discuss the ideas of Hobbes on civil law.
2. हॉब्स के नागरिक कानून की परिभाषा दीजिए और उसके विभिन्न प्रकारों का वर्णन कीजिए।
   Define Hobbes's civil law and describe its different kinds.
3. हॉब्स का नागरिक कानून क्या है? उसकी मुख्य विशेषताओं का उल्लेख करें।
   What is Hobbes's civil law? Mention its chief features.
4. हॉब्स के अनुसार नागरिक कानून और प्राकृतिक कानून के अंतर तथा समानताओं को स्पष्ट कीजिए।
   Show the differences and similarities between civil law and natural law accoding to Hobbes.
5. हॉब्स के नागरिक कानून के दोषों-गुणों का वर्णन करें।
   Describe the demerits and merits of Hobbes's civil law.
6. हॉब्स के नागरिक कानून का मूल्यांकन करें।
   Evaluate the civil law of Hobbes.

---

1. "Hobbes did much to pay the way for Bentham and the great movement for scientific legislation."—Maxey, *Political Philosophies.*

वस्तुनिष्ठ प्रश्न
(Objective Questions)

1. Who said this?
   "Law, properly is the word of him that by right hath command over others."
   (a) Hobbes (b) Locke (c) Bodin (d) Rousseau
2. Who said this?
   Civil laws consist in expressions of the will of the sovereign, who himself is not bound thereby.
   (a) Locke (b) Hobbes (c) Bodin (d) Austin
3. Who said this?
   "The laws of nature are the laws, which we are bound to obey as men, and civil laws are the laws, which are bound to obey as citizens."
   (a) Rousseau (b) Locke (c) Hobbes (d) Bodin
4. Who said this?
   "The law of nature is a part of the civil law in all commonwealths of the world."
   (a) Bodin (b) Locke (c) Austin (d) Hobbes
5. Who said this?
   "Hobbes did much to pave the way for Bentham and the great movement for scientific legislation."
   (a) Maxey (b) Sabine (c) Dunning (d) Wayper
6. यह कथन किसका है?
   "यद्यपि हॉब्स ने नागरिक कानूनों का वर्णन बोदां के समान ही प्रारम्भ किया है, लेकिन उसने इनकी विशद विवेचन करके, इनके स्वरूप को निखार दिया है।"
   (क) बेन्थम (ख) डनिंग (ग) सेबाइन (घ) जोन्स
7. यह कथन किसका है?
   "हॉब्स ने बेन्थम और वैज्ञानिक कानून निर्माण के महान आंदोलन का मार्ग प्रशस्त करने में काफी योगदान दिया है।"
   (क) सेबाइन (ख) डनिंग (ग) मैक्सी (घ) जोन्स

उत्तर
(Answers)

1. (a) 2. (b) 3. (c) 4. (d) 5. (a) 6. (घ) 7. (ग)

6
राज्य और चर्च
(State and Church)

हॉब्स के समय इंग्लैण्ड में विशेष रूप से राजनीतिक और धार्मिक क्षेत्र में पूर्ण अराजकता फैली हुई थी। दो गृह-युद्ध, क्रॉमवेल का शासन, राजा और संसद के बीच शक्ति की सर्वोच्चता का संघर्ष, 1660 ई० में पुनः चार्ल्स द्वितीय का गद्दी पर बैठना तथा 1688 की गौरवपूर्ण क्रांति के फलस्वरूप विलियम ऑरेन्ज और मेरी के नेतृत्व में सीमित सरकार का गठन तत्कालीन इंग्लैण्ड में व्याप्त राजनीतिक अराजकता के उदाहरण हैं।

इसी प्रकार, धार्मिक क्षेत्र में भी अराजकता फैली हुई थी। राज्य और चर्च के बीच सत्ता के लिए निरन्तर संघर्ष चल रहा था। कैथोलिक और प्रोटेस्टेण्ट समाज में अपनी श्रेष्ठता को स्थापित करने के लिए रक्त-रंजित संघर्ष कर रहे थे। इन दोनों सम्प्रदायों के निरन्तर और रक्तपूर्ण संघर्ष ने इंग्लैण्ड और फ्रान्स को नष्ट कर दिया था तथा उसकी शान्ति भंग कर दी थी। सांसारिक सत्ता के लिए पादरियों को इस प्रकार के संघर्ष में लिप्त देखकर, इस पादरी पुत्र के मन में धर्म के प्रति घोर विरक्ति उत्पन्न हो गयी। उसने इस विश्वास को अपना लिया कि अराजकता और अव्यवस्था का प्रमुख कारण चर्च के पादरियों का यह दावा है कि उन्हें यह निर्धारित करने का अन्तर्निहित अधिकार प्राप्त है कि किस प्रकार के धार्मिक सिद्धांतों की शिक्षा दी जाय, चर्च किस प्रकार का अनुशासन अपनाये और उन्हें उन शासकों के विरुद्ध विद्रोह करने तथा उन्हें पदच्युत करने का अधिकार हो जो उनकी शक्ति के सामने नतमस्तक न हों।

हॉब्स का ग्रन्थ **लेवियाथन** इंग्लैण्ड में व्याप्त राजनीतिक और धार्मिक अराजकता का वोधिवृक्ष है। जिसके अन्तर्गत यूरोपियन सभ्यता और संस्कृति को

सुरक्षा प्रदान की गयी है। हॉब्स ने इस ग्रन्थ के अधिकांश पृष्ठों में राज्य और धर्म को तर्क की कसौटी पर कसकर निरपेक्ष और सर्वोच्च शक्ति के रूप में राज्य का निर्माण किया है। **मैकडॉनल्ड** का कथन है कि "हॉब्स ने ऐसे राज्य **का निर्माण** किया, जो न केवल सर्वोच्च सामाजिक शक्ति के रूप में, बल्कि **सर्वोच्च धार्मिक शक्ति के** रूप में भी निरपेक्ष था।"[1]

अतएव, अपने पूर्ववर्ती विचारकों से भिन्न मत प्रकट करते हुए हॉब्स चर्च को राज्य में पृथक् सत्ता को स्वीकार नहीं करता है। वह उसे राज्य-सम्प्रभुता के अधीन मानता है तथा इसलिए कहता है कि चर्च को सम्प्रभु के आदेशानुसार ही अपना संगठन बनाना चाहिए और संचालन करना चाहिए। वह यह भी कहता है कि चर्च राज्य का एक अंगमात्र है तथा संप्रभु सामाजिक और राजनीतिक क्षेत्र में ही नहीं, बल्कि आध्यात्मिक क्षेत्र में भी सर्वोच्च है।

हॉब्स राज्य से पृथक् किसी भी रूप में चर्च की सत्ता को स्वीकार नहीं करता है। क्योंकि, उसका मत है कि ऐसा होने पर राज्य में दो सर्वोच्च शक्तियों की स्थापना हो जाएगी, जिससे अव्यवस्था और अराजकता का विस्तार होगा तथा जिस उद्देश्य से सामाजिक समझौता किया गया है वह उद्देश्य विफल हो जाएगा। अन्ततः, राज्य-चर्च सम्बन्धों के निर्धारण में हॉब्स मेकियावेली से एक कदम आगे है। क्योंकि, मेकियावेली राज्य और चर्च को केवल अलग करता है, जबकि हॉब्स चर्च को राज्य के अधीन पूर्णतः कर देता है।

राज्य को सर्वोच्च बनाने के कारण
(Causes for Making the State Supreme)

हॉब्स ने किन कारणों से राज्य को सर्वोच्च बनाने का निश्चय किया और किन तर्कों तथा तथ्यों द्वारा इन कारणों की पुष्टि की, उनका उल्लेख अग्रलिखित रूप से किया जा सकता है–

1. चर्च गृह-युद्ध का कारण (Church was the Causes of Civil War)– राज्य को सर्वोच्च और सर्वशक्तिशाली बनाने का कारण केवल यही नहीं था कि हॉब्स राजसत्ता का उग्र समर्थक था, बल्कि यह भी था कि वह धर्म और चर्च को इंग्लैण्ड के तत्कालीन गृह-युद्ध का आधारभूत कारण मानता था। **जोन्स** का भी कथन है कि "हॉब्स का विश्वास था कि गृह-युद्ध का एक मुख्य कारण धर्म था"[1]

1. "Hobbes erected a state that was absolute not merely in the sense of supreme social power but also in the sense of supreme religious authority."—McDonald, L.C., *Western Political Theory*, 1968.

2. पोप और पादरी अव्यवस्था (Disorder by Pope and Priests)–हॉब्स का मत है कि तत्कालीन पोप और पादरी अपने बड़े-बड़े दावों द्वारा राज्य में अव्यवस्था फैला रहे थे। इसके साथ ही, वे धार्मिक क्षेत्र की सीमाओं का उल्लंघन करके, शासकों को धर्म बहिष्कृत करने, उनके विरुद्ध विद्रोह करने तथा उनको पदच्युत करने के अपने अधिकारों का नारा लगा रहे थे।

3. धर्म प्रचार की पूर्ण छूट (Full Freedom for the Propagating of Religion)–हॉब्स को पूर्ण विश्वास था कि विभिन्न धार्मिक सम्प्रदायों को अपने मतों के प्रचार को पूर्ण छूट देने से देश की सुरक्षा और कल्याण को खतरा पैदा हो सकता है। इसका जीवित उदाहरण उसके सामने था। तत्कालीन इंग्लैण्ड में धार्मिक सम्प्रदायों की निरंकुश स्वतन्त्रता ने ही उनको पारस्परिक उग्र विवादों तथा सशस्त्र संघर्षों में उलझा दिया था, जिनके परिणामस्वरूप देश में दृश्य दृष्टिगोचर हो रहे थे और उसकी शान्ति-अशान्ति में परिवर्तित हो गयी थी।

उपर्युक्त परिस्थितियों में हॉब्स के लिए यह मत निर्धारित कर लेना बिल्कुल स्वभाविक था कि चर्च राज्य की रागशक्तिशाली संस्था न होकर, उसके अधीनस्थ एक विभाग है। अपने इस मत की पुष्टि करने के लिए, हॉब्स ने पहले धर्म और चर्च की चतुराई से व्याख्या करके, शासक को उनका सर्वोच्च अधिकार बताया है।

धर्म का अर्थ
(The Meaning of Religion)

हॉब्स पूर्णरूप से भौतिकवादी या गतिवादी था। अतः, उसने गति-सिद्धान्त के आधार पर धर्म के अर्थ की व्याख्या की है। उसका कहना है कि जगत में सर्वत्र मनुष्यों में जिज्ञासा की स्वाभाविक प्रवृत्ति होती है। अतएव, वे विभिन्न घटनाओं के कारणों को जानना चाहते हैं। इन घटनाओं के कारणों को समझने में वे असमर्थ होते हैं, उनको वे किसी अदृश्य शक्ति की इच्छा का परिणाम मानने लगते हैं। उन्हें इस शक्ति से भय लगने लगता है। यही भय-धर्म और अन्धविश्वास की उत्पत्ति के आधारभूत कारण है।

धर्म और अन्धविश्वास के अर्थ की इस प्रकार व्याख्या करने के बाद, हॉब्स ने इनको निम्नलिखित परिभाषा में बाँधा है तथा साथ ही दोनों के अन्तर को भी स्पष्ट किया है–"धर्म का आधार है–अदृश्य शक्तियों का भय। जो

1. Jones, W.T.

अदृश्य शक्तियाँ, राज्य द्वारा स्वीकृत हैं, उनसे भय लगना धर्म है, और जो अदृश्य शक्तियाँ, राज्य द्वारा स्वीकृत नहीं हैं, उनसे भय लगना अन्धविश्वास है।"[1]

चर्च का अर्थ
(The Meaning of Church)

हॉब्स का कहना है कि मनुष्य स्वभाव से ही झगड़ालू होता है। ईसाई लोग भी इसके अपवाद नहीं हैं। यदि वे झगड़ालू न होते, तो उनको किसी शासक की अधीनता में रहने की आवश्यकता नहीं होती। वे अपने धर्म के विषय में झगड़ा करते हैं। न्यू टेस्टामेण्ट में इस प्रकार के झगड़े का वर्णन है। अतएव, धर्म के मामले में भी ईसाइयों का शासन किया जाना आवश्यक है। यह शासन केवल लौकिक सत्ता का ही हो सकता है। इसका कारण यह है कि धर्म की दृष्टि से सब ईसाई समान हैं। अतः, किसी भी धर्माधिकारी को किसी ईसाई के विरुद्ध बल प्रयोग करने का अधिकार नहीं है। यह अधिकार केवल लौकिक शासक को ही प्राप्त है। अतएव, गिरजाघरों पर, जो ईसाई धर्म के केन्द्र हैं, लौकिक सत्ता का ही शासन हो सकता है।

इस धारणा के आधार पर हॉब्स ने चर्च की परिभाषा निम्न शब्दों में दी है–"चर्च, ईसाई धर्म के अनुयायियों का समुदाय है, जो अपने शासक के व्यक्तित्व द्वारा परस्पर संगठित होते हैं। अतः, उन्हें शासक के आदेश से ही चर्च में एकत्र होना चाहिए, और उसके आदेश के बिना उनको एकत्र नहीं होना चाहिए।"[2]

राजसत्ता की सर्वोच्चता के समर्थन में तर्क
(Arguments in Support of the Supremacy of the State Authority)

हॉब्स ने राजसत्ता की सर्वोच्चता के समर्थन में निम्नांकित तर्क उपस्थित किए हैं–

1. वास्तविक धर्म राज्य द्वारा स्वीकृत (Real Religion Accepted by State)–हॉब्स ने धर्म की अपनी परिभाषा द्वारा यह सिद्ध कर दिया कि वास्तविक धर्म वही है, जो राज्य द्वारा स्वीकृत है। इस प्रकार, उसने शासक को अप्रत्यक्ष रूप से अस्वीकृत धर्मों का दमन करने तथा प्रत्यक्ष रूप से स्वीकृत धर्म का सर्वोच्च अधिकारी बना दिया। **जोन्स** का भी कहना है कि "शासक राज्य के धर्म का भी सर्वोच्च अधिकारी है।"[3]

---

1. Hobbes, *Leviathan*, Chapter VI.
2. *Ibid.*, xxxix.
3. Jones, W.T.

2. धर्म काल्पनिक (Religion Imaginary)–हॉब्स पूर्णरूप से भौतिकवादी होने के कारण, धर्म-सी अभौतिक आध्यात्मिक वस्तु को बिल्कुल काल्पनिक मानता है। उसका तर्क है कि धर्म की वास्तविकता में विश्वास करना एक ऐसी गलती है, जिसे हमने अरस्तू से ग्रहण किया है और जिसका प्रचार धर्माचार्यों ने अपने लाभ के लिए किया है।[1]

3. राज्स सर्वोच्च (State Supreme)–हॉब्स ने चर्च की अपनी परिभाषा द्वारा दो बातें स्पष्ट कर दी। प्रथम, कोई भी मानव समुदाय–लौकिक शासक की आज्ञा के बिना प्रार्थना करने के लिए चर्च में एकत्र नहीं हो सकता है। द्वितीय, संसार में सार्वभौमिक साम्राज्य नहीं है अतएव सार्वभौमिक चर्च के समान कोई संस्था नहीं हो सकती है। इस मत से, हॉब्स ने ग्रेगरी सप्तम, इन्नोसेन्ट तृतीय और बानिफेस अष्टम के सार्वभौमिक चर्च के दावे को निराधार कहकर ठुकरा दिया।

4. पादरी शिक्षकः शासक नहीं (Pope Teacher: Not Ruler)–हॉब्स ने प्रमाणित किया कि ईसा ने अपने शिष्यों और उनके उत्तराधिकारियों को केवल धर्म-प्रचार तथा धार्मिक उपदेश देने का काम सौंपा था। इस दृष्टि से पादरी लोग–जनता के शिक्षक हैं, शासक नहीं। चूंकि, वे राजसत्ता के अधीन हैं, इसलिए वे धर्म-प्रचार, धार्मिक उपदेश और धार्मिक शिक्षा से संबंधित कार्यों को सम्प्रभु की अनुमति के बिना नहीं कर सकते हैं।

5. चर्च के पास विवशकारी शक्ति नहीं (Church have no Binding Power)–हॉब्स ने इस बात पर जोर दिया कि आध्यात्मिक सत्ता के पास किसी प्रकार की विवशकारी शक्ति नहीं है, क्योंकि ईसा ने अपने शिष्यों और उनके उत्तराधिकारियों को इस प्रकार की कोई शक्ति प्रदान नहीं की थी। विवशकारी शक्ति केवल लौकिक सत्ता को ही प्राप्त है। अतएव, जिस प्रकार वह लौकिक क्षेत्र में सर्वोच्च है, उसी प्रकार आध्यात्मिक में भी है। अपने इस अधिकार द्वारा वह आध्यात्मिक कार्यों की अनुमति दे सकता है, पादरियों को अपनी आज्ञाओं का पालन करने के लिए बाध्य कर सकता है, तथा ऐसा न करने पर उनको दण्ड भी दे सकता है।

6. बाइबिल का नियम राज्य-कानून से ऊपर नहीं (The Law of the Bible is not above the State Law)–हॉब्स ने पादरियों के इस तर्क को, कि बाइबिल के नियम शासक के कानूनों से ऊपर हैं, उनके मस्तिष्क की उपज बताया है। उसने कहा है कि बाइबिल के नियमों का सम्बन्ध धार्मिक आचरण से है, न कि राजनीतिक जीवन से।

1. Sabine.

7. धार्मिक नियम पादरीकृत (Religious Laws Made by Pope)–हॉब्स का कथन है कि धार्मिक नियम–नागरिक कानून नहीं है। यह नियम पोप, बिशप और पादरियों द्वारा बनाया जाता है। अतएव, यह नियम चर्च के सदस्यों पर लागू होता है, राज्य के निवासियों पर नहीं।

8. चर्च एक निगम है (Church is a Corporation)–हॉब्स का मत है कि चर्च अन्य निगमों की तरह केवल एक निगम है। अतएव, जिस प्रकार प्रत्येक निगम का एक प्रधान होता है, उसी प्रकार चर्च का भी होना चाहिए। चर्च का प्रधान केवल सम्प्रभु ही हो सकता है, क्योंकि इसके सदस्य सम्प्रभु के व्यक्तित्व द्वारा ही संयुक्त होते हैं।[1]

9. अन्धकार राज्य (Kingdom of Darkness)–हॉब्स ने **लेवियाथन** के अध्याय चौवालीस से सैंतालीस तक में पूर्ण निर्भयता से यह धारणा व्यक्त की, कि पाप और रोमन कैथोलिक पादरी अन्धकार राज्य के संस्थापक और संरक्षक हैं। क्योंकि, वे यह कहकर मनुष्यों को अन्धकार में रखने का प्रयत्न करते हैं कि रोमन कैथोलिक चर्च-पृथ्वी पर ईश्वर का राज्य है, और इसलिए लौकिक शासन के अतिरिक्त, उसे भी सत्ता प्राप्त है।

10. पोपतन्त्र की समाप्ति (End of Popecracy)–हॉब्स का विचार है कि पोपतन्त्र के विशाल साम्राज्य की बात करना प्रलाप के अलावा और कुछ नहीं है। अब पोपतन्त्र का कोई अस्तित्व नहीं है। अब तो वह केवल मृत रोमन साम्राज्य का प्रेत है, जो मुकुट पहिने हुए अपनी कब्र पर बैठा हुआ है।[2]

उपर्युक्त तर्कों और तथ्यों के आधार पर हॉब्स ने अन्त में अधिकारपूर्वक कहा है कि "लौकिक शासन और आध्यात्मिक शासन–ये दो शब्द संसार में इसलिए प्रयोग किए जाते हैं, ताकि मनुष्य दो वस्तुएँ देखें, और अपने वैध सम्प्रभु को जानने में गलती न करें।"[3] इस संसार में लौकिक शासन के अलावा और कोई शासन नहीं है। इसके अतिरिक्त, किसी दूसरे शासन का विचार करना, केवल राज्य और चर्च के बीच संघर्ष तथा गृह-युद्ध को पैदा करना है।"

---

1. Sabine.
2. Hobbes.
3. "Temporal and spiritual government are but two words brought into the world to make men see double and mistake their lawful sovereign."—Hobbes, *Leviathan*, Chapter XXXIX.

मूल्यांकन
(Evaluation)

हॉब्स के धर्म और चर्च-सम्बन्धी विचरों ने धार्मिक क्षेत्र में एक क्रांतिकारी विस्फोटक चिनगारी छोड़ दी। जिससे धार्मिक जगत में खलबली मच गयी और हॉब्स को नास्तिक तथा शैतान कहा जाने लगा। लेकिन, वह नास्तिक नहीं था। वह राज्य धर्मवादी था। अतएव, उसका राजसत्ता को राज्य में सर्वोच्च पद पर सुशोभित करना तथा चर्च को उसके अधीन बताना नितान्त स्वाभाविक था। उसने दृढ़तापूर्वक कहा कि चाहे किसी भी दृष्टि से देखा जाए, धर्म और चर्च पूर्णरूप से सम्प्रभु और उसके कानून के नियंत्रण में है।

इस प्रकार, चर्च पर राज्य का नियन्त्रण स्थापित करके हॉब्स ने मार्सिलियो द्वारा आरम्भ किए जाने वाले कार्य को पूरा किया। मार्सिलियो ने लौकिक और आध्यात्मिक शक्तियों को एक-दूसरे से पृथक् किया था। उसके इस कार्य के द्वारा चर्च को राज्य की अधीनता में रखने की प्रक्रिया आरम्भ हो गयी थी। हॉब्स ने इस प्रक्रिया को पूरा किया तथा चर्च को पूर्णरूप से राज्य के अधीन कर दिया। अपने इस कार्य द्वारा हॉब्स ने राज्य को पूर्णरूपेण धर्म-निरपेक्ष बना दिया। उसके इस कार्य की प्रशंसा करते हुए **मैकडॉनल्ड** ने कहा है कि "हॉब्स उन सब बातों का सच्चा प्रतीक है, जो आधुनिक राज्य में धर्म-निरपेक्ष है।"[1]

अन्त में, हॉब्स का यह कथन कि चर्च राज्य के अधीन है, उसकी दूरदर्शिता और राजसत्ता में अडिग विश्वास का आदर्श सपना था, जिसे आधुनिक राज्यों ने साकार कर दिया है।

प्रश्न
(Questions)

1. राज्य और चर्च पर हॉब्स के विचारों की व्याख्या कीजिए।
   Explain the ideas of Hobbes on state and church.
2. हॉब्स के अनुसार धर्म और चर्च के अर्थ को स्पष्ट कीजिए।
   Explain the meaning of Religion and church according to Hobbes.
3. धर्म क्या है? हॉब्स के अनुसार राज्य को सर्वोच्च बनाने के कारणों को बतलाइए।
   What is Religion? Show the causes for making the state supreme as according to Hobbes.

---

1. "Hobbes is a fit symbol for all is secular in the modern state."—McDonald.

4. राजसत्ता की सर्वोच्चता के समर्थन में, हॉब्स द्वारा दिए गए तर्कों की व्याख्या कीजिए।

   Explain the arguments as given by Hobbes in support of the supremacy of state authority.

5. क्या हॉब्स नास्तिक था? उसके धर्म तथा राज्य संबंधी विचारों का उल्लेख करें।

   Was Hobbes atheist? Mention his ideas on Religion and State.

6. धर्म और राज्य संबंधी धारणाओं में हॉब्स मेकियावेली से एकदम आगे है। स्पष्ट कीजिए।

   Hobbes is one step forward in comparison to Machiavelli, on the concept of Religion and State. Explain.

7. "मेकियावेली ने राजनीति को धर्म से पृथक् किया, जबकि हॉब्स ने धर्म को राजनीति के अधीनस्थ कर दिया।" इस कथन की पुष्टि कीजिए।

   "Machiavelli separated Politics from Religion, whereas Hobbes subordinated Religion to Politics." Examplify this statement.

8. "हॉब्स धर्म-निरपेक्ष राज्य का अग्रदूत है।" व्याख्या कीजिए।

   "Hobbes is the forerunner of secular state." Explain.

9. "राज्य में चर्च एवं विभाग के रूप में काम करता है।" (हॉब्स)। व्याख्या कीजिए।

   "The Church functions as a department in the state." Hobbes. Explain.

10. धर्म और राजनीति पर पदुआ निवासी मारसिलियो, मेकियावेली और हॉब्स के विचारों का तुलनात्मक अध्ययन कीजिए।

    Make a comparative study of the ideas of Marsilio of Padua, Machiavelli and Hobbes on Religion and Politics.

वस्तुनिष्ठ प्रश्न
(Objective Questions)

1. Who said this?

   "Hobbes erected a state that was absolute not merely in the sense of supreme social power but also in the sense of supreme religious authority."

   (a) McDonald (b) Sabine (c) Maxey (d) Wayper

2. Who said this?

"Temporal and Spiritual government are but two words brought into the world to make men see double and mistake their lawful sovereign."

(a) Bodin (b) Hobbes (c) Locke (d) Austin

3. Who said this?

"Hobbes is a fit symbol for all is secular in the modern state."

(a) Sabine (b) Maxey (c) McDonald (d) Jones

4. यह कथन किसका है?

"हॉब्स का विश्वास था कि गृह-युद्ध का एक मुख्य कारण धर्म था।"

(क) सेबाइन (ख) वेपर (ग) मैक्सी (घ) जोन्स

5. यह कथन किसका है?

"धर्म का आधार है–अदृश्य शक्तियों का भय। जो अदृश्य शक्तियाँ, राज्य द्वारा स्वीकृत हैं, उनसे भय लगना धर्म है, और जो अदृश्य शक्तियाँ, राज्य द्वारा स्वीकृत नहीं है, उनसे भय लगना अंधविश्वास है।"

(क) हॉब्स (ख) लॉक (ग) रूसो (घ) बोदां

6. यह कथन किसका है?

"चर्च, ईसाई धर्म के अनुयायियों का समुदाय है, जो अपने शासक के व्यक्तित्व द्वारा परस्पर संगठित होते हैं। अतः, उन्हें शासक के आदेश से ही चर्च में एकत्र होना चाहिए, और उसके आदेश के बिना उनको एकत्र नहीं होना चाहिए।"

(क) लॉक (ख) हॉब्स (ग) रूसो (घ) वेपर

7. यह कथन किसका है?

"शासक, राज्य के धर्म का भी सर्वोच्च अधिकारी है।"

(क) सेबाइन (ख) डनिंग (ग) जोन्स (घ) मैक्सी

8. यह कथन किसका है?

"हॉब्स पूर्णरूप से भौतिकवादी होने के कारण, धर्म-सी अभौतिक आध्यात्मिक वस्तु को बिल्कुल काल्पनिक मानता है। उसका तर्क है कि धर्म की वास्तविकता में विश्वास करना एक ऐसी गलती है, जिसे हमने अरस्तू से ग्रहण किया है और जिसका प्रचार धर्माचार्यों ने अपने लाभ के लिए किया है।"

(क) डनिंग (ख) जोन्स (ग) वेपर (घ) सेबाइन

9. यह कथन किसका है?

"हॉब्स का मत है कि चर्च अन्य निगमों की तरह केवल एक निगम है। अतएव, जिस प्रकार प्रत्येक निगम का एक प्रधान होता है, उसी प्रकार चर्च का भी होना चाहिए। चर्च का प्रधान केवल संप्रभु ही हो सकता है, क्योंकि इसके सदस्य संप्रभु के व्यक्तित्व द्वारा ही संयुक्त होते हैं।"

(क) सेबाइन (ख) डनिंग (ग) जोन्स (घ) वेपर

10. यह कथन किसका है?

"लौकिक शासन और आध्यात्मिक शासन–ये दो शब्द संसार में इसलिए प्रयोग किए जाते हैं, ताकि मनुष्य दो वस्तुएँ देखें, और अपने वैध संप्रभु को जानने में गलती न करें।"

(क) सेबाइन (ख) हूड (ग) वेपर (घ) जोन्स

11. यह कथन किसका है?

"इस संसार में लौकिक शासन के अलावा और कोई शासन नहीं है। इसके अतिरिक्त, किसी दूसरे शासन का विचार करना, केवल राज्य और चर्च के बीच संघर्ष तथा गृह-युद्ध को पैदा करना है।"

(क) लॉक (ख) रूसो (ग) हॉब्स (घ) लास्की

12. यह कथन किसका है?

"हॉब्स उन सब बातों का सच्चा प्रतीक है, जो आधुनिक राज्य में धर्म निरपेक्ष है।"

(क) जोन्स (ख) सेबाइन (ग) डनिंग (घ) मैकडॉनल्ड

13. यह कथन किसका है?

"हॉब्स ने ऐसे राज्य का निर्माण किया, जो न केवल सर्वोच्च सामाजिक शक्ति के रूप में, बल्कि सर्वोच्च धार्मिक शक्ति के रूप में भी निरपेक्ष था।"

(क) मैकडॉनल्ड (ख) सेबाइन (ग) जोन्स (घ) मैक्सी

उत्तर
(Answers)

1. (a) 2. (b) 3. (c) 4. (घ) 5. (क) 6. (ख) 7. (ग) 8. (घ) 9. (क) 10. (ख) 11. (ग) 12. (घ) 13. (क)

◈ ◈ ◈

7

वैयक्तिक स्वतंत्रता
(Individual Liberty)

हॉब्स ने व्यक्ति को स्वतंत्रता दी है या नहीं? यह एक विचारणीय प्रश्न है। उसका सामाजिक समझौता जनता की स्वतंत्रता का घोषणापत्र न होकर उसकी दासता का दस्तावेज है। इस समझौते के अनुसार, जनता अपनी स्वतंत्रता के सब अधिकार संप्रभु को समर्पित कर देती है। अतएव, हॉब्स के विचार से जनता की स्वतंत्रता का प्रश्न ही नहीं उठता। उसने स्वतंत्रता पर जो थोड़ा-बहुत विचार किया है, वह जनतंत्रवादियों द्वारा प्रस्तुत किए जाने वाले व्यक्तिगत स्वतंत्रता के उदार आदर्शों को तर्क की कसौटी पर कसने के लिए। इस संदर्भ में, हॉब्स ने स्वतंत्रता के संबंध में जो विचार व्यक्त किया है, वे निम्नलिखित हैं।

स्वतंत्रता का अर्थ
(The Meaning of Liberty)

हॉब्स ने जिस स्वतंत्रता का वर्णन किया है वह भौतिकवादी है। वह स्वतंत्रता को गति से संबद्ध करता है। यदि किसी पदार्थ की गति अवरुद्ध हो जाती है तो वह स्वतंत्र नहीं है, जैसे–तालाब का पानी स्वतंत्र नहीं है; क्योंकि वह बहकर उसके बाहर नहीं जा सकता है। इसी प्रकार, गति के बाहरी अवरोधों का अभाव ही स्वतंत्रता है। **हॉब्स** के शब्दों में, "उचित रूप से स्वतंत्रता, गति के बाहरी अवरोधों के अभाव को व्यक्त करती है।"[1]

स्वतंत्रता के इस अर्थ के अनुसार हॉब्स ने स्वतंत्र मनुष्य की परिभाषा निम्न प्रकार से दी है–"स्वतंत्र मनुष्य वह है, जो उन कार्यों को, जिनको करने की

---

1. "Liberty signifies, properly, the absence of external expediments to motion."—Hobbes, *Leviathan*, Chapter XXI.

उसमें शक्ति और बुद्धि है तथा जिनको वह अपनी इच्छानुसार करना चाहता है, करने से रोका नहीं जाता है।"

स्वतंत्रता के प्रकार
(Kinds of Liberty)

हॉब्स ने दो प्रकार की स्वतंत्रता का वर्णन किया है–

1. **प्राकृतिक स्वतंत्रता** (Natural Liberty)–प्राकृतिक स्वतंत्रता के अंतर्गत प्रत्येक मनुष्य अपनी इच्छानुसार कुछ भी करने को पूर्ण स्वतंत्र रहता है। व्रह जो चाहे कर सकता है। वह किसी शासक के अधीन नहीं रहता है। वह स्वतंत्रता उसे प्राकृतिक अवस्था में प्राप्त होती है।

2. **नागरिक स्वतंत्रता** (Civil Liberty)–लेकिन, जब मनुष्य समझौते के द्वारा राज्य का निर्माण कर लेता है। तब वह स्वयं नागरिक कानूनों के कृत्रिम बंधनों को स्वीकार कर लेता है, जिसके परिणामस्वरूप वह प्राकृतिक अवस्था की अपनी सच्ची स्वतंत्रता को खो देता है और नागरिक के रूप में केवल उसी कृत्रिम स्वतंत्रता का उपभोग करता है, जो संप्रभु उसे प्रदान करता है। इसी को नागरिक स्वतंत्रता कहते हैं।

इस संदर्भ में, **हॉब्स** का कथन है, "प्राकृतिक स्वतंत्रता सच्ची स्वतंत्रता है; नागरिक स्वतंत्रता कृत्रिम स्वतंत्रता है। प्रजाजनों की स्वतंत्रता केवल वह स्वतंत्रता है, जो उनको संप्रभु की आज्ञा से प्राप्त होती है।"[1]

नागरिक स्वतंत्रता के क्षेत्र
(Jurisdiction of the Civil Liberty)

यद्यपि, हॉब्स ने संप्रभु की निरंकुश शक्ति का समर्थन किया है, फिर भी वह निम्नांकित तीन क्षेत्रों में व्यक्ति को स्वतंत्रता प्रदान करता है–

1. **आर्थिक क्षेत्र में** (In the Economic Field)–प्रत्येक व्यक्ति को बेचने, खरीदने और आर्थिक समझौता करने की पूर्ण स्वतंत्रता है।

2. **आत्मरक्षा हेतु** (Regarding Self-preservation)–प्रत्येक व्यक्ति को अपना भोजन, निवास स्थान और जीवन का व्यवसाय चुनने की स्वतंत्रता है।

3. **शिक्षा** (Education)–प्रत्येक व्यक्ति को अपने बच्चों को अपनी इच्छानुसार शिक्षा देने की स्वतंत्रता है।

---

1. "Natural liberty is true liberty, civil liberty is artificial liberty. The liberty of subjects is liberty only by allowance of the sovereign."—Hobbes.

इन तीनों क्षेत्रों में व्यक्ति को स्वतंत्रता प्रदान कर अखंड संप्रभुता का समर्थन हॉब्स सर्वग्राहिता के आरोप से मुक्त हो गया है।

संप्रभु के विरुद्ध स्वतंत्रता
(Liberty Against the Sovereign)

संप्रभुता का प्रबल समर्थक होते हुए भी, हॉब्स ऐसी चार परिस्थितियों का वर्णन करता है, जिनमें प्रजा अपनी आत्मरक्षा हेतु बिना न्याय को भंग किए हुए संप्रभु की आज्ञा का उल्लंघन करने के लिए स्वतंत्र है। जैसे–

1. **प्राणरक्षा हेतु** (For the Protection of Life)–यदि संप्रभु किसी व्यक्ति को यह आज्ञा देता है कि वह अपने को मार डाले या अपने शरीर को घायल करे या अपना कोई अंग काट डाले या अपने ऊपर आक्रमण करने वालों का विरोध न करे या भोजन, वायु, दवा या जीवन को रखने वाली किसी अन्य वस्तु का प्रयोग न करे, तो व्यक्ति इस प्रकार की आज्ञा न मानने के लिए स्वतंत्र है।

2. **अपराध स्वीकार करने के विरुद्ध** (Against the Acceptance of Crime)–यदि संप्रभु या उसका कोई अधिकार किसी व्यक्ति से अपना अपराध स्वीकार करने के लिए कहता है तो क्षमादान का आश्वासन न मिलने पर वह अपने अपराध को अस्वीकार करने के लिए स्वतंत्र है।

3. **हत्या करने की आज्ञा के विरुद्ध** (Against the Order of the Killing)–यदि संप्रभु किसी व्यक्ति को अपनी या दूसरों की हत्या करने की आज्ञा देता है, तो इस आज्ञा का पालन न करने के लिए स्वतंत्र है।

4. **युद्ध करने के आदेश के विरुद्ध** (Against the Order of the Waging of War)–यदि संप्रभु किसी व्यक्ति को सैनिक के रूप में शत्रु के विरुद्ध युद्ध करने का आदेश देता है और यदि वह व्यक्ति स्वभाव से कायर है, या यदि वह अपने बजाय किसी दूसरे व्यक्ति को सैनिक के रूप में युद्ध करने के लिए भेज देता है, तो वह संप्रभु के आदेश को नहीं मानने के लिए स्वतंत्र है।[1]

इसके अतिरिक्त, हॉब्स ने कहा है कि यदि संप्रभु अपने लिए और अपनी संतान के लिए संप्रभुता का त्याग कर दे, यदि संप्रभु का कोई उत्तराधिकारी न हो तथा यदि संप्रभु उत्तराधिकारियों का निर्णय किए बिना ही मर जाए, तो इन तीन अवस्थाओं में व्यक्ति प्राकृतिक अवस्था में लौट आता है और पूर्ण स्वतंत्र हो जाता है।

---

1. Hobbes, *Leviathan*, Chapter XXI.

संप्रभु के विरुद्ध अभियोग लगाने की स्वतंत्रता
(Liberty of Framing Charges Against the Sovereign)

हॉब्स का मत है कि व्यक्ति कुछ विषयों में संप्रभु पर अभियोग लगा सकते हैं। जैसे–

1. **संपत्ति के स्वत्व हेतु** (Regarding the Ownership of Property)–यदि ऋण का या जमीन और संपत्ति के स्वत्व का प्रश्न हो, तो प्रजा संप्रभु पर अभियोग लगा सकती है।

2. **आर्थिक या शारीरिक दंड हेतु** (Regarding the Economic or Physical Punishment)–यदि आर्थिक या शारीरिक दंड के प्रश्न पर प्रजा और संप्रभु में संघर्ष हो, तो संप्रभु पर अभियोग लगाया जा सकता है।

यहाँ यह उल्लेखनीय है कि इन अवस्थाओं में संप्रभु की आज्ञा की अवहेलना नहीं होती है, बल्कि संप्रभु द्वारा व्यवस्थापित कानून का प्रयोग इन प्रश्नों के समाधान हेतु होता है।

संप्रभु के युद्ध या गृह-युद्ध में पराजित होने पर स्वतंत्रता
(Liberty after the Defeat of the Sovereign in War or Civil War)

यदि संप्रभु युद्ध और गृह-युद्ध में पराजित हो जाता है, तो व्यक्ति उसकी अधीनता से स्वतंत्र हो जाता है।

1. **युद्ध में पराजय** (Defeat in War)–यदि किसी राज्य को दूसरे राज्य के साथ युद्ध करना पड़े और उस युद्ध में संप्रभु पकड़ लिया जाए तथा विजेता की अधीनता स्वीकार कर ले, तो प्रजा उसकी आज्ञा के बंधन से स्वतंत्र हो जाती है।

2. **गृह-युद्ध में पराजय** (Defeat in Civil War)–यदि किसी राज्य में गृह-युद्ध प्रारंभ हो और पूर्व स्थापित राजसत्ता निर्बल होकर प्रजा की प्राण रक्षा करने में असमर्थ सिद्ध हो, तो प्रजा अपनी राजभक्ति और निष्ठा पहली सत्ता से हटाकर नई सत्ता के प्रति प्रदर्शित कर सकती है।

हॉब्स ने इस सिद्धांत का उल्लेख **लेवियाथन** के उपसंहार में किया है।

वैयक्तिक स्वतंत्रता का मूल्यांकन
(Evaluation of the Individual Liberty)

हॉब्स के स्वतंत्रता संबंधी विचारों के विश्लेषण से यह प्रमाणित हो जाता है कि अखंड संप्रभुता का समर्थक होते हुए भी वह जनता की स्वतंत्रता का पूर्ण

अपहरण नहीं करता है। यह सत्य है कि वह जनवादियों के आदर्शों को स्वीकार करके मनुष्यों की व्यक्तिगत संपत्ति, विचार-अभिव्यक्ति तथा धार्मिक विश्वास की स्वतंत्रता का पोषण नहीं करता है, परन्तु इसके विपरीत, यह भी सत्य है कि वह आर्थिक व्यवस्था, शिक्षा और व्यक्तिगत जीवन जैसे क्षेत्रों में व्यक्ति की स्वतंत्रता की रक्षा करता है, और इसके साथ ही, कुछ विशेष परिस्थितियों में, उसको संप्रभु की आज्ञा का विरोध करने की भी स्वतंत्रता देता है।

इस प्रकार, यह कहा जा सकता है कि हॉब्स कुछ निश्चित सीमाओं में व्यक्तिगत स्वतंत्रता का निषेध नहीं करता है। जिस स्वतंत्रता का वह निषेध करता है, वह है–प्राकृतिक अवस्था की पूर्ण स्वतंत्रता। राज्य के नागरिकों के रूप में हॉब्स व्यक्तियों के लिए केवल उस स्वतंत्रता का समर्थन करता है, जो नागरिक कानूनों द्वारा उनको प्रदान की जाती है, जिसके बंधन को उन्होंने राज्य निर्माण के समय स्वयं स्वीकार किया है। वस्तुतः, हॉब्स के विचारानुसार, प्रजा केवल नागरिक कानूनों द्वारा दी गई स्वतंत्रता का अधिकारी है। **डनिंग** भी इस विचार को स्वीकृत करते हुए कहता है, "केवल राज्य के कानूनों के संबंध में ही प्रजा की स्वतंत्रता का उचित रूप से विचार किया जा सकता है।"[1]

वस्तुतः हॉब्स के आलोचकों का विचार है कि निजी स्वार्थ की दृष्टि से उसने इस स्वतंत्रता-सिद्धांत का प्रतिपादन किया है। वे उदाहरण देते हुए यह बताते हैं कि निरंकुश राजतंत्र का उग्र समर्थक, हॉब्स इंग्लैण्ड में राजा के विरोधी क्रॉमवेल की सत्ता स्थापित होने पर उसका समर्थक बन गया और इसकी सत्ता न्यायोचित सिद्ध करने के उद्देश्य से उसने इस सिद्धांत का प्रतिपादन किया। वास्तविकता जो भी हो, हॉब्स ने स्वतंत्रता पर जो विचार दिया है, वह राजनीतिविज्ञान के पाठकों के लिए शोध का विषय है तथा राजनीतिक विचारधारा की अमूल्य निधि भी।

प्रश्न
(Questions)

1. हॉब्स के वैयक्तिक स्वतंत्रता संबंधी विचारों का विवेचन कीजिए।
   Discuss the ideas of Hobbes on the individual liberty.
2. हॉब्स के अनुसार स्वतंत्रता का क्या अर्थ है? उसके विभिन्न प्रकारों का उल्लेख कीजिए।
   What is the meaning of liberty according to Hobbes? Mention its different kinds.

---

1. "The liberty of the subject can properly be thought of only in relation to the laws of the commonwealth."—Dunning.

3. हॉब्स के अनुसार स्वतंत्रता के अर्थ, प्रकार और क्षेत्र पर विचार कीजिए। Examine the meaning, kinds and jurisdiction of Hobbes's liberty.
4. हॉब्स के अनुसार किन परिस्थितियों में व्यक्ति को संप्रभु के विरुद्ध जाने की स्वतंत्रता का अधिकार प्राप्त है? व्याख्या कीजिए।
   According to Hobbes, under what circumstances an individual has the right to liberty to go against the sovereign. Explain.
5. स्वतंत्रता क्या है? हॉब्स ने व्यक्ति को संप्रभु के विरुद्ध अभियोग लगाने का अधिकार किन विषयों में दिया है? कारण बताइए।
   What is liberty? On What subjects, has Hobbes given the individual the right of liberty of framing charges against the sovereign? Give reasons.
6. हॉब्स की वैयक्तिक स्वतंत्रता पर एक आलोचनात्मक लेख लिखिए। Write a critical essay on Hobbes's individual liberty.

वस्तुनिष्ठ प्रश्न
(Objective Questions)

1. Who said this?

   "Liberty signifies properly, the absence of external expediment to motion."

   (a) Hobbes (b) Locke (c) Russeau (d) Bodin
2. Who said this?

   "Natural liberty is true liberty, civil liberty is artificial liberty. The liberty of subjects is liberty only by allowance of the sovereign."

   (a) Locke (b) Hobbes (c) Laski (d) J.S. Mill
3. Who said this?

   "The liberty of the subject can properly be thought of only in relation to the laws of the commonwealth."

   (a) Sabine (b) Gettell (c) Dunning (d) Jones
4. यह कथन किसका है?

   "स्वतंत्र मनुष्य वह है, जो उन कार्यों को, जिनको करने की उसमें शक्ति और बुद्धि है तथा जिनको वह अपनी इच्छानुसार करना चाहता है, करने से रोका नहीं जाता है।"

   (क) लॉक (ख) जे॰ एस॰ मिल (ग) रूसो (घ) हॉब्स

5. यह कथन किसका है?

"केवल राज्य के कानूनों के संबंध में ही प्रजा की स्वतंत्रता का उचित रूप से विचार किया जा सकता है।"

(क) डनिंग (ख) सेबाइन (ग) वेपर (घ) गेटेल

6. यह कथन किसका है?

"उचित रूप से स्वतंत्रता, गति के बाहरी अवरोधों के अभाव को व्यक्त करती है।"

(क) लॉक (ख) हॉब्स (ग) बोदां (घ) रूसो

7. "प्राकृतिक स्वतंत्रता सच्ची स्वतंत्रता है; नागरिक स्वतंत्रता कृत्रिम स्वतंत्रता है, जो उनको संप्रभु की आज्ञा से प्राप्त होती है।"

(क) बोदां (ख) जे॰ एस॰ मिल (ग) हॉब्स (घ) लॉक

उत्तर
(Answers)

1. (a) 2. (b) 3. (c) 4. (घ) 5. (क) 6. (ख) 7. (ग)

8

हॉब्स के दर्शन में व्यक्तिवाद, उपयोगितावाद और निरंकुशतावाद के तत्व

(Elements of Individualism, Utilitarianism and Absolutism in Hobbes's Philosophy)

राजनीतिक विचारधारा के इतिहास में हॉब्स निरंकुशवाद का प्रबल समर्थक माना जाता है। तत्कालीन इंग्लैंड में व्याप्त अराजकतापूर्ण परिस्थितियों के निराकरण के लिए वह एक सुदृढ़ और निरंकुश शासन-व्यवस्था को सर्वोतम मानता था। लेकिन, उसका निरंकुशतावाद एक सर्वाधिकारवादी राज्य का सिद्धांत नहीं माना जा सकता है; क्योंकि उसने व्यक्ति को साध्य और राज्य को साधन घोषित किया है तथा कहा है कि राज्य का मुख्य उद्देश्य व्यक्ति की आत्मरक्षा की सुरक्षा करना है। इस प्रकार, हॉब्स प्रथम विचारक है, जिसने व्यक्ति के जीवित रहने के अधिकार को सर्वोपरि सिद्ध किया है और यह कहा है कि राज्य की उत्पत्ति व्यक्ति के इस अधिकार को रक्षा करने के लिए ही हुई है। अतएव, हॉब्स निरंकुशतावाद का प्रबल समर्थक होते हुए भी अंततः व्यक्तिवादी है। **सेबाइन** का भी मत है, "संप्रभु का निरंकुश सत्ता का सिद्धांत, जिसके साथ सामान्यतया हॉब्स का नाम जोड़ा जाता है, वास्तव में, उसके व्यक्तिवाद का आवश्यक पूरक था।"[1]

1. "The absolute power of the sovereign—a theory with which Hobbes's name is more generally associated was really the necessary complement of his individualism."—Sabine, G.H., *A History of Political Theory*.

इस प्रकार, हॉब्स के दर्शन का एक मात्र उद्देश्य व्यक्ति की आत्मरक्षा और कल्याण है। इस उद्देश्य की पूर्ति हेतु हॉब्स ने निरंकुश संप्रभु का समर्थन किया है। **हरमॉन** का भी कथन है, "यद्यपि हॉब्स, संप्रभु द्वारा व्यक्ति पर लगाए जाने वाली प्रतिबंधों को स्वीकार करता है, फिर भी उसके सिद्धांत में व्यक्तिवाद के शक्तिशाली तत्व मिलते हैं।"[1]

हॉब्स के दर्शन में व्यक्तिवाद
(Individualism in Hobbes's Philosophy)

हॉब्स के दर्शन में पाए जाने वाले व्यक्तिवादी तत्त्वों का वर्णन निम्नलिखित रूप से किया जा सकता है–

1. व्यक्ति साध्य: राज्य साधन (Individual End : State Means)–व्यक्तिवाद की मूल धारणा यह है कि संघ, समुदाय, राज्य और जितनी भी अन्य संस्थाएँ हैं, वे व्यक्तियों द्वारा ही निर्मित हैं। व्यक्ति ही उनकी इकाई है और ये सब अपने में सम्मिलित व्यक्तियों से अधिक या भिन्न कुछ भी नहीं हैं। इस दृष्टिकोण से आपने साध्य और राज्य साधनमात्र है। अतएव, व्यक्ति का सुख-दुःख तथा भलाई-बुराई समझा जाना चाहिए।

2. राज्य का उद्देश्य व्यक्ति की आत्मरक्षा के अधिकार की रक्षा करना है (State's End is to Protect the Right of Self-preservation of Individual)–हॉब्स का कल्पित व्यक्ति प्राकृतिक अवस्था में पूर्णरूप से स्वतंत्र था और राज्य की स्थापना प्राकृतिक अवस्था के इन पूर्ण स्वतंत्र व्यक्तियों द्वारा पारस्परिक समझौते के आधार पर ही की गई है। अतः, राज्य का उद्देश्य भी व्यक्ति के जीवन की रक्षा और उसका हितसाधन ही है।[2]

3. व्यक्ति सामाजिक बंधनों से मुक्त (Individual Free from Social Bindings)–हॉब्स व्यक्ति को अपने दर्शन का आधार और आरंभिक बिन्दु मानता है। इसी उद्देश्य से वह अपने ग्रंथ **लेवियाथन** के प्रथम दस अध्यायों में मानव स्वभाव और मानव व्यवहार का मनोवैज्ञानिक विश्लेषण करता है तथा ऐसे मानव का जिसका किसी समाज या समुदाय से किसी प्रकार का कोई संबंध नहीं है,

1. "Despite Hobbes's admission of restrictions which the sovereign may impose upon the individual, his theory still contains strong elements of individualism."—Harmon.
2. "A general or public good, like a public will, is a figment of the imagination, there are merely individuals who desire to live and to enjoy protection for the means of life."—Sabine.

वह अपने सामाजिक बंधनों से मुक्त करके व्यक्ति को स्वतंत्र अस्तित्व प्रदान करता है। वस्तुतः, हॉब्स का व्यक्तिवाद धर्मशास्त्रों या पूर्वधारणाओं पर आधृत न होकर, अनुभव प्रदान और धर्मनिरपेक्ष है।

4. मानव समानता (Equality of Man)–हॉब्स ने अपने राजदर्शन में मानव समानता को अत्यन्त महत्वपूर्ण स्थान दिया है। उसका दर्शन सब मनुष्यों की प्राकृतिक स्वतंत्रता को उतना ही पूर्ण रूप से स्वीकार करता है, जितना कि किसी दूसरे क्रांतिकारी विचारक ने किया है। **डनिंग** का भी कथन है, "राजशक्ति को श्रेष्ठता प्रदान करने के बावजूद, हॉब्स के सिद्धांत का आधार पूर्णतः व्यक्तिवादी है।"

हॉब्स के अनुसार, प्राणीशास्त्रीय दृष्टि से व्यक्ति की शारीरिक और मानसिक रचना समान होती है। अतएव, सबके प्रति समान व्यवहार होना चाहिए। हॉब्स ने मोटे तौर पर भौतिक दृष्टि से व्यक्ति की समान शक्ति का वर्णन किया है।[1]

5. राज्य में व्यक्ति का महत्वपूर्ण स्थान (Important Place of Individual in the State)–हॉब्स का कथन है कि राज्य में व्यक्ति को महत्वपूर्ण स्थान प्राप्त है। इस संदर्भ में, **हरमॉन** का मत है, "हॉब्स के अनुसार, व्यक्ति का अस्तित्व केवल इसलिए नहीं है कि वह केवल राज्य की आज्ञा का पालन करे या उसके कल्याण में योग दे। राज्य न तो नैतिकता की परिभाषा करता है और न व्यक्ति को श्रेष्ठ जीवन व्यतीत करने के लिए बाध्य करता है। व्यक्ति को अपने जीवन में बहुत स्वतंत्रता और अनेक अधिकार प्राप्त हैं। वह राज्य की सुरक्षा को खतरे में डालने वाले कार्यों के अलावा शेष सभी कार्य कर सकता है।"

हरमॉन आगे कहता है, "यद्यपि हॉब्स की सरकार का निर्माण व्यक्तियों द्वारा नहीं किया जाता, फिर भी वह निश्चित रूप से व्यक्तियों के लिए ही है।"

6. व्यक्ति को संप्रभु का विरोध करने का अधिकार (The Right of People to Revolt Against the Sovereign)–हॉब्स का मत है कि मनुष्यों में आत्मरक्षा की भावना इतनी तीव्र और दृढ़ होती है कि वे इसके लिए संप्रभु को समझौते द्वारा अपनी संपूर्ण स्वतंत्रता और प्राकृतिक अधिकारों को सौंपकर उसकी अधीनता स्वीकार कर लेते हैं। अतएव, संप्रभु की आज्ञा का पालन करना व्यक्ति

1. "Nature has made men so equal in the faculties of body and mind as that though there be found one man sometimes, manifestly stronger in body, or of quicker mind than another. Yet when all is reckoned together, the difference between man and man, is not so considerable, as that one man can thereupon claim to himself any benefit, to which another may not pretend."—Hobbes, *Leviathan*.

का कर्तव्य है। लेकिन, व्यक्ति से संप्रभु की केवल उन्हीं आज्ञाओं के पालन की आशा की जा सकती है, जिनके पालन से व्यक्ति की आत्मरक्षा के अधिकार पर आघात नहीं पहुँचता है, तो हॉब्स व्यक्ति को संप्रभु की आज्ञा का विरोध और उल्लंघन करने का अधिकार प्रदान करता है। वस्तुतः समाज की स्थापना, संप्रभुतायुक्त राज्यशक्ति का समझौते द्वारा जन्म तथा आत्मरक्षा के अभाव में संप्रभु की आज्ञा का विरोध आदि सभी के पीछे हॉब्स का घोर व्यक्तिवाद ही प्रधान रूप से कारणभूत हैं।

हॉब्स के दर्शन में उपयोगितावाद
(Utilitarianism in Hobbes's Philosophy)

हॉब्स के दर्शन में उपयोगितावाद के भी तत्त्व वर्तमान हैं; जिनका उल्लेख निम्नांकित रूप से किया जा सकता है–

1. राज्य एक कृत्रिम संस्था है (State is an Artificial Institution)–हॉब्स के अनुसार, राज्य एक कृत्रिम संस्था है जिसका निर्माण व्यक्तियों के आपसी समझौते द्वारा हुआ है। अतएव, व्यक्ति यह माँग करता है कि राज्य उसे पूर्ण सुरक्षा प्रदान करे, ताकि वह अपने जीवन के उद्देश्य की प्राप्ति कर सके। इस प्रकार, हॉब्स समाज और राज्य को स्वभाविक संस्था न मानकर समझौते द्वारा निर्मित कृत्रिम संस्था मानता है। वस्तुतः, समाज और राज्य को कृत्रिम मानना, हॉब्स के व्यक्तिवाद की पराकाष्ठा का चरमोत्कर्ष बिन्दु है।

2. राज्य व्यक्ति की माँग को पूरा करता है (State Fulfills the Demands of People)–हॉब्स का कथन है कि राज्य की सार्थकता इसी में है कि वह व्यक्तियों की मांगों को पूरा करे। राज्य की उपयोगिता उनकी माँग को पूर्ण करने में ही है। यदि राज्य ऐसा नहीं करता है, तो उसकी उपयोगिता समाप्त हो जाती है। हॉब्स के अनुसार, राज्य की उपयोगिता केवल यही है कि व्यक्ति पदार्थों और सेवाओं का विनिमय करता रहे। इस प्रकार, यह कहा जा सकता है कि हॉब्स के व्यक्तिवादी दर्शन में उसका उपयोगितावाद संयुक्त है।

3. कानून व्यक्ति के हित के लिए (Laws for the Welfare of Individual)–राज्य में कानून का निर्माण व्यक्ति के हित के लिए किया जाता है। हॉब्स का विचार है कि कानून व्यक्ति की समस्त स्वेच्छापूर्ण कार्यों को नहीं रोकता, उसका उद्देश्य तो व्यक्ति की अनियंत्रित इच्छाओं या अविवेक के आधार पर किए जाने वाले कार्यों को रोकना है। वस्तुतः, कानून बाढ़ के सदृश है, जो कि यात्रियों को रोकने के लिए नहीं, बल्कि उन्हें सन्मार्ग पर रखने के लिए खड़ी की जाती

है। कानून के संबंध में हॉब्स का यह भी मत है कि शासक को व्यक्तियों के निजी विश्वास और विचारों में हस्तक्षेप नहीं करना चाहिए। वह उनसे केवल यह माँग कर सकता है कि उनका बाहरी आचरण और उपासना की पद्धति राज्य के कानूनों के अनुरूप होनी चाहिए।

उपर्युक्त तथ्यों के संदर्भ में ही, **सेबाइन** ने कहा है, "हॉब्स एक ही साथ पूर्णत: उपयोगितावादी और पूर्णत: व्यक्तिवादी था।"[1]

हॉब्स के दर्शन में निरंकुशता
(Absolutism in Hobbes's Philosophy)

हॉब्स का निरंकुश संप्रभुता का सिद्धांत व्यक्तिवाद पर आधारित है। उसका विचार है कि मानव स्वभाव में पाई जानेवाली क्रूरता और प्रतिस्पर्धा के कारण संप्रभुता की स्थापना नहीं होती है; बल्कि उसकी स्थापना का मनोवैज्ञाजिक कारण यह है कि मनुष्यों का संपूर्ण व्यवहार व्यक्तिगत हित से प्रेरित होता है। वे शांति और सुरक्षा के वातावरण में अपने हित की पूर्ति करना चाहते हैं।

इसी उद्देश्य की प्राप्ति हेतु मनुष्य परस्पर समझौता करके राज्य का निर्माण कर संप्रभु की स्थापना करते हैं और उसके हाथों में शांति तथा सुरक्षा का सब भार सौंप देते हैं। वे उसकी निरंकुश सत्ता के आगे केवल इसलिए शीश झुकाते हैं; क्योंकि वे जानते हैं कि वह उनकी शांति और सुरक्षा प्रदान करके उनके व्यक्तिगत लाभ की वृद्धि को संभव बनाता है। अतएव, **सेबाइन** का भी कहना है, "हॉब्स का नाम संप्रभु की निरंकुश सत्ता के साथ विशेष रूप से संयुक्त किया जाता है। यह सिद्धांत वास्तव में उसके व्यक्तिवाद का अनिवार्य पूरक तत्व है।"[1]

हॉब्स आगे कहता है कि राज्य की स्थापना के द्वारा प्राकृतिक अवस्था में समस्त अधिकार व्यक्ति के हाथ से छिन जाते हैं और संप्रभु के पास पहुँच जाते हैं। व्यक्ति के पास केवल अपनी आत्मरक्षा करने का अधिकार शेष रह जाता है।

हॉब्स की इस विचारधारा के अनुसार संप्रभु ही समस्त अधिकारों और कानूनों का स्रोत होता है। संप्रभु ही कानून का निर्माण करता है। दूसरे व्यक्ति उसे कानून निर्माण और अन्य राजनीतिक कार्यों में सहायता देने के लिए भले ही हों, लेकिन समस्त कार्यों में संप्रभु की इच्छा ही कानून के रूप में प्रकट होती है, जिसे टालने का अधिकार किसी को प्राप्त नहीं होता। संप्रभु अपनी शक्ति का प्रयोग अपनी इच्छानुसार कर सकता है। यदि संप्रभु अत्याचारी भी हो जाता है, तो अन्य व्यक्तियों को उसके विरुद्ध विद्रोह करने का कोई अधिकार नहीं है; क्योंकि

---

1. "Hobbes was at once the complete utilitarian and the complete individualist.."—Sabine.

समझौते में संप्रभु कोई पक्ष नहीं था और जो समझौता किया गया, उसमें ऐसी कोई शर्त नहीं की गई थी।

इस प्रकार, हॉब्स के दर्शन में व्यक्तिवाद और निरंकुशवाद दोनों का विलक्षण मिश्रण विद्यमान है। उसने व्यक्तिवाद और निरंकुशवाद दोनों विपरीत विचारधाराओं को अपनाया है। इसी संदर्भ में हॉब्स को निरंकुशतावादी और व्यक्तिवादी दोनों की संज्ञा दी जाती है।

मूल्यांकन
(Evaluation)

हॉब्स के व्यक्तिवाद की आलोचना निम्नलिखित आधार पर की जाती है–

1. राज्य कृत्रिम नहीं, एक प्राकृतिक संस्था (State is not Artificial but a Natural Institution)–हॉब्स ने राज्य को मानवकृत एक कृत्रिम संस्था माना है। उसका कहना है कि मनुष्यों ने प्राकृतिक अवस्था के कष्टमय जीवन से त्राण पाने के लिए आपसी समझौते द्वारा राज्य का निर्माण किया। आलोचकों का कहना है कि राज्य एक प्राकृतिक संस्था है, जिसका क्रमशः विकास हुआ है। अरस्तू तथा विकासवादी विचारक इस मत के समर्थक हैं।

2. निरंकुश संप्रभुता अव्यावहारिक और अवांछनीय (Absolute Sovereignty Impracticable and Undesirable)–हॉब्स की प्राकृतिक अवस्था के सभी मनुष्य अपने सभी अधिकार देकर एक संप्रभु को चुनते हैं और वह संप्रभु समझौते में सम्मिलित नहीं होने के कारण निरंकुश बन जाता है। उसने जिस सर्वशक्तिशाली और सर्वशक्तिमान संप्रभु की कल्पना की है, वह अव्यावहारिक और अवांछनीय है। वास्तविकता के धरातल पर उसका अस्तित्व सदा खतरे में रहता है। प्रजातंत्र और समाजवाद जो आधुनिक युग का फैशन बना हुआ है, उसमें इस निरंकुश संप्रभुता का कोई स्थान नहीं है।

3. विद्रोह का निर्णायक कौन? (Who will be the Decider of Revolt?)–सामान्य परिस्थिति में हॉब्स के लोगों को संप्रभु के विरुद्ध विद्रोह करने का अधिकार नहीं है। लेकिन, जब संप्रभु प्रजा की रक्षा करने में असफल सिद्ध होता है, तब वैसी स्थिति में प्रजा संप्रभु के विरुद्ध विद्रोह कर सकती है। फिर, प्रश्न यह उठता है कि इसका निर्णय कौन करेगा? यह रहस्य बना हुआ है। इस पर हॉब्स मौन है। इस प्रकार, उसने विरोधात्मक विचारों का समन्वय किया है।[1]

---

1. "People surrendered all natural rights and they had no power to oppose the king, violation of their rights so it is a contradictory point."

4. राज्य का उद्देश्य केवल आत्मरक्षा नहीं, बल्कि श्रेष्ठ जीवन प्रदान करना है (The Aim of State is not Only for Self-preservation but to Provide Good Life)–हॉब्स का कहना है कि राज्य का मुख्य उद्देश्य व्यक्ति की आत्मरक्षा की व्यवस्था करना है। यदि राज्य इस कार्य में सफल होता है, तो प्रजा संप्रभु के विरुद्ध विद्रोह कर उसे अपदस्थ कर नए संप्रभु का चयन कर सकती है। आलोचकों का तर्क है कि राज्य का यह उद्देश्य अतिप्राचीन है। आज के युग में पुलिस राज्य का स्थान कल्याणकारी राज्य ने ले लिया है। वस्तुतः, राज्य व्यक्ति के समग्र व्यक्तित्व के विकास में मदद कर उसे श्रेष्ठ जीवन प्रदान करने का अथक प्रयत्न करता है।

इस प्रकार, हॉब्स का व्यक्तिवाद राजनीतिक विचारधारा के इतिहास में एक पहेली और कटु आलोचना का विषय बना हुआ है।

निष्कर्ष

हॉब्स के व्यक्तिवाद की कटु आलोचनाओं के बावजूद व्यक्तिवाद पर उसके विचार राजदर्शन की अमूल्य निधि है। जैसा कि **सेबाइन** का भी मत है, "यह स्पष्ट व्यक्तिवाद ही, हॉब्स के दर्शन को उसके युग का सबसे क्रांतिकारी सिद्धांत बना देता है।"[1]

प्रश्न
(Questions)

1. "यह स्पष्ट व्यक्तिवाद ही है जो हॉब्स के दर्शन को उस युग का सर्वाधिक क्रांतिकारी सिद्धांत बनाता है।" सेबाइन। स्पष्ट कीजिए।
   "It is the clear-cut Individualism which makes Hobbes's philosophy the most revolutionary theory of the age." Sabine. Explain.
2. "हॉब्स व्यक्तिवादी और निरंकुशवादी दोनों ही था।" विवेचन कीजिए।
   "Hobbes was both an individualist and an absolutist." Discuss.
3. "हॉब्स व्यक्तिवाद से प्रारम्भ करता है और निरंकुशतावाद में अंत।" विवेचन कीजिए।
   "Hobbes starts with individualism and ends with absolutism." Discuss.
4. हॉब्स के व्यक्तिवाद की समीक्षा कीजिए।
   Critically examine the Hobbes's individualism.

---

1. "It is this clearcut individualism which makes Hobbes's philosophy the most revolutionary theory of the age."—Sabine.

5. हॉब्स के निरंकुशतावाद की व्याख्या कीजिए।
"Write an essay on Hobbes's Utilitarianism.
6. हॉब्स के निरंकुशतावाद की व्याख्या कीजिए।
Explain Hobbes's Absolutism.
7. "हॉब्स का सिद्धांत व्यक्तिवाद, उपयोगितावाद और निरंकुशतावाद का मिश्रण है।" व्याख्या कीजिए।
"Hobbes's theory is an amalgamation of individualism, Utilitarianism and Absolutism". Explain.
8. "हॉब्स एक ही साथ पूर्णतः उपयोगितावादी और पूर्णतः व्यक्तिवादी था।" सेबाइन। व्याख्या कीजिए।
"Hobbes was at once a complete utilitarian and a complete individualist." Sabine. Explain.
9. हॉब्स के व्यक्तिवाद और उपयोगितावाद पर एक आलोचनात्मक लेख लिखिए।

Write a critical essay on Hobbes's individualism and utilitarianism.

वस्तुनिष्ठ प्रश्न
(Objective Questions)

1. Who said this?

"The absolute power of the sovereign—a theory with which Hobbes's name is more generally associated was really the necessary complement of his individualism."

(a) Sabine (b) Jones (c) Dunning (d) Wayper

2. Who said this?

"Despite Hobbes's admission of restrictions which the sovereign may impose upon the individual, his theory still contains strong elements of individualism."

(a) Hobbes (b) Harmon (c) Jones (d) Gettell

3. Who said this?

"A general or public good, like a public will, is a figment of the imagination, there are merely individuals who desire to live and to enjoy protection for the means of life."

(a) Jones (b) Gettell (c) Sanine (d) Maxey

4. Who said this?

"Nature has made men so equal in the faculties of body and mind as that though there be found one man sometimes, manifestly stronger in body, or of quicker mind than another. Yet when all is reckoned together, the difference between man and man, is not so considerable, as that one man can thereupon claim to himself any benefit to which another may not pretend."

(a) Locke (b) Rousseau (c) Bodin (d) Hobbes

5. Who said this?

"Hobbes was at once the complete Uitilitarian and the complete individualist."

(a) Sabine (b) Maxey (c) Jones (d) Dunning

6. Who said this?

"People Surrendered all natural rights and they had no power to oppose the king, violation of their rights so it is a contradictory point."

(a) Locke (b) Hobbes (c) Jones (d) Maxey

7. Who said this?

"It is this clear-cut individualism which makes Hobbes's philosophy the most revolutionary theory of the age."

(a) Dunning (b) Jones (c) Sabine (d) Gettell

8. यह कथन किसका है?

"राजशक्ति को श्रेष्ठता प्रदान करने के बावजूद, हॉब्स के सिद्धांत का आधार पूर्णतः व्यक्तिवादी है।"

(क) सेबाइन (ख) गेटेल (ग) वेपर (घ) डनिंग

9. यह कथन किसका है?

"यद्यपि हॉब्स की सरकार का निर्माण व्यक्तियों द्वारा नहीं किया जा सकता, फिर भी वह निश्चित रूप से व्यक्तियों के लिए ही है।"

(क) हरमॉन (ख) सेबाइन (ग) गेटेल (घ) मैक्सी

10. यह कथन किसका है?

"हॉब्स एक ही साथ पूर्णतः उपयोगितावादी और पूर्णतः व्यक्तिवादी था।"

(क) गेटेल (ख) सेबाइन (ग) डनिंग (घ) मैक्सी

11. यह कथन किसका है?

"हॉब्स का नाम संप्रभु की निरंकुश सत्ता के साथ विशेष रूप से संयुक्त किया जाता है। यह सिद्धांत वास्तव में उसके व्यक्तिवाद का अनिवार्य पूरक तत्व है।"

(क) डनिंग (ख) गेटेल (ग) सेबाइन (घ) वेपर

12. यह कथन किसका है?

"यह स्पष्ट व्यक्तिवाद ही, हॉब्स के दर्शन को उसके युग का सबसे क्रांतिकारी सिद्धांत बना देता है।"

(क) गेटेल (ख) डनिंग (ग) हरमॉन (घ) सेबाइन

उत्तर
(Answers)

1. (a) 2. (b) 3. (c) 4. (d) 5. (a) 6. (b) 7. (c) 8. (घ) 9. (क) 10. (ख) 11. (ग) 12. (घ)

◈ ◈ ◈

9

राजनीतिक विचारधारा में हॉब्स का महत्व, देन और प्रभाव

(The Importance, Contributions and Influence of Hobbes to Political Thought)

आधुनिक राजनीतिक क्षितिज पर हॉब्स सदा उदित भास्कर है, जिसकी ज्ञानकिरणों से समस्त संसार आलोकित है। वह अपने युग का क्रांतिकारी दार्शनिक था, जिसके दर्शन की कटु आलोचनाएँ समाज के सभी वर्गों ने की। इनका संक्षेप में विवरण निम्नलिखित रूप से दिया जा सकता है–

मनोवैज्ञानिक हॉब्स के दर्शन से इसलिए असंतुष्ट थे कि हॉब्स ने मानव स्वभाव के दुर्गुणों को अतिरंजित किया और उसके सद्‌गुणों की उपेक्षा। वैज्ञानिक इसलिए रुष्ट थे कि हॉब्स के निष्कर्ष तटस्थ निरीक्षण के परिणाम नहीं थे। राजतंत्र के समर्थक उसके दर्शन से इसलिए असंतुष्ट थे कि हॉब्स ने राजा के दैवी अधिकार के सिद्धांत को मिथ्या घोषित किया तथा प्रजा को राजा की आज्ञाकारिता से मुक्त कराया। संसद के पक्षपोषक इसलिए रुष्ट थे कि हॉब्स ने मिश्रित सरकार और वैधानिक प्रतिबंधों का विरोध किया। जनतंत्रवादी उससे इसलिए असंतुष्ट थे कि हॉब्स ने निरंकुश राजतंत्र को सर्वोत्तम बताकर उसका खुले शब्दों में समर्थन किया था। पादरी लोग इसलिए क्रुद्ध थे कि हॉब्स ने चर्च को राज्य का एक विभाग बनाकर उसे राज्य के आधीन बताया। धार्मिक व्यक्ति इसलिए अप्रसन्न थे कि हॉब्स ने नैतिकता पर बल देकर धर्म को राजनीति के क्षेत्र से बिल्कुल पृथक कर दिया। विधिवेत्ता उससे इसलिए क्षुब्ध थे कि हॉब्स के कानून संबंधी विचार अत्यन्त संकीर्ण थे। तर्कवादी इसलिए

असंतुष्ट थे कि हॉब्स ने अपने सिद्धांतों के निर्माण में तर्क के स्थान पर बुद्धि का अतिवादी प्रयोग किया। और व्यक्तिवादी इसलिए रुष्ट थे कि हॉब्स ने व्यक्तियों की स्वतंत्रता और अधिकारों का पूर्ण निषेध किया था।

अतएव, आलोचकों और समालोचकों ने यह कहकर हॉब्स पर प्रचंड प्रहार किया कि हॉब्सवाद शक्तिवाद का दारुण और विकराल रूप है, जिसके अंतर्गत सत्य और असत्य की पृथकता का कोई स्थान नहीं है और जिसका एकमात्र लक्ष्य निरंकुश संप्रभुता का पोषण करना है। **वॉहन** ने **लेवियाथन** की आलोचना करते हुए लिखा है, "लेवियाथन इतिहास का ज्ञान प्राप्त करने के लिए व्यर्थ है। यह राज्य-सिद्धांत को समझने के लिए भी उतना ही निरर्थक है। जहाँ तक राजनीतिक चिंतन के सजीव विकास की बात है, लेवियाथन प्रभावहीन और निष्फल रहा है।"

गेसर और **जास्जी** के शब्दों में, "हॉब्स को सदाचारी भौतिकवादी माना जा सकता है, जो मानव की सभी आकांक्षाओं को पशुवत-अहंवाद और पाशविक इच्छाओं की तृप्ति का रूप प्रदान करता है।"[1]

फिलिस डॉयल ने लिखा है, "हॉब्स की नास्तिक और दुष्ट के रूप में सर्वत्र कटु निन्दा की गई है।"[2]

मुरे का भी कथन है, "हॉब्स की जीवनी लिखने वाले को केवल एक ही समर्थक मिल सका, जबकि उसके शत्रु असंख्य थे।"[3]

हॉब्स की उपर्युक्त आलोचनाओं का मूल्यांकन करने के लिए उसके सिद्धान्तों का अध्ययन आवश्यक है। उसके महत्व, देन और प्रभाव को निम्नांकित रूप से प्रदर्शित किया जा सकता है।

हॉब्स के राजदर्शन का महत्व
(The Importance of Hobbes's Philosophy)

हॉब्स के राजदर्शन का महत्व निम्नलिखित प्रकार से चित्रित किया जा सकता है–

1. आधुनिक दृष्टिकोण (Modern Approach)–हॉब्स के राजदर्शन का सबसे बड़ा महत्व राजनीति के प्रति उसका आधुनिक दृष्टिकोण है। उसका

---

1. Geiser, K.G. and Jaszi, O., *Political Philosophy from Plato to Jeremy Bentham,* 1927.
2. Doyle, Phyllis, *A History of Political Thought,* 1966.
3. "Hobbes's biographer could only find a solitary supporter, while his assailants were countless." Murray, R.H., *The History of Political Science from Plato to the Present*.

चिंतन क्रमबद्ध और समन्वित है, उसकी युक्तियाँ तर्कबद्ध हैं तथा उसके निष्कर्ष सुनिश्चत हैं। हॉब्स पहला आधुनिक विचारक है, जिसने राजनीतिविज्ञान का आधुनिक विचारधारा के साथ सामंजस्य स्थापित करने का प्रयास किया है। वह राजनीतिविज्ञान की व्यापक और व्यवस्थित पद्धति का निर्माण करनेवाला पहला अंग्रेज विचारक है। उसने राजनीति विज्ञान को आधुनिक वैज्ञानिक रूप प्रदान करने में उसका महत्व मेकियावेली से बहुत अधिक है।

2. **चर्च राज्य के अधीन** (Subordination of Church to State)– मेकियावेली आधुनिक युग का पहला विचारक था, जिसने राजनीति को धर्म और नैतिकता से पृथक किया। लेकिन, राजनीति को धर्म और नैतिकता से श्रेष्ठतर स्थान प्रदान करने तथा चर्च और धर्म को पूर्णत: राज्य के अधीन करने का एक मात्र श्रेय हॉब्स को ही है।

हॉब्स के महत्व के उपर्युक्त दो प्रमुख कारणों पर उसकी प्रसिद्धि ने राजनीतिक जगत में स्थायी प्रकाश स्तम्भ का रूप ले लिया है।

राजनीतिक विचारधारा में हॉब्स की देन
(Hobbes's Contributions to Political Thought)

हॉब्स की महत्ता को और भी वृहत रूप से प्रदर्शित करने के लिए, राजनीतिक विचारधारा में उसके महत्वपूर्ण अनुदानों का क्रमबद्ध अध्ययन निम्नलिखित रूप से किया जा सकता है–

1. **वैज्ञानिक पद्धति** (Scientific Method)–हॉब्स की सबसे बड़ी देन यह है कि उसने राजनीतिविज्ञान के क्षेत्र में वैज्ञानिक पद्धति का प्रयोग किया है। वह गतिविज्ञान, भौतिक विज्ञान और यूक्लिड के रेखागणित से काफी प्रभावित हुआ। इससे वह इस निष्कर्ष पर पहुँचा कि राजनीतिक विज्ञान का निर्माण केवल ऐसे तथ्यों के आधार पर किया जा सकता है, जिनमें अनंत सत्य हो। इस प्रकार, उसने भौतिक विज्ञान के आधार पर मनोविज्ञान का और मनोविज्ञान के आधार पर राजनीति विज्ञान की स्थापना की। वह रेखागणित को सर्वश्रेष्ठ विज्ञान मानता था। वह इस पद्धति के अनुसार निकाले जानेवाले परिणामों को सर्वोत्कृष्ट मानता था। वह इस पद्धति के आधार पर अपने विचारों की परिभाषाओं और लक्षणों को लिपिबद्ध करता है, और फिर निगमनात्मक पद्धति की सहायता से ऐसा निष्कर्ष निकालता है कि पाठकों को बाध्य होकर उसका पक्ष स्वीकार करना पड़ता है। उसने अपने सभी ग्रंथों में रेखागणित की इसी पद्धति का प्रयोग किया है।

2. **वैज्ञानिक भौतिकवाद** (Scientific Materialism)–हॉब्स ने राजनीति का धर्म से पूर्ण विच्छेद करके इसे भौतिकवादी, मनोवैज्ञानिक और समाजशास्त्रीय

आधार प्रदान किया है। वह भौतिकवाद का कट्टर समर्थक है। अतएव, उसने अपने राजनीतिक दर्शन में धर्म, परम्पराओं आदि को कोई स्थान न देकर उसे वैज्ञानिक आधारों पर प्रतिष्ठित करने का प्रयत्न किया है।

–हॉब्स भौतिकवादी इसलिए है; क्योंकि वह मनुष्य को पदार्थ मानता है। भौतिकवादी होने के कारण वह गति के नियम से आरम्भ करता है और कार्यकरण संबंध की यांत्रिक प्रक्रिया पर अपने संपूर्ण राजदर्शन को आधारित करता है। वह गति को परमसत्ता मानता है और इसके महत्व तथा इसकी विश्वव्यापकता पर जोर देता है। हॉब्स का विचार है कि मनुष्य को सभी भौतिक और नैतिक मान्यताओं का स्रोत पदार्थ और उनकी गतियाँ हैं। मनुष्य की इंद्रियों पर पड़ने वाला बाह्य वस्तुओं की गति का यह प्रभाव अच्छा या बुरा हो सकता है। अगर यह गति प्रभाव उसे आकर्षित करे तो अच्छा होता है और विकर्षित करे तो बुरा। इस तरह, बाह्य पदार्थों की गति का मनुष्य की इंद्रियों पर होने वाले प्रभाव से मानव हृदय में इच्छा और अनिच्छा की उत्पत्ति होती है। मानव हृदय की यह इच्छा और अनिच्छा उसके संपूर्ण सामाजिक व्यवहार को जन्म देती है। अतएव, इसका अध्ययन करके ही उसके व्यवहार के प्रेरणास्रोतों को समझा जा सकता है। इस प्रकार, हॉब्स ने भौतिक मनोविज्ञान को अपने राजनीतिक चिंतन का आधार बनाया है।

3. मानव स्वभाव (Human Nature)–हॉब्स ने जिस मानव स्वभाव का चित्रण किया है, वह अपने आप में राजदर्शन में एक विशिष्ट स्थान रखता है। उसने मनुष्य को एक स्वार्थी और भयत्रस्त प्राणी माना है, जो सदा अपने हित साधन में लगा रहता है। अपने स्वार्थ के लिए वह संघर्षशील रहता है। उसका मुख्य उद्देश्य अपने यश की वृद्धि करना है और उसमें शक्ति वृद्धि की लिप्सा सदा बनी रहती है। यह लिप्सा उसे क्रियाशील रखती है और वह इतनी तीव्र होती है कि इसके कारण वह सदा बेचैन रहता है। मनुष्य की यह लिप्सा तभी लुप्त होती है, जब उसकी मृत्यु हो जाती है। हॉब्स ने यह भी स्वीकार किया है कि मनुष्य में विवेक पाया जाता है, लेकिन उसकी मात्रा बहुत ही कम होती है। अधिकांश मनुष्य आवेगों के सहारे ही जीवन व्यतीत करता है। हॉब्स के इस मनुष्य स्वभाव की जो भी आलोचना की जाए, उसका यह दृष्टिकोण वास्तविकता की कसौटी पर खरा उतरता है और राजदर्शन की अमूल्य निधि सिद्ध होता है।

4. राज्य मानवकृतः ईश्वरीय नहीं (State is Man Made: not Created by God)–हॉब्स के पूर्व राज्य की उत्पत्ति का दैवी सिद्धांत प्रचलित था। इसके समर्थकों का कहना था कि ईश्वर राज्य की कृति है। हॉब्स ने इस विचारधारा का खंडन किया और अपने तर्कों द्वारा यह प्रमाणित किया कि राज्य मानवकृत संस्था है और उसके आपसी समझौते का परिणाम है।

5. प्राकृतिक नियम (Natural Law)–हॉब्स की यह उक्ति कि मनुष्य प्राकृतिक अवस्था में प्राकृतिक नियमों के आधार पर अपना जीवनयापन करता था, यह एक चिरंतन सत्य प्रकट करता है। उसके अनुसार प्रकृति का नियम सामान्य नियम है, जो विवेक पर आधृत है और जिसके अनुसार मनुष्य जीवन का विनाश करनेवाली वस्तुओं का त्याग करता है और जीवन की रक्षा करनेवाली वस्तुओं को अपनाता है। दूसरे शब्दों में, प्राकृतिक नियम विवेक द्वारा निर्दिष्ट वे नियम हैं, जिनके अनुसार आचरण करके व्यक्ति सुगमतापूर्वक अपने जीवन की रक्षा कर सकता है तथा प्राकृतिक अवस्था की अराजकता से बच सकता है। शांति, आत्मरक्षा और समझौते का पालन प्रमुख प्राकृतिक नियम है। हॉब्स के प्राकृतिक नियम शोध के विषय हैं।

6. प्राकृतिक अधिकार (Natural Rights)–हॉब्स का कथन है कि प्राकृतिक अवस्था में मनुष्यों को प्राकृतिक नियम के साथ प्राकृतिक अधिकार भी प्राप्त था उसके शब्दों में, "प्राकृतिक अधिकार प्रत्येक मनुष्य की वह स्वतंत्रता है, जो उसे अपनी स्वयं की शक्ति को अपने स्वयं के जीवन की रक्षा करने के लिए प्राप्त है।" हॉब्स के प्राकृतिक अधिकारों का समावेश संयुक्त राष्ट्र के मानवीय अधिकारों में किया गया है। इससे उसके व्यक्तित्व के महत्व का पता चलता है।

7. निरंकुश संप्रभुता (Absolute Sovereignty)–राजनीतिविज्ञान में हॉब्स की सबसे बड़ी देन निरंकुश संप्रभुता का सिद्धांत है। बोदां ने सर्वोच्च शक्ति को संप्रभुता माना है, लेकिन वह ईश्वरीय, प्राकृतिक, सांविधानिक, अंतर्राष्ट्रीय और संपत्ति संबंधी कानूनों से सीमित तथा नियंत्रित रहता है। अर्थात् बोदां का संप्रभु निरंकुश नहीं है। वह उपर्युक्त कानूनों से आबद्ध रहता है। दूसरी ओर, हॉब्स ने असीमित और निरंकुश संप्रभुता का क्रमबद्ध रूप से विश्लेषण किया है तथा संप्रभुता को उन समस्त सीमाओं से मुक्त कर दिया है, जो बोदां ने लगाए थे। हॉब्स की संप्रभुता अविभाज्य, अदेय, असीमित, अपरिवर्तनीय, अदंडनीय और अनुत्तरदायी है।

8. निरंकुश राजतंत्र पर समर्थक (Supporter of Absolute Monarchy)–हॉब्स ने सरकार के तीन रूपों पर विचार किया है–राजतंत्र, कुलीनतंत्र तथा प्रजातंत्र। वह राजतंत्र को सर्वश्रेष्ठ सरकार का रूप मानता है। इसके साथ ही, वह निरंकुश राजतंत्र का समर्थन करता है। उसका अनुमान था कि तत्कालीन इंग्लैंड की राजनीतिक अराजकता का एकमात्र निदान निरंकुश राजतंत्रीय शासन की व्यवस्था थी। उसने राजतंत्र को स्वाभाविक शासन माना है।

9. नागरिक कानून (Civil Law)–हॉब्स ने प्राकृतिक नियमों के साथ-साथ नागरिक कानूनों की अनिवार्यता पर जोर दिया है। उसका कथन है कि राज्य

में नागरिकों के सुखमय और शांतिमय जीवन के लिए नागरिक कानूनों का रहना आवश्यक है। उसकी दृष्टि में संप्रभु का आदेश ही कानून है। उसने कानून के दो प्रकारों का उल्लेख किया है–वितरणात्मक और आज्ञात्मक। इसके साथ ही, प्राकृतिक नियम और नागरिक कानून के अंतर को स्पष्ट किया है। **मैक्सी** का भी कहना है, "हॉब्स वैज्ञानिक विधि-निर्माण के महान आंदोलन का प्रतिभाशाली मार्ग-प्रदर्शक था।"

10. चर्च राज्य के अधीन (Chruch was Subordinated to State)–मेकियावेली ने राजनीति को धर्म से पृथक किया। लेकिन, हॉब्स ने धर्म को राज्य के अधीन किया और कहा कि चर्च को संप्रभु के आदेशानुसार ही अपना संगठन बनाना चाहिए और कार्य संचालन करना चाहिए। वह यह भी कहता है कि चर्च राज्य का एक अंगमात्र है तथा संप्रभु सामाजिक और राजनीतिक क्षेत्र में नहीं, बल्कि आध्यात्मिक क्षेत्र में भी सर्वोच्च है। **डनिंग** का भी मत है, "जबकि मेकियावेली ने व्यवहार के रूप में राजनीति को धर्म तथा नीतिशास्त्र से स्वतंत्र और पृथक किया, हॉब्स ने एक दार्शनिक धारणा के रूप में राजनीति को धर्म तथा नीति से उच्च स्थान प्रदान किया।"[1]

इस प्रकार, हॉब्स ने चर्च को पूर्णतः राज्य के अधीन कर इसके चिरसंघर्ष को समाप्त किया।

11. वैयक्तिक स्वतंत्रता (Individual Liberty)–हॉब्स ने जिस स्वतंत्रता का वर्णन किया है, वह भौतिकवादी है। वह स्वतंत्रता को गति से संबोधित करता है। यदि किसी पदार्थ की गति अवरुद्ध हो जाती है, तो वह स्वतंत्र नहीं है; जैसे–तालाब का पानी स्वतंत्र नहीं है; क्योंकि वह बहकर उसके बाहर नहीं जा सकता है। हॉब्स ने स्वतंत्रता की परिभाषा निम्न शब्दों में की है–"उचित रूप से स्वतंत्रता, गति के बाहरी अवरोधों के अभाव को व्यक्त करती है।" उसने स्वतंत्रता के प्रकार, क्षेत्र, संप्रभु को युद्ध और गृह-युद्ध में पराजित होने पर स्वतंत्रता आदि पर विचार किया है, जो राजनीति विज्ञान के क्षेत्र में अमूल्य देन है।

12. व्यक्तिवाद (Individualism)–राजनीतिक विचारधारा के क्षेत्र में हॉब्स की सबसे महत्वपूर्ण देन व्यक्तिवाद का सिद्धांत है। उसने व्यक्ति को साध्य और राज्य को साधन माना है। यद्यपि वह निरंकुश संप्रभुता का समर्थन करता है, फिर भी व्यक्ति की आत्मरक्षा को श्रेष्ठतम स्थान देता है। इस प्रकार, हॉब्स पहला विचारक है, जिसने व्यक्ति के जीवित रहने के अधिकार को सर्वोपरि सिद्ध किया है और यह कहा है कि राज्य की उत्पत्ति व्यक्ति के इस अधिकार

---

1. "While Machiavelli makes politics independent of religion and morals as a matter of practice, Hobbes sets politics above religion and morals as a matter of philosophical theory."—Dunning.

की रक्षा करने के लिए ही हुई है। अतएव, हॉब्स निरंकुशतावाद का प्रबल समर्थक होते हुए भी अंततः व्यक्तिवादी है। **गेटेल** ने भी लिखा है, "यद्यपि हॉब्स के संप्रभुता सिद्धांत का परिणाम निरंकुशवाद हुआ, फिर भी उसका आधार यह सिद्धांत था कि सभी मनुष्य समान हैं, और मनुष्य के लिए बड़ी मात्रा में वैयक्तिक स्वतंत्रता वांछनीय है।"

इस प्रकार, हॉब्स के दर्शन का एकमात्र उद्देश्य व्यक्ति की आत्मरक्षा और कल्याण है। इस उद्देश्य की पूर्ति हेतु हॉब्स ने निरंकुश संप्रभु का समर्थन किया है। **मैकडॉनल्ड** ने ठीक ही कहा है, "हॉब्स चरम सीमा तक व्यक्तिवादी है।"

13. उपयोगितावाद (Utilitarianism)–हॉब्स के अनुसार, राज्य एक कृत्रिम संस्था है, जिसका निर्माण व्यक्तियों के आपसी समझौते द्वारा हुआ है। अतएव, व्यक्ति यह माँग करता है कि राज्य उसे पूर्ण सुरक्षा प्रदान करे, ताकि वह अपने जीवन के उद्देश्यों की प्राप्ति कर सके। वह व्यक्ति को साध्य और राज्य को साधन मानता है। अतः, राज्य का मुख्य कार्य है–व्यक्तियों को सुरक्षा प्रदान करके उनके कल्याण में वृद्धि करना। यदि राज्य इस कार्य को नहीं करता तो व्यक्तियों के लिए उसकी उपयोगिता नष्ट हो जाती है। ऐसी स्थिति में, उनका राजाज्ञानुसार चलना आवश्यक नहीं है। उसका अर्थ है–राज्य के अस्तित्व की अस्वीकृति। इस प्रकार, हॉब्स राज्य की उपयोगिता के स्तर पर ले आता है। **हरमॉन** के शब्दों में, "हॉब्स के उपयोगितावादी विचारों का बेंथम और अठारहवीं शताब्दी के उपयोगितावादियों पर गहरा प्रभाव पड़ा है। उन्होंने न केवल उसके विचारों को, बल्कि उसके सुख और दुःख के सिद्धांत को भी अपने दर्शन में स्थान दिया है।"

वेपर का कथन है कि उपयोगिता के आधुनिक रूप का जन्मदाता हॉब्स ही है। उसके शब्दों में, "यह कोई आकस्मिक घटना नहीं है कि जेरेमी बेंथम यहाँ भी उतना ही ऋणी है, जितना सुख विषयक हॉब्स के विचारों का। आने वाली संतति का प्रायः उससे मतभेद रहा है, लेकिन यह कहना अतिश्योक्ति न होगा कि उसमें उन्हें एक ऐसी खान मिली है, जिसका खोदना उनके लिए श्रेयस्कर है; क्योंकि उसमें से एक मूल्यवान धातु निकलती है।"[1]

इस प्रकार उसने आगे लिखा है, "हॉब्स पहला विचारक है, जो राज्य को हितों का मध्यस्थकर्ता कहकर उपयोगितावादियों का पूर्वसूचक बन जाता है।"[2]

---

1. "It is no accident that Jeremy Bentham borrowed heavily from him here as he did from Hobbes's ideas on felicity. Succeeding generations have usually diagreed with him, but it is no exaggeration to say that they have found in him a mine well worth their while to work for the riches of the or that it yields."—Wayper, *Political Thought.*
2. "Hobbes is the first modern thinker to view to the state as the conciliator of interests. In this he is the forerunner of the utilitarians."—*Ibid.*

अतएव, वैज्ञानिक पद्धति, वैज्ञानिक भौतिकवाद, मानव स्वभाव, राज्य मानवकृत, प्राकृतिक नियम, प्राकृतिक अधिकार, निरंकुश संप्रभुता, निरंकुश राजतंत्र, नागरिक कानून, चर्च राज्य के अधीन, वैयक्तिक स्वतंत्रता, व्यक्तिवाद, उपयोगितावाद, आदि राजनीतिक विचारधारा के चमकते तारे हैं, जिनके बीच में हॉब्सरूपी चन्द्र शोभायमान है और उसकी ज्योत्सना से सारा संसार शीतलता प्राप्त कर रहा है।

राजनीतिक विचारधारा के क्षेत्र में हॉब्स का प्रभाव (Influences of Hobbes in the Field of Political Thought)

हॉब्स की राजनीतिक विचारधारा के प्रभाव का उल्लेख निम्नांकित रूप से किया जा सकता है–

1. ह्विग की क्रांति में हॉब्स का प्रभाव (Influence of Hobbes in the Revolution of Whig)–यूरोप में हॉब्स का सबसे पहले अधिक प्रभाव उदारवादी युग में हुआ, यह बड़े आश्चर्य की बात है। वॉल्टेयर और मांटेस्क्यू ने जब सत्ता के निरपेक्षवाद को सैद्धांतिक रूप से बिल्कुल अस्वीकार कर दिया, तो लोगों का ध्यान हॉब्स के उदारवादी पक्षों की ओर आकृष्ट हुआ। ह्विग क्रांतिकारियों को हॉब्स ने बहुत अधिक प्रभावित किया। स्वयं लॉक ने हॉब्स से बहुत कुछ लिया है, यद्यपि उसके सिद्धांत का उद्देश्य हॉब्स के निरपेक्षतावाद का प्रतिवाद था।

2. विभिन्न विचारकों पर प्रभाव (Influence on Different Thinkers)–यद्यपि हॉब्स के राजदर्शन का तत्काल बहुत प्रभाव नहीं हुआ, लेकिन कालांतर में उसने यूरोपीय राजनीतिक चिंतन पर गहरा प्रभाव डाला। स्पिनोजा, बेंथम, आस्टिन, स्पेंसर जैसे विचारक उसके विचारों से काफी प्रभावित हुए। आस्टिन द्वारा प्रतिपादित वैधानिक संप्रभुता का सिद्धांत हॉब्स के चिंतन से प्रेरित और प्रभावित है। फासिस्टवाद और नाजीवाद भी हॉब्स के सिद्धांतों से प्रभावित है। व्यक्तिवाद भी उससे प्रेरित है।

3. विभिन्न विद्वानों का मत (Opinions of Different Scholars)–हॉब्स के महत्व और प्रभाव पर विभिन्न विद्वानों के मत विशेष रूप से उल्लेखनीय हैं–

ओकशॉट (Oakeshott)–"अंग्रेजी भाषा में लिखा जाने वाला राजनीतिक दर्शन का महानतम और संभवत: एकमात्र सर्वोत्कृष्ट ग्रंथ लेवियाथन है।"[1]

लिंडसे (Lindsay)–"हॉब्स का मुख्य गुण, जो उसका मुख्य अवगुण भी है, उसका यथार्थवाद है।"[2]

---

1. "The Leviathan is the greatest, perhaps the sole masterpiece of political philosophy written in the English language."—Michael Oakeshott in the Introduction to his Edition of *Leviathan*.
2. "Hobbes's main virtue, as also his supreme defeat, is his realism."—Lindsay.

मैकडॉनल्ड (McDonald)–"आधुनिकता की विशेषताएँ हैं–व्यक्तिवाद, राष्ट्र-राज्य और नवीन विज्ञान। हॉब्स के चिंतन में इन तीनों विशेषताओं का उल्लेख किया जा सकता है।"[1]

हरमॉन (Harmon)–"हॉब्स का दर्शन तर्कशास्त्र की अत्यन्त उत्कृष्ट कृति है, जिसकी निर्माण शैली में प्रत्येक पद पिछले पद पर आधारित है।"[2]

सेबाइन (Sabine)–"अंग्रेजी भाषा भाषी जातियों ने जितने भी राजनीतिक दार्शनिकों को जन्म दिया है, उनमें हॉब्स संभवतः महानतम है।"

निष्कर्ष

उपर्युक्त तथ्यों से यह स्पष्ट है कि हॉब्स के राजनीतिक दर्शन का क्षेत्र अत्यन्त व्यापक है। इस क्षेत्र से संबद्ध लगभग सभी विषयों पर हॉब्स के उग्र तर्क ने राजनीतिक चिंतन के संपूर्ण परवर्ती इतिहास पर प्रभाव डाला है। इसी प्रभाव के कारण, उसका राजनीतिक दर्शन मध्यकालीन मूढ़ विश्वासों का अंत करने वाला और संपूर्ण मानव जाति को आधुनिक युग की ओर ले जाने वाला मोड़ है। उसके इसी अति महान योगदान के कारण पाश्चात्य राजनीतिक विचारधारा के इतिहास में उसके लिए ऊँचा स्थान सुरक्षित है। इस संदर्भ में, **मैक्सी** ने सत्य ही लिखा है, "हॉब्स अंग्रेज जाति का एक महान राजनीतिक विचारक था, जिसका नाम तब तक रहेगा, जब तक मनुष्य राजनीतिक मामलों पर विचार करने का कष्ट करेंगे।"[3]

जॉन बाउल ने बड़े ही सुंदर शब्दों में हॉब्स और डेकार्टे के व्यक्तित्व और सिद्धांतों का तुलनात्मक वर्णन किया है। उसके शब्दों में, "None the less, in Hobbes as in Descartes, here is the voice of a modern outlook, objective, wary, peering out into the world with a new disillusioned appraisement. Descartes, with the seemed forehead and black arched eyebrows, the fierce people, the great nose of chin, a portent if ever there was one. Hobbes, with the gimlet eye and massive brow; both gaze down out of time, two of the makers of the modern world."

1. "Modernity is characterized by individualism, the nation-state, and the new science. Hobbes's thought can be hung on these three hooks."—McDonald.
2. "Hobbes's philosophy is a masterpiece of logic, with each step in the theoretical structure grounded upon the preceding step."—Harmon
3. "Hobbes was one of the great political thinkers of the English race, one whose name will endure as long as men trouble their minds about matters political."—Maxey.

प्रश्न
(Questions)

1. राजनीतिक दर्शन में हॉब्स का क्या महत्व है? स्पष्ट कीजिए।
   What is the importance of Hobbes in political philosophy? Explain.
2. राजनीतिक विचारधारा के इतिहास में हॉब्स की महत्वपूर्ण देन का वर्णन करें।
   Describe the important contributions of Hobbes in the History of political thought.
3. राजनीतिक विचारधारा के क्षेत्र में हॉब्स के प्रभाव का उल्लेख करें।
   Mention the influence of Hobbes in the field of political thought.
4. क्या आप वॉहन के इस मत से सहमत हैं कि हॉब्स का राजनीतिक सिद्धान्त आत्मविरोधी और निष्फल दोनों है? व्याख्या कीजिए।
   Do you agree with the view of Vaughan that "Hobbes Political Theory is both self-contradictory and useless." Explain.
5. "अंग्रेजी भाषा बोलने वाले लोगों ने जितने भी राजनीतिक दर्शन के लेखकों को जन्म दिया है उन सभी में संभवतः हॉब्स महानतम है।" सेबाइन। स्पष्ट कीजिए।
   "Hobbes probably is the greatest writer on political philosophy that the English speaking people have produced." Sabine. Discuss.
6. हॉब्स के महत्व, देन और प्रभाव को राजनीतिक दर्शन में स्पष्ट कीजिए।
   Explain Hobbes's importance, contributions and influence in political philosophy.

वस्तुनिष्ठ प्रश्न
(Objective Questions)

1. Who said this?
   "Hobbes's biographer could only find a solitary supporter, while his assailants were countless."
   (a) Murray (b) Maxey (c) Sabine (d) Gettell
2. Who said this?
   "While machiavelli makes politics independent of religion and morals as a matter of practice, Hobbes sets politics above religion and morals as a matter of philosophical theory."
   (a) Sabine (b) Dunning (c) Gettell (d) Jones

3. Who said this?

   "It is no accident that Jeremy Bentham borrowed heavily from him here as he did from Hobbes's ideas on felicity. Succeeding generations have usually disagreed with him, but it is no exaggeration to say that they have found in him a mine well worth their while to work for the riches of the or that it yields."

   (a) Sabine (b) Dunning (c) Wayper (d) Jones

4. Who said this?

   "Hobbes is the first modern thinker to view the state as the conciliator of interests in this he is the forerunner of the utilitarians."

   (a) Jones (b) Sabine (c) Maxey (d) Wayper

5. Who said this?

   "The *Leviathan* is the greatest perhaps the sole master piece of political philosophy written in the English language."

   (a) Oakeshott (b) Sabine (c) Dunning (d) Wayper

6. Who said this?

   "Hobbes's main virtue, as also his supreme defect is his realism."

   (a) Wayper (b) Lindsay (c) Maxey (d) Gettell

7. Who said this?

   "Modernity is characterized by individualism, the nation-state, and the new science. Hobbes's thought can be hung on these three hooks.

   (a) Sabine (b) Jones (c) McDonald (d) Wayper

8. Who said this?

   "Hobbes's philosophy is a masterpiece of logic, with each step in the theoretical structure grounded upon the preceding step."

   (a) Sabine (b) Wayper (c) Maxey (d) Harmon

9. Who said this?

   "Hobbes was one of the great political thinkers of the English race, one whose name will endure as long as men trouble their minds about matters political."

   (a) Maxey (b) Wayper (c) Sabine (d) Jones

10. यह कथन किसका है?

    "**लेवियाथन** इतिहास का ज्ञान प्राप्त करने के लिए व्यर्थ है। यह राज्य-सिद्धान्त को समझने के लिए भी उतना ही निरर्थक है। जहाँ तक

राजनीतिक चिंतन के सजीव विकास की बात है, **लेवियाथन** प्रभावहीन और निष्फल रहा है।"

(क) सेबाइन (ख) वॉहन (ग) डनिंग (घ) वेपर

11. यह कथन किसका है?

"हॉब्स को सदाचारी भौतिकवादी माना जा सकता है, जो मानव की सभी आकांक्षाओं को पशुवत–अहंवाद और पाशविक इच्छाओं की तृप्ति का रूप प्रदान करता है।"

(क) वेपर (ख) जोन्स (ग) गेसर और जास्जी (घ) डनिंग

12. यह कथन किसका है?

"हॉब्स के नास्तिक और दुष्ट के रूप में सर्वत्र कटु निंदा की गई है।"

(क) सेबाइन (ख) जोन्स (ग) वेपर (घ) डॉयल

13. यह कथन किसका है?

"हॉब्स की जीवनी लिखने वाले को केवल एक ही समर्थक मिल सका, जबकि उसके शत्रु असंख्य थे।"

(क) मुरे (ख) सेबाइन (ग) जोन्स (घ) गेटेल

14. यह कथन किसका है?

"हॉब्स वैज्ञानिक विधि-निर्माण के महान आंदोलन का प्रतिभाशाली मार्ग-दर्शक था।"

(क) वेपर (ख) मैक्सी (ग) गेटेल (घ) जोन्स

15. यह कथन किसका है?

"यद्यपि हॉब्स के संप्रभुता-सिद्धांत का परिणाम निरंकुशतावाद हुआ, फिर भी उसका आधार यह सिद्धान्त था कि सभी मनुष्य समान हैं, और मनुष्य के लिए बड़ी मात्रा में वैयक्तिक स्वतंत्रता वांछनीय है।"

(क) सेबाइन (ख) जोन्स (ग) गेटेल (घ) वेपर

16. यह कथन किसका है?

"हॉब्स चरम सीमा तक व्यक्तिवादी है।"

(क) वेपर (ख) जोन्स (ग) मैक्सी (घ) मैकडॉनल्ड

उत्तर
(Answers)

1. (a) 2. (b) 3. (c) 4. (d) 5. (a) 6. (b) 7. (c) 8. (d) 9. (a) 10. (ख) 11. (ग) 12. (घ) 13. (क) 14. (ख) 15. (ग) 16. **(घ)**

जॉन लॉक
JOHN LOCKE
(1632–1704 ई.)

10

जॉन लॉक का जीवन
(The Life of John Locke)

1. जन्म (Birth)

जॉन लॉक का जन्म इंग्लैण्ड के सॉमरसेटशायर काउण्टी में रिंगटन नामक स्थान में एक मध्यम वर्गीय कट्टर प्यूरिटन परिवार में 29 अगस्त, 1632 ई. को हुआ था। उसके पिता साधारण स्थिति के न्यायवादी थे, जिसने प्रथम गृह-युद्ध में पार्लियामेण्ट की सेना में कैप्टन के रूप में चार्ल्स प्रथम के विरूद्ध युद्ध में भाग लिया था। वह तत्कालीन समय में चलने वाले गृह-युद्ध में पार्लियामेण्ट की ओर से लड़नेवाली सेना की कम्पनी में एक अधिकारी था। लॉक के पिता की मृत्यु लॉक की युवावस्था में हो गयी। अपने जीवन में लॉक का स्वास्थ्य अधिकांशतः अच्छा नहीं रहा, क्योंकि वह दमा-रोग से पीड़ित था।

2. शिक्षा (Education)

लॉक ने प्रारम्भिक शिक्षा घर पर प्राप्त की। पन्द्रह वर्ष की आयु में उसने वेस्टमिनस्टर स्कूल में प्रवेश किया। जहाँ उसने शास्त्रीय शिक्षा का अध्ययन किया और विज्ञान में रूचि उत्पन्न की जो उसके जीवन पर्यन्त बनी रही। इसके पश्चात् 1652 ई. में छात्रवृत्ति प्राप्त होने के कारण उसने ऑक्सफोर्ड विश्वविद्यालय के क्राइस्ट चर्च कॉलेज में उच्च शिक्षा का अध्ययन आरम्भ किया। हॉब्स के समान उसने भी विश्वविद्यालय की शास्त्रीय शिक्षा में विशेष अभिरूचि न थी। फिर भी, छात्र के रूप में उसने असाधरण प्रतिभा का परिचय दिया। उसने 1655-56 ई. में बी. ए. और 1658 ई. में एम. ए. की डिग्री प्राप्त की।

आगे चलकर लॉक की प्रबल रूचि चिकित्सा-शास्त्र पढ़ने की हुई। उसने ऑक्सफोर्ड के विख्यात चिकित्सक डॉक्टर डेविस टॉमस की शिष्यता में

औषधि-शास्त्र का गहन अध्ययन किया। लॅवलेस कलेक्शन में कुछ ऐसे भी पत्र हैं जो लॉक के विश्वविद्यालय संबंधी प्रारम्भिक दिनों में स्त्रियों के साथ प्रेम-व्यवहार को प्रदर्शित करते हैं। 1660 ई. के बाद ऑक्सफोर्ड में लॉक दर्शन और तर्कशास्त्र का अध्ययन करता रहा। अपने विद्यार्थियों को वह सिसरो, बोदा और ग्रोशस पढ़ने का परामर्श देता था। स्वयं उसने स्पिनोज़ा का अध्ययन किया। इसके अतिरिक्त, वह अपने मित्र राबर्ट वॉयल के प्रकाशनों को ध्यानपूर्वक देखता रहा। अंत में, उसने चिकित्सा-शास्त्र का विस्तृत रूप से अध्ययन किया।

3. पेशाः मित्रता (Livelihood : Friendship)

विश्वविद्यालय शिक्षा की समाप्ति के छह मास पश्चात् लॉक क्राइस्ट चर्च में वरिष्ट विद्यार्थी नियुक्त हुआ। 1660 ई. में उसे यूनानीभाषा और 1662 ई. में अलंकार शास्त्र का रीडर नियुक्त किया गया। 1663 ई. में, वह 1664 ई. के लिए नीति दर्शन का सेन्सर नियुक्त हुआ। इस अध्यापन काल में लॉक का सम्पर्क अनेक विद्वानों से हुआ।

लेकिन, लॉक को अध्यापन-कार्य में किसी प्रकार का आकर्षण नहीं मिला। अतः, उसने अपना पद त्याग कर, डा. डेविड टॉमस के अन्दर चिकित्सा-शास्त्र का अध्ययन किया। समय-समय पर वह चिकित्सा का कार्य करता रहा, किन्तु उसने कभी इसे स्थायी पेशा नहीं बनाया। इसी बीच लॉक ब्रैडेन वर्ग को भेजे गये राजनीतिक मिशन का सचिव नियुक्त किया गया। इस मिशन से लौटने पर लॉक को एक दूसरा राजनीतिक पद दिया गया, किन्तु उसने अस्वीकार कर दिया।

तत्पश्चात् 1666 ई. में इंग्लैण्ड का प्रसिद्ध राजनीतिज्ञ और ह्विग दल का संस्थापक, लार्ड ऐशले, डॉक्टर डेविड टॉमस से अपना उपचार करवाने के लिए ऑक्सफोर्ड आया और वहाँ लॉक की उससे भेंट हुई। जो आगे चलकर गहरी मित्रता का रूप लिया। लॉक ऐशले का चिकित्सक रहा। कहा जाता है कि उसने आपरेशन के द्वारा ऐशले के सीने के फोड़े को अच्छा किया। लॉक के ज्ञान और विचारों से काफी प्रभावित होने के कारण, लार्ड ऐशले ने उसे 1667 ई. में अपने निजी चिकित्सक और सचिव के रूप में लंदन बुला लिया, जहाँ लॉक ने पंद्रह वर्ष व्यतीत किए। लार्ड ऐशले के सम्पर्क में रहने के कारण, लॉक को अपने समय के महान राजनीतिज्ञों, वैज्ञानिकों, और साहित्यकारों से परिचय प्राप्त करने का अवसर प्राप्त हुआ। इसके साथ ही, ऐशले के सचिव के रूप में उसे सार्वजनिक कार्यों का काफी अनुभव भी हुआ। लॉक ने कारोलीना के नये उपनिवेश के लिए एक संविधान भी तैयार किया। इसके अतिरिक्त, वह ऐशले के पुत्र का शिक्षक भी था और उसने उसके लिए एक पत्नी भी तलाश की।

चार्ल्स द्वितीय की पुनः स्थापना में ऐशले ने प्रमुख भाग लिया था। अतएव, चार्ल्स ने 1672 ई. में उसे अर्ल ऑफ शेफ्ट्स्बरी की उपाधि से विभूषित करके, लार्ड चान्सलर नियुक्त कर दिया। शेफ्ट्स्बरी के प्रभाव के कारण, लॉक को चर्च मंत्री और व्यापार समिति के मंत्री के पदों पर आसीन होने का अवसर मिला। इन पदों पर कार्य करने के कारण, लॉक को न केवल सार्वजनिक मामलों का अधिक अनुभव प्राप्त हुआ, बल्कि उसे मानव स्वभाव के विकृत रूपों को देखने का भी पर्याप्त अवसर मिला। चार्ल्स द्वितीय की प्रेमिकाओं को दिए जाने वाले धन का विरोध करने के कारण, शेफ्ट्स्बरी को 1673 में लार्ड चान्सलर का पद छोड़ना पड़ा। परिणामतः, लॉक के सरकारी पद भी उसके हाथ से निकल गये और उसके जीवन में एक मोड़ फिर आया। इस समय तक दमे के रोग के कारण उसका स्वास्थ्य बहुत नष्ट हो गया था। अतः, वह स्वास्थ्य लाभ के विचार से फ्रांस चला गया। 1679 ई. में शेफ्ट्स्बरी की पुनः नियुक्ति हो जाने पर, लॉक ने इंग्लैण्ड लौटकर अपने पहले पदों के कार्य को फिर सम्भाला। लेकिन, दो वर्ष बाद ही शेफ्ट्स्बरी पर अभियोग चला, जिससे वह मुक्त तो हो गया, पर उसे इंग्लैण्ड छोड़ना पड़ा। अपने संरक्षक की अनुपस्थिति में अपनी स्थिति को संकटपूर्ण समझकर, लॉक हॉलैण्ड चला गया।।

4. यात्राः फ्रांस और हॉलैण्ड (Travels : France and Holland)

1675 ई. में स्वास्थ्य की खराबी के कारण लॉक को इंग्लैण्ड छोड़कर फ्रांस जाना पड़ा। वह चार वर्षों तक फ्रांस में भ्रमण और अध्ययन करता रहा। वहाँ उसने प्रसिद्ध फ्रांसीसी दार्शनिक डेकार्ट के विचारों का विशेष अध्ययन किया और उसके अनुयायियों के सम्पर्क में आया। दूसरा फ्रांसीसी दार्शनिक जिसका लॉक पर प्रभाव पड़ा गैसेन्डी था, पेरिस में जिसके शिष्य बर्नियर से लॉक की मित्रता हो गयी।

1678 ई. में राजा ने ऐशले को उसके पुराने पद पर पुनः प्रतिष्ठित कर दिया तब लॉक भी वापस इंग्लैण्ड आकर उसके साथ काम करने लगा। लेकिन, 1681 ई. में राजा पुनः ऐशले से रुष्ट हो गया। क्योंकि, वह प्रोटेस्टेंट धर्मावलम्बी व्यक्ति को राजगद्दी पर बिठाने के षड़यंत्र में संलग्न था। उसे इंग्लैण्ड छोड़ कर हॉलैण्ड भागना पड़ा।

इस बीच लॉक को भी सरकार शंका की दृष्टि से देखती रहीं। लॉक ने सतर्कता से अपने को किसी प्रकार के षड़यंत्र में पकड़े जाने से बचाया। अपने राजनीतिक विचारों को उसने छोड़ा नहीं, किन्तु ऐशले की अनुपस्थिति में उसने अपने जीवन को अरक्षित पाया और हॉलैण्ड भागकर शरण ली। इसी बीच क्राइस्ट चर्च से उसका नाम काट दिया गया। इसके बाद लॉक राजद्रोहियों की

सूची में दर्ज हो गया और डच सरकार से प्रार्थना की गयी कि उन पच्चासी अंग्रेजों को जिनमें लॉक भी सम्मिलित था और जिन्होंने अपने राजा के विरूद्ध युद्ध किया था, लौटाया जाय। डच सरकार को इंग्लैण्ड की कैथोलिक सरकार से सहानुभूति नहीं थी, अतः उसने इन तथाकथित अपराधियों को पकड़ने का प्रयत्न नहीं किया। अतएव, लॉक के लिए विशेष खतरा नहीं था। लेकिन, वह बहुत डर गया और कुछ दिनों तक दूसरा नाम डॉक्टर वेन्डर लिन्डेन[1] धारण किए रहा। बाद में उसका नाम राजद्रोहियों की सूची से निकाल दिया गया। किंतु, लॉक ने अपनी सतर्कता कायम रखी।

हॉलैण्ड में प्रवासी के रूप में जीवन व्यतीत करने के समय, लॉक लेखक के रूप में प्रकट हुआ। 1683 ई. में हॉलैण्ड में ही उसने अपने ग्रन्थों का लेखन कार्य प्रारम्भ किया। वहीं वह विलियम ऑफ ऑरेंज के सम्पर्क में आया। 1688 ई. में इंग्लैण्ड में रक्तहीन क्रांति हुई। इस क्रांति के कारण निरंकुश राजतंत्र के समर्थक स्टुअर्ट वंशी राजा जेम्स द्वितीय को गद्दी से उतार दिया गया और उसके स्थान पर संसद की सम्प्रभुता को स्वीकार करने वाले जेम्स की पुत्री मेरी तथा उसके पति विलियम ऑफ ऑरेंज को संयुक्त रूप से इंग्लैण्ड के राज सिंहासन पर बिठाया गया। इस परिवर्तन को गौरवपूर्ण क्रांति के नाम से भी पुकारा जाता है। लॉक इस क्रान्ति का प्रबल समर्थक था। उसने अपने प्रसिद्ध ग्रन्थ **टूट्रीटिज ऑन गवर्नमेंट** में इस क्रांति में निहित मौलिक सिद्धांतों को बड़ा प्रबल और युक्ति-युक्त ढंग से समर्थन किया है। उसने इस ग्रंथ की भूमिका में लिखा है कि इस ग्रंथ का उद्देश्य–इंग्लैण्ड के राजसिंहासन के लिए विलियम ऑफ ऑरेंज के अधिकारों को उचित सिद्ध करना है। इसीलिए, उसे इस क्रांति का दार्शनिक भी कहा जाता है।

5. निधन (Death)–1689 ई. में इंग्लैण्ड के राज सिंहासन पर विलियम के आसीन होने पर, लॉक इंग्लैण्ड लौट आया। वहाँ उसने ऑरेंज निवासी विलियम के कृपा-पात्र के रूप में कुछ राजकीय पदों पर कार्य किया। लेकिन, दमा रोग से निरंतर पीड़ित रहने के कारण, वह 1691 ई. में लंदन से ओट्स चला गया, जहाँ लेडी मैसन और उसके परिवार के साथ जीवन व्यतीत किया। इसके साथ ही, इसी स्थान पर उसने अपने जीवन के अन्तिम वर्ष अपनी उन महान कृतियों की रचना करने में व्यतीत किया, जिनके कारण राजनीतिक विचारधारा के इतिहास में उसका नाम स्वर्णाक्षरों से अंकित किया गया। इस महान उदारवादी, संसदीय सम्प्रभुता का प्रबल समर्थक और सांविधानिक सरकार के प्रणेता-मनीषी का 1704 ई. में 72 वर्ष की अवस्था में आकस्मिक निधन हो गया।

1. Dr. Vander Linden.

लॉक पर प्रभाव
(Influences on Locke)

लॉक के मस्तिष्क को अग्रलिखित प्रभाव विशेष रूप से प्रभावित किया है–

1. परिवार और पिता (Family and Father)

बाल्यावस्था में लॉक के मस्तिष्क पर अपने कट्टर प्यूरिटन परिवार का प्रभाव पड़ा, जिसके कारण उसने रोमन कैथोलिक को सहिष्णुता के फल से वंचित रखना चाहा। लॉक पर सबसे प्रभाव उसके पिता का पड़ा। उसने **शासन पर दो निबन्ध** में पारिवारिक जीवन का जो ब्योरा दिया है उससे मानव स्वभाव की अच्छाई के प्रति उसकी आस्था व्यक्त होती है। इस क्रम में इस बात से अस्वीकार नहीं किया जा सकता कि उसका यह दृष्टिकोण अपने पिता के साथ निवास की अवधि में प्राप्त व्यावहारिक अनुभव पर आधारित है। उसके साथ पिता का व्यवहार मित्रवत था।

इस संदर्भ में, **लेडी मैसन** ने लिखा है कि–"जब कभी लॉक ने अपने पिता के नाम का उल्लेख किया तो अत्यन्त प्रेम और श्रद्धा व्यक्त की। ऐसे श्रेष्ठ पिता के सम्पर्क में रहकर उसे एक आचारपद्धति प्राप्त हुई और आगे चलकर जब कभी वह कुछ बोलता था, उससे पिता के प्रति उसकी श्रद्धा व्यक्त होती थी। बाल्यावस्था में उसके पिता का व्यवहार कठोर था और वह अपने पिता से भयभीत रहता था। धीरे-धीरे यह कठोरता घटती गयी और वयस्क होने पर पिता का व्यवहार मित्रवत् हो गया। मुझे स्मरण है कि एक बार उसने मुझसे कहा था कि बड़े होने पर उसके पिता ने उससे इस बात के लिए क्षमा मांगी थी कि क्रोधावेश में उन्होंने उसे मारा था।"[1]

लॉक के पिता संसदीय पद्धति के प्रबल समर्थक थे। वे संसद की सर्वोच्चता और राजा को सीमित देखना चाहते थे। इसका प्रभाव लॉक पर पड़ा। लॉक गौरवपूर्ण क्रांति (1688 ई.) का समर्थन किया और अपने पिता के सिद्धांत–संसदीय सर्वोच्यता को अपने राजदर्शन का आधार बनाया।

2. लार्ड ऐशले और ह्विग पार्टी (Lord Ashley and Whig Party)

1666 ई. में ऑक्सफोर्ड में लॉक का परिचय लार्ड ऐशले से हुआ। जो ह्विगपार्टी का संस्थापक और नेता था। यह परिचय गाढ़ी मित्रता का रूप ले लिया। ऐशले के जीवन भर सम्पर्क में रहने के कारण, उसके व्यक्तित्व, ह्विग पार्टी और उदारवादियों से काफी प्रभावित हुआ। जिसके फलस्वरूप वह उदारवाद का पोषक बना और उसने उग्रवादी ह्विगों के अतिवादी सिद्धांतों के प्रति कोई

1. Quoted in Fox Bourne.

सहानुभूति प्रकट नहीं की। लॉक का पालन-पोषण और लगभग पूरा जीवन ह्विग पार्टी के बीच बीता इसलिए उसके विचार इस पार्टी के प्रतिनिधि विचार है। इस प्रकार, लार्ड ऐशले और ह्विग पार्टी की गहरी छाप लॉक पर पड़ी।

इसके साथ ही, जहाँ भी लॉक गया, मित्रों की मण्डली जुट गयी। वेस्टमिनस्टर स्कूल में, क्राइस्ट चर्च कॉलेज में, ऑक्सफोर्ड में, लार्ड ऐशले के निजी चिकित्सक और विश्वासपात्र सचिव के रूप में, हॉलैण्ड के निर्वासन अवधि में तथा जीवन की संध्यावेला में ओट्स-स्थित कुटिया में, मित्रों और शुभचिन्तकों का मुक्त हास्य एवं निष्कपट व्यवहार उसे मिलता रहा। जिसके परिणामस्वरूप, उसने मानव स्वभाव को अच्छा मानकर, अपने राजदर्शन की नींव डाली, जो उसकी प्रसिद्धि का कारण बना।

3. विभिन्न विद्वानों का प्रभाव (Influence of Different Scholars)

लॉक के जीवन पर तत्कालीन दार्शनिकों, वैज्ञानिकों, विद्वानों और राजनीतिज्ञों का गहरा प्रभाव पड़ा। जिनमें डा. डेविड टॉमस, लार्ड ऐशले, डेकार्ट, बर्नियर और लेडी मैसन का नाम विशेष रूप से उल्लेखनीय है। वस्तुतः, लॉक पर सतरहवीं शताब्दी के उत्तरार्द्ध में सम्पूर्ण यूरोप पर व्याप्त होने वाले नवीन बौद्धिक वातावरण का विशेष प्रभाव पड़ा। इस नवयुग में यूरोप निवासी अपनी राजनीतिक और धार्मिक कट्टरता का त्याग करके, सहिष्णुता की ओर बढ़े तथा मानव स्वभाव के प्रति उनका दृष्टिकोण बदला। जिसके फलस्वरूप नवयुग का राजनीतिक चिंतन-मानव स्वभाव की अच्छाई में विश्वास करने लगा तथा उसने पूर्व की इस धारणा को त्याग दिया कि मानव स्वभाव विकृत होता है। मानव स्वभाव संबंधी इस नवीन विचारधारा से प्रभावित होने के कारण ही लॉक उदारवादी विचारक बना तथा उसने व्यक्तिवाद, संसदवाद, प्रजातंत्रवाद और उपयोगितावाद जैसे सिद्धांतों का प्रबल रूप से समर्थन किया।

4. तत्कालीन राजनीतिक परिवर्त्तन (The Then Political Changes)

महान प्रतिमाएँ काल प्रसूत हुआ करती है। लॉक इसका अपवाद नहीं, क्योंकि तत्कालीन राजनीतिक घटनाओं ने उसके राजदर्शन को एक निश्चित रूप प्रदान किया। लॉक को युवावस्था में ही जीवन का पर्याप्त अनुभव प्राप्त हुआ तथा मानव स्वभाव के नग्न और निम्न रूपों से उसका परिचय हुआ। युवावस्था के बाद जब विपत्ति की काली घटा उमड़ी और लार्ड ऐशले को निर्वासित होना पड़ा तब उसे अपने राजनीतिक विचारों की सत्यता का आभास हुआ। आजीवन अस्वस्थ रहकर और जीवन में आने वाले संकटों को झेलकर भी उसने मानव-जाति के प्रति आत्मीयता, दया और उपकार का संबंध निबाहा। उसे इस बात का श्रेय प्राप्त है कि संकटों के बीच भी उसने मानवता के प्रति अपने दृष्टिकोण को संकीर्ण नहीं होने दिया।

लॉक का राजदर्शन मानव स्वभाव की अच्छाई पक्ष पर आधारित है। इंग्लैण्ड में 1688 ई. की रक्तहीन क्रांति इसका प्रत्यक्ष प्रमाण है। इसी क्रांति में इंग्लैण्ड की विद्रोही जनता ने एक अयोग्य सम्प्रभु को पदच्युत कर दिया तथा बिना रक्तपात किए, उसने दूसरे सम्प्रभु को चुना जो जनता के अधिकार और विशेषाधिकार के दावे का समर्थन करता था।

इस प्रकार, चार्ल्स द्वितीय का राजगद्दी से उतरना और विलियम तथा मेरी का राज सिंहासन ग्रहण करना प्रजातंत्र की विजय का प्रमाण था। इसके साथ ही, यह सिद्धांत सिद्ध हुआ कि सम्प्रभु प्रजा की सहमति से और प्रजा के हितार्थ शासन करता है।[1]

इससे शासन-संचालन की दिशा में व्यक्ति की क्षमता में लॉक की आस्था दृढ़ हो गयी। उसने हॉब्स की इस धारणा को कि मनुष्य स्वभावतः स्वार्थी और पूर्णतः अविवेकी होती है, गलत सिद्ध कर दिया। लॉक ने इस घटना के आधार पर ऐसा समझा कि मनुष्यों में सामाजिक चेतना होती है जो उन्हें एक सूत्र में बांध देती है। उनमें यह समझने की शक्ति होती है कि उनका हित पारस्परिक और शान्तिपूर्ण सहयोग में निहित है। वस्तुतः, यह कथन अक्षरशः सत्य है कि–"लॉक का दूसरा निबंध क्रांति का औचित्य सिद्ध करने के लिए लिखा गया, किंतु यह कहना उससे भी अधिक सही है कि क्रांति ही उसके दूसरे निबंध का औचित्य सिद्ध करती है।"[2]

वस्तुतः, लॉक ने अपने जीवन में अनेक राजनीतिक परिवर्त्तनों को अपनी आँखों से देखा। उसने अपनी शैशवावस्था में प्रथम गृह-युद्ध (1642-45), द्वितीय गृह-युद्ध (1648), चार्ल्स प्रथम का वध (1649), रम्प पार्लियामेण्ट (1649-53) के खूनी हत्याकाण्ड, क्रॉमवेल का सैनिक शासन (1654-58), चार्ल्स द्वितीय का पुनः स्थापन (1660), गौरवपूर्ण क्रांति या रक्तहीन क्रांति (1688) तथा ऑरेंज निवासी विलियम और मेरी का इंग्लैण्ड के राजसिंहासन पर आसीन होना–इत्यादि महत्वपूर्ण घटनाओं को देखा।[3] इन क्रांतिकारी राजनीतिक परिवर्त्तनों से प्रभावित होने के कारण, वह बहुमत के शासन का समर्थन बना। इसके साथ ही, वह इस निष्कर्ष कर पहुँचा कि राजसत्ता-सहमति पर आधारित

1. "The accession of William and Mary was thus a triumph for democracy and for the thesis that sovereign's rule by the consent and for the benefit of their subjects."—Jones, W.T., *Masters of Political Thought*; Vol. II, 1959.
2. "Though in a sense it is true to say that the second treatise was intended to justify the Revolution, it is even truer to say that the Revolution justifies the treatise."—*Ibid.*
3. "Locke was a witness to the revolution of king Charles II in 1660, and the Bloodless Revolution of 1688 of which he became the theorist."

होनी चाहिए और सरकार के पास अधिक सत्ता कदापि नहीं होनी चाहिए, क्योंकि इससे अल्पतंत्र की उत्पत्ति का भय बना रहता है।

इस प्रकार, परिवार और पिता, लार्ड ऐशले और ह्विग पार्टी, विभिन्न विद्वानों का प्रभाव और तत्कालीन राजनीतिक परिवर्त्तनों की अमिट छाप लॉक के मस्तिष्क पर पड़ी और उन्हीं के रेशमी धागों से लॉक दर्शन का आविर्भाव हुआ, जो बहुजन हिताय तथा बहुजन सुखाय सिद्ध हुआ।

लॉक की रचनाएँ
(The Works of Locke)

विद्धानों का मत है कि हॉलैंड से लौटने के बाद ही लॉक की बहुमुखी प्रतिभा का कमल प्रस्फुटित हुआ और पचासवीं वर्षगाँठ के बाद ही लॉक मानव-समाज के मंच पर एक लेखक और दार्शनिक के रूप में प्रगट हुआ। लॉक ने अपने गहन अध्ययन और समृद्ध अनुभव के आधार पर राजनीतिविज्ञान, दर्शनशास्त्र, धर्मशास्त्र, शिक्षा, अर्थशास्त्र, प्रकृतिविज्ञान तथा उद्यान-विज्ञान जैसे विभिन्न विषयों पर तीस से अधिक ग्रंथों का प्रणयन किया। ऐसा समझा जाता है, "राजनीति, दर्शन, धर्म और शिक्षा के क्षेत्र में उसकी रचनाएँ मानव मस्तिष्क की सर्वोत्तम उपलब्धि मानी जाती है।" राजनीति विज्ञान से संबद्ध उसके महत्वपूर्ण ग्रंथ निम्नलिखित हैं।

1. **सहिष्णुता पर पहला पत्र**, 1689 **(A Letter on Toleration)**
2. **शासन पर दो निबंध**, 1690 **(Two Treatises on Government)**
3. **सहिष्णुता पर दूसरा पत्र**, 1690 **(Second Letter on Toleration)**
4. **मानव-समझ पर लेख**, 1690 **(Essay Concerning Human Understanding)**
5. **सहिष्णुता पर तीसरा पत्र**, 1692 **(Third Letter on Toleration)**
6. **सहिष्णुता पर चौथा पत्र**, 1695 **(Fourth Letter on Toleration)**
7. **कारोलीना के संविधान के मूल तत्व, (The Fundamentals of Consitution of Carolina)**

यह अंतिम ग्रंथ 1673 ई. में लिखा गया, लेकिन 1706 ई. में प्रकाशित हुआ।

शासन पर दो निबंध
(Two Treatises on Government)

लॉक के सभी राजनीतिक ग्रंथों में **शासन पर दो निबंध** को सर्वश्रेष्ठ कृति माना जाता है। इसी ग्रंथ पर उसकी विश्व-ख्याति आश्रित है।

शासन पर दो निबंध 1690 ई. में अशुद्ध संस्करण के रूप में पहली बार प्रकाशित किया गया। लेकिन, उस पर लेखक का नाम नहीं था। यद्यपि लॉक के समकालीन अनेक व्यक्तियों को यह ज्ञात था कि यह कृति उसी की है, तथापि वह इसको गुप्त रखने का प्रयत्न बहुत दिनों तक करता रहा। इसका कारण यह था कि उसे यह आशंका थी कि यदि स्टुअर्ट राजा पुनः शासनारूढ़ हो जाएँगे, तो लेखक को दंड भोगना पड़ेगा।

प्रथम निबंध की विषयवस्तु (The Subject-matter of the First Treatise)

शासन पर दो निबंध, जैसा कि नाम से ज्ञात होता है, दो निबंधों का संग्रह होने के कारण दो खंडों में विभाजित है। प्रथम खंड में लॉक ने राजाओं के दैवी अधिकार की पुष्टि में **फिल्मर** द्वारा दिए गए तर्कों का खंडन किया है तथा उसकी प्रत्यक्ष आलोचना की है।

फिल्मर का विश्वास था कि राज्य का जन्म परिवार के विस्तार से हुआ है। अतः, पिता राजा बन गया और उसकी संतान प्रजा कहलाने लगी। इस प्रकार, फिल्मर ने राजा और प्रजा में पिता और पुत्र का संबंध स्थापित कर निरंकुश राजतंत्र का समर्थन किया है। उसने राजतंत्र को दैवी संस्था बताया है तथा राजा के दैवी अधिकार का समर्थन किया है। लॉक ने फिल्मर के तर्कों का क्रमशः एक-एक करके खंडन किया है तथा उस पर प्रत्यक्ष रूप से प्रबल प्रहार किया है।

शासन पर दो निबंध के प्रथम निबंध या खंड में निम्नलिखित ग्यारह अध्यायों पर विचार किया गया है–

1. दासता और प्राकृतिक स्वतंत्रता,
2. पैतृक और राजकीय सत्ता,
3. रचना के आधार पर आदम की संप्रभुता,
4. आदम का अनुदान द्वारा प्राप्त संप्रभुत्व संबंधी अधिकार,
5. ईव की अधीनता के आधार पर आदम की संप्रभुता,
6. पितृत्व के आधार पर आदम की संप्रभुता,
7. पितृत्व और संपति के आधार पर संप्रभुता,
8. आदम की संप्रभु राजतांत्रिक सत्ता का हस्तांतरण,
9. आदम से उत्तराधिकार में प्राप्त राजतंत्र,
10. आदम की राजतांत्रिक सत्ता का उत्तराधिकारी,
11. उत्तराधिकारी कौन है?

दूसरे निबंध की विषयवस्तु (The Subject-matter of the Second Treatise)

शासन पर दो निबंध के दूसरे निबंध या खंड में लॉक ने अपने राजनीतिक सिद्धांत का प्रतिपादन और विश्लेषण किया है। वह हॉब्स के दर्शन के लगभग

प्रत्येक मुख्य सिद्धांत का विरोधी था। अतएव, इस खंड की रचना करने में उसका मुख्य उद्देश्य हॉब्स के सिद्धांतों और विशेषरूप से निरंकुश राजतंत्र का खंडन करना था। लेकिन, जिस समय उसने इस खंड की रचना की थी, उस समय इंग्लैंड के राजा, चार्ल्स द्वितीय, ने राजशक्ति का पुनरुद्धार करना अपने जीवन का एकमात्र उद्देश्य बना रखा था। इसीलिए, लॉक ने जान-बूझकर हॉब्स के निरंकुश राजतंत्र की आलोचना नहीं की। अपने तर्कों का विकास करते समय लॉक एक क्षण के लिए भी हॉब्स को विस्मृत नहीं होने देता था, फिर भी उसने हॉब्स का नाम लेकर उसके सिद्धांतों का खुलकर खंडन नहीं किया। इस संदर्भ में, **सेबाइन** ने कहा है, "यह अत्यंत दुर्भाग्यपूर्ण है कि लॉक ने अपने उत्तरदायित्व को पूरी तरह से नहीं समझा। यदि वह अपने उत्तरदायित्व को पूरी तरह से समझ लेता तो वह समाज और शासन के सिद्धांतों में गहराई से प्रवेश करता। इससे उसके दर्शन का बहुत-सा भ्रम दूर हो जाता।"

इसके साथ ही, लॉक ने सरकार की उत्पत्ति, स्वरूप और कार्यक्षेत्र का विशद तथा वैज्ञानिक विवेचन किया है। वह अपने अनेक विचारों के लिए हूकर का ऋणी है तथा उसने अपने ऋण को स्वीकार भी किया है। उसने हॉब्स के समान अपने सिद्धांत का वर्णन प्राकृतिक अवस्था से आरंभ किया है तथा सामाजिक समझौते द्वारा राज्य की उत्पत्ति का वर्णन किया है। लेकिन, वह समझौते द्वारा शासन के ऊपर जनता का प्रभुत्व स्थापित करता है तथा सरकार की शक्तियों और कार्यक्षेत्र को सीमित करता है।

यद्यपि **शासन पर दो निबंध** में **लेवियाथन** की तरह क्रमबद्धता नहीं है, तथापि व्यावहारिक सिद्धांत की दृष्टि से इसका महत्व **लेवियाथन** से बहुत अधिक है।

जनता के क्रांति करने के अधिकार का प्रबलरूप से समर्थन करके उसने व्यवस्थित राजतंत्र को चुनौती दी है तथा गौरवपूर्ण क्रांति का औचित्य सिद्ध करने का प्रयास किया हैं। लेकिन, इससे अधिक सत्य यह कहना होगा कि क्रांति की सफलता ने इसके औचित्य को सिद्ध किया है।

प्रभाव (Effect)—**शासन पर दो निबंध** का प्रभाव विश्व के अनेक राज्यों पर पड़ा। स्वतंत्रता का प्रचंड पोषण करने के कारण यह ग्रंथ इंग्लैंड और फ्रांस में स्वतंत्रता की बाइबिल बन गया। इसके साथ ही, अमेरिका के स्वतंत्रता प्रेमियों ने 1776 ई. के स्वतंत्रतापत्र की घोषणा में इसके महत्व को स्वीकार किया। इसमें वर्णित जीवन, स्वतंत्रता और संपति का अधिकार तथा शासितों की सहमति और बहुमत का निर्णय पश्चिमी देशों के राजनीतिक शब्दकोश में साधारण शब्द बन गए। यही निबंध के दूसरे खंड की प्रसिद्धि का प्रमाण है।

मैकडॉनल्ड के शब्दों में, "लॉक के निबंध का दूसरा खंड इतना प्रसिद्ध है कि प्रसिद्धि उसको समझने में बाधक हो गई है।"[1]

इस प्रकार, लॉक ने **शासन पर दो निबंध** के प्रथम खंड में राजाओं के दैवी अधिकार की पुष्टि में **फिल्मर** द्वारा दिए जानेवाले तर्कों का खंउन किया है और उसकी प्रत्यक्ष आलोचना की है। दूसरे खंड में उसने अपने राजनीतिक सिद्धांतों का प्रतिपादन किया है और प्रत्यक्ष रूप से हॉब्स के दर्शन की आलोचना की है। इसी संदर्भ में, **वॉहन** ने ठीक ही कहा है, "लॉक की ट्रीटिज दो नाली बंदूक है, जिसमें से एक फिल्मर और दूसरी हॉब्स के विरूद्ध तनी हुई है।"[2]

शासन पर दो निबंध के द्वितीय खंड में उन्नीस अध्यायों में निम्नलिखित सिद्धांतों का विश्लेषण किया गया है–

1. राजनीतिक सत्ता का आधार,
2. प्राकृतिक अवस्था,
3. युद्ध की अवस्था,
4. दासता,
5. संपत्ति,
6. माता-पिता का अधिकार,
7. राजनीतिक समाज,
8. राजनीतिक समाज का आरंभ,
9. राजनीतिक समाज और शासन के उद्देश्य,
10. राजनीतिक समाज के रूप,
11. व्यवस्थापक सत्ता का क्षेत्र,
12. राज्य की व्यवस्थापक, कार्यकारिणी और संघीय सत्ता,
13. राजनीतिक समाज की विभिन्न सत्ताओं की पारस्परिक वंशवदता,
14. विशेषाधिकार,
15. पितृत्व, राजनीतिक और निरंकुश सत्ताओं की विवेचना;
16. विजय,
17. अनाधिकृत सत्वग्रहण,

---

1. "The second of Locke's Two Treatises on Government is so famous that fame has become a barrier to the understanding."—McDonald.
2. "The Treatise of Locke is a gun with two barrels, one of which is directed against Filmer and the other against Hobbes."—Vaughan, *Political Philosophy Before and After Rousseau*.

18. उत्पीड़क शासन,
19. शासन का विघटन।

मानव-समझ पर एक लेख
(An Essay Concerning Human Understanding)

मानव-समझ पर एक लेख लॉक के राजनीतिक साहित्य का दूसरा प्रसिद्ध ग्रंथ है, जिसका प्रकाशन 1690 ई. में हुआ। इसका यूरोप के दर्शनशास्त्र के इतिहास में बड़ा महत्वपूर्ण स्थान है। बर्कले, ह्यूम, कांट, रीड जैसे दार्शनिकों पर इसका प्रभाव स्पष्ट है। उसके द्वारा उठाए गए प्रश्नों ने इसके बाद के दर्शनशास्त्र के विकास की दिशा निर्धारित की है।

अन्य कृतियाँ
(Other Works)

लॉक की अन्य कृतियों में निम्नलिखित दो विशेष रूप से उल्लेखनीय हैं–

1. शिक्षा पर विचार (Thoughts Concerning Education)– आंग्ल शिक्षा-पद्धति पर इसका प्रत्यक्ष प्रभाव पड़ा।

2. प्राकृतिक नियम पर लेख (Essays on the Law of Nature)–यह लॉक की प्रारंभिक रचनाओं का संकलन है, जिसको डब्ल्यू वान लीडन ने विस्तृत भूमिका के साथ संपादित किया है।

लॉक की पद्धति
(The Method of Locke)

लॉक की अध्ययन-पद्धति का विश्लेषण निम्नांकित रूप से किया जा सकता है–

1. आगमनात्मक पद्धति (Inductive Method)–लॉक की अध्ययन-पद्धति तत्कालीन मनोविज्ञानयुक्त और अनुभवप्रधान है। इसका अर्थ यह है कि मानव-ज्ञान और आचरण की व्याख्या इंद्रियों के आधार पर की जाती है तथा आचरण के नियम अनुभव के आधार पर निर्धारित लिए जाते हैं। लॉक यह मानकर चलता है कि समस्त ज्ञान का संचय अनुभव के द्वारा किया जाता है। वह मानव के मस्तिष्क को स्वच्छ स्लेट[1] के समान मानता है जिस पर अनुभव की उँगलियाँ निरंतर लिखती रहती हैं। इस प्रकार, लॉक ने आगमनात्मक अध्ययन-पद्धति का सहारा लिया है।

---

1. Tabula Rasa.

2. वर्णनात्मक पद्धति (Descriptive Method)–लॉक ने अपने राजनीतिक साहित्य में वर्णनात्मक पद्धति कर भी प्रयोग किया है। उसकी यह पद्धति भी अनुभव पर आधृत है तथा वैज्ञानिक पद्धति से मिलती-जुलती है। उसने क्रांति का समर्थन हूकर द्वारा निर्दिष्ट पद्धति के अनुसार किया है। इस पद्धति का स्पष्टीकरण करते हुए सेबाइन का मत है, "इस पद्धति के अनुसार यह मान लिया जाता है कि अँगरेज जनता एक विशिष्ट सामाजिक समुदाय वा निर्माण करती है। यह सामाजिक समुदाय अपने राजनीतिक विकास के कारण शासन के क्षेत्र में निरंतर ही कुछ-न-कुछ परिवर्तन चाहता है। यह कुछ ऐसे नैतिक मानकों को भी निर्धारित करता है जिनका पालन उसके शासकों को करना चाहिए।"

प्रश्न
(Questions)

1. लॉक के जीवन पर प्रकाश डालिए।
   Examine the life of Locke.
2. लॉक को प्रभावित करनेवाली विभिन्न परिस्थितियों का वर्णन करें।
   Describe the different circumstances which influenced Locke.
3. लॉक की रचनाओं का उल्लेख करें।
   Describe the works of Locke.
4. 'शासन पर दो निबंध' की विषय-सूची का संक्षेप में वर्णन करें।
   Describe briefly the contents of the 'Two Treatises on Government.'
5. लॉक की अध्ययन-पद्धति की व्याख्या कीजिए।
   Explain the method of study of Locke.

वस्तुनिष्ठ प्रश्न
(Objective Questions)

1. Who said this?
   "The accession of William and Mary was thus a triumph for democracy and for the thesis that Sovereign's rule by the consent and for the benefit of their subjects.
   (a) Jones, W.T. (b) Sabine (c) Dunning (d) Maxey
2. Who said this?
   "Though in a sense it is true to say that the second treatise was intended to justify the Revolution, it is even truer to say that the Revolution justifies the Treatise."
   (a) Maxey (b) Jones, W.T. (c) Wayper (d) Gettell

3. Who said this?

"Locke was a witness of the Revolution of king Charles II in 1660, and the Bloodless Revolution of 1688 of which he become the theorist."

(a) Sabine (b) Dunning (c) Jones (d) Wayper

4. Who said this?

"The Second of Locke's *Two Treatises on Government* is so famous that fame has become a barrier to the understanding."

(a) Gettell (b) Sabine (c) Jones (d) McDonald

5. Who said this?

"The Trease of Locke is a gun with Two barrels, one of which is directed against Filmer and the other against Hobbes."

(a) Vaughan (b) Sabine (c) Wayper (d) Maxey

6. लॉक का जन्म किस वर्ष हुआ?

(क) 1633 (ख) 1632 (ग) 1532 (घ) 1732

7. इंग्लैंड में गौरवपूर्ण या रक्तहीन क्रांति किस वर्ष हुई?

(क) 1698 (ख) 1678 (ग) 1688 (घ) 1588

8. यह कथन किसका है?

"लॉक का दूसरा निबंध क्रांति का औचित्य सिद्ध करने के लिए लिखा गया, किंतु यह कहना उससे भी अधिक सही है कि क्रांति ही उसके दूसरे निबंध का औचित्य सिद्ध करती है।"

(क) सेबाइन (ख) वेपर (ग) गेटेल (घ) जोन्स

9. **Two Treatises on Government** पुस्तक के रचयिता कौन है?

(क) लॉक (ख) हॉब्स (ग) बोदां (घ) रूसो

10. यह कथन किसका है?

"लॉक यह मानकर चलता है कि समस्त ज्ञान का संचय अनुभव के द्वारा किया जाता है। वह मानव के मस्तिष्क को स्वच्छ स्लेट के समान मानता है जिस पर अनुभव की उँगलियाँ निरंतर लिखती रहती है।"

(क) हॉब्स (ख) लॉक (ग) बोदां (घ) गेटेल

उत्तर

(Answers)

1. (a) 2. (b) 3. (c) 4. (d) 5. (a) 6. (ख) 7. (ग) 8. (घ) 9. (क) 10. (ख)

11

राज्य की उत्पत्ति के सामाजिक समझौते का सिद्धांत
(The Social Contract Theory of the Origin of State)

मानव स्वभाव
(Human Nature)

मानव स्वभाव मूलतः अच्छा और शांतिप्रिय (Human Nature Basically Good and Peaceful)

लॉक ने हॉब्स के विपरीत मानव स्वभाव का वर्णन किया है। उसकी दृष्टि में मानव स्वभाव मूलतः अच्छा, शांतिप्रिय और सामाजिक होता है। **जोन्स** के शब्दों में, "हॉब्स के समान मानव स्वभाव के संबंध में मानवद्वेषी दृष्टिकोण अपनाने के बजाय, लॉक का विश्वास है कि मनुष्य मूलतः अच्छे, शांतिप्रिय, सामाजिक और स्वशासन की योग्यतावाले होते है।"[1]

लॉक में यह विश्वास उत्पन्न होने के अनेक कारण थे। उसमें सहृदयता और सहानुभूति के स्वाभाविक गुण थे। वस्तुतः, पिता का स्नेह, मित्रों की सहानुभूति और लार्ड ऐशले की कृपा प्राप्त करने के कारण उसमें यह विश्वास उत्पन्न होना स्वाभाविक था कि मनुष्यों में प्रेम, दया, सहानुभूति, आदि स्वाभाविक गुण होते हैं। राजपदों पर काम करते समय और ऐशले के पतन के बाद निर्वासित जीवन व्यतीत करते समय उसे मानव स्वभाव की विकृतियों के कटु अनुभव हुए। लेकिन, उसकी मूल धारणा में कोई परिवर्तन नहीं हुआ कि मनुष्य स्वभाव से अच्छा होता है।

1. Jones, W.T., *Masters of Political Thought*, Vol. II, 1959.

लॉक की इस धारणा को तत्कालीन यूरोप पर व्याप्त नवीन बौद्धिक वातावरण ने पुष्ट किया। फ्रांस और हॉलैंड में निवास करने के समय उसने स्वयं देखा कि पुराने युग की राजनीतिक और धार्मिक कट्टरता का स्थान सहिष्णुता ने ले लिया था, तथा मानव स्वभाव को दुष्ट और स्वार्थी न समझा जाकर अच्छा माना जाने लगा था।

1688 ई. की रक्तहीन क्रांति ने लॉक को मानव स्वभाव संबंधी धारणा को बल प्रदान किया। उसने देखा कि इंग्लैंड के निवासियों ने बिना रक्तपात किए एक राजा को उसकी अयोग्यता के कारण राजसिंहासन से हटाकर दूसरे राजा विलियम को उसपर इस आशा से आसीन किया कि वह राज्य के कार्यों को कुशलतापूर्वक करेगा तथा उनकी अधिकार संबंधी माँगों को पूरा करेगा। इस घटना ने लॉक की इस धारणा को सत्य सिद्ध कर दिया कि मानव स्वभाव में अनेक श्रेष्ठ गुण होते हैं। उसे इस बात का पूर्ण विश्वास हो गया कि मनुष्य स्वार्थी और अविवेकी नहीं होता, उसमें सामाजिकता का गुण होता है तथा उसको नियंत्रण में रखने के लिए बलप्रयोग की आवश्यकता नहीं होती।

रक्तहीन क्रांति की घटना से लॉक ने जो निष्कर्ष निकाला उसको **जोन्स** ने निम्नलिखित शब्दों में कहा है, "यह घटना इस बात की साक्षी थी कि मनुष्य काफी विवेकी होते हैं और वे यह समझते हैं कि उनका सर्वोत्तम हित इसी बात में है कि वे पारस्परिक सहयोग द्वारा शांतिपूर्ण जीवन व्यतीत करें। यही निष्कर्ष था, जो लॉक ने गौरवपूर्ण क्रांति से निकाला।"

इसी निष्कर्ष के आधार पर लॉक ने मानव स्वभाव के विषय में अपनी धारणा को स्थायी रूप प्रदान किया है। उसने हॉब्स के समान मनुष्य को दुर्गुणों की खान न समझकर उसे अनेक मानवोचित गुणों का सजीव प्रतीक स्वीकार किया है। इस संदर्भ में, **जोन्स** का कथन है, "यह इसीलिए महत्वपूर्ण है कि लॉक का राजनीतिक सिद्धांत स्वाभाविक और अनिवार्य रूप से उसकी इस धारणा पर आधृत है कि मनुष्य किस प्रकार के होते है।"[1]

मानव स्वभाव पर लॉक के विचारों का स्वरूप (The Form of Locke's Conception on Human Nature)

लॉक ने भी हॉब्स की तरह मानव स्वभाव पर अपने विचारों का विश्लेषण क्रमबद्ध रूप में नहीं किया है। **शासन पर दो निबंध** के दूसरे खंड में उसके विचार यत्र-तत्र बिखरे पड़े हैं, जिनका उल्लेख निम्नांकित रूप से किया जा सकता है–

---

1. "This is all-important because Locke's political theory was naturally and inevitably based upon his notion of what men are like."—Jones, W.T.

(i) विवेक (Reason)–लॉक का कथन है कि मनुष्य विवेकशील प्राणी है। उसमें सर्वप्रधान गुण विवेक है। इसीलिए, वह नैतिक नियमों को स्वीकार करता है और उनके अनुसार आचरण करने का प्रयत्न करता है। इसके अतिरिक्त, मनुष्य में पारस्परिक सहयोग और सामाजिकता के भी गुण होते हैं। वह प्रेम, दया, शांति, सज्जनता, एकता तथा नैतिकता में विश्वास करता है।

(ii) मानव समानता (Equality of Man)–**लॉक** ने मानव समानता पर विशेष बल देते हुए लिखा है, "सब मनुष्य प्राकृतिक रूप में समानता की अवस्था में होते हैं।"[1] वह आगे कहता है कि प्राकृतिक रूप में सब मनुष्यों की शक्ति, स्थिति और अधिकार समान होते हैं। अतएंव, प्राकृतिक अवस्था में सभी मनुष्य समान लाभ प्राप्त करते हैं और समान शक्तियों का प्रयोग करते हैं। इस संदर्भ में, **जोन्स** ने लिखा है, "हॉब्स के समान मानव समानता से लॉक का अभिप्राय यह नहीं है कि सब मनुष्य शारीरिक और मानसिक शक्तियों में प्रायः समान होते हैं। मानव समानता से लॉक का तात्पर्य यह है कि चूँकि प्रत्येक मनुष्य एक स्वतंत्र इकाई है, इसलिए वह नैतिक दृष्टि से दूसरे मनुष्यों के समान है तथा उसे केवल वे ही अधिकार प्राप्त हैं, जो उसे मनुष्य के नाते प्राप्त होने चाहिए, न कि वे अधिकार जो शक्ति, स्थिति या संपत्ति के कारण प्राप्त होते हैं।"

(iii) कांट के समान मानव स्वभाव (Human Nature like Kant)–लॉक का मानव स्वभाव संबंधी विचार वही था, जो अठारहवीं शताब्दी में **कांट** का था। **कांट** के अनुसार, "विवेकशील प्राणी व्यक्ति कहलाते हैं; क्योंकि वे अपने स्वभाव से ही साध्य होते हैं और केवल साधन के रूप में प्रयोग नहीं किए जा सकते। अतएव, हमें मानवता के प्रति, चाहे वह हममें हो या किसी दूसरे व्यक्ति में, सदैव यह समझ कर व्यवहार करना चाहिए कि व्यक्ति साध्य है और साधन कदापि नहीं है।"[2]

इस प्रकार, जैसा कि **जोन्स** ने लिखा है कि मानव समानता से लॉक का अर्थ यह है, "मनुष्यों की शारीरिक और मानसिक समानताओं और उनकी वास्तविक स्थिति तथा दशा का उनकी नैतिक समानता से कोई संबंध नहीं है। उन्हें अन्य दृष्टियों से असमान होते हुए भी नैतिक दृष्टि से समान होना चाहिए।"

---

1. "All men are naturally in a state of equality."—Locks, *Of Civil Government*, Chapter II, Section 4.
2. Kant, *Theory of Ethics*, translated by T.K. Abbott, 1927.

मानव स्वभाव पर लॉक और हॉब्स के विचारों में अंतर (Difference between Locke and Hobbes on the Conception of Human Nuture)

मानव स्वभाव पर लॉक और हॉब्स के विचारों में अंतर है जिसका उल्लेख निम्नलिखित रूप से किया जा सकता है–

(i) स्वार्थी : परोपकारी (Selfish : Altruistic)–हॉब्स का मनुष्य स्वभाव से स्वार्थी, दुष्ट और संघर्षशील है, जबकि लॉक का मनुष्य परोपकारी, शांतिप्रिय और सामाजिक है।[1]

(ii) दुष्ट : सद्‌गुणी (Wicked : Virtuous)–हॉब्स का मनुष्य दुर्गुणों की खान है, जबकि लॉक का मनुष्य अनेक सद्‌गुणों से ओतप्रोत रहता है।

(iii) भौतिकवादी : कर्तव्यशील (Materialistic : Dutiful)–हॉब्स का मनुष्य पूर्णरूपेण भौतिकवादी है और उसके सभी कार्यों का एकमात्र उद्देश्य अपने शरीर को सुख पहुँचाना है। लेकिन, लॉक का मनुष्य कर्तव्य की पुकार को सुनता है और उसकी ओर ध्यान भी देता है।

(iv) निरा पशु : नैतिक प्राणी (Merely Animal : Moral Being)–हॉब्स का मनुष्य निरा पशु है, लेकिन लॉक का मनुष्य नैतिक नियमों को स्वीकार करनेवाला और उनके अनुसार आचरण करनेवाला प्राणी है। लॉक इस बात को स्वीकार करता है कि मनुष्य सदा सच नहीं बोलता और हत्या भी करता है। लेकिन, उसे इस बात का ज्ञान होता है कि उसको सत्य बोलना चाहिए और हत्या नहीं करनी चाहिए। यही ज्ञान उसे पशु से भिन्न और श्रेष्ठ बनाता है।[2]

लॉक ने भी माना है कि मनुष्य के सभी कार्यों का उद्देश्य सुख की प्राप्ति करना और दु:ख का त्याग करना है। यह मानव स्वभाव की वास्तविक प्रकृति है।[3] इसका प्रभाव बेंथम पर पड़ा, जिसने मनोवैज्ञानिक अहंवादी भोगवाद[4] की व्याख्या की। इस प्रकार, लॉक का मनुष्य अच्छा, दयालु, परोपकारी, शांतिप्रिय और सामाजिकता जैसे सद्‌गुणों से युक्त एक विवेकशील प्राणी है।

---

1. "Hobbes's man is always utterly selfish, Locke's is sometimes really altruistic."—Jones, W.T.
2. "For Hobbes man is merely an animal and a creature of nature, while for Locke he is also a member of a moral order and subject to a moral order."
3. "What has an aptness to produce pleasure in us is that we call good, and what is apt to produce pain in us we call evil."—Locke.
4. Psychological egoistic hedonism.

प्राकृतिक अवस्था
(State of Nature)

प्राकृतिक अवस्था का स्वरूप (The Form of State of Nature)

लॉक की प्राकृतिक अवस्था उसके मानव स्वभाव से संबंधित है। उसने हॉब्स की तरह यह माना है कि राज्य की उत्पत्ति के पूर्व मनुष्य प्राकृतिक अवस्था में रहता था जिसमें समाज था, राज्य नहीं। अर्थात, समाज का स्वरूप था, लेकिन राजनीतिक संगठन नहीं था। **डनिंग** के शब्दों में–"जिस प्राकृतिक अवस्था की लॉक द्वारा कल्पना की गई है वह प्राक्-सामाजिक के स्थान पर प्राक्-राजनीतिक अवस्था है।"[1]

लॉक का मनुष्य स्वभावतः अच्छा, शांतिप्रिय, परोपकारी, सामाजिक और विवेकी है, इसलिए प्राकृतिक अवस्था में उसका जीवन सुखमय और शांतिमय था। वह आनंद की अनुभूति करता था।

उसका जीवन, उसकी स्वतंत्रता और संपत्ति सुरक्षित थी। प्राकृतिक अवस्था का वातावरण समृद्ध, संपन्न और शांतिपूर्ण था। स्वयं लॉक ने लिखा है, "प्राकृतिक अवस्था शांति, सद्भावना, पारस्परिक सहयोग और आत्मरक्षा की अवस्था है।"[2]

प्राकृतिक अवस्था का सही चित्रण प्रस्तुत करते हुए लॉक आगे लिखता है, "प्राकृतिक विधान की सीमा में रहते हुए किसी दूसरे मनुष्य की इच्छा या अनुमति से स्वतंत्र अपना कार्य करने की, अपनी संपत्ति और व्यक्तित्व की अपने इच्छानुसार व्यवस्था करने की पूर्ण स्वतंत्रता की अवस्था ही मनुष्य की प्राकृतिक अवस्था है। यह अवस्था समानता की है। इसमें प्रत्येक को सब अधिकार समान रूप से होते हैं, किसी को अन्य से अधिक नहीं। यह पूर्णतया स्पष्ट है कि एक ही जाति और पद के जीव प्राकृतिक नियमानुसार अभिन्न रूप से समान गुणसंपन्न दशा में जन्म लेते हैं। जब तक उन सबका स्वामी और सम्राट् परमेश्वर, अपनी इच्छा की स्पष्ट घोषणा द्वारा एक को दूसरे से श्रेष्ठ नियुक्त न करे और स्पष्ट तथा निश्चित नियुक्ति द्वारा आधिपत्य और संप्रभुता का निश्चित अधिकार प्रदान न करे तब तक इन गुणों का उपयोग करने का साधन भी उनमें परस्पर समान होना चाहिए और किसी को दूसरे के अधीन न रहना चाहिए।

---

1. The state of nature as conceived by Locke is a pre-political rather than a pre-social condition."—Dunning, W.A., *A History of Political Theories, Luther to Montesquieu*, 1970.
2. "The state of nature is a state of peace, goodwill, mutual assistance and preservation."—Locke.

यद्यपि, यह अवस्था स्वतंत्रता की अवस्था अवश्य है, तथापि वह उच्छृंखलता की अवस्था नहीं है।[1] यद्यपि, इस अवस्था में मनुष्य को अपनी संपत्ति या व्यक्तित्व की स्वेच्छापूर्वक व्यवस्था करने की अनियंत्रित स्वतंत्रता है, तथापि उसे अपने को या अपने अधीनस्थ किसी जीव को नष्ट करने की स्वतंत्रता नहीं है। यदि अपने अधीनस्थ किसी जीव को नष्ट करने से किसी उच्चतर उद्देश्य की प्राप्ति होती हो तभी उसे नष्ट किया जा सकता है। प्राकृतिक अवस्था में व्यवस्था के लिए प्राकृतिक विधान है, जो सर्वमान्य है। विवेकतत्व का यह विधान है। समस्त जिज्ञासु मानवजाति को यह विधान शिक्षा देता है कि सब मनुष्य समान और स्वतंत्र हैं, अतः किसी को दूसरे के जीवन, स्वास्थ्य, स्वतंत्रता और संपत्ति का अनिष्ट नहीं करना चाहिए।

लॉक आगे लिखता है कि जिस प्रकार प्रत्येक व्यक्ति अपने जीवन की रक्षा करता है और जीने की इच्छा स्वतः नहीं त्यागता, उसी प्रकार उसे यथा संभव शेष मानवजाति के जीवन की भी रक्षा करने का प्रयास करना चाहिए, यदि इसके कारण स्वयं उसकी सुरक्षा का प्रश्न न उपस्थित होता हो। अपराधी को दंड देने के अतिरिक्त उसे किसी दूसरे का जीवन हरण करने का अधिकार नहीं है और न उसे किसी के जीवन, स्वतंत्रता, स्वास्थ्य, अंग या संपत्ति को हानि पहुँचाने का ही अधिकार है।"[2]

मुख्य विशेषताएँ (Main Features)

उपर्युक्त वर्णन के आधार पर लॉक की प्राकृतिक अवस्था की निम्नलिखित मुख्य विशेषताएँ उल्लेखनीय है–

(i) स्वतंत्रता (Liberty)–प्राकृतिक अवस्था पूर्ण स्वतंत्रता की अवस्था है, जिसमें मनुष्य प्राकृतिक नियमों की सीमाओं के अंदर जो कार्य चाहे कर सकते हैं।

(ii) समानता (Equality)–प्राकृतिक अवस्था में सब मनुष्यों में समानता है। किसी भी मनुष्य को किसी दूसरे मनुष्य की तुलना में न तो अधिक अधिकार प्राप्त है और न शक्ति। सभी मनुष्य जन्म से समान होते हैं। वे अपनी क्षमताओं में समान नहीं हैं, लेकिन अधिकारों का उपभोग करने में समान हैं। प्राकृतिक अवस्था पर लॉक और हॉब्स के विचारों में यहाँ तक समानता है, लेकिन इसके बाद भी काफी अंतर उत्पन्न हो जाता है।

---

1. "It is a state of liberty, but not a license."—Locke.
2. **लॉक–शासन पर दो निबंध**, अनुवादिका, सरला, मोहनलाल, उत्तरप्रदेश, प्रकाशन शाखा, सूचना विभाग, प्रथम संस्करण, 1960।

प्राकृतिक अवस्था पर लॉक और हॉब्स में अंतर (Difference between Locke and Hobbes on State of Nature)

(i) युद्ध : शांति (War : Peace)–हॉब्स के अनुसार प्राकृतिक अवस्था में मनुष्यों की स्वतंत्रता और समानता का परिणाम है–युद्ध। सब मनुष्यों का सब मनुष्यों से निरंतर युद्ध होता रहता है। इस प्रकार, हॉब्स की प्राकृतिक अवस्था निरंतर युद्ध की अवस्था है। लॉक का मत इससे विपरीत है। उसकी प्राकृतिक अवस्था शांति, सद्‌भावना, पारस्परिक सहयोग और सुरक्षा की अवस्था है।

(ii) कानून नहीं : प्राकृतिक नियम (No Law : Natural Law)–हॉब्स की प्राकृतिक अवस्था भय, अराजकता, हिंसा और युद्ध की अवस्था है, जिसमें कोई कानून नहीं है। दूसरी ओर, लॉक की प्राकृतिक अवस्था शांति, सुख, सुरक्षा और एकता की अवस्था है, जिसमें प्राकृतिक नियमों का शासन रहता है। लेकिन, इसका यह अर्थ नहीं है कि मनुष्यों में लड़ाई-झगड़े नहीं होते। लड़ाई-झगड़े होते हैं, पर मनुष्य प्राकृतिक नियमों द्वारा उनको न्यूनतम रखते हैं।

स्पष्ट असुविधाएँ : युद्ध (Tangible Inconveniences : War)

इस प्रकार, प्राकृतिक अवस्था में मनुष्यों का जीवन शांतिमय और सुखमय था। यह स्वर्णिम युग की अवस्था थी। लेकिन, आगे चलकर लॉक के अनुसार मनुष्यों ने प्राकृतिक अवस्था में निम्नलिखित तीन असुविधाओं का अनुभव किया, जिनके द्वारा प्राकृतिक अवस्था युद्ध की अवस्था में परिणत हो गया।

(i) व्यवस्थापिका नहीं (No Legislature)–प्राकृतिक अवस्था में पहली असुविधा यह थी कि निश्चित कानूनों का अभाव था। प्राकृतिक नियम का स्वरूप बड़ा अस्पष्ट था। मनुष्य की बुद्धि में भेद होने के कारण उनके द्वारा उसकी व्याख्या और अर्थ भी भिन्न-भिन्न प्रकार से किया जाता था, जिससे उसके बारे में संदेह उत्पन्न हो जाता था और उसके सही स्वरूप का पता लगाना कठिन हो जाता था।

(ii) कार्यपालिका नहीं (No Executive)–प्राकृतिक अवस्था में दूसरी असुविधा यह थी कि प्राकृतिक नियम की सही परिभाषा करनेवाला और उसके अनुसार निर्णय कर उसको कार्यान्वित करनेवाला कोई संस्था उपलब्ध नहीं थी। अतएव, प्रत्येक व्यक्ति उसकी परिभाषा अपने ढंग से करता था और उसे अपने ढंग से लागू करता था, जिससे संघर्ष उत्पन्न होने की संभावना बराबर बनी रहती थी।

(iii) न्यायपालिका नहीं (No Judiciary)–प्राकृतिक अवस्था की तीसरी असुविधा यह थी कि प्राकृतिक नियमों के उल्लंघन करने वाले व्यक्तियों को दंड देने के लिए कोई संस्था नहीं थी। यह अधिकार सभी व्यक्तियों को प्राप्त था।

इस प्रकार, व्यवस्थापिका, कार्यपालिका और न्यायपालिका के अभाव में मनुष्य का सुखी जीवन कष्ट में बदल गया। उसके जीवन, उसकी स्वतंत्रता और संपत्ति का अपहरण होने लगा। प्राकृतिक अवस्था का रूपांतर युद्ध की अवस्था में हो गया। इस युद्ध से मुक्ति पाने और असुविधाओं को दूर करने के लिए प्राकृतिक अवस्था के मनुष्य समझौते के द्वारा राज्य निर्माण की बात सोचने लगे।

प्राकृतिक नियम तथा प्राकृतिक अधिकार
(Natural Law and Natural Rights)

प्राकृतिक नियम (Natural Law)

लॉक की प्राकृतिक अवस्था स्वतंत्रता और समानता पर आधृत थी। लेकिन, इसका संचालन प्राकृतिक नियमों के अनुसार होता था, जो विवेक पर आधृत थे और नैतिकता के प्रतीक थे। इसके साथ ही, प्रत्येक व्यक्ति दूसरों के साथ वैसा ही व्यवहार करता था जैसा कि वह दूसरों से अपने साथ चाहता था।[1] वह अपनी स्वतंत्रता का उपभोग प्राकृतिक नियमों की सीमाओं के अंतर्गत ही करता था।

प्राकृतिक नियम की परिभाषा (Definition of Natural Law)

लॉक ने प्राकृतिक नियम के अर्थ को इस प्रकार स्पष्ट किया है–"प्राकृतिक अवस्था पर प्राकृतिक नियमों का शासन होता है। ये नियम प्रत्येक मनुष्य के लिए बंधनकारी होते हैं। ये तर्क पर आधृत होते हैं और संपूर्ण मानवजाति को यह बताते हैं कि चूँकि सब मनुष्य समान और स्वतंत्र हैं, इसलिए किसी मनुष्य को किसी दूसरे मनुष्य के जीवन, स्वास्थ्य, स्वतंत्रता और संपत्ति को हानि नहीं पहुँचानी चाहिए, तथा सब मनुष्यों को एक-दूसरे के अधिकारों पर आक्रमण करने और शारीरिक क्षति पहुँचाने से रोका जाना चाहिए। ये नियम संपूर्ण मानवजाति की सुरक्षा और शांति चाहते हैं, इसलिए सब मनुष्यों को इनका पालन करना चाहिए। प्राकृतिक अवस्था में प्राकृतिक नियमों को प्रत्येक मनुष्य द्वारा लागू किया जा सकता है। अतएव, प्रत्येक मनुष्य को इन नियमों को भंग करनेवालों को इतना दंड देने का अधिकार है, जितना कि इन नियमों को भंग करने से रोकने के लिए आवश्यक है।"[2]

---

1. "Do unto others, as you want others to do unto you."
2. "The state of nature has a law of nature to govern it, which obliges everyone and Reason, which is that law, teaches all mankind, who will but obey it, that being all equal and independent, on one ought to harm another in his life, health, liberty or possessions...."—Locks, *Two Treatises on Government*, Part II, Chapter II, Secs. 6 and 7.

प्राकृतिक नियम पर लॉक और हॉब्स में अंतर (Difference between Locke and Hobbes on Natural Law)

लॉक का प्राकृतिक नियम हॉब्स की तुलना में काफी व्यापक है। दोनों विचारक मनुष्य को विवेक से संपन्न मानते हैं। लेकिन, हॉब्स यह मानता है कि मनुष्य अपने विवेक का प्रयोग अपनी इच्छाओं को अधिक-से-अधिक संतुष्ट करने के लिए करता है। दूसरी ओर, लॉक यह मानता है कि मनुष्य अपने विवेक का प्रयोग प्राकृतिक नियमों को निश्चित करने के लिए करता है, जिनका अनुसरण करके वह पूर्णरूपेण सामाजिक जीवन व्यतीत करता है।

अंत में, **गेटेल** ठीक ही कहता है, "प्राकृतिक नियमों के विषय में लॉक ने ग्रोशस का अनुसरण किया है और बताया है कि प्राकृतिक नियम ऐसे नियमों का संग्रह है जो विवेक द्वारा निश्चित किए जाते हैं और जिनसे प्राकृतिक अवस्था में मनुष्य को पथ-प्रदर्शन होता है।"[1]

प्राकृतिक अधिकार (Natural Rights)

लॉक का कथन है कि प्राकृतिक अवस्था का संचालन प्राकृतिक नियमों के अनुसार होता था और व्यक्ति को इन नियमों के अनुसार ही प्राकृतिक अधिकार प्राप्त थे। उसने निम्नलिखित तीन प्रकार के प्राकृतिक अधिकारों का उल्लेख किया है–

(i) जीवन का अधिकार (Right to Life)–लॉक के अनुसार आत्मसुरक्षा मनुष्य की सबसे प्रबल आकांक्षा है और उसकी समस्त क्रियाओं को प्रेरित करनेवाला मुख्य तत्व भी है। अतएव, आत्मसुरक्षा की प्राप्ति के लिए मनुष्य जिन विवेकपूर्ण कार्यों को करता है, वे सब उसके विशेषाधिकार हैं और प्राकृतिक नियमों के अनुसार उसे प्राप्त होते हैं।

(ii) स्वतंत्रता का अधिकार (Right to Liberty)–हॉब्स के लिए स्वतंत्रता का अर्थ स्वेच्छाचारिता था। लेकिन, लॉक इससे असहमति प्रकट करते हुए कहता है कि प्राकृतिक अवस्था में प्राकृतिक नियमों के द्वारा स्थापित नैतिक व्यवस्था के अनुसार कार्य करना ही स्वतंत्रता है। अतएव, प्रत्येक व्यक्ति को नैतिक सीमाओं में रहते हुए अपनी स्वतंत्रता का उपभोग करने का प्राकृतिक अधिकार प्राप्त है। **लॉक** के शब्दों में, "प्रत्येक व्यक्ति को अपने इच्छानुसार कार्य करने की स्वतंत्रता नहीं है। यदि प्रत्येक व्यक्ति दूसरे पर इच्छानुसार अत्याचार कर सके तो स्वतंत्र कौन रह सकेगा? अपने शरीर, कार्य और संपूर्ण संपत्ति की अपने पर लागू विधानों की सीमा के अंदर अपने इच्छानुसार व्यवस्था

---

1. Gettell, R.G., *History of Political Thought*, 1970.

करना और इस प्रकार दूसरों की स्वेच्छाचारिता के अधीन न होकर अपनी इच्छा का अनुसरण करना ही स्वतंत्रता है।"[1]

(iii) संपत्ति का अधिकार (Right to Property)–लॉक ने संपत्ति के अधिकार का वर्णन बड़े ही विस्तारपूर्वक किया है। संपत्ति के अधिकार से उसका अर्थ प्राकृतिक अवस्था में जीवन निर्वाह के बाह्य साधनों पर व्यक्तिगत स्वामित्व स्थापित करने से है। उसका कहना है कि प्रारंभ में सभी व्यक्तियों का प्रकृतिप्रदत्त वस्तुओं पर समान अधिकार था। अतएव, संपूर्ण संपत्ति सामूहित संपत्ति थी। लेकिन, जब कोई व्यक्ति इन प्रकृतिप्रदत्त वस्तुओं को अपने श्रम से उपयोगी बना लेता है, तब उनपर उसका व्यक्तिगत अधिकार हो जाता है। इस प्रकार, मनुष्य के श्रम के माध्यम से व्यक्तिगत संपत्ति का निर्माण होता है। **लॉक** के शब्दों में, "शरीर पर केवल उस व्यक्ति के अतिरिक्त किसी और का अधिकार नहीं होता। उसके शरीर का श्रम और उसके हाथों की कृति सही तौर पर उसी की संपत्ति कही जा सकती है। अत:, वह जिस वस्तु से, उसे अपने श्रम द्वारा प्राकृतिक अवस्था से हटाकर, अपना निजी संबंध जोड़ लेता है वह उसकी व्यक्तिगत संपत्ति बन जाती है।"

सामाजिक समझौता और राज्य की उत्पत्ति
(Social Contract and the Origin of State)

प्राकृतिक अवस्था के चित्रण के बाद लॉक ने राज्य की उत्पत्ति के कारणों और व्यक्तियों के समझौते द्वारा उसके निर्माण की मीमांसा निम्नलिखित रूप से की है–

राज्य की उत्पत्ति के कारण (Causes of the Origin of State)

प्राकृतिक अवस्था के वर्णन से यह स्पष्ट है कि मनुष्यों का जीवन सामाजिक था। उसमें व्यवस्था थी। उसमें सब मनुष्य समान थे और उनको जीवन, स्वतंत्रता, और संपत्ति के अधिकार प्राप्त थे। लोगों में शांति, सद्भावना और सहयोग की भावना थी। उनपर प्राकृतिक नियमों का शासन था। प्रत्येक मनुष्य को इन नियमों को स्वयं लागू करने और इनको भंग करनेवाले को दंड देने का अधिकार था। दंड, शुद्ध विवेक और अंत:करण की आवाज के अनुसार होता था तथा उसी मात्रा में दिया जाता था, जिस मात्रा में अपराधी को मर्यादित करने के लिए आवश्यक था।

वस्तुत:, प्रत्येक व्यक्ति को प्राकृतिक नियमों को लागू करने और उनको भंग करने वालों को दंड देने के व्यक्तिगत अधिकार ने ही प्राकृतिक अवस्था

1. लॉक, **पूर्वोक्त पुस्तक**, दूसरा खंड, अध्याय VI, सेक्शन 57।

के शांत वातावरण और सुखी जीवन को युद्ध की स्थिति तथा कष्टमय जीवन में परिवर्तित कर दिया। कारण, प्रत्येक व्यक्ति आत्महित के आधार पर प्राकृतिक नियमों की व्याख्या करने लगा और प्रतिशोध की भावना से एक-दूसरे को दंड देने लगा। इसके साथ ही, व्यवस्थापिका, कार्यपालिका और न्यायपालिका के नहीं रहने से लोग असुविधाओं का अनुभव करने लगे। जीवन, स्वतंत्रता और संपत्ति खतरे में पड़ गई। दूसरों के आक्रमण और अतिक्रमण का भय बना रहा।

इस प्रकार, इन असुविधाओं से सुरक्षा पाने के लिए, प्रत्येक व्यक्ति सामाजिक समझौते द्वारा राज्य निर्माण की बात सोचने लगा। इस संदर्भ में, **लॉक** का कथन है, "प्रत्येक मनुष्य को दूसरों को दंड देने की जो शक्ति प्राप्त है, उसके अनियमित और अनिश्चित प्रयोग से जो असुविधाएँ उत्पन्न होती हैं, उनसे सुरक्षा प्राप्त करने के लिए मनुष्य सरकार के निश्चित कानूनों की शरण लेते हैं।"

यह स्पष्ट है कि प्राकृतिक नियमों से उत्पन्न होनेवाली असुविधाओं को अंत करने के लिए राज्य का निर्माण होता है। लॉक ने राज्यनिर्माण का प्रधान कारण व्यक्तिगत संपत्ति की असुरक्षा माना है। उसका मत है कि प्राकृतिक अवस्था में सभी मनुष्य समान हैं और सभी को संपत्ति का अधिकार है। लेकिन, अधिकांश मनुष्य सुनीति और न्याय में विश्वास नहीं करते। अतएव, मनुष्य को सदैव यह भय लगा रहता है कि वह अपनी संपत्ति से वंचित हो जाएगाा और उसका उपभोग नहीं कर सकेगा।

अत:, वह उन मनुष्यों के साथ सम्मिलित हो जाता है, जो अपने जीवन, स्वतंत्रता और संपत्ति की पारस्परिक सुरक्षा के लिए राज्य का निमार्ण करने के लिए तत्पर हैं। **लॉक** के शब्दों में, "मनुष्यों द्वारा राज्य के निर्माण और सरकार की अधीनता स्वीकार किए जाने का महान और मुख्य उद्देश्य अपनी संपत्ति की सुरक्षा है।"[1]

सामाजिक समझौते द्वारा राज्य का निर्माण (Origin of State as the Result of Social Contract)

प्राकृतिक अवस्था की असुविधाओं से बचने और अपने व्यक्तिगत संपत्ति को सुरक्षित रखने के लिए सभी मनुष्य सामाजिक समझौते के द्वारा राज्य का निर्माण करते हैं। प्राकृतिक अवस्था में सभी मनुष्य स्वतंत्र और समान हैं, इसलिए यह समझौता प्रत्येक व्यक्ति का सभी व्यक्तियों के साथ होता है। इस विचार से इस समझौते का स्वरूप सामाजिक है।

---

1. "The great and chief end of men uniting into commonwealths, and putting themselves under government, is the preservation of their property."

इस समझौते के अंतर्गत प्रत्येक व्यक्ति अपने उन प्राकृतिक अधिकारों का परित्याग करता है, जिनके कारण प्राकृतिक अवस्था में अराजकता और अव्यवस्था फैलती है। हॉब्स के सामाजिक समझौते में प्रत्येक व्यक्ति अपने सभी अधिकारों को एक व्यक्ति या व्यक्ति समूह को समर्पित करता है। दूसरी ओर, लॉक के सामाजिक समझौते में प्रत्येक व्यक्ति अपने कुछ अधिकारों को संपूर्ण समाज को सौंपता है।

लॉक के सामाजिक समझौते का मुख्य उद्देश्य जीवन, स्वतंत्रता और संपत्ति को समाज के आंतरिक और बाह्य खतरों से सुरक्षा प्रदान करना है। इस उद्देश्य की प्राप्ति हेतु व्यक्ति अपने जिन प्राकृतिक अधिकारों को समाज को समर्पित करते हैं वे हैं–अपने-आप प्राकृतिक नियमों की व्याख्या करने का अधिकार, उनको कार्यान्वित करने का अधिकार और उनको भंग करनेवालों को दंड देने का अधिकार। इस प्रकार, प्राकृतिक नियमों की व्याख्या करना, उनको लागू करना तथा उनके अनुसार दंड देना राज्य के कार्य हो जाते हैं।

व्यक्ति अपने जिन अधिकारों को राज्य को सौंपता है, उनके बदले में उसको समाज से जीवन, स्वतंत्रता और संपत्ति के प्राकृतिक अधिकारों की सुरक्षा की गारंटी मिलती है। व्यक्ति इन अधिकारों को राज्य को हस्तांतरित न करके मौलिक अधिकारों के रूप में अपने पास रखता है, ताकि वह राजनीतिक शक्ति को मर्यादित कर सके। इस संदर्भ में, **गेटेल** का कथन है, "लॉक का समझौता विशिष्ट उद्देश्य के लिए और सीमित है; हॉब्स के समझौते के समान सामान्य और व्यापक नहीं।"[1]

सामाजिक समझौते की विशेषताएँ (Features of the Social Contract)

लॉक के सामाजिक समझौते के विश्लेषण करने से निम्नांकित विशेषताएँ उल्लेखनीय हैं–

दो समझौते (Two Contracts)–लॉक के सामाजिक समझौते के अंतर्गत दो समझौते किए जाते हैं। पहले से राज्य का निर्माण होता है और दूसरे से सरकार का गठन किया जाता है, जो मौलिक समझौते के उपबंधों को कार्यान्वित करती है।[2]

1. "Locke's contract was specific and limited, not general as Hobbes had said."—Gettell.
2. "Locke's contract is double though he does not say explicitly. The first puts an end to the state of nature and substitutes it by a civil society. After the first contract has been concluded, the people in their corporate capacity enter into another contract...the government contract. It tends to institute a government to carry out the provisions of the original contract."—Vaughan.

समझौता जनता की सहमति पर आधारित (Contract Based on the Consent of People)–लॉक का समझौता एक सर्वसम्मत समझौता है, जो जन-इच्छा और सहमति पर आधृत है। कोई भी बिना सहमति के इस नवीन राज्य में प्रवेश नहीं कर सकता; क्योंकि लॉक की यह मान्यता है कि सहमति ही विश्व में प्रत्येक वैध सरकार का निर्माण करती है।

सभी अधिकारों का त्याग नहीं (No Surrendering of All Rights)–इस समझौते द्वारा व्यक्ति हॉब्स के समान अपने सभी अधिकारों का त्याग नहीं करता, बल्कि वह केवल तीन ही अधिकारों का त्याग करता है, जैसे–प्राकृतिक कानून की व्याख्या करना, उसे कार्यान्वित करना और भंग करनेवाले को दंड देना। वह जीवन, स्वतंत्रता और संपत्ति के अधिकारों को अपने पास रखता है और उनके द्वारा राजनीतिक नियंत्रण को सीमित करता है।

शासक समझौते का एक पक्ष (The Ruler a Party to the Contract)–लॉक के समझौते में शासक भी समझौते का एक पक्ष होता है। अतएव, समझौते की शर्तें उसपर अनिवार्यतः लागू होती हैं तथा उसके लिए समझौते का पालन आवश्यक होता है।

सीमित सरकार (Limited Government)–लॉक का समझौता हॉब्स के **लेवियाथन** के समान किसी संप्रभुसत्ताधारी का निर्माण नहीं करता है। जैसा कि **गेटेल** का कहना है, "वास्तविकता यह है कि लॉक की पुस्तक में प्रभुसत्ता शब्द का उल्लेख भी नहीं हुआ है।"

वस्तुतः, समझौता ऐसे राज्य का निर्माण करता है, जिसके शासक राज्य के प्रतिनिधि होते हैं और जिनकी अपनी सब शक्तियाँ राज्य से मिलती हैं। हॉब्स का समझौता ऐसे राज्य का निर्माण नहीं करता। लॉक की सरकार सीमित होती है। उसकी शक्तियों पर जनता का नियंत्रण रहता है।

सरकार पर दोहरा नियंत्रण (Dual Control on Government)–लॉक का समझौता हॉब्स के **लेवियाथन** के समान किसी असीम अधिकारसंपन्न, सर्वशक्तिशाली, संपूर्ण संप्रभुसत्तासंपन्न और अमर्यादित राजनीतिक शक्ति का निर्माण नहीं करता। लॉक राजनीतिक शक्ति या सरकार पर दोहरा नियंत्रण रखने की व्यवस्था करता है। उसपर पहला नियंत्रण व्यक्तियों के मौलिक अधिकारों का है, जिनकों सुरक्षित रखने के लिए उसका निर्माण किया गया है। उसपर दूसरा नियंत्रण प्राकृतिक नियमों का है; क्योंकि वह किसी भी दशा में इन नियमों के विरूद्ध कोई कार्य नहीं कर सकता। स्वयं **लॉक** ने कहा है, "प्राकृतिक नियम के बंधनों का राजनीतिक समाज में अंत नहीं होता है।" **डॉयल** का भी कहना है, "जिस प्रकार प्राकृतिक अवस्था में प्रत्येक व्यक्ति प्राकृतिक नियमों के बंधन में है, उसी प्रकार नवीन राजनीतिक शक्ति भी इन नियमों के बंधन में है।"

राज्य और सरकार में अंतर (Distinction between State and Government)–लॉक के समझौते में राज्य और सरकार के बीच अंतर को स्वीकार किया गया है और वह शक्ति-विभाजन के सिद्धांत का समर्थन करता है।

अटल समझौता (Irrevocable Contract)–लॉक का समझौता हॉब्स के समझौते के समान अटल है; क्योंकि एक बार होने पर उसे रद्द नहीं किया जा सकता। लेकिन, यह उसी तरह से बाद की पीढ़ियों पर लागू नहीं माना जा सकता, जिस तरह से यह इसे संपन्न करनेवालों पर लागू होता है। बाद की पीढ़ियों के समझौते के प्रति स्वीकृति जानने के लिए लॉक यह सुझाव देता है कि अगर बाद की पीढ़ियाँ समझौते द्वारा स्थापित व्यवस्था को स्वीकार करती हैं, तो इसे उनकी स्वीकृति समझी जानी चाहिए।

बहुमत शासन (Majority Rule)–लॉक का समझौता शासन को किसी निरंकुश सत्ता को न सौंपकर बहुसंख्यकों के हाथ में देता है। इसका अर्थ यह है कि लॉक बहुमत शासन का समर्थन करता है। इस संदर्भ में, उसका कथन है, "कोई भी समुदाय अपना कार्य अपने सदस्यों की सहमति द्वारा ही कर सकता है। क्योंकि, यह समुदाय एक इकाई होता है, इसलिए समग्र समुदाय की एक विशिष्ट नीति का होना आवश्यक है। इकाई उसी दिशा में अग्रसर हो सकती है, जिस ओर सर्वाधिक झुकाव हो। इसी प्रकार, समुदाय की भी वही नीति हो सकती, जिसको उसके अधिकांश सदस्यों का अनुमोदन प्राप्त हो।"

समझौता अल्पसंख्यकों को मान्य (Acceptance of the Contract by the Minorities)–बहुमतशासन के समर्थन का स्पष्ट निष्कर्ष यह है कि अल्पसंख्यकों द्वारा उनकी इच्छा को स्वीकार किया जाना चाहिए। यदि वे ऐसा नहीं करते, तो कोई भी सामूहिक कार्य सुचारू रूप से नहीं किया जा सकेगा। परिणामत:, सामाजिक व्यवस्था का संचालन असंभव हो जाएगा और समझौता का महत्व समाप्त हो जाएगा। **लॉक** का भी मत है, "प्रत्येक मनुष्य दूसरों से समझौता करके, राज्य का निर्माण करता है और अपने को सरकार के अधीन रखता है। इसलिए, वह बहुसंख्यकों के निर्णय को स्वीकार करने और उसके अनुसार कार्य करने के लिए बाध्य है। यदि वह ऐसा नहीं करता, तो वह मूल समझौता, जिसके द्वारा उसने दूसरों के साथ मिलकर राज्य का निर्माण किया है, महत्वहीन हो जाएगा और वह समझौता नहीं रह जाएगा।"

जनता का विद्रोह करने का अधिकार (People's Right to Revolt)–शासक और सरकार की स्थापना मनुष्यों के समझौते तथा सहमति पर आधृत होती है। अतएव, यदि सरकार निश्चित कार्य को पूरा करने की दिशा में कार्य न करे, तो शासक की नियुक्ति करने वाली जनता विद्रोह करके, उसे पदच्युत

कर सकती है। **लॉक** के शब्दों में, "समाज को सदा एक ऐसी शक्ति प्राप्त रहती है कि वह अपने को किसी के भी ऐसे कुप्रयत्नों और कुचेष्टाओं को करने की मूर्खता या नीचता करे...जब कभी भी कोई उन्हें दासता की दिशा में ले जाने का प्रयत्न करे, उन्हें सदा यह अधिकार होगा कि वह अपने को उनसे मुक्त कर सकें, जो आत्मरक्षा के उस मौलिक, पवित्र तथा अपरिवर्तनीय नियम पर आक्रमण करते हैं, जिसके हेतु वे समाज में सम्मिलित हुए थे।"

समझौते पर लॉक और हॉब्स में अंतर (Difference between Locke and Hobbes on the Contract)

(i) सीमित सरकार : निरंकुश संप्रभु (Limited Government : Absolute Sovereign)–लॉक ने समझौते के द्वारा एक सीमित सरकार की स्थापना की है। वह सरकार को सीमित शक्तियाँ प्रदान करता है। दूसरी ओर, हॉब्स का शासन निरंकुश होता है। उसके पास असीमित शक्तियाँ होती हैं।

(ii) राज्य जन-इच्छा पर आधृत (State Based on the Will of People)–लॉक के समझौते में किसी व्यक्ति को राज्य का सदस्य बनना अनिवार्य नहीं। लेकिन, हॉब्स के समझौते में व्यक्ति को राज्य का सदस्य बनना अनिवार्य है। इस प्रकार, लॉक का राज्य जन-इच्छा पर आधृत होता है, जबकि हॉब्स का नहीं।

(iii) स्वतंत्रता और अधिकारों को संरक्षण (Preservation of Liberty and Rights)–लॉक का समझौता व्यक्तियों की प्राकृतिक स्वतंत्रता और प्राकृतिक अधिकारों को सुरक्षित रखता है। लेकिन, हॉब्स का समझौता इस स्वतंत्रता और इन अधिकारों को पूर्णरूप से नष्ट करता है। अतएव, लॉक का समझौता जनता की स्वतंत्रता का घोषणापत्र है, जबकि हॉब्स का समझौता जनता की दासता का बंधनपत्र है।[1]

सीमित या सांविधानिक सरकार (Limited or Constitutional Government)

लॉक के अनुसार दो समझौते हुए। एक से राज्य और दूसरे से सरकार का निर्माण हुआ। लॉक के पिता सांसद थे। लॉक ने 1688 ई. के गौरवपूर्ण क्रांति को प्रत्यक्ष रूप से देखा था जिसमें यह माँग की जा रही थी कि राजा के स्थान पर संसद को संप्रभु बनाया जाए। 1689 ई. में विलियम और मेरी के राजत्व में सीमित सरकार का गठन किया गया। यह जनता की माँग की विजय की हरी झड़ी थी। लॉक ने **शासन पर दो निबंध** ग्रंथ लिखकर

1. "Locke's contract is the charter of liberty, whereas Hobbes's contract is a bond of slavery for the people."

गौरवपूर्ण क्रांति की सार्थकता को सिद्ध करना चाहा और अपने समझौते के माध्यम से एक सीमित या सांविधानिक सरकार का निर्माण किया।

वस्तुतः, लॉक ने सामाजिक समझौते के आधार पर एक ऐसे शासन का समर्थन किया है, जिसमें वास्तविक और अंतिम शक्ति या संप्रभुता समष्टि रूप से समाज में निहित होती है तथा सरकार का चाहे कोई भी स्वरूप क्यों न हो, वह समाज की इच्छा की अभिव्यक्ति का एक ऐसा साधन मात्र होती है, जिसे समाज जब चाहे बदल सकता है। **लॉक** के शब्दों में, "जैसा मैं बता चुका हूँ, मनुष्य द्वारा सर्वप्रथम समाज बना लेने के बाद समाज की समस्त सत्ता स्वभावतः बहुमत के अधीन होती है। बहुमत इस सत्ता का प्रयोग समय-समय पर समाज के लिए विधान बना कर तथा उसके निष्पादन के लिए प्रशासन नियुक्त कर सकता है।"[1]

सामाजिक समझौते का मूल्यांकन (Evaluation of the Social Contract)

यद्यपि लॉक का राजनीतिक दर्शन व्यवहार की दृष्टि से बहुत अधिक प्रभावपूर्ण सिद्ध हुआ, तथापि उसकी विचारधारा बड़ी अस्पष्टताओं, असंगतियों और परस्परविरोधी विचारों से भरा हुआ है। उसने अपने ग्रंथों के विभिन्न भागों में परस्परविरोधी सिद्धांतों का समर्थन तथा एक ही शब्द का भिन्न-भिन्न अर्थों में प्रयोग किया है, जिसके कारण उन्हें समझना एक कठिन कार्य हो गया है। इस संदर्भ में, **सेबाइन** का कथन है, "लॉक के सिद्धांत अत्यंत जटिलता लिए हुए हैं। इसका मुख्य कारण यह है कि लॉक ने अपने सिद्धांतों के प्रतिपादन में अपने काल की सभी राजनीतिक समस्याओं का लिया, जो उसे दृष्टिगोचर हुईं। लेकिन, वह उन्हें युक्तिपूर्ण ढंग से एक तार्किक संरचना का रूप देने में असमर्थ सिद्ध हुआ।"

दोष (Demerits)–लॉक के राजनीतिक दर्शन के निम्नांकित दोष विशेष रूप से उल्लेखनीय हैं–

(i) मानव स्वभाव का चित्रण एकपक्षीय (One-sided Description of Human Nature)–हॉब्स मानव स्वभाव के बुरे पक्ष को देखता है, तो लॉक अच्छे पक्ष को। अतएव, हॉब्स के समान उसका दृष्टिकोण भी एकपक्षीय और त्रुटिपूर्ण है; क्योंकि मनुष्य का स्वभाव न तो केवल बुरा है और न केवल अच्छा, बल्कि दोनों का सम्मिश्रण है।

(ii) प्राकृतिक अवस्था काल्पनिक (State of Nature Imaginative)–आलोचकों का कथन है कि लॉक ने जिस प्राकृतिक अवस्था का चित्रण किया

1. लॉक–**पूर्वोक्त पुस्तक**, अध्याय 10, सेक्शन 132।

है वह कोरी कल्पना है। प्राकृतिक अवस्था में मनुष्य को विवेकयुक्त और संपत्तियुक्त बताना अत्यंत असंभव-सा प्रतीत होता है। प्रारंभिक जनसमुदाय कभी भी इतना शांत, सामाजिक और नैतिक नहीं रहा, जितना कि लॉक के द्वारा समझा गया है। लॉक के समान प्राकृतिक अवस्था को आदर्श नहीं माना जा सकता।

(iii) प्राकृतिक नियम (Natural Law)—लॉक ने प्राकृतिक नियम को विवेक पर आधृत बताया है और उसे नैतिकता का प्रतीक माना है। प्राकृतिक अवस्था में इस प्रकार के प्राकृतिक नियम की आशा करना, अव्यावहारिक और असंगत दीख पड़ता है।

(iv) प्राकृतिक अधिकार (Natural Rights)—लॉक ने जिन प्राकृतिक अधिकारों का वर्णन किया है, उन्हें स्वीकार नहीं किया जा सकता। **सेबाइन** का मत है, "इस बात का कोई अनुभूतिसिद्ध प्रमाण नहीं दिया जा सकता कि सामाजिक और राजनीतिक संबंधों से अलग भी व्यक्ति के जीवन, स्वतंत्रता और संपत्ति के प्राकृतिक अधिकार होते हैं।"

एक ओर लॉक व्यक्ति के प्राकृतिक अधिकारों को अपरिहार्य बताया है तथा दूसरी ओर केवल बहुसंख्यकों को शासन और विद्रोह करने की अनुमति देकर, अल्पसंख्यकों को इन अधिकारों से वंचित कर देता है।

(v) संपत्ति का अधिकार (Right to Property)—लॉक ने संपत्ति शब्द का प्रयोग विभिन्न अर्थों में किया है। कहीं तो वह इस शब्द का प्रयोग आधुनिक संपदा के अर्थ में करता है और कहीं उसमें जीवन, स्वतंत्रता और संपत्ति तीनों को सम्मिलित कर लेता है। लॉक के अनुसार, राज्य की उत्पत्ति संपत्ति की रक्षा हेतु हुई है।

आलोचकों का कहना है कि लॉक की संपत्तिसंबंधी धारणा का तात्कालिक उपयोग, तो पूँजीपतियों और जमींदारों के स्वार्थसाधन में हुआ। बड़े-बड़े भूस्वामियों ने 'इतनी जमीन हमने घेर ली है, इसके साथ हमने अपना श्रम मिश्रित किया है, अतः यह हमारी है' ऐसा कहकर अपनी-अपनी जमींदारियाँ बना लीं और किसानों को बेदखल करके वहाँ भेड़-बकरी चराने की चरागाहें बना डालीं। इस प्रकार, सर्वसाधारण के हितों का हनन हुआ। उन्नीसवीं सदी में इस श्रम-सिद्धांत का आश्रय लेकर कार्ल मार्क्स ने साम्यवाद का समर्थन किया और धनिकों की संपत्ति को चोरी का परिणाम घोषित किया।

(vi) समझौते पर मतभेद (Different Opinions on the Contract)—आलोचकों का कथन है कि लॉक के अनुसार एक समझौता हुआ या दो, इसकी स्पष्ट अभिव्यक्ति नहीं मिलती। बार्कर ने एक ही समझौता माना है। दूसरी ओर,

दूसरे मत का विचार है कि दो समझौते हुए। एक से राज्य बना और दूसरे से सरकार का निर्माण हुआ। वस्तुतः, दूसरा मत सही है। लॉक के विचारों से यह स्पष्ट है कि दो समझौते हुए। अतः, इसपर मतभेद व्यर्थ बकवास है।

(vii) ऐतिहासिक भूल (Historical Blunder)–समझौता एक ऐतिहासिक तथ्य है या मात्र एक दार्शनिक धारणा, इसके संबंध में लॉक इसे अपने दर्शन का आधार मानने के साथ-साथ एक ऐतिहासिक सत्य भी मानता है। वह यह कहता है कि यद्यपि इसे ऐतिहासिक होने का कोई प्रमाण उपलब्ध नहीं है, तथापि उसके अनुसार यह तथ्य उसकी अनैतिहासिकता सिद्ध नहीं करता, बल्कि यह सिद्ध करता है कि आदिकाल में तथ्यों को लिपिबद्ध करने के साधन उपलब्ध नहीं थे, इसलिए इसके संबंध में कोई ऐतिहासिक प्रमाण उपलब्ध नहीं है। वह रोम, वेनिस और स्पार्टा का उदाहरण देकर समझौते की ऐतिहासिकता को सिद्ध करने का प्रयास करता है, और उसकी ऐतिहासिकता को चुनौती देनेवालों को उत्तर देते हुए कहता है, "उनलोगों को जो कहते हैं कि कभी भी कोई मनुष्य प्राकृतिक अवस्था में नहीं थे, मेरा यही उत्तर है कि सभी मनुष्य स्वभावतः उसी स्थिति में होते हैं और तब तक उस स्थिति में बने रहते हैं जब तक कि वे स्वयं अपने को अपनी राय से किसी राजनीतिक समाज का सदस्य नहीं बना लेते।"[1]

लेकिन, आलोचकों का कहना है कि समझौता को ऐतिहासिक सत्य मानना लोगों की भूल है; क्योंकि जिन मनुष्यों ने कभी किसी संगठित जीवन का अनुभव नहीं किया वे एकाएक राज्य जैसे विशाल संगठन का निर्माण नहीं कर सकते। अपने समझौते की ऐतिहासिकता के पक्ष में लॉक रोम, वेनिस और स्पार्टा का उदाहरण देता है, लेकिन ये उदाहरण ऐसे लोगों के हैं जिन्हें राज्यरूपी संगठन का ज्ञान था।

(viii) बहुमत का शासन (Majority Rule)–समुदाय का अर्थ लॉक के सिद्धांत में बहुमत है। बहुमत ही समुदाय का संचालन करता है। उसी के हाथ में सरकार होती है और वही प्राकृतिक अधिकारों की व्याख्या, उपभोग और न्यायिक उपचार करता है। लॉक के अनुसार, बिना बहुमत के समाज और सरकार का कार्य असंभव हो जाएगा। वह यह भी कहता है कि आवश्यकता पड़ने पर बहुसंख्यक अल्पसंख्यकों के विरूद्ध शक्ति का प्रयोग भी कर सकता है। यह आलोचकों को मान्य नहीं है; क्योंकि शक्ति के प्रयोग का अर्थ है

1. "To those that say, there were never any men in the state of nature, I will...affirm, that all men are naturally in that state, and remain so till by their own consent they make themeselves members of some political society." —Locke.

अल्पसंख्यकों को उन प्राकृतिक अधिकारों से वंचित करना जिनकी सुरक्षा का भार उनको राज्यनिर्माण के समय दी गई थी। **हरमॉन** का भी कथन है, "बहुमत के निर्णय करने के अधिकार का जो औचित्य लॉक ने बताया है वह उतना आकर्षक नहीं है जितना हम चाहते हैं।"

(ix) राज्य का भौतिकवादी दृष्टिकोण (Materialistic Outlook of the State)–लॉक के अनुसार, व्यक्ति के जीवन, स्वतंत्रता और संपत्ति की रक्षा के लिए राज्य का निर्माण किया गया है, उसके नैतिक विकास के लिए नहीं। यह उसका राज्य के प्रति भौतिकवादी दृष्टिकोण है, जो सही और वांछनीय नहीं है।

(x) संप्रभुता विभाजित (Sovereignty Divided)–लॉक के सिद्धांत से यह स्पष्ट है कि संप्रभुता सरकार और व्यक्तियों में बँटी हुई है, जो वांछनीय और व्यावहारिक नहीं है।

(xi) अराजकता (Anarchy)–लॉक का कहना है कि यदि सरकार जनहित के विरूद्ध कार्य करती है, तो जनता विद्रोह करके उसे पदच्युत कर सकती है। उसके साथ ही, जनता सरकार के कार्यों की जाँच भी कर सकती है। वस्तुतः, जनता को इस प्रकार का अधिकार देने से, राज्य में अराजकता की स्थिति पैदा हो जाती है, जो उचित और वांछनीय नहीं है।

(xii) वैधानिक संप्रभुता की उपेक्षा (Negligence of Legal Sovereignty)–लॉक ने अपने सिद्धांत में वैधानिक संप्रभुता की उपेक्षा की है, जबकि हॉब्स ने इसकी मान्यता को स्वीकार किया है। **गिलक्राइस्ट** के शब्दों में, "हॉब्स ने राजनीतिक सत्ता को अस्वीकार करते हुए वैधानिक संप्रभुता का प्रतिपादन किया है। लॉक ने राजनीतिक संप्रभुता की शक्ति को स्वीकार किया है, लेकिन वैधानिक संप्रभुता को मान्यता नहीं दी है।"[1]

(xiii) व्यक्ति और समुदाय दोनों की प्रधानता (Importance of Individual and Community Both)–लॉक के राजदर्शन में व्यक्ति और समुदाय दोनों की प्रधानता प्रदर्शित की गई है। **सेबाइन** का कथन है कि एक ओर व्यक्ति की प्रधानता और दूसरी ओर समुदाय की प्रधानता, दोनों को ही समझौते के सिद्धांत के अंतर्गत जोड़ दिया गया है, जो असंगत प्रतीत होता है।

(xiv) समझौता त्रुटिपूर्ण माध्यम (The Contract Defective Medium)–लास्की का आरोप है कि लॉक ने अपने सिद्धांत के प्रतिपादन के लिए समझौता

---

1. "Hobbes gives a theory of sovereignty without recognizing the existence and power of political sovereignty. Locke recognizes the force of political sovereignty but does not give adequate recognition to legal sovereignty."—Gilchrist, *Principles of Political Science*.

को अपना माध्यम बनाया, जो बहुत ही त्रुटिपूर्ण और शक्तिहीन माध्यम सिद्ध हुआ। यदि वह दूसरा माध्यम खोज करता, तो वह अधिक प्रसिद्धि पाता। अपने समझौते में उसने समर्थन पर इतना अधिक बल दिया कि यदि उसे उसके दर्शन से निकाल दिया जाए, तो उसका सारा राजनीतिक सिद्धांत समाप्त हो जाता है।

(xv) व्यक्ति महत्वहीन (No Importance of Individual)–लॉक ने अपने राजनीतिक समुदाय को व्यक्तियों का एक झुंडमात्र बनाकर छोड़ दिया है। समुदाय में कोई जैविक संगठन नहीं है और समुदाय के नाम पर सारा निर्णय व्यक्तियों का बहुमत लेता है। इस प्रकार, व्यक्ति महत्वहीन हो जाता हैं

(xvi) समझौता का समर्थन केवल दिखावा (Acceptance of the Contract Only for Show)–हूकर के सिद्धांत का समर्थन करते हुए लॉक ने माना है कि प्रत्येक व्यक्ति का समर्थन पूर्ण स्वतंत्र होना चाहिए; क्योंकि यदि वह जोर जबरदस्ती का समर्थन है, तो उसे समर्थन कहा ही नहीं जा सकता। यदि बहुमत का निर्णय अल्पमत पर लादा जा सकता है, तो क्या इसे स्वतंत्र समर्थन कहा जाएगा? अतएव, एक ओर लॉक ने कहा है कि बिना व्यक्त समर्थन और अनुबंध के कोई भी व्यक्ति राज्य का सदस्य नहीं हो सकता है, पर दूसरी ओर उन बच्चों को जो नागरिक अवस्था प्राप्त कर लॉक के अनुसार केवल अव्यक्त समर्थन ही देते हैं, अपने-आप राज्य का सदस्य मान लेते हैं। सतत समर्थन की बात इस प्रकार केवल कोरी बात है।

(xvii) समझौता में नवीनता नहीं (Nothing New in the Contract)–डनिंग का विचार है कि लॉक ने अपने सामाजिक समझौता में लगभग वही सारी बातें कही, जो उनके पूर्व के विचारकों और समकालीन विचारकों ने कही है। इनके सिद्धांत में केवल इतनी ही विशेषता है कि इन्होंने जो कुछ कहा है, वह बड़ी निश्चयता के साथ कहा है तथा उसे व्यक्तिवादी दृष्टिकोण प्रदान किया है।

गुण (Merits)–उपर्युक्त आलोचनाओं के अतिरिक्त, लॉक के सामाजिक समझौते के निम्नांकित गुण विचारणीय हैं–

(i) जन्मसिद्ध अधिकार (Rights by Birth)–लॉक के सामाजिक समझौते का पहला गुण यह है कि लॉक ने प्राकृतिक अधिकारों की व्याख्या कर यह बताया है कि जीवन, स्वतंत्रता और संपत्ति पर प्रत्येक व्यक्ति का जन्मसिद्ध अधिकार है।

(ii) राज्य अत्याज्य (State Inevitable)–लॉक ने समझौते के सिद्धांत से यह स्पष्ट कर दिया कि सुखी जीवन, मर्यादित स्वतंत्रता और संपत्ति की रक्षा के लिए राज्य अत्याज्य है। राज्य में ही इन अधिकारों की प्राप्ति और रक्षा संभव है।

(iii) राज्य और सरकार पृथक (State and Government Separate)–लॉक ने इस समझौता सिद्धांत से यह स्पष्ट कर दिया कि राज्य और सरकार दोनों पृथक संस्थाएँ हैं और दोनों के कार्यक्षेत्र अलग हैं।

(iv) शासन सहमति से (Rule by Consent)–लॉक ने यह भी स्पष्ट किया कि शासन जनता की सहमति पर आधृत होता है। जन-इच्छा के विरूद्ध कोई भी शासक शासन नहीं कर सकता है। लास्की का कहना है कि यह सहमति का सिद्धांत आज भी ब्रिटिश राजनीति में स्थायी है।

(v) सीमित सरकार (Limited Government)–लॉक के अनुसार सरकार की शक्तियाँ सीमित और मर्यादित हैं; क्योंकि मनुष्य की सहमति और अनुमति से ही सरकार को शक्तियाँ प्राप्त होती हैं। उसकी दृष्टि में, अंतिम संप्रभुता जनता में निहित है। उसने बल देकर कहा है, राज्य की संप्रभुता एक व्यक्ति में नहीं, बल्कि संपूर्ण समुदाय में है। उसने सरकार को एक ट्रस्ट माना है, जिसकी शक्तियों का प्रयोग व्यक्तियों के जीवन, स्वतंत्रता और संपत्ति की रक्षा के लिए होना चाहिए।

(vi) सरकार जनहित के लिए (Government for People's Welfare)–लॉक का कथन है कि सरकार का मुख्य उद्देश्य है जनहित में कार्य करना। सरकार सदा जनकल्याण के लिए सचेष्ट रहती है।

(vii) जनता को विद्रोह का अधिकार (The Right of People to Revolt)–यदि सरकार जनहित में कार्य नहीं करती और समझौते के उपबंधों का पालन नहीं करती, तो जनता को ऐसी सरकार के विरूद्ध विद्रोह करने का अधिकार है। जनता उस सरकार को अपदस्थ कर नई सरकार का गठन कर सकती है। लॉक ने यह अधिकार जनता को देकर जनतंत्र की मर्यादा को सुरक्षित रखा है।

इस प्रकार, लॉक के सामाजिक समझौते का सिद्धांत दोष और गुण दोनों से युक्त है।

निष्कर्ष

वस्तुतः, लॉक ने सामाजिक समझौते के द्वारा यह स्पष्ट कर दिया है कि सरकार की तुलना में जनता श्रेष्ठ है और सरकार की शक्तियाँ तथा कार्यक्षेत्र सीमित एवं मर्यादित है।[1] इसके साथ ही, लॉक ऐसा नहीं कहता कि प्रत्येक राज्य का निर्माण सामाजिक समझौते द्वारा हुआ है। उसका तात्पर्य इतना ही है

1. "Locke formulates the social contract in such a way as to establish the ultimate supremacy of the people over the government and to demonstrate that the sphere and powers of government are limited by the terms of the contract."—Coker, F.W., *Readings in Political Philosophy*, 1950.

कि जिस राज्य का निर्माण लोगों के समर्थन द्वारा नहीं हुआ है, उसे अस्तित्व में रहने का कोई अधिकार नहीं है। वैसे, उसने माना है कि राज्य का निर्माण अनेक प्रकार से होता है, जैसे–विजय के द्वारा, अपहरण के द्वारा और निरंकुशता के द्वारा। लेकिन, शांतिपूर्ण राज्य का निर्माण समझौता द्वारा ही होता है। लॉक के राज्य में यह समर्थन तभी तक बना रहता है, जब तक शासक का चरित्र जनहित के अनुकूल रहता है। यह लॉक के सामाजिक समझौते का चमत्कारिक पहलू है।

प्रश्न
(Questions)

1. लॉक के मानव स्वभाव संबंधी धारणा को स्पष्ट कीजिए।
   Explain the conception of Locke on Human Nature.
2. "लॉक के मानव स्वभाव की धारणा, हॉब्स की धारणा से सर्वथा भिन्न है।" विवेचना कीजिए।
   "Locke's conception of Human Nature differs profoundly from that of Hobbes." Discuss.
3. प्राकृतिक अवस्था पर लॉक के विचारों का वर्णन करें।
   Describe the ideas of Locke on the State of Nature.
4. "प्राकृतिक अवस्था शांति, सद्‌भावना, पारस्परिक सहयोग और आत्मरक्षा की अवस्था है।" लॉक। विवेचना कीजिए।
   "The State of Nature is a state of peace, goodwill, mutual co-operation and self-preservation." Locke. Discuss.
5. प्राकृतिक अवस्था पर हॉब्स और लॉक के विचारों की व्याख्या करें।
   Explain the ideas of Hobbes and Locke on the State of Nature.
6. प्राकृतिक नियम पर लॉक के विचार को स्पष्ट कीजिए।
   Explain the view of Locke on Natural Law.
7. प्राकृतिक अधिकार पर लॉक के विचार को स्पष्ट कीजिए।
   Explain the view of Locke on Natural Rights.
8. प्राकृतिक नियम और प्राकृतिक अधिकारों पर लॉक के विचारों की मीमांसा कीजिए।
   Discuss the views of Locke on Natural Law and Natural Rights.
9. हॉब्स और लॉक के प्राकृतिक नियम और प्राकृतिक अधिकार संबंधी विचारों की विवेचना कीजिए।
   Discuss the ideas of Hobbes and Locke on Natural Law and Natural Rights.

10. लॉक के राज्य की उत्पत्ति के सामाजिक समझौते के सिद्धांत की विवेचना कीजिए।

    Discuss the theory of the origin of State of the Social Contract of Locke.

11. लॉक के राज्य की उत्पत्ति के कारणों का वर्णन करें।

    Describe the causes of the origin of state of Locke.

12. लॉक के सामाजिक समझौते की प्रमुख विशेषताओं का वर्णन करें।

    Describe the main features of the Social Contract of Locke.

13. लॉक के सामाजिक समझौते द्वारा निर्मित राज्य की सरकार की प्रकृति की व्याख्या करें।

    Explain the nature of government of the state created by the Social Contract of Locke.

14. "समझौता का विचार, हॉब्स के सिद्धांत में निरर्थक है, लेकिन लॉक के सिद्धांत में अनिवार्य है।" स्पष्टीकरण कीजिए।

    "The contract idea is a Sham in Hobbes's theory; but it is essential to that of Locke". Explain.

15. लॉक के राज्य की उत्पत्ति के सामाजिक समझौते का मूल्यांकन करें।

    Evaluate the Theory of Social Contract of the origin of state of Locke.

16. लॉक के राज्य की उत्पत्ति के सामाजिक समझौता सिद्धांत के गुण-दोषों का वर्णन करें।

    Describe the merits and demerits of the Theory of Social Contract of the origin of state of Locke.

17. हॉब्स और लॉक के विचारों का तुलनात्मक अध्ययन राज्य की उत्पत्ति के सामाजिक समझौते पर कीजिए।

    Make a comparative study of Hobbes and Locke's ideas on the Social Contract Theory of the origin of state.

18. "मनुष्य का राज्य में प्रवेश का मुख्य कारण संपत्ति की सुरक्षा था।" स्पष्ट कीजिए।

    "The reason why men enter into state is the preservation of their property." Explain.

वस्तुनिष्ठ प्रश्न
(Objective Questions)

1. Who said this?

   "This is all important because Locke's political theory was naturally and inevitably based upon his notion of what are like."

   (a) Jones (b) Sabine (c) Dunning (d) Wayper

2. Who said this?

   "All men are naturally in a state of equality."

   (a) Hobbes (b) Locke (c) Bodin (d) Rousseau

3. Who said this?

   "Hobbes's man is always utterly selfish, Locke's is sometimes really altruistic."

   (a) Sabine (b) Wayper (c) Jones (d) Gettell

4. Who said this?

   "For Hobbes man is merely an animal and a creature of nature, while for Locke he is also a member of a moral order and subject to a moral order."

   (a) Sabine (b) Wayper (c) Dunning (d) Jones

5. Who said this?

   "What has an aptness to produce pleasure in us is that we call good, and what is apt to produce pain in us we call evil."

   (a) Locke (b) Hobbes (c) Bodin (d) Rousseau

6. Who said this?

   "It is a state of liberty, but not a license."

   (a) Hobbes (b) Locke (c) Sabine (d) Gettell

7. Who said this?

   "The State of Nature as conceived by Locke is a pre-political rather than a pre-social condition."

   (a) Sabine (b) Maxey (c) Dunning (c) Wayper

8. Who said this?

   "The State of Nature is a state of peace, goodwill, mutual assistance and preservation."

   (a) Hobbes (b) Bodin (c) Rousseau (d) Locke

9. Who said this?

   "The State of Nature has a law of nature to government, which obliges everyone and Reason, which is that Law, teaches all mankind, who will but obey it, that being all equal and independent, no one ought to harm another in his life, health, liberty or possessions."

   (a) Locke (b) Hobbes (c) Bodin (d) Catlin

10. Who said this?

    "The great and chief end of men uniting into Commonwealth, and putting themselves under government, is the preservation of their property."

    (a) Hobbes (b) Locke (c) Bodin (d) Laski

11. Who said this?

    "Locke's contract was specific and limited, not general as Hobbes had said."

    (a) Sabine (b) Wayper (c) Gettell (d) Maxey

12. Who said this?

    "Locke's contract is double though he does not say explicitly. The first puts an end to the state of nature and substitutes it by a civil society. After the first contract has been concluded, the people in their corporate capacity enter into another contract.... The governmental contract. It tends to institute a government to carry out the provisions of the original contract."

    (a) Sabine (b) Wayper (c) Maxey (d) Vaughan

13. Who said this?

    "Locke's contract is the Charter of Liberty, whereas Hobbes's contract is a bond of slavery for the people."

    (a) Author (b) Sabine (c) Dunning (d) Jones

14. Who said this?

    "To those that say, there were never any men in the state of nature, I will...affirm that all men are naturally in that state, and remain so till by their own consent they make themselves members of some political society."

    (a) Hobbes (b) Locke (c) Jones (d) Bodin

15. Who said this?

"Hobbes gives a theory of sovereignty without recognizing the existence and power of political sovereignty. Locke recognizes the force of political sovereignty but does not give adequate recognition to legal sovereignty."

(a) Sabine (b) Wayper (c) Gilchrist (d) Laski

16. Who said this?

"Locke formulates the social contract in such a way as to establish the ultimate supremacy of the people over the government and to demonstrate that the sphere and powers of government are limited by the terms of the contract."

(a) Sabine (b) Gettell (c) Wayper (d) Coker

17. यह कथन किसका है?

"हॉब्स के समान मानव स्वभाव के संबंध में मानव द्वेषी अपनाने के बजाए, लॉक का विश्वास है कि मनुष्य मूलतः अच्छे, शांतिप्रिय, सामाजिक और स्वशासन योग्यता वाले होते हैं।"

(क) जोन्स (ख) गेटेल (ग) वेपर (घ) कोकर

18. यह कथन किसका है?

"यह घटना इस बात की साक्षी थी कि मनुष्य काफी विवेकी होते है और वे यह समझते है कि उनका सर्वोत्तम हित इसी बात में है कि वे पारस्परिक सहयोग द्वारा शांतिपूर्ण जीवन व्यतीत करें। यही निष्कर्ष था, जो लॉक ने गौरवपूर्ण क्रांति से निकाला।"

(क) सेबाइन (ख) जोन्स (ग) कोकर (घ) वेपर

19. यह कथन किसका है?

"मनुष्यों की शारीरिक और मानसिक समानताओं और उनकी वास्तविक स्थिति तथा दशा का उनकी नैतिक समानता से कोई संबंध नहीं है। उन्हें अन्य दृष्टियों से असमान होते हुए भी नैतिक दृष्टि से समान होना चाहिए।"

(क) गेटेल (ख) केटलिन (ग) जोन्स (घ) मैक्सी

20. यह कथन किसका है?

"प्राकृतिक नियमों के विषय में लॉक ने ग्रोशस का अनुसरण किया है और बताया है कि प्राकृतिक नियम ऐसे नियमों का संग्रह है जो विवेक द्वारा निश्चित किए जाते हैं और जिनसे प्राकृतिक अवस्था में मनुष्य का पथ-प्रदर्शन होता है।"

(क) सेबाइन (ख) डनिंग (ग) वेपर (घ) गेटेल

21. यह कथन किसका है?

"शरीर पर केवल उस व्यक्ति के अतिरिक्त किसी और का अधिकार नहीं होता। उसके शरीर का श्रम और उसके हाथों की कृति सही तौर पर उसी की संपत्ति कही जा सकती है। अतः, वह जिस वस्तु से, उसे अपने श्रम द्वारा प्राकृतिक अवस्था से हटाकर, अपना निजी संबंध जोड़ लेता है वह उसकी व्यक्तिगत संपत्ति बन जाती है।"

(क) लॉक (ख) हॉब्स (ग) बोदां (घ) लास्की

22. यह कथन किसका है?

"प्रत्येक मनुष्य को दूसरों को दंड देने की जो शक्ति प्राप्त है, उसके अनियमित और अनिश्चित प्रयोग से जो असुविधाएँ उत्पन्न होती है, उनसे सुरक्षा प्राप्त करने के लिए मनुष्य सरकार के निश्चित कानूनों की शरण लेते हैं।"

(क) हॉब्स (ख) लॉक (ग) वेपर (घ) गेटेल

23. यह कथन किसका है?

"प्राकृतिक नियमों के बधनों का राजनीतिक समाज में अंत नहीं होता है।"

(क) गेटेल (ख) सेबाइन (ग) लॉक (घ) हॉब्स

24. यह कथन किसका है?

"जिस प्रकार प्राकृतिक अवस्था में प्रत्येक व्यक्ति प्राकृतिक नियमों के बंधन में है, उसी प्रकार नवीन राजनीतिक शक्ति भी इन नियमों के बंधन में है।"

(क) सेबाइन (ख) वेपर (ग) गेटेल (घ) डॉयल

25. यह कथन किसका है?

"प्रत्येक मनुष्य दूसरों से समझौता करके, राज्य का निर्माण करता है और अपने को सरकार के अधीन रखता है। इसलिए, वह बहुसंख्यकों के निर्णय को स्वीकार करने और उसके अनुसार कार्य करने के लिए बाध्य है। यह वह ऐसा नहीं करता, तो वह मूल समझौता, जिसके द्वारा उसने दूसरों के साथ मिलकर राज्य का निर्माण किया है, महत्वहीन हो जाएगा और वह समझौता नहीं रह जाएगा।"

(क) लॉक (ख) रूसो (ग) हॉब्स (घ) गेटेल

26. यह कथन किसका है?

"लॉक के सिद्धांत अत्यंत जटिलता लिए हुए है। इसका मुख्य कारण यह है कि लॉक ने अपने सिद्धांतों के प्रतिपादन में अपने काल की सभी

राजनीतिक समस्याओं को लिया, जो उसे दृष्टिगोचर हुई। लेकिन, वह उन्हें युक्तिपूर्ण ढंग से एक तार्किक संरचना का रूप देने में असमर्थ सिद्ध हुआ।"

(क) वेपर (ख) सेबाइन (ग) गेटेल (घ) लॉक

27. यह कथन किसका है?

"इस बात का कोई अनुभूति सिद्ध प्रमाण नहीं दिया जा सकता कि सामाजिक और राजनीतिक संबंधों से अलग भी व्यक्ति के जीवन, स्वतंत्रता और संपत्ति के प्राकृतिक अधिकार होते हैं।

(क) गेटेल (ख) वेपर (ग) सेबाइन (घ) मैक्सी

28. यह कथन किसका है?

"बहुमत के निर्णय करने के अधिकार का जो औचित्य लॉक ने बताया है वह उतना आकर्षक नहीं है जितना हम चाहते हैं।"

(क) सेबाइन (ख) डनिंग (ग) गेटेल (घ) हरमॉन

उत्तर
(Answers)

1. (a) 2. (b) 3. (c) 4. (d) 5. (a) 6. (b) 7. (c) 8. (d) 9. (a) 10. (b) 11. (c) 12. (d) 13. (a) 14. (b) 15. (c) 16. (d) 17. (क) 18. (ख) 19. (ग) 20. (घ) 21. (क) 22. (ख) 23. (ग) 24. (घ) 25. (क) 26. (ख) 27. (ग) 28. (घ)

12

प्राकृतिक अधिकारों का सिद्धांत
(Theory of Natural Rights)

लॉक के राजनीतिक विचारधारा में प्राकृतिक अधिकारों का सिद्धांत महानतम योगदान है।[1] यदि उसके दर्शन से अधिकारों को निकाल दिया जाए, तो **शासन पर दो निबंध** अर्थहीन और व्यर्थ सिद्ध होगा।[2] लॉक का इंग्लैंड की गौरवपूर्ण क्रांति (1688 ई.) का समर्थक होने के कारण जनता के प्राकृतिक अधिकारों का पोषक होना स्वाभाविक था। अतएव, उसने प्राकृतिक नियमों के अनुसार, समानता को सभी मनुष्यों का जन्मसिद्ध अधिकार घोषित किया। साथ ही, समानता के आधार पर मनुष्यों के प्राकृतिक अधिकारों का सिद्धांत प्रतिपादित किया।

मानव समानता के विषय में **लॉक** का मत है, "सब मनुष्यों को एक सर्वशक्तिशाली और अनंत बुद्धिमान सृष्टिकर्ता ने बनाया है, और सब एक ही प्रभु, स्वामी के सेवक हैं, और उन्हें इस संसार में उसी सृष्टिकर्ता के आदेश से और उसी के कार्य से भेजा गया है। वे उसी परमात्मा की संपत्ति हैं जिसकी वे कृति हैं और अपने या दूसरे के इच्छानुसार नहीं, बल्कि, उसी के इच्छानुसार प्राणवायु चलती है।"[3]

फिलिस डॉयल का भी विचार है, "मानव समानता के इस विचार के आधार पर लॉक ने यह निष्कर्ष निकाला कि सभी मनुष्यों के कुछ जन्मजात

1. "The momentous doctrine of natural rights is Locke's greatest contribution to political thought."—Maxey, C.C., *Political Philosophies*, 1961.
2. "If there are no rights, Locke's Treatise must obviously be dismissed as meaningless nonsense."—Jones, W.T.
3. लॉक, **पूर्वोक्त पुस्तक**, खंड II, अध्याय 2, सेक्शन 6।

अधिकार होते हैं, जिनका किसी दूसरे मनुष्य को अपहरण नहीं करना चाहिए। ये अधिकार हैं–जीवन, शरीर, स्वतंत्रता और संपत्ति की सुरक्षा।"[1]

प्राकृतिक अधिकारों के प्रकार
(Kinds of Natural Rights)

लॉक ने मुख्यतः तीन प्राकृतिक अधिकारों का विशेष रूप से उल्लेख किया है–1. जीवन का अधिकार (Right to life), 2. स्वतंत्रता का अधिकार (Right to liberty), और 3. संपत्ति का अधिकार (Right to property)। इनमें भी उसने जीवन और स्वतंत्रता पर अतिसंक्षेप में तथा संपत्ति के अधिकार पर विस्तारपूर्वक प्रकाश डाला है। लॉक का कहना है कि किसी भी व्यक्ति को इन अधिकारों से वंचित नहीं किया जा सकता।

जीवन का अधिकार
(Right to Life)

लॉक के अनुसार, आत्मसुरक्षा मनुष्य की सबसे प्रबल आकांक्षा है और उसकी समस्त क्रियाओं को प्रेरित करनेवाला मुख्य तत्व है। अतएव, आत्मसुरक्षा की प्राप्ति के लिए मनुष्य जिन विवेकपूर्ण कार्यों को करता है, वे सब उसके विशेषाधिकार हैं और प्राकृतिक नियमों के अनुसार उसे प्राप्त होते हैं।

लॉक के शब्दों में, "चाहे हम विवेक तत्व का अनुसरण करें, और यह मानें कि मनुष्यों को जन्म लेते ही अपनी जीवन-रक्षा का अधिकार प्राप्त हो जाता है, और फलस्वरूप, जीवित रहने के लिए प्रकृति द्वारा उपलब्ध भोजन, पेय तथा अन्य वस्तुओं के उपभोग का अधिकार हो जाता है।"[2]

स्वतंत्रता का अधिकार
(Right to Liberty)

हॉब्स के लिए स्वतंत्रता का अर्थ स्वेच्छाचारिता था। लेकिन, लॉक इससे असहमति प्रकट करते हुए कहता है कि प्राकृतिक अवस्था में प्राकृतिक नियमों के द्वारा स्थापित नैतिक व्यवस्था के अनुसार कार्य करना ही स्वतंत्रता है। अतएव, प्रत्येक व्यक्ति को नैतिक सीमाओं में रहते हुए अपनी स्वतंत्रता का उपभोग करने का प्राकृतिक अधिकार प्राप्त है। **लॉक** के शब्दों में, "प्रत्येक व्यक्ति को अपने इच्छानुसार कार्य करने की स्वतंत्रता नहीं है। यदि प्रत्येक व्यक्ति दूसरे पर इच्छानुसार अत्याचार कर सके, तो स्वतंत्र कौन रह सकेगा?

1. Doyle, Phyllis, *A History of Political Thought*, 1966.
2. लॉक, **पूर्वोक्त पुस्तक**, दूसरा खंड, अध्याय 5, सेक्शन 24।

अपने शरीर, कार्य और संपूर्ण संपत्ति की, अपने पर लागू विधानों की सीमा के अंदर अपने इच्छानुसार व्यवस्था करना और इस प्रकार दूसरों को स्वेच्छाचारिता के अधीन होकर अपनी इच्छा का अनुसरण करना ही स्वतंत्रता है।"[1]

शासन पर दो निबंध के दूसरे खंड के चौथे अध्याय के सेक्शन इक्कीस में स्वतंत्रता पर विशेष प्रकाश डालते हुए **लॉक** लिखता है, "प्राकृतिक अवस्था में मनुष्य संसार की किसी भी श्रेष्ठ सत्ता के अधिकार से मुक्त होता है। वह मानवीय इच्छा या व्यवस्थापक सत्ता के अधीन नहीं होता और केवल प्राकृतिक नियम का पालन करता है। समाज में मनुष्य की स्वतंत्रता का अर्थ है–सहमति द्वारा राज्य को प्रदान की गई व्यवस्थापक सत्ता के अतिरिक्त किसी अन्य सत्ता के और किसी अन्य की इच्छा के अधीन न होना, उस सत्ता द्वारा पारित विधानों के अतिरिक्त किसी अन्य विधान या इच्छा का आधिपत्य न मानना, जब तक उसके पीछे सहमति और स्वीकृति न हो। अत:, स्वतंत्रता का वह अर्थ नहीं है जो **सर रॉबर्ट फिल्मर** ने हमें बताया है, अर्थात "प्रत्येक को अपने इच्छानुसार कार्य करने की स्वतंत्रता अपने इच्छानुसार जीवन व्यतीत करने की स्वतंत्रता और किसी भी प्रकार के विधान द्वारा नियंत्रित न होना।"

"शासन के अधीनस्थ व्यक्तियों की स्वतंत्रता का अर्थ ऐसे स्थायी विधान का पालन करना है, जो उस समाज में सबके लिए प्रचलित हो और समाज की व्यवस्थापक सत्ता द्वारा बनाया गया हो। प्रत्येक व्यक्ति को अपनी निजी इच्छा के अनुसार कार्य करने की स्वतंत्रता उतनी ही मात्रा में है, जितनी उस विधान के प्रतिकूल न हो।"[2]

लॉक के इस कथन से यह स्पष्ट हो जाता है कि वह मनुष्य पर प्राकृतिक नियमों के प्रतिबंध के अतिरिक्त और किसी प्रतिबंध को स्वीकार नहीं करता। उसका विचार है कि अन्य सभी प्रतिबंध मानव-स्वतंत्रता के अधिकार में बाधक हैं; क्योंकि वे उसके पूर्ण विकास में अवरोध उपस्थित करते हैं। दूसरे सभी प्रतिबंधों में वह राज्य या व्यवस्थापिका द्वारा बनाए जानेवाले उन कानूनों को स्थान देता है, जिनका आधार प्राकृतिक नियम न होकर कोई अन्य बात होती है।

इस प्रकार, स्वतंत्रता के अधिकार से लॉक का तात्पर्य यह है कि मनुष्य को अपने इच्छानुसार केवल उन्हीं कार्यों को करने का अधिकार है, जो प्राकृतिक नियमों के अनुकूल हैं।

लॉक सभी व्यक्तियों को स्वतंत्रता का अधिकार न देकर केवल उन व्यक्तियों को यह अधिकार देता है, जो पूर्णरूप से विवेकसंपन्न हैं; क्योंकि

1. लॉक, **पुर्वोक्त पुस्तक**, दूसरा खंड, अध्याय 6, सेक्शन 57।
2. लॉक, **पूर्वोक्त पुस्तक**, दूसरा खंड, अध्याय 4, सेक्शन 21।

विवेक ही उनको यह बताता है कि कौन-सा कार्य प्राकृतिक नियमों के अनुकूल है और कौन-सा प्रतिकूल। इस संदर्भ में, **लॉक** ने स्पष्ट शब्दों में लिखा है, "मनुष्य की स्वाधीनता और अपने इच्छानुसार कार्य करने की स्वतंत्रता, जो उसे अपने निर्देशक विधान से परिचित कराती है तथा जिनके द्वारा वह अपनी स्वतंत्र इच्छा मर्यादाओं से परिचित होता है, विवेक की शक्ति प्राप्त करने पर आधारित होती है। अपना निर्देशन करने योग्य विवेक प्राप्त करने के पूर्व ही उसे असीमित स्वतंत्रता देना, वास्तव में स्वतंत्रता का प्राकृतिक विशेषाधिकार सौंपना नहीं कहलाता, अपितु ऐसा करना उसे पशुओं के बीच ढकेल देना और ऐसी अवस्था में छोड़ देना है, जो मनुष्यों की अवस्था की अपेक्षा उतनी ही घृणित और पतित है जितनी पशुओं की।"[1]

संपत्ति का अधिकार
(Right to Property)

संपत्ति का व्यापक अर्थ (Wider Meaning of Property)

लॉक ने **शासन पर दो निबंध** के दूसरे खंड के पांचवे अध्याय में बड़े ही विस्तारपूर्वक संपत्ति का वर्णन किया है। उसने इस ग्रंथ में नौवें अध्याय–राजनीतिक समाज और शासन के उद्देश्य–के अंतर्गत संपत्ति शब्द का प्रयोग काफी व्यापक अर्थ में किया है। इसमें जीवन, स्वतंत्रता और संपदा तीनों को सम्मिलित कर लिया है। **लॉक** ने राज्य निर्माण के संदर्भ में, संपत्ति का अर्थ इन शब्दों में किया है, "अतः, इन पर्याप्त कारणों के वशीभूत होकर वह ऐसे व्यक्तियों को जो संगठित हों या जिनमें अपने पारस्परिक जीवन, स्वतंत्रता और संपदा की–जिन्हें मैं संपत्ति के सामान्य नाम से पुकारता हूँ–सुरक्षा के लिए संगठित होने की इच्छा हो, ढूँढ़कर उनके समाज में सम्मिलित हो जाता है।"[2]

लॉक के ग्रंथ में कुछ ऐसे स्थल भी हैं, जहाँ उसने संपत्ति शब्द का प्रयोग भौतिक संपदा के साधारण अर्थ में किया है। यहाँ इसी अर्थ पर ध्यान केंद्रित कर लॉक के संपत्ति संबंधी विचारों का विश्लेषण किया जा रहा है।

संपत्ति की उत्पत्ति और परिभाषा (Origin and Definition of Property)

संपत्ति की उत्पत्ति (Origin of Property)–संपत्ति की उत्पत्ति के संबंध में लॉक का मत है कि प्रारंभ में सभी व्यक्तियों का प्रकृतिप्रदत्त वस्तुओं पर समान अधिकार था। अतः, संपूर्ण संपत्ति सामूहिक संपत्ति थी। लेकिन, जब कोई

1. लॉक, **पूर्वोक्त पुस्तक**, दूसरा खंड, छठा अध्याय, सेक्शन 63।
2. "Lives, liberties, and estates, which I call by the general name property..."— लॉक, **पूर्वोक्त पुस्तक**, दूसरा खंड, नौवाँ अध्याय, सेक्शन 123।

व्यक्ति इन प्रकृतिप्रदत्त वस्तुओं को अपने श्रम से उपयोगी बना लेता है तब उनपर उसका व्यक्तिगत अधिकार हो जाता है। इस प्रकार, मनुष्य के श्रम के माध्यम से व्यक्तिगत संपत्ति की उत्पत्ति होती है।

संपत्ति की परिभाषा (Definition of Property)–लॉक ने संपत्ति की परिभाषा इन शब्दों में दी है, "शरीर पर केवल उस व्यक्ति के अतिरिक्त किसी और का अधिकार नहीं होता। उसके शरीर का श्रम और उसके हाथों की कृति, सही तौर पर, उसी की संपत्ति कही जा सकती है। अतः, वह जिस वस्तु से, उसे अपने श्रम द्वारा, प्राकृतिक अवस्था से हटाकर, अपना निजी संबंध जोड़ लेता है, वह उसकी व्यक्तिगत संपत्ति बन जाती है।"

श्रम द्वारा कोई वस्तु किसी व्यक्ति की संपत्ति किस प्रकार बन जाती है, इस संबंध में **लॉक** आगे लिखता है, "ईश्वर ने भूमि और उसकी सब वस्तुएँ सब मनुष्यों को समान रूप से दी है। अतः, उनपर सब का समान अधिकार होता है। लेकिन, मनुष्य के पास अपने स्वयं के शरीर के रूप में अपनी संपत्ति होती है, जिसपर केवल उसी का अधिकार होता है। वह अपने शरीर और हाथों से जो श्रम करता है, वह केवल उसी का होता है। अतएव, जब वह ईश्वर द्वारा दी जानेवाली किसी वस्तु में अपने श्रम को मिला देता है तब वह उसकी संपत्ति हो जाती है।"

इस प्रकार, लॉक का विचार है कि श्रम से संपत्ति की उत्पत्ति होती है। मनुष्य जिस प्राकृतिक वस्तु को अपने श्रम द्वारा प्राप्त करता है, उसपर उसका प्राकृतिक अधिकार होता है, जैसे–अपने श्रम से बंजर जमीन जोतना, वृक्ष से फल उगाना, झरना से घड़े में पानी भरना, मछली मारना, हिरन-खरगोश का शिकार करना इत्यादि उसकी वैयक्तिक संपत्ति बन जाती है।

व्यक्तिगत संपत्ति की उत्पत्ति के विषय में **लॉक** का कथन है, "परमेश्वर ने पृथ्वी सब मनुष्यों को, सबके उपयोग के लिए प्रदान की, लेकिन उसने मनुष्य को विवेक तत्व भी दिया, जिससे वह संसार का उपभोग अपने जीवन और सुविधाओं के अधिकाधिक लाभ के लिए करे। पृथ्वी और पृथ्वी से उपलब्ध सब पदार्थ, मनुष्यमात्र को, उनके जीवनयापन और तत्संबंधी सुविधा के लिए दिए गए हैं। पृथ्वी के सभी प्राकृतिक फल और पशु समस्त मानवजाति के लिए हैं; क्योंकि उनकी उत्पत्ति स्वयं प्रकृति से ही होती है और अपनी मौलिक अवस्था में वह सब पदार्थ मनुष्य-जाति की अपेक्षा किसी व्यक्तिविशेष की निजी संपत्ति नहीं होती। लेकिन, जब मनुष्य किसी वस्तु को प्राकृति से अलग कर लेता है और उसमें अपना श्रम मिला देता है, जो स्वयं उसका है, तब वह वस्तु उसकी निजी संपत्ति बन जाती है।"[1]

---

1. वही, दूसरा खंड, पाचवाँ अध्याय, सेक्शन 25-26।

व्यक्तिगत संपत्ति का सिद्धांत (Theory of Private Property)

लॉक का संपत्ति-सिद्धांत व्यक्तिगत संपत्ति का सिद्धांत है। वह संपत्ति पर वैयक्तिक स्वामित्व को मान्यता प्रदान करता है। उसका मत है कि यद्यपि प्राकृतिक अवस्था में संपत्ति पर सार्वजनिक स्वामित्व था और सभी व्यक्ति उसमें साझी थे, लेकिन उस समय भी वैयक्तिक स्वामित्व का सिद्धांत सुरक्षित और व्यवहार में था। **लॉक** के शब्दों में, "मैंने किसी सार्वजनिक स्थान पर खोदने से जो कच्ची धातु प्राप्त की, वह किसी की अनुमति के बिना ही मेरी संपत्ति बन जाती है। मेरे ही श्रम ने उसे उस प्राकृतिक अवस्था से हटाया, जहाँ वह सार्वजनिक संपत्ति थी। अतः, वह मेरी संपत्ति हो गई।"[1]

जमीन पर स्वामित्व (Ownership on Land)

लॉक ने जमीन के स्वामित्व पर विस्तारपूर्वक प्रकाश डाला है। प्रत्येक व्यक्ति को कितनी भूमि होनी चाहिए? इस प्रश्न का उत्तर देते हुए वह लिखता है, "जितनी भूमि एक व्यक्ति जोतता, बोता, उसकी उन्नति करता, उसपर खेती करता, और उसकी उपज का उपयोग करता है, उतनी भूमि उसकी संपत्ति होती है। वह अपने श्रम द्वारा पृथ्वी के उस खंड को सार्वजनिक संपत्ति से पृथक करता है।"[2]

लॉक आगे लिखता है, "परमेश्वर ने समस्त मानवजाति को, पृथ्वी प्रदान करते समय, श्रम करने का भी आदेश दिया था और मानव की आवश्यकताओं के कारण ऐसा करना आवश्यक भी था। परमेश्वर और विवेक ने मनुष्य को पृथ्वी को वंशवाद बनाने का आदेश दिया। अर्थात, मानव जीवन के हेतु पृथ्वी की उन्नति मानव को करनी चाहिए, जिससे श्रम द्वारा उत्पादन हो और वह उत्पादन और भूमि मनुष्य की संपत्ति हो। जिस मनुष्य ने इस आदेश का पालन करते हुए पृथ्वी के किसी खंड पर कब्जा करके श्रम द्वारा खेती की उसने इस प्रकार अपनी संपत्ति स्थापित की। उसका अनुमान है कि आदिकाल में भूमि के किसी खंड पर इस प्रकार उत्पादन करके संपत्ति स्थापित करने से दूसरे की हानि भी नहीं होती थी; क्योंकि उसी प्रकार की अच्छी भूमि प्रचुर मात्रा में शेष थी और संपत्तिहीन व्यक्तियों के उपभोग के लिए आवश्यकता से अधिक थी।

परमेश्वर ने मानवमात्र को, सबके उपभोग के लिए, संसार प्रदान किया। चूँकि, परमेश्वर ने पृथ्वी मानव के लाभ के लिए और इससे जीवन की अधिकतम सुविधाएँ प्राप्त करने के लिए प्रदान की; अतः, उसका यह अभिप्राय

1. वही, दूसरा खंड, पाँचवाँ अध्याय, सेक्शन 27।
2. वही, दूसरा खंड, पाँचवाँ अध्याय, सेक्शन 31।

नहीं माना जा सकता कि सदैव के लिए पृथ्वी सार्वजनिक और बिन जोती बनी रहे। उसने पृथ्वी परिश्रमी और विवेकसंपन्न जीवों के उपभोग के लिए ही प्रदान की थीं (श्रम द्वारा ही वे उसपर अधिकार प्राप्त कर सकते हैं)...और दूसरों के श्रम द्वारा सुधरी हुई भूमि में किसी को दखल नहीं देना चाहिए।"[1]

लॉक के अनुसार, श्रम के बिना भूमि बेकार है। वह स्पेन का उदाहरण देते हुए लिखता है कि वहाँ जो व्यक्ति बंजर जमीन को अन्नोत्पादन लायक बनाता था, उसकी कृतज्ञता ज्ञापित की जाती थी। इस प्रकार, "श्रम तब स्वयं उसकी ही संपत्ति था, जिसे वह जिस किसी संपत्ति में संयुक्त करता था, वह उसी की संपत्ति हो जाती थी, जिसे और कोई छीन न सकता था।"[2]

फल और पशुओं पर स्वामित्व (Ownership on Fruit and Animals)

इस संदर्भ में, लॉक कहता है कि जो व्यक्ति अपनी सामर्थ्यानुसार जंगली फल चुनता या पशुओं का शिकार करता, उन्हें पकड़ता और पालता था तथा अपने श्रम द्वारा प्रकृतिप्रदत्त पदार्थों को प्राकृतिक अवस्था से हटाता था, वह अपने श्रम के मिश्रण से उन्हें अपनी संपत्ति बना लेता था।[3]

वैयक्तिक संपत्ति पर सीमित अधिकार (Limited Rights on Private Property)

लॉक व्यक्तिगत संपत्ति पर मनुष्य का प्राकृतिक अधिकार मानता है। लेकिन, वह इस अधिकार पर अनेक प्रतिबंध लगाकर इसे सीमित कर देता है। उसके शब्दों में, "अपने जीवन को नष्ट होने से बचाने के लिए जितनी मात्रा में उस वस्तु की आवश्यकता हो, उतने पर ही व्यक्ति अपने श्रम द्वारा सांपत्तिक स्वामित्व स्थापित कर सकता हैं इससे अधिक ऐसे अंश पर उसका वैयक्तिक स्वामित्व नहीं हो सकता जिसपर दूसरे का अधिकार हो।"[4]

लॉक आगे लिखता है, "प्रत्येक व्यक्ति को उतनी ही संपत्ति प्राप्त होना, जितना वह उपयोग कर सके–आज भी संसार में बिना किसी को हानि पहुँचाए, लागू होगा।"[5]

लॉक ने भूमि और पशुओं के निजी स्वामित्व पर भी सीमा निर्धारित की है। वह कहता है, "भूमिष्ठ संपत्ति का भी यही आधार था। जितनी भूमि व्यक्ति जोते, और उससे इतना अनाज उत्पन्न कर सके, जिसका वह नष्ट होने से पूर्व

1. **पूर्वोक्त पुस्तक**, दूसरा खंड, पाँचवाँ अध्याय, सेक्शन 31-33।
2. वही, सेक्शन 34।
3. वही, सेक्शन 37।
4. वही, सेक्शन 30।
5. वही, सेक्शन 36।

उपयोग कर सके, उतनी भूमि पर उसका विशेष अधिकार हो जाता था। जितने पशु वह पाले, उनका पोषण करे, और उनका उपयोग कर सके, वह सब पशु तथा उनसे उत्पादित पदार्थ उसी की संपत्ति हो जाते थे। यदि उसकी अधिकृत भूमि की घास जमीन पर ही सूख जाए या उसके लगाए हुए फल बिना एकत्रित किए ही नष्ट हो जाएँ, तो ऐसी भूमि को उजाड़ ही माना जाएगा और वह किसी भी दूसरे व्यक्ति की संपत्ति बनाई जा सकती है।"[1]

संक्षेप में, लॉक के अनुसार मनुष्य के संपत्ति संबंधी-अधिकार पर उस सीमा तक नियंत्रण स्थापित किया जाना चाहिए, जिस सीमा तक उसके अधिकार से दूसरे मनुष्यों के अधिकारों की रक्षा करने में सहायता मिले।

मूल्य का श्रम-सिद्धांत (Labour Theory of Value)

लॉक का मत है कि श्रम से ही प्रत्येक वस्तु का मूल्य निर्धारित होता है। जिस वस्तु के उत्पादन में जितना अधिक श्रम लगा है, उतना ही अधिक उसका मूल्य होता है और उतनी ही अधिक उसकी उपयोगिता होती है; जैसे–एक मनुष्य अधिक श्रम करके अपने भूखंड के मूल्य को बढ़ा देता है। यह बढ़ा हुआ मूल्य केवल उसी के कारण है। अतएव, उसे अपने श्रम का लाभ मिलना चाहिए। इसलिए, **गेटेल** ने कहा है, "यही लॉक का प्रसिद्ध मूल्य का श्रम-सिद्धांत है।"[2]

लॉक का कथन है, "श्रम के ही कारण सब वस्तुओं के मूल्य में भिन्नता आती है। इस पृथ्वी पर मनुष्य के लिए उपयोगी पदार्थों का 9/10 भाग श्रम का ही परिणाम है। यदि हम अपने लिए उपयोगी वस्तुओं का उचित मूल्यांकन करें यानी यह पता लगाएँ कि उनमें से कितना अंश केवल प्रकृति से प्राप्त है तथा कितना श्रम के परिणामस्वरूप मिला है, तो हमें पता चलेगा कि अधिकांश में मूल्य का 99/100 भाग श्रम के कारण ही उपलब्ध हुआ है।"[3]

भूमि के मूल्य के संबंध में भी **लॉक** लिखता है, "यदि यहाँ एक एकड़ भूमि से बीस बुशल गेहूँ उत्पन्न होता है और अमेरिका में भी उतनी ही भूमि से, उन्हीं कृषि के साधनों से, उतनी ही उपज होती है, तो निःसंदेह दोनों भूमिखंडों का प्राकृतिक और स्वाभाविक मूल्य समान है। अतएव, भूमि के अधिकांश मूल्य का कारण श्रम ही है और श्रम के बिना भूमि का कुछ भी मूल्य नहीं है।"[4]

---

1. **पूर्वोक्त पुस्तक**, दूसरा खंड, पाँचवाँ अध्याय, सेक्शन 38।
2. "This is Locke's celebrated labour theory of value."—Gettell.
3. **पूर्वोक्त पुस्तक**, दूसरा खंड, पाँचवाँ अध्याय, सेक्शन 40।
4. वही, सेक्शन 43।

लॉक के अनुसार, आगे चलकर विनिमय और मुद्रा का प्रचलन हुआ। सोना, चाँदी और अन्य धातुओं तथा वस्तुओं का मूल्य उनकी उपयोगिता या श्रम के आधार पर मनुष्यों की सहमति से आँका गया। **लॉक** के शब्दों में, "सोना और चाँदी, मनुष्य के जीवन के लिए भोजन, वस्त्र और वाहन की अपेक्षा मूल्यहीन हैं, अतः उनका मूल्य केवल मनुष्यों की सहमति पर ही निर्भर है। आज ही उनका अधिकांश मूल्य श्रम पर ही आधृत है।[1]

सेबाइन ने ठीक ही कहा है कि इस सिद्धांत का परवर्ती शास्त्रीय और समाजवादी अर्थव्यवस्थाओं के श्रमसंबंधी मूल्य-सिद्धांतों पर गहन प्रभाव पड़ा।[2]

इस संदर्भ में, **गेटेल** का भी मत है, "इस सिद्धांत का दोहरा प्रभाव पड़ा और आज तक चला आ रहा है। इसने स्वतंत्र उद्यम और लाभ की प्रथा को उचित ठहराकर, पूँजीवादी अर्थव्यवस्था का पोषण किया और कार्ल मार्क्स तथा अन्य विचारकों ने आधुनिक समाजवाद का समर्थन करने के लिए इस सिद्धांत का प्रयोग किया। मार्क्स का तर्क था कि यदि किसी वस्तु का मूल्य उसके उत्पादन में व्यय किए गए श्रम से निर्धारित होता है, तो स्वामियों के बजाय श्रमिकों को अपने उत्पादन का पूर्ण मूल्य मिलना चाहिए।"

प्राकृतिक अधिकारों की आलोचनाएँ
(Criticisms of the Natural Rights)

लॉक के प्राकृतिक अधिकारों की आलोचनाएँ निम्नलिखित रूप से की जा सकती है–

(i) अधिकार जन्मजात नहीं, बल्कि सामाजिक देन (Rights not by Birth but by Social Conditions)–लॉक ने प्राकृतिक अधिकारों को जन्मजात बतलाया है। मनुष्य जन्म से ही इन अधिकारों का अधिष्ठाता हो जाता है। लेकिन, टी॰ एच॰ ग्रीन और लास्की का कहना है कि अधिकार समाज की देन है। राज्य में ही अधिकारों की कल्पना कर सकते हैं। इससे परे अधिकारों का कोई मूल्य नहीं है।

(ii) प्राकृतिक अवस्था काल्पनिक (State of Nature Imaginative)–लॉक ने जिस प्राकृतिक अवस्था का वर्णन किया है वह बिल्कुल ही काल्पनिक है। अतएव, उसके प्राकृतिक अधिकारों की धारणा भी काल्पनिक है। राज्यविहीन प्राकृतिक अवस्था में अधिकारों की कल्पना करना मूर्खता और स्वेच्छाचारिता का द्योतक है।

---

1. **पूर्वोक्त पुस्तक**, सेक्शन 50।
2. "In general their utility depends upon the labour expanded upon them and thus Locke's theory led to the later labour-theories of value in classical and socialist economics."—Sabine.

(iii) अस्पष्ट विचार (Confused Thought)–लॉक ने जीवन, शरीर, स्वास्थ्य, स्वतंत्रता और संपदा सभी को संपत्ति का अधिकार माना है। वस्तुत:, यह अस्पष्ट विचार का सूचक है। सभी अधिकारों का पृथक रूप से विश्लेषण करना चाहिए था।

(iv) जीवन और स्वतंत्रता के अधिकारों की उपेक्षा (Negligence of the Rights to Life and Liberty)–लॉक के अधिकारों के अध्ययन से यह स्पष्ट है कि उसने जीवन और स्वतंत्रता पर विस्तृत रूप से वर्णन नहीं किया है। केवल उसने संपत्ति के अधिकार का विस्तारपूर्वक वर्णन किया है, जो उसके सिद्धांत का बड़ा दोष है। जीवन और स्वतंत्रता के अधिकार का अस्तित्व संपत्ति से अलग है।

(v) संपत्ति की रक्षा हेतु राज्य का निर्माण (Origin of State for the Protection of Property)–लॉक का कथन है कि राज्य का निर्माण मनुष्यों की संपत्ति की रक्षा के लिए हुआ है। वस्तुत:, यह आंशिक सत्य हो सकता है। राज्य का उद्देश्य इससे आगे है। वह मानव के श्रेष्ठ जीवन के विकास में मदद करता है।

(vi) संपत्ति के वर्णन का संबंध आदिम युग से (Description of Property Concerned with the Primitive Age)–लॉक ने जिस संपत्ति का वर्णन किया है। उसका संबंध आदिमकाल से है। उस समय श्रमार्जित वस्तुएँ वैयक्तिक संपत्ति मानी जाती थी। आज वैयक्तिक संपत्ति की आधारशिला में अनेक साधनों का हाथ रहता है।

(vii) श्रम वैयक्तिक संपत्ति का केंद्रविंदु (Labour the Pivot of Private Property)–लॉक ने श्रम को वैयक्तिक संपत्ति के निर्माण का केंदविंदु माना है। यह आंशिक सत्य हो सकता है। व्यक्तिक संपत्ति का निर्माण अनेक साधनों पर आश्रित है।

(viii) व्यक्तिगत हित और सामाजिक हित में अंतर नहीं (No Distinction between Individual Interest and Social Interest)–लॉक के सभी अधिकार व्यक्तिगत हैं। उसने व्यक्तिगत हित को ही सामाजिक हित भी मान लिया है। उसने व्यक्तिगत हित और सामाजिक हित में कोई स्पष्ट अंतर नहीं किया है। यह उसके सिद्धांत का एक बड़ा दोष है।

(ix) मुद्रा, व्यापार और उद्योग का विस्तृत वर्णन नहीं (No Detailed Description of Money, Trade and Industries)–लॉक ने संपत्ति के अधिकार के क्रम में मुद्रा, व्यापार और उद्योग की हल्की चर्चा की है। उसने उनका विस्तृत रूप से वर्णन नहीं किया है और यह पाठकों के मन में उत्सुकता उत्पन्न करके छोड़ देता है।

प्राकृतिक अधिकारों का महत्व और प्रभाव (Importance and Influence of Natural Rights)

संपत्ति पर विशेष महत्व (Special Emphasis on Property)–लॉक ने संपत्ति के अधिकार पर विशेष महत्व दिया है। इसलिए, उसने जीवन और स्वतंत्रता के अधिकार को उसी के अंतर्गत सम्मिलित किया है[1] और संपत्ति के अधिकार का ही विस्तृत रूप से उल्लेख किया है।

इंग्लैंड और अमेरिका प्रभावित (Influenced England and America)–विद्वानों का कहना है कि लॉक के प्राकृतिक अधिकारों का व्यापक प्रभाव तत्कालीन इंग्लैंड और अमेरिका के समाज पर पड़ा; क्योंकि इसी सिद्धांत के सहारे मध्यमवर्ग ने चर्च और सामंतशाहों के परंपरागत अधिकारों के विरोध में संपत्ति करने और आवश्यक हस्तक्षेप से उसको सुरक्षित रखने में बड़ी सहायता प्राप्त की।

भू-स्वामियों और पूँजीपतियों का समर्थक (Sopporter of Landlords and Capitalists)–विद्वानों का मत है कि लॉक ने संपत्ति के अधिकार के माध्यम से अमेरिका के बड़े-बड़े भूस्वामियों और इंग्लैंड तथा दूसरे यूरोपीय राज्यों के पूँजीपतियों का अप्रत्यक्ष रूप से समर्थन करके उनके व्यक्तित्व को समाज में निखारा है और उन्हें आत्मबल प्रदान किया है।

भौतिकवादी दृष्टिकोण (Materialistic Outlook)–लॉक के अनुसार, राज्य की स्थापना का मूल उद्देश्य संपत्ति की रक्षा करना है। उसका यह दृष्टिकोण, पश्चिमी सभ्यता के भौतिकवादी दृष्टिकोण को पुष्ट करता है।

फ्रांस की क्रांति (1789) का मुख्य नारा (Main Slogan of the French Revolution, 1789)–आज के युग में लॉक का प्राकृतिक अधिकार भले ही अनैतिहासिक, कृत्रिम और अप्रासंगिक प्रतीत हो, लेकिन अपने समय में वह एक क्रांतिकारी अस्त्र था। लॉक का ही प्राकृतिक अधिकार–जीवन, स्वतंत्रता और संपत्ति का अधिकार, फ्रांस की राज्य क्रांति (1789 ई.) का मुख्य आधार बना। वहाँ की पीड़ित जनता ने जीवन, स्वतंत्रता और संपत्ति की बलिवेदी पर लूई राजा को न्योछावर कर दिया। फ्रांस का इतिहास लॉक के अधिकार सिद्धांत की महानता का साक्षी है।

अमेरिका के संविधान और संयुक्त राष्ट्र के चार्टर में समाविष्ट (Incorporated in the Constitution of America and in the Charter of the United Nations)–लॉक के प्राकृतिक अधिकार का इतना अधिक प्रभाव फैला हुआ था कि 1776 ई. में अमेरिका स्वतंत्र हुआ और उसने अपने संविधान में

1. "Man...hath by nature a power...to preserve his property—that is, his life, liberty and estate...."—Locke.

लॉक के जीवन, स्वतंत्रता और संपत्ति के अधिकारों को स्थान दे दिया। इतना ही नहीं, 1945 ई. में जब संयुक्त राष्ट्र की स्थापना एक विश्व सरकार के रूप में की गई तो उसके संविधान-चार्टर में मानवीय अधिकारों के अंतर्गत जीवन, स्वतंत्रता और संपत्ति के अधिकारों को समाविष्ट किया गया। यह लॉक के प्राकृतिक अधिकारों की महानता, स्थायित्व और अमरता को प्रमाणित करता है।

इस प्रकार, इंग्लैंड के क्षितिज पर लॉक का प्राकृतिक अधिकाररूपी भास्कर उदित होकर अपनी रश्मियों को फ्रांस, अमेरिका तथा संपूर्ण मानवलोक पर बिखेर कर नई आशा का संचार करता है।

निष्कर्ष

वस्तुतः, लॉक के सिद्धांत का मूल उद्देश्य चाहे कुछ भी रहा हो, उसका तर्क यह था कि व्यक्तिगत संपत्ति का अधिकार इसलिए उत्पन्न होता है कि जब व्यक्ति परिश्रम करता है, तब वह अपने परिश्रम से अर्जित वस्तु में अपने व्यक्तित्व का आरोपण कर देता है। अपनी आंतरिक शक्ति का विस्तार करके वह उस वस्तु को अपने व्यक्तिव का ही एक अंग बना लेता है। **सेबाइन** ने भी इस मत का समर्थन किया है।

इसके साथ ही, लॉक ने संपत्ति के अधिकार का प्रचंड रूप से समर्थन करके व्यक्ति और राज्य के लिए संपत्ति के महत्व को पूर्णरूपेण प्रमाणित कर दिया है। वस्तुतः, संपत्ति व्यक्ति को उत्तम जीवन व्यतीत करने में तथा राज्य को श्रेष्ठ स्थिति प्राप्त करने में सहायता देती है। **मैकडॉनल्ड** ने भी कहा है, "संपत्ति, जो केवल भौतिक संपदा न होकर उससे कुछ अधिक है, लॉक के श्रेष्ठ राज्य की घोषणा की मुख्य आधारशिला है।"[1]

श्रम ही वैयक्तिक संपत्ति की जननी और आदिस्त्रोत है। यह लॉक के चिंतन के शाश्वत तत्व का अकाट्य प्रमाण है।

प्रश्न
(Questions)

1. लॉक के प्राकृतिक अधिकारों के सिद्धांत का विवेचन करें।
   Discuss the Locke's theory of Natural Rights.
2. लॉक के जीवन और स्वतंत्रता-संबंधी अधिकारों की व्याख्या करें।
   Explain the Locke's Rights to life and liberty.

---

1. "Property, which is something more than mere physical estate, is at the heart of Locke's conception of the good life and the good state."—McDonald.

3. लॉक के संपति-अधिकार का विवेचन करें।
   Discuss the Locke's Rights to Property.
4. "जीवन, स्वतंत्रता और संपदा–जिन्हें मैं संपत्ति के सामान्य नाम से पुकारता हूँ।" लॉक। व्याख्या कीजिए।
   "Lives, Liberties and estates, which I call by the general name Property." Locke. Explain.
5. "लॉक ने राज्य की सुदृढ़ता को व्यक्ति की स्वतंत्रता और अधिकारों के लिए बलिदान कर दिया।" बताइए कि कैसे?
   "Locke sacrificed the stability of the state to the individual's freedom and rights. Show how?
6. लॉक की वैयक्तिक संपत्ति-धारणा को स्पष्ट कीजिए।
   Explain the concept of private property of Locke.
7. लॉक के मूल्य का श्रम-सिद्धांत का विवेचन करें।
   Discuss the Locke's Labour Theory of Value.
8. लॉक के अनुसार संपत्ति की क्या परिभाषा है? उसकी आलोचनाओं, महत्व तथा प्रभाव पर प्रकाश डालिए।
   What is the definition of property according to Locke? Examine its criticisms, importance and influence.
9. "अपनी संपत्ति के रक्षा हेतु ही लोग समुदाय में प्रवेश करते है।" व्याख्या कीजिए।
   "People enter into Commonwealth for the protection of their own Property." Explain.
10. जॉन लॉक के प्राकृतिक अधिकार के सिद्धांत की आलोचनात्मक समीक्षा करते हुए अठारहवीं शताब्दी के राजनीतिक दर्शन पर उसके प्रभाव का उल्लेख करें।
    Examine critically John Locke's theory of Natural Rights and trace its influence on Political Thought in the eighteenth century.

वस्तुनिष्ठ प्रश्न
(Objective Questions)

1. Who said this?
   "The momentous doctrine of Natural Rights is Locke's greatest contribution to Political Thought."
   (a) Maxey (b) Wayper (c) Gettell (d) Jones

2. Who said this?

"If there are no rights, Locke's Treatise must obviously be dismissed as meaningless nonesense."

(a) Wayper (b) Jones (c) Sabine (d) Dunning

3. Who said this?

"Lives, liberties and estates, which I call by the general name property...."

(a) Hobbes (b) Rousseau (c) Locke (d) Catlin

4. Who said this?

"In general their utility depends upon the labour expanded upon them and thus Locke's theory led to the later labour-theories of value in classical and Socialist economics."

(a) Gettell (b) Wayper (c) Catlin (d) Sabine

5. Who said this?

"Man...hath by nature a power...to preserve his property—that is, his life, liberty and estate...."

(a) Locke (b) Hobbes (c) Bodin (d) Laski

6. Who said this?

"Property, which is something more than mere physical estate, as is at the heart of Locke's conception of good life and the good state."

(a) Locke (b) McDonald (c) Sabine (d) Dunning

7. यह कथन किसका है?

"मानव समानता के इस विचार के आधार पर लॉक ने यह निष्कर्ष निकाला कि सभी मनुष्यों के कुछ जन्मजात अधिकार होते हैं, जिनका किसी दूसरे मनुष्य को अपहरण नहीं करना चाहिए। ये अधिकार हैं–जीवन, शरीर, स्वतंत्रता और संपत्ति की सुरक्षा।"

(क) सेबाइन (ख) गेटेल (ग) डॉयल (घ) वेपर

8. यह कथन किसका है?

"चाहे हम विवेक तत्व का अनुसरण करें, और यह माने कि मनुष्यों को जन्म लेते ही अपनी जीवन-रक्षा का अधिकार प्राप्त हो जाता है, और फलस्वरूप, जीवित रहने के लिए प्रकृति द्वारा उपलब्ध भोजन, पेय तथा अन्य वस्तुओं के उपभोग का अधिकार हो जाता है।"

(क) गेटेल (ख) सेबाइन (ग) वेपर (घ) लॉक

9. यह कथन किसका है?

"लेकिन, जब मनुष्य किसी वस्तु को प्रकृति से अलग कर लेता है और उसमें अपना श्रम मिला देता है, जो स्वयं उसका है, तब वह वस्तु उसकी निजी संपत्ति बन जाती है।"

(क) लॉक (ख) लास्की (ग) हॉब्स (घ) बोदां

10. यह कथन किसका है?

"प्रत्येक व्यक्ति को उतनी ही संपत्ति प्राप्त होना, जितना वह उपयोग कर सके आज भी संसार में बिना किसी को हानि पहुँचाए, लागू होगा।"

(क) हॉब्स (ख) लॉक (ग) बोदां (घ) रूसो

11. यह कथन किसका है?

"सोना और चाँदी, मनुष्य के जीवन के लिए भोजन, वस्त्र और वाहन की अपेक्षा मूल्यहीन हैं, अतः उसका मूल्य केवल मनुष्यों की सहमति पर ही निर्भर है। आज भी उनका अधिकांश मूल्य श्रम पर ही आधृत है।"

(क) हॉब्स (ख) बोदां (ग) लॉक (घ) गेटेल

12. यह कथन किसका है?

"संपत्ति, जो केवल भौतिक संपदा न होकर उससे कुछ अधिक है, लॉक के श्रेष्ठ जीवन तथा श्रेष्ठ राज्य की घोषणा की मुख्य आधारशिला है।"

(क) सेबाइन (ख) गेटेल (ग) वेपर (घ) मैकडॉनल्ड

उत्तर
(Answers)

1. (a) 2. (b) 3. (c) 4. (d) 5. (a) 6. (b) 7. (ग) 8. (घ) 9. (क) 10. (ख) 11. (ग) 12. (घ)

13

सरकार तथा शक्ति-पृथक्करण का सिद्धांत

(Government and the Theory of Separation of Powers)

हॉब्स ने राज्य और सरकार में कोई भेद नहीं किया है, जबकि लॉक राज्य और सरकार को अलग-अलग मानता है। लॉक के अनुसार मूल समझौता से राज्य की स्थापना होती है। लेकिन, राज्य की इच्छा को व्यावहारिक रूप देने के लिए दूसरे समझौते से एक सरकार का निर्माण किया जाता है। इस सरकार का आधार समझौता नहीं, बल्कि ट्रस्ट होता है। अतएव, सरकार एक ट्रस्टी के रूप में काम करती है। इस प्रकार, लॉक ने सरकार की निरंकुश शक्तियों की परंपरागत धारणा की कब्र पर ट्रस्टी सरकार को मान्यता प्रदान कर उसे जनता पर आश्रित बना दिया है। इस संदर्भ में, **ऐबेन्सटीन** का कथन है, "दैवी अधिकार के सिद्धांत में केवल शासक को अधिकार प्राप्त है, समझौता सिद्धांत में जनता और सरकार दोनों को अधिकार प्राप्त है; लॉक की ट्रस्ट के रूप में सरकार की धारणा में केवल जनता को अधिकार प्राप्त है।"[1]

अतएव, सरकार केवल एक ट्रस्टी है और एक अभिकर्ता के रूप में अपने कार्यों के लिए जनता के प्रति उत्तरदायी है। **वॉहन** का भी विचार है, "समझौता के स्थान पर ट्रस्ट की धारणा को अपनाकर लॉक न केवल सरकार के ऊपर जन-नियंत्रण की व्यवस्था करता है, बल्कि एक उससे भी अधिक महत्वपूर्ण

---

1. In the theory of divine right, only the ruler has rights; in the theory of contract, both people and government have rights; in Locke's conception of government as trust, only the people have rights."—Ebenstein.

बात का प्रतिपादन करता है, वह है अनुभव के आधार पर उस नियंत्रण का दिन-प्रतिदिन प्रसरण।"[1]

अतः, ट्रस्ट की स्थापना राज्य के द्वारा अपने हित के लिए की गई है और सरकार का यह कर्तव्य है कि वह ट्रस्ट के अनुसार कार्य करे। यदि सरकार ट्रस्ट की मर्यादाओं का उल्लंघन करती है, तो जनता को यह अधिकार प्राप्त है कि वह सरकार को भंग कर दे।

सरकार का उद्देश्य
(Aim of the Government)

लॉक के अनुसार, मनुष्यों के राज्य में संगठित होने और अपने-आप को सरकार के अधीन रखने का महान तथा मुख्य उद्देश्य अपनी संपत्ति की रक्षा करना है। उसके शब्दों में, "...उन्हीं असुविधाओं के कारण उस जाति ने शासन के स्थापित विधानों की शरण ली और शासन द्वारा अपनी संपत्ति की सुरक्षा प्राप्त करने का प्रयास किया।"[2] वह दूसरे स्थान पर भी लिखता है, "शासन सत्ता चाहे जिसके हाथों में सौंपी जाए, उसकी यह शर्त और यही लक्ष्य होता है कि व्यक्ति को संपत्ति प्राप्त हो और सुरक्षित रहे।"[3] तथा "राज्य की स्थापना का महान लक्ष्य संपत्ति का शांति से और सुरक्षापूर्वक उपभोग है, और इस उद्देश्य की प्राप्ति का मुख्य साधन राज्य का स्थापित विधान है।"[4]

यहाँ पर लॉक ने संपत्ति शब्द का प्रयोग काफी व्यापक अर्थ में किया है। उसने इसमें न केवल भौतिक संपदा को, बल्कि जीवन और स्वतंत्रता को भी सम्मिलित किया है। इस प्रकार, संक्षेप में, जनसंपत्ति और जनहित ही सरकार का मुख्य उद्देश्य है।

लॉक ने स्पष्ट शब्दों में लिखा है, "मेरा विचार है कि राजनीतिक सत्ता को विधिनिर्माण का अधिकार है। विधि में मृत्युदंड देने की और संपत्ति के नियम और सुरक्षा के लिए अन्य छोटे-मोटे दंड देने की व्यवस्था होती है तथा समाज की शक्ति का इन विधानों के निष्पादन में उपयोग करने की और वैदेशिक आक्रमण से देश की सुरक्षा की व्यवस्था होती है और इनका प्रयोग केवल जनहित के लिए होता है।"[5]

---

1. Vaughan, *History of Political Philosopby*, Vol. I.
2. लॉक, पूर्वोक्त पुस्तक, दूसरा खंड, नौवाँ अध्याय, सेक्शन 127।
3. वही, ग्यारहवाँ अध्याय, सेक्शन 139।
4. "The great and chief end therefore, of men's uniting into commonwealth, and putting themselves under government, is the preservation of their property." —Locke.
5. लॉक, **पूर्वोक्त पुस्तक**, दूसरा खंड, पहला अध्याय, सेक्शन 3।

सरकार के प्रकार
(Classification of Government)

लॉक ने **शासन पर दो निबंध** के दूसरे खंड के दसवें अध्याय में सरकार के विभिन्न प्रकारों पर अत्यंत संक्षिप्त वर्णन किया है। व्यवस्थापक सत्ता के आधार पर वह सरकार का वर्गीकरण निम्नलिखित रूप से करता है–

(i) राजतंत्र (Monarchy)–यदि शासन करने और कानून बनाने की शक्ति एक व्यक्ति के हाथों में हो, तो शासन के इस रूप को राजतंत्र या एकतंत्र कहते हैं। यह दो प्रकार का होता है–

(क) वंशानुगत राजतंत्र (Hereditary Monarchy)–यदि शासन करने की सत्ता और कानून बनाने की शक्ति को एक शक्ति और उसके वंशजों को सौंपी जाए, तो शासन वंशानुगत राजतंत्र कहलाता है।

(ख) निर्वाचित राजतंत्र (Elected Monarchy)–यदि शासनसत्ता एक व्यक्ति को उसके जीवनकाल के लिए ही प्राप्त हो, और उसके निधन के बाद उत्तराधिकारी के नामकरण का अधिकार पुनः राज्य को प्राप्त हो, तो शासन का यह रूप निर्वाचित राजतंत्र कहा जाता है।

(ii) धनिकतंत्र (Oligarchy)–यदि शासनसत्ता कुछ चुने हुए व्यक्तियों और उनके वंशजों और उत्तराधिकारियों को सौंपी जाए, तो शासन के इस रूप को धनिकतंत्र या कुलीनतंत्र या अल्पतंत्र कहते हैं।

(iii) प्रजातंत्र (Democracy)–यदि शासनसत्ता और कानून बनाने की शक्ति राज्य के बहुमत लोगों के हाथों में होती है, तो शासन के इस रूप को प्रजातंत्र या जनतंत्र कहते हैं।

(iv) मिश्रित सरकार (Mixed Govt.)–लॉक ने यह भी कहा है कि आवश्यकता होने पर राज्य इन उपर्युक्त रूपों का मिश्रण करके या इन्हें संयुक्त करके अन्य शासनसत्ता भी स्थापित कर सकता है। इस प्रकार, मिश्रित सरकार का भी निर्माण किया जा सकता है।[1]

सरकार के इन सभी रूपों में, लॉक प्रजातंत्र को सर्वोत्कृष्ट शासनव्यवस्था मानता है। उसकी दृष्टि में वास्तविक सत्ता संपूर्ण समाज या बहुमत में निहित रहना चाहिए। यह प्रजातंत्र में ही संभव है।[2] इस संदर्भ में, **डॉयल** ने ठीक ही लिखा है, "लॉक को निरंकुश राजतंत्र मान्य नहीं था। इसीलिए, उसने इंग्लैंड

1. लॉक, **पूर्वोक्त पुस्तक**, दूसरा खंड, दसवाँ अध्याय, सेक्शन 132।
2. "The best kind of government is that in which the legislative power is put into the hands of diverse persons who, duly assembled, have by themselves, or jointly with others, a power to make law."—Locke.

के सिंहासन पर जेम्स द्वितीय के दावे को स्वीकार नहीं किया। धनिकतंत्रीय सरकार लॉक के बहुमत शासन के प्रतिकूल थी। उसे केवल प्रजातंत्र ही मान्य है; क्योंकि इसमें बहुमत का शासन होता है"

सरकार के कार्य
(Functions of the Government)

लॉक के अनुसार सरकार निम्नांकित तीन कार्यों का संपादन करती है, जिनके लिए इसका गठन किया गया है–

(i) व्यवस्थापिका संबंधी कार्य (Legislative Functions)–प्राकृतिक अवस्था में निश्चित कानूनों का अभाव था। प्राकृतिक कानूनों की व्याख्या करनेवाली कोई संस्था नहीं थी। अतएव, इसके लिए सरकार का गठन किया गया। अत:, सरकार का पहला कार्य है प्राकृतिक कानूनों की ऐसी सर्वमान्य व्याख्या करना, जिसके द्वारा जीवन, स्वतंत्रता और संपत्ति जैसे तीनों प्राकृतिक अधिकारों को संरक्षण प्राप्त हो सके। यह सरकार के व्यवस्थापिका अंग का कार्य हुआ।

(ii) कार्यपालिका संबंधी कार्य (Executive Functions)–सरकार को अपने समुदाय और नागरिकों के हितों की रक्षा करने, युद्ध की घोषणा करने, शांति की स्थापना करने और दूसरे राज्यों से संधियों आदि से संबंधित कार्य को करना है। लॉक ने इसे संघपालिका का कार्य बताया है। लेकिन, आजकल की भाषा में इसे कार्यपालिका संबंधी कार्य में सम्मिलित किया जाता है।

(iii) न्यायिक कार्य (Judicial Functions)–सरकार एक ऐसी निष्पक्ष सत्ता की व्यवस्था करती है, जो निश्चित कानूनों के आधार पर लोगों के बीच होनेवाले सभी झगड़ों का निबटारा कर सके। यह कार्य न्यायपालिका करती है। लेकिन, लॉक ने इसे कार्यपालिका का कार्य कहा है।[1]

इस प्रकार, लॉक ने तीन कार्यों के संपादन हेतु सरकार के तीन अंगों का निर्माण किया है–व्यवस्थापिका, कार्यपालिका और न्यायपालिका।

सरकार के अंग तथा शक्ति-पृथक्करण का सिद्धांत
(Organs of Government and Theory of Separation of Powers)

सरकार के तीन अंग–व्यवस्थापिका, कार्यपालिका और न्यायपालिका का वर्णन निम्नलिखित रूप से किया जा सकता है–

(i) व्यवस्थापिका (Legislature)–लॉक ने **शासन पर दो निबंध** के दूसरे खंड के ग्यारहवें अध्याय में व्यवस्थापिका पर विस्तृत रूप से प्रकाश

1. लॉक, **पूर्वोक्त पुस्तक**, दूसरा खंड, नौवाँ अध्याय, सेक्शन 131।

डाला है। उसके शब्दों में, "यह व्यवस्थापकसत्ता राजनीतिक समाज की सर्वोच्च सत्ता होती है और समाज इसे एक बार जिसे सौंप देता है, उसके पास यह पवित्र और स्थिर रहती है। जनता द्वारा चुनी और नियुक्त व्यवस्थापक सत्ता की स्वीकृति के बिना किसी का आदेश, चाहे वह किसी भी रूप में हो, चाहे उस आदेश के पीछे कितनी ही बड़ी सत्ता क्यों न हो, विधान का बल और प्रभाव प्राप्त नहीं कर सकता। जनता द्वारा स्वीकृत और नियुक्त व्यवस्थापक सत्ता द्वारा अनुमोदित आदेश को ही विधि का बल और प्रभाव होता है।"[1]

इस कथन से यह स्पष्ट है कि व्यवस्थापिका बहुमत जनता का प्रतिनिधित्व करती है, राज्य के लिए कानून बनाती है और जनता के उन प्राकृतिक अधिकारों का संरक्षण करती है, जिनको सुरक्षित रखने के लिए मूल समझौता किया गया है। इस प्रकार, लॉक ने व्यवस्थापिका को सरकार का सर्वोच्च अंग बताकर इंग्लैंड की गौरवपूर्ण क्रांति (1688 ई.) के द्वारा स्थापित संसदीय शासन-व्यवस्था का प्रचंड रूप से समर्थन किया है।

यद्यपि लॉक ने व्यवस्थापिका को सर्वोच्च माना है, तथापि वह उसकी निरंकुशता के पक्ष में नहीं है। उसने इसी पुस्तक के ग्यारहवें अध्याय के सेक्शन एक सौ बयालीस के अनुसार व्यवस्थापिका पर अग्रलिखित बंधन लगाया है–

(क) ऐसे घोषित और स्थापित विधानों द्वारा शासन होना चाहिए, जो किसी के भी स्वार्थ-साधन के लिए संशोधित न किए जाएँ तथा दरिद्र और धनी के लिए एवं राजदरबार के प्रिय दरबारियों और हल चलानेवाले किसान के लिए समान हो।

(ख) इन विधानों का एकमात्र ध्येय जनता का हित हो।

(ग) वे जनता की सहमति के बिना उनकी संपत्ति पर कर न लगाएँ। यह सहमति जनता स्वयं या अपने प्रतिनिधियों द्वारा दे सकती है। इसका संबंध विशेषरूप से उन शासनों से है, जहाँ व्यवस्थापक सत्ता निरंतर सक्रिय रहती है या जहाँ जनता ने व्यवस्थापक सत्ता में समय-समय पर अपने निर्वाचित प्रतिनिधियों को उसमें शामिल नहीं किया है।

(घ) व्यवस्थापक सत्ता किसी दूसरे को अपनी सत्ता हस्तांतरित नहीं कर सकती और न उसे ऐसा करना चाहिए। व्यवस्थापक सत्ता उन्हीं हाथों में रहे जिन्हें जनता ने उसे सौंपा है।[2]

---

1. लॉक, **पूर्वोक्त पुस्तक**, दूसरा खंड, ग्यारहवाँ अध्याय, सेक्शन 134।
2. वही, दूसरा खंड, ग्यारहवाँ अध्याय, सेक्शन 142।

(ii) कार्यपालिका और संघपालिका (Executive and Federative)–लॉक के अनुसार, कार्यपालिका व्यवस्थापिका के अधीन काम करती है। अतएव, कार्यपालिका व्यवस्थापिका की तुलना में कम शक्तिशाली होती है। उसका मुख्य कार्य है व्यवस्थापिका द्वारा बनाए गए कानूनों को राज्य में लागू करना। यदि वह अपने कार्यों का संपादन ठीक से नहीं करती, तो व्यवस्थापिका उसको समाप्त कर सकती है। **लॉक** के शब्दों में, "यदि किसी ऐसे व्यक्ति को कार्यकारिणी सत्ता प्राप्त हो, जिसे व्यवस्थापक सत्ता में भाग प्राप्त न हो, तो वह स्पष्टतया व्यवस्थापक सत्ता के अधीन और उसके प्रति उत्तरदायी होगा। व्यवस्थापक सत्ता उसे इच्छानुसार पदच्युत कर सकती है और किसी दूसरे को उसके स्थान पर नियुक्त कर सकती है, अतः सर्वोच्च कार्यकारिणी सत्ता अनिर्वायतः पूर्ण स्वतंत्र नहीं होती।"[1]

संघपालिका (Federative)–लॉक ने **शासन पर दो निबंध** के दूसरे खंड के बारहवें अध्याय के सेक्शन एक सौ छियालीस में संघपालिका के कार्यों पर विचार करते हुए लिखा है, "राज्य में इसी अधिकार द्वारा उसे युद्ध अथवा संधि करने की, संघ बनाने और मैत्री स्थापित करने की और राज्य के बाहर के सभी व्यक्तियों और राज्यों से संबंध बनाए रखने की सत्ता प्राप्त होती है। इस सत्ता को संघीय या किसी दूसरे नाम से संबोधित किया जा सकता है।[2]

अंतर (Difference)–बारहवें अध्याय के सेक्शन एक सौ सैंतालिस में लॉक ने कार्यपालिका और संघपालिका के अंतर को स्पष्ट करते हुए लिखा है, "ये दोनों सत्ताएँ–कार्यपालिका और संघीय, यद्यपि वास्तव में परस्पर भिन्न हैं, फिर भी कार्य में प्रायः दोनों ही अन्योन्याहित होती हैं। एक तो राज्य के अंतर्गत प्रत्येक व्यक्ति पर राजकीय कानूनों को लागू करती है, और दूसरी उन सबसे, जो राज्य के बाहर के है और जिनसे राज्य को हानि या लाभ प्राप्त होने की संभावना होती है, राज्य की रक्षा और उसके हितों की व्यवस्था करती है।"[3]

लेकिन, लॉक का कथन है कि यह दोनों सत्ताएँ पृथक नहीं होतीं। एक ही व्यक्ति या संस्था इन दोनों शक्तियों का उपयोग करती है। उसके शब्दों में, "जैसा मैंने कहा यद्यपि सब राज्यों की कार्यकारिणी और संघीय सत्ताएँ वास्तव में स्वयं भिन्न होती है तथापि उन्हें पृथक करना और एक ही समय विभिन्न व्यक्तियों के हाथों में सौंपना उचित नहीं होता।"[4]

---

1. लॉक, **पूर्वोक्त पुस्तक**, दूसरा खंड, तेरहवाँ अध्याय, सेक्शन 152।
2. वही, अध्याय बारहवाँ, सेक्शन 146-47।
3. वही, अध्याय बारहवाँ, सेक्शन 146-47।
4. वही, दूसरा खंड, बारहवाँ अध्याय, सेक्शन 148।

विशेषाधिकार या विवेकाधिकार (Prerogative Power)–लॉक ने **शासन पर दो निबंध** के दूसरे खंड के चौदहवें अध्याय के सेक्शन 159 से 168 में शासकों के विशेषाधिकार पर बड़े ही विस्तारपूर्वक प्रकाश डाला है। उसका कथन है कि व्यवस्थापिका सभी समस्याओं पर कानून नहीं बना सकती। अनेक मामलों पर कानून मौन रहता है। कभी-कभी निर्मित कानून से जनता का अहित होता है। अतएव, जनहित की रक्षा हेतु कार्यपालिका के प्रधान शासक को विशेषाधिकार की शक्तियों से युक्त करना चाहिए। **लॉक** ने इन शब्दों में विशेषाधिकार को परिभाषित किया है, "जनहित के लिए, अपने विवेक के अनुसार, विधान की अनुमति के बिना और कभी-कभी विधान के प्रतिकूल भी कार्य करने के अधिकार को ही विशेषाधिकार कहते हैं।"[1]

वह आगे लिखता है, "विशेषाधिकार केवल जनता द्वारा शासक को दिया गया अधिकार है, जिसके बल पर शासक अपने व्यक्तिगत इच्छानुसार जनहित में ऐसे कार्य कर सकता है जिनपर विधि मौन हो।"[2]

लॉक ने कहा है कि इंग्लैंड के योग्य राजाओं को विशेषाधिकार प्राप्त थे। लेकिन, आगे चलकर अयोग्य राजाओं ने इस अधिकार का दुरूपयोग करना शुरू किया, जिसके कारण उनके विशेषाधिकार को मर्यादित कर दिया गया। वस्तुतः, विशेषाधिकार का प्रयोग सदा जनहित में होना चाहिए।[3]

(iii) न्यायपालिका (Judiciary)–लॉक ने न्याय-संबंधी कार्यों को व्यवस्थापिका और कार्यपालिका संबंधी कार्यों से भिन्न माना हैं। अतएव, उसका विचार है कि न्याय-संबंधी कार्य भले ही कार्यपालिका से पृथक न रखा जाएँ, लेकिन व्यवस्थापिका से पृथक अवश्य रखा जाना चाहिए; क्योंकि कानून के निर्माताओं को उनका व्याख्याकार बनाना सर्वथा अनुचित और अविवेकपूर्ण कार्य है। यद्यपि लॉक ने न्याय-संबंधी और कार्यपालिका संबंधी कार्यों में स्पष्ट भेद स्वीकार किया है तथापि वह न्यायिक कार्यों को विशेषाधिकार के रूप में कार्यपालिका को सौंपता है; क्योंकि राज्य के नागरिकों के हितों और अधिकारों के संरक्षण का उत्तरदायित्व कार्यपालिका पर है। उसने पृथक रूप से न्यायिक कार्यों का वर्णन न्यायपालिका शीर्षक के अंतर्गत नहीं किया है, बल्कि कार्यपालिका के कार्यों के साथ विवेचन किया है; क्योंकि उस समय कार्यपालिका ही न्यायिक कार्यों का संपादन करती थी।

---

1. लॉक, **पूर्वोक्त पुस्तक**, दूसरा खंड, चौदहवाँ अध्याय, सेक्शन 160।
2. वही, सेक्शन 164।
3. वही, सेक्शन 159।

इस प्रकार, लॉक ने सरकार के तीनों अंगों–व्यवस्थापिका, कार्यपालिका और न्यायपालिका का वर्णन किया है।

शक्ति-पृथक्करण के सिद्धांत (Theory of Separation of Powers)

लॉक ने **शासन पर दो निबंध** के दूसरे खंड के बारहवें अध्याय में शक्ति-पृथक्करण के सिद्धांत पर बहुत ही संक्षेप में प्रकाश डाला है। सरकार के तीनों अंगों–व्यवस्थापिका, कार्यपालिका और न्यायपालिका के कार्यों का वर्णन करने के बाद उसका कथन है कि ये सभी कार्य अलग-अलग व्यक्तियों द्वारा संपादित किए जाने चाहिए; क्योंकि उसका मत है कि अगर कानून निर्मित करनेवाले और कानून को कार्यान्वित करनेवाले व्यक्ति समान हुए, तो समाज के हितों को हानि पहुँच सकती है। इसलिए, तीनों अंगों में पृथक्करण होना चाहिए। **मैक्सी** का कथन है, "शक्ति विभाजन के सिद्धांत का, जो पॉलिबियस के समय से उपेक्षित था, स्पष्टीकरण और विकास करने का श्रेय लॉक को दिया जाना चाहिए।"

व्यवस्थापिका, कार्यपालिका और न्यायपालिका से पृथक (Separation of Legislature from Executive and Judiciary)

लॉक ने बारहवें अध्याय के सेक्शन एक सौ तैंतालीस में शक्ति-पृथक्करण पर विवेचना करते हुए लिखा है, "शक्ति प्राप्त करना मानव स्वभाव की महान दुर्बलता है। अतएव, जिन मनुष्यों को कानून बनाने की शक्ति प्राप्त है, उनको उन कानूनों को क्रियान्वित करने की शक्ति प्राप्त नहीं होनी चाहिए। इस शक्ति के प्राप्त होने से वे अपने को उन कानूनों के पालन से मुक्त कर सकते हैं, जिन्हें वे स्वयं बनाते हैं। इसके अतिरिक्त, वे समाज के अन्य सदस्यों के हितों की अवहेलना करके और स्वयं अपने हित के लिए कानूनों का निर्माण करके उनको क्रियान्वित कर सकते हैं। उनका यह कार्य उस उद्देश्य के विरूद्ध होगा, जिसके लिए समाज और राज्य की स्थापना की गई है। अतः, कानूनों के निर्माण और उनके क्रियान्वित करने की शक्ति विभिन्न व्यक्तियों के हाथों में होनी चाहिए।"[1]

लॉक ने स्पष्ट रूप से लिखा है कि व्यवस्थापिका और कार्यपालिका दोनों को अलग-अलग काम करना चाहिए; "क्योंकि वे विधान जिनका एक काल और थोड़े ही समय में निर्माण होता है, अविरल और स्थायी बलवाले होते हैं और उन्हें नित्य कार्यान्वित करने की तथा उनपर सदैव ध्यान देने की आवश्यकता होती है। अतः, यह आवश्यक है कि एक ऐसी सत्ता सदैव स्थापित रहे जो

---

1. लॉक, **पूर्वोक्त पुस्तक**, दूसरा खंड, बारहवाँ अध्याय, सेक्शन 143।

निर्मित तथा प्रवर्तित कानूनों को कार्यान्वित करे। इसीलिए, व्यवस्थापिका और कार्यकारिणी सत्ता प्राय: पृथक हाथों में होती है।"[1]

कार्यपालिका और न्यायपालिका के बीच पृथक्करण नहीं (No Separation between Executive and Judiciary)

लॉक ने व्यवस्थापिका को कार्यपालिका और न्यायपालिका से पृथक रखना चाहा। लेकिन, वह न्यायिक और कार्यपालिका संबंधी कार्यों में स्पष्ट भेद करते हुए भी इन दोनों कार्यों को सरकार के एक अंग, कार्यपालिका को सौंपने के पक्ष में है; क्योंकि वे दोनों अंग समाज की सशक्त शक्ति के आधार पर ही अपना कार्य कर सकते हैं। इस संदर्भ में, **हरमॉन** का कथन है, "लॉक के युग में न्याय का कार्य भी कार्यपालिका के ही अधीन माना जाता था। अत:, लॉक इसके लिए पृथक न्यायपालिका की व्यवस्था नहीं बताता। निस्संदेह वह पृथक तथा निष्पक्ष न्याय-व्यवस्था का समर्थन करता है, लेकिन न्यायपालिका के पृथक्करण और स्वतंत्रता के सिद्धांत को नहीं मानता।"

स्वयं लॉक ने बारहवें अध्याय के सेक्शन एक सौ अड़तालीस में इसपर प्रकाश डालते हुए लिखा है, "यद्यपि सब राज्यों की कार्यकारिणी और संघीय सत्ताएँ वास्तव में स्वयं भिन्न होती हैं तथापि उन्हें पृथक करना और एक ही समय विभिन्न व्यक्तियों के हाथों में सौंपना उचित नहीं होता; चूँकि, दोनों को अपनी सत्ता का उपयोग करने हेतु समाज का समर्थन आवश्यक होता है। इसलिए, राज्य की शक्ति दो स्पष्टत: भिन्न और परस्पर अवंशवाद हाथों के सुपुर्द करना अव्यावहारिक होगा; अथवा कार्यकारिणी तथा संघीय सत्ता ऐसे लोगों के हाथ सौंपना जो अपना काम इस प्रकार अलग-अलग करें, जिससे सार्वजनिक सत्ता विभिन्न नेतृत्व के वश में जा पड़े, किसी-न-किसी समय विनाश और अव्यवस्था का जनक होगा।"[2]

जनता को क्रांति का अधिकार तथा सरकार का विघटन (Right of Revolution to People and the Dissolution of Government)

लॉक के अनुसार, राज्य का निर्माण जनहित के कुछ विशेष उद्देश्यों की पूर्ति के लक्ष्य को प्राप्त करने के लिए किया जाता है। सरकार की शासन करने की शक्तियाँ सीमित हैं और एक ट्रस्टी के रूप में प्राप्त हैं, जो जनता की सहमति पर आधृत है। लेकिन, अगर सरकार अपने उद्देश्यों की पूर्ति में असफल होती है या अपने अधिकार-क्षेत्र का उल्लंघन करती है, तो वैसी स्थिति में

---

1. "The legislative and executive powers come often to be separated."—Locke.
2. लॉक, **पूर्वोक्त पुस्तक**, बारहवाँ अध्याय, सेक्शन 148।

जनता को उस सरकार के विरूद्ध क्रांति करने का अधिकार प्राप्त है, जिसके माध्यम से उसे अपदस्थ किया जा सकता है। **लॉक** के शब्दों में, "व्यवस्थापिका की शक्तियाँ केवल धरोहरमात्र हैं और उसे केवल निश्चित कार्य करने के अधिकार हैं। यदि जनता यह अनुभव करती है कि व्यवस्थापिका सौंपे हुए ट्रस्ट के विरूद्ध कार्य कर रही है, तो जनता को उसे हटाने और परिवर्तित करने की सर्वोच्च शक्ति अब भी प्राप्त है।"[1]

सरकार के विघटन की परिस्थितियाँ तथा क्रांति द्वारा नई सरकार की स्थापना (Circumstances of the Dissolution of Government and Establishment of New Government by Revolution)

लॉक ने **शासन पर दो निबंध** के अंतिम, उन्नीसवें अध्याय के सेक्शन 211 से 243 तक में शासन के विघटन की विभिन्न परिस्थितियों और क्रांति द्वारा नई सरकार की स्थापना पर विस्तारपूर्वक प्रकाश डाला है, जिनका अध्ययन निम्नलिखित रूप से किया जा सकता है–

लॉक का कथन है कि सरकार का विघटन मूलतः बाह्य आक्रमण और आतंरिक विस्फोटक परिस्थितियों के कारण होता है। उसने क्रांति के संभावित परिस्थितियों का उल्लेख निम्नांकित रूप से किया है–

(i) स्वेच्छाचारी शासन (Arbitrary Rule)–अगर शासक का व्यवस्थापिका निश्चित विधानों के प्रतिकूल स्वेच्छाचारी शासन स्थापित करे, तो जनता ऐसी सरकार को अपदस्थ कर सकती है।

(ii) राजा द्वारा बाधा (Disturbance by the King)–यदि राजा व्यवस्थापिका को उसकी स्थापना के उद्देश्य के प्रतिकूल नियत समय में समवेत होने में या स्वतंत्रता से कार्य करने में बाधा डाले, तो व्यवस्थापक सत्ता में परिवर्तन माना जाएगा। ऐसी स्थिति में शासन को समाप्त कर दिया जाएगा।

(iii) निर्वाचकमंडल में परिवर्तन (Change in the Electoral College)–जब राजा अपनी सत्ता से जनता की अनुमति के बिना तथा सार्वजनिक हित के विपरीत निर्वाचकमंडल या निर्वाचन विधि में परिवर्तन करता है, तब व्यवस्थापक सत्ता में परिवर्तन माना जाएगा।

(iv) विदेशी सत्ता को राज्य सौंपना (Transfer of State to Foreign Rule)–राजा या व्यवस्थापिका द्वारा राज्य को किसी विदेशी सत्ता के हाथ सौंप देने से भी निश्चय ही व्यवस्थापिका में परिवर्तन और शासन का विघटन होता है।

---

1. लॉक, **पूर्वोक्त पुस्तक**, दूसरा खंड, तेरहवाँ अध्याय, सेक्शन 149।

लॉक के अनुसार उपर्युक्त शासन के विघटन के लिए राजा दोषी होता है।

(v) कार्यकारिणी द्वारा कर्तव्य की अवहेलना (Violation of Duties by the Executive)–लॉक के अनुसार शासन के विघटन का एक और साधन है सर्वोच्च कार्यकारिणी सत्ताप्राप्त व्यक्ति द्वारा अपने कर्तव्य की अवहेलना या उसे त्याग देना, जिससे स्थापित विधानों का निष्पादन हो सके। इससे सर्वव्यापक अराजकता फैल जाएगी और वस्तुत: शासन का विघटन हो जाएगा। राजनीति में बिना विधान का शासन मनुष्य की समझ के परे है और मानवसमाज के असंगत है।

लॉक आगे लिखता है कि ऐसे तथा इनसे मिलते-जुलते अन्य दृष्टांतों में जब शासन का विघटन हो जाता है, तब जनता अपने लिए नई व्यवस्थापक सत्ता की स्थापना करने के लिए स्वतंत्र हो जाती है। वस्तुत:, केवल एक स्थापित व्यवस्थापक सत्ता तथा उसके निर्मित विधानों के उचित और पक्षपातशून्य निष्पादन द्वारा ही राज्य अपने को सुरक्षित रख सकता है।

(vi) व्यवस्थापक या राजा द्वारा विपरीत कार्य करना (Doing Opposite Work by the Legislature or the King)–लॉक आगे लिखता है कि शासनों के विघटन की एक और रीति है और वह है–जब व्यवस्थापक सत्ता या राजा, दोनों में से कोई भी अपने सुपुर्द कर्तव्य के उद्देश्य के विपरीत कार्य करे, तब शासन विघटित किया जाए।

(vii) प्राकृतिक अधिकारों का हनन (Violation of Natural Rights)–लॉक ने उन्नीसवें अध्याय के सेक्शन 222 में स्पष्ट रूप से लिखा है कि मनुष्य अपनी संपत्ति की सुरक्षा के लिए ही समाज में प्रवेश करते हैं। व्यवस्थापक सत्ता की स्थापना और अधिकार का उद्देश्य यह है कि ऐसे नियम हों, जिनसे राज्य के सभी सदस्यों की संपत्ति की रक्षा हो सके और राज्य के प्रत्येक सदस्य के अधिकार सीमित और संयत हों। लेकिन, जब कभी व्यवस्थापक जनता की संपत्ति छीनने और नष्ट करने का प्रयास करते है, या जनता को स्वेच्छाचारी सत्ता के अधीन दास बनाने का प्रयास करते हैं, तब वे जनता के प्रति अपने को युद्ध की अवस्था में डाल देते हैं और जनता उनके आज्ञापालन से मुक्त हो जाती है; तब जनता का वही सहारा शेष रह जाता है जिसकी व्यवस्था परमेश्वर ने समस्त मानवजाति के लिए बल और हिंसा का सामना करने के लिए की है।

अत:, जब कभी व्यवस्थापक सत्ता समाज के इस आधारभूत नियम का उल्लंघन करती है और महत्वाकांक्षा या भय या मूर्खता से प्रेरित होकर जनता के जीवन, स्वतंत्रता और संपत्ति पर निरंकुश सत्ता हथियाने का, उसे किसी और के हाथ सौंपने का प्रयास करती है, तब जनता के प्रति विश्वासघात करने के

कारण वह उस सत्ता से वंचित हो जाती है, जो जनता ने उसे नितांत भिन्न उद्देश्य के लिए सौंपी थी। तब जनता को अपना अधिकार पुनः प्राप्त हो जाता है और उसे नवीन व्यवस्थापक सत्ता को अपने विवेक के आधार पर स्थापित करने का अधिकार हो जाता है, जो उनकी सुरक्षा की व्यवस्था कर सके, जिसके लिए उन्होंने समाज बनाया था।[1]

(viii) लंबी अवधि तक अत्याचारी शासन के विरूद्ध (Against Tyrannical Rule for Long Period)–लॉक के अनुसार, जब जनता अति दुखी होती है और अपने को स्वेच्छाचारी सत्ता के दुरूपयोग का शिकार अनुभव करती है, तब वह हमेशा अपने शासकों के विरूद्ध आवाज उठाती है, चाहे राजाओं को ईश्वर का अवतार घोषित कर दिया गया हो और उन्हें पवित्र और दिव्य स्वर्ग से आए हुए ईश्वर से सत्ताप्राप्त ही क्यों न मान लिया गया हो। जिस जनता पर उसके अधिकारों के विरूद्ध निरंतर अत्याचार हो रहा हो, वह अवसर पाने पर अपने को इस भार से–जो उसको दबा रहा है–मुक्त करने को आतुर रहेगी।

इसके साथ ही, लॉक यह स्वीकार करता है कि सार्वजनिक मामलों में प्रत्येक छोटे-मोटे कुप्रबंध के कारण ऐसी क्रांतियाँ नहीं होती। राज्य संचालन में भयानक भूलें, बहुसंख्यक अनुचित और असुविधाजनक विधान और मानव दुर्बलताजनित त्रुटियों को जनता बिना विद्रोह और शिकायत के सह लेगी, लेकिन यदि लंबी अवधि तक लगातार दुर्व्यवहार, वाक्छल और कूटसाधन एक ही दिशा की ओर लक्ष्य रखें और शासक का अभिप्राय जनता को स्पष्ट हो, और जनता को यह अनुभव हो कि वह किसके अधीन है और किस स्थिति की ओर जा रही है, तो कोई आश्चर्य नहीं कि उसमें आंदोलन हो और वह शासनसत्ता किसी ऐसे को सौंपने का प्रयास करे जो शासन के उन उद्देश्यों को सुरक्षित रख सके, जिनके लिए सर्वप्रथम शासन की स्थापना हुई थी।

लॉक आगे कहता है कि शासन का उद्देश्य मानवजाति का हित और कल्याण है। क्या मानवजाति के हित में यह उचित होगा कि जनता अत्याचारी शासन की निरंकुश इच्छा का शिकार बनी रहे या यह कि शासक जब अपनी सत्ता के प्रयोग में अति करे और उसका प्रयोग जनता की संपत्ति की सुरक्षा के लिए नहीं, बल्कि उसके विनाश के लिए करे, तो उसका कभी-कभी विरोध भी किया जा सके?[2]

(ix) अहंकारी राजा के विरूद्ध (Against Proudy or Arrogant King)–इस संदर्भ में, लॉक कहता है कि यह मैं स्वीकार करता हूँ कि मुट्ठी भर

1. लॉक, **पूर्वोक्त पुस्तक**, सेक्शन 222।
2. वही, सेक्शन 229।

व्यक्तियों के अहंकार, महत्वाकांक्षा और उपद्रवी स्वभाव के कारण कभी-कभी राज्यों में घोर अव्यवस्था उत्पन्न हो जाती है और स्वार्थी राजनीतिक दलों के कारण साम्राज्यों का विनाश हो जाता है।[1] इस प्रकार, ऐसे अहंकारी राजा का विरोध होना ही चाहिए।

क्रांति का रूप (Form of Revolution)

लॉक ने शासनसत्ता का विरोध करने के दो रूप बताए हैं–(i) विरोध आदर सहित होना चाहिए और (ii) विरोध प्रतिशोध-रहित और दंडहीन होना चाहिए।[2]

कुशासन का निर्णायक कौन होगा? (Who will be the Decider of Misrule?)

लॉक ने **शासन पर दो निबंध** के उन्नीसवें अध्याय के सेक्शन 241 और 242 में मनुष्यों के बीच उत्पन्न मतभेदों और राजा के कुशासन या ट्रस्ट के विरूद्ध काम करने का निर्णायक कौन होगा–इस पर विचार किया है।

(i) ईश्वर उचित और अनुचित का निर्णायक (God is Decider of Right and Wrong)–लॉक का कथन है कि जहाँ मनुष्यों के मध्य मतभेदों का निर्णय करने के लिए पृथ्वी पर कोई न्यायालय उपलब्ध नहीं होता वहाँ, परलोक में परमेश्वर न्याय करता है। यह सच है कि ईश्वर ही उचित और अनुचित का एकमात्र निर्णायक है।[3]

(ii) जनता कुप्रशासन का निर्णायक (People, the Decider of Misrule)–इस संदर्भ में, **लॉक** ने उन्नीसवें अध्याय के सेक्शन 242 में लिखा है कि यदि राजा और प्रजा के कुछ व्यक्तियों के मध्य कोई ऐसा विवादास्पद विषय उठ खड़ा हो, जिसपर विधानों की कोई व्यवस्था न हो या व्यवस्था अस्पष्ट हो और विवाद का विषय अति महत्वपूर्ण हो, तो मेरे विचार से ऐसी स्थिति में उचित निर्णायक प्रजा ही होनी चाहिए; क्योंकि राजा प्रजा के विश्वास का भाजन होता है और समाज के प्रचलित सामान्य विधानों से ऊपर भी। ऐसी स्थिति में, यदि प्रजा में अंसतोष हो और उसमें यह भावना हो कि राजा अपने उत्तरदायित्व के प्रतिकूल और जनता के विश्वास की सीमा के बाहर कार्य कर रहा है या वह सीमा क्या है, तो इसका निर्णय करने के लिए उस प्रजा से जिसने उसे अपना विश्वासभाजन बनाया था, अधिक उपयुक्त और कौन हो सकता है?[4]

---

1. लॉक, **पूर्वोक्त पुस्तक**, सेक्शन 230।
2. वही, सेक्शन 235।
3. वही, सेक्शन 241।
4. वही, सेक्शन 242।

(iii) अंतिम अपील ईश्वर के पास (Last Appeal to God)–लॉक आगे कहता है–लेकिन, यदि राजा, या जो भी प्रशासन कर रहा हो, वह प्रजा का निर्णय अस्वीकार कर दे, तो उसकी अपील फिर ईश्वर के समक्ष ही हो सकती है.... और क्षतिग्रस्त व्यक्ति को स्वयं निर्णय करना पड़ेगा कि वह ऐसी अपील कब करे।[1]

जनता की सर्वोच्चता (Supremacy of People)

इस प्रकार, उपर्युक्त तथ्यों से यह स्पष्ट है कि लॉक ने जनता की सर्वोच्चता के सिद्धांत को स्वीकार किया है। उसने **शासन पर दो निबंध** के अंतिम, उन्नीसवें अध्याय के अंतिम सेक्शन 243 में निष्कर्ष में जनता की सर्वोच्चता को स्पष्ट शब्दों में माना है। उसके शब्दों में, "जो सत्ता प्रत्येक व्यक्ति ने राज्य में प्रवेश करते समय राज्य को सौंपी थी, वह जब तक राज्य बना रहेगा, तब तक पुनः उन व्यक्तियों को प्राप्त नहीं हो सकती। वह सदा राज्य के हाथों में बनी रहेगी; क्योंकि इसके बिना किसी राज्य का अस्तित्व नहीं रह सकता। सत्ता एक ऐसा विघटन है, जो मूलभूत अनुबंध के विपरीत होगा।.... अतएव, जब सत्ताधारी अपनी सत्ता के दुरूपयोग के कारण अधिकार खो दें, तब शासकों द्वारा सत्ता पर अधिकार खो देने के कारण या नियत अवधि समाप्त हो जाने पर यह सत्ता पुनः समाज को प्राप्त हो जाती है और जनता को सर्वोच्च सत्ता की भांति स्वयं कार्य करने तथा विधि निर्माण करने का या नई व्यवस्थापक सत्ता स्थापित करने का या उसे दूसरे व्यक्तियों को सौंपने का पूर्ण अधिकार प्राप्त हो जाता है।"[2]

इस प्रकार, लॉक ने जनता की सर्वोच्चता के सिद्धांत का प्रतिपादन 1688 ई. की गौरवपूर्ण क्रांति को न्यायोचित सिद्ध करने के लिए किया था। इसी आधार पर उसे क्राांतियों का दार्शनिक[3] भी कहा जाता है।

सरकार और शक्ति-पृथक्करण के सिद्धांत का मूल्यांकन (Evaluation of the Government and the Theory of the Separation of Powers)

दोष (Demerits)–सरकार और शक्ति-पृथक्करण के निम्नलिखित दोष विशेषरूप से उल्लेखनीय हैं–

(i) राज्य का संकुचित उद्देश्य (Narrow Aim of the State)–आलोचकों का कहना है कि लॉक के अनुसार राज्य का मुख्य उद्देश्य है–संपत्ति की रक्षा

1. लॉक, **पूर्वोक्त पुस्तक**, सेक्शन 242।
2. वही, सेक्शन 243।
3. Philosopher of Revolutions.

करना, अर्थात मनुष्य के जीवन, स्वतंत्रता और संपत्ति की रक्षा करना। वस्तुतः, यह राज्य का संकुचित उद्देश्य है। आजकल पुलिस राज्य के स्थान पर कल्याणकारी राज्य की स्थापना हो रही है, जिसके अंतर्गत मनुष्य के सर्वांगीण विकास पर जोर दिया जा रहा है।

(ii) अरस्तू के सरकार-वर्गीकरण की नकल (Imitation of Aristotelian Classification of Government)–प्रो॰ लास्की का कथन है कि लॉक ने सरकार का जो वर्गीकरण किया है–राजतंत्र, धनिकतंत्र और प्रजातंत्र–यह अरस्तू के सरकार-वर्गीकरण की नकल है। लॉक ने कोई नवीन वर्गीकरण नहीं किया है।

(iii) सरकार के कार्य (Functions of the Government)–लॉक ने सरकार के तीनों अंगों व्यवस्थापिका, कार्यपालिका और संघपालिका के कार्यों पर बहुत ही संक्षेप में विचार किया है। इससे पाठकों को संतोष नहीं मिलता है। सरकार के विस्तृत कार्यों की सूची का अभाव है।

(iv) न्यायपालिका का पृथक उल्लेख नहीं (No Separate Mention of Judiciary)–लॉक ने न्यायपालिका शीर्षक के अंतर्गत उसके कार्यों का पृथक रूप से वर्णन नहीं किया है। उसने कार्यपालिका के हाथों में ही न्यायिक कार्यों के संपादन का भार दिया है, जो तत्कालीन इंग्लैंड में प्रचलित था। लेकिन, आजकल न्यायपालिका को स्वतंत्र स्थान प्रदान किया गया है।

(v) कार्यपालिका और संघपालिका का विभाजन गलत (Wrong Division of Executive and Federative)–लॉक ने कार्यपालिका और संघपालिका का वर्णन अलग-अलग किया है। कार्यपालिका का कार्य कानूनों को लागू करना और शासन करना है। संघपालिका को वैदेशिक कार्यों का संपादन करना है। वस्तुतः, लॉक ने संघपालिका के जिन कार्यों का वर्णन किया है, वे कार्यपालिका के ही कार्य हैं। आजकल संघपालिका का कोई आस्तित्व नहीं है।

(vi) शक्ति-पृथक्करण सिद्धांत गलत सिद्धांतों पर आधृत (Theory of Separation of Powers Based on Wrong Principles)–लॉक ने व्यवस्थापिका को कार्यपालिका और न्यायपालिका से पृथक रखा है। इसके साथ ही, उसने कार्यपालिका और न्यायपालिका को एक साथ काम करने को कहा है। मांटेस्क्यू ने शक्ति-पृथक्करण के अंतर्गत व्यवस्थापिका, कार्यपालिका और न्यायपालिका तीनों को अलग-अलग रखा है तथा एक-दूसरे को अवरोध और संतुलन की नीति पर आधृत किया है।

आजकल व्यवस्थापिका और कार्यपालिका एक होकर काम करती है, लेकिन न्यायपालिका को व्यवस्थापिका और कार्यपालिका से बिल्कुल ही स्वतंत्र

रखा जाता है। लॉक ने इसकी उपेक्षा की है। अतएव, उसका शक्ति-पृथक्करण का सिद्धांत गलत सिद्धांतों पर आधृत है।

(vii) संक्षिप्त वर्णन (Brief Description)–आलोचकों का कहना है कि लॉक ने बहुत ही संक्षिप्त रूप से शक्ति-पृथक्करण के सिद्धांत का वर्णन किया है। उसका सिद्धांत ठोस और सुनिश्चित नहीं है। शक्ति-पृथक्करण के सिद्धांत का विस्तृत रूप से विकास करने का श्रेय मांटेस्क्यू को है।

(viii) जनता को क्रांति का अधिकार देना अराजकता है (People's Right to Revolution Means Anarchy)–लॉक ने सरकार को विघटन करने का अधिकार जनता को दिया है। कुछ आलोचकों का मत है कि जनता को क्रांति का अधिकार देना, राज्य में अराजकता उत्पन्न करना है। व्यावहारिक दृष्टिकोण से यह उचित नहीं है और इस अधिकार का सफल उपयोग भी संभव नहीं है।

(ix) कुशासन की कसौटी क्या होगी? (What will be the Measuring Rod of the Misrule?)–लॉक के अनुसार, कुशासन का निर्णायक जनता होगी। लेकिन, जनता किन सिद्धांतों के आधार पर किसी सरकार के शासन को कुशासन घोषित करेगी, इस पर लॉक मौन है।

(x) ईश्वर के पास अंतिम अपील (Last Appeal to God)–लॉक के अनुसार, सरकार की कुव्यवस्था और शासकों के अत्याचार का दमन जब जनता से संभव नहीं और शासक भी अपने आचरण को सुधारने के लिए तैयार न हो, तब ऐसी अवस्था में ईश्वर के पास नई व्यवस्था के लिए अंतिम अपील की जा सकती है। लॉक का यह विचार धार्मिक अंधविश्वास उत्पन्न करता है, जिसका इस वैज्ञानिक युग में कोई महत्व नहीं है।

(xi) गौरवपूर्ण क्रांति 1688 ई. को न्यायोचित ठहराना (To Justify the Glorious Revolution of 1688)–लॉक के राजनीतिक सिद्धांत का एकमात्र उद्देश्य है–इंग्लैंड की गौरवपूर्ण क्रांति (1688 ई.) को न्यायोचित ठहराना। जनता संप्रभु है और राजा की शक्तियाँ सीमित है।

गुण (Merits)–उपर्युक्त आलोचनाओं के अतिरिक्त, लॉक के शक्ति-पृथक्करण सिद्धांत के निम्नलिखित गुण विचारणीय हैं–

(i) प्रजातंत्र का समर्थक (Supporter of Democracy)–लॉक ने सरकार के वर्गीकरण में राजतंत्र, धनिकतंत्र और प्रजातंत्र शासन-व्यवस्था को मुख्य माना है। उसने इनमें से प्रजातंत्र को सर्वश्रेष्ठ शासन माना है, जो उसकी दूरदर्शिता और व्यावहारिक तथा अनुभवी व्यक्तित्व का द्योतक है। इस वैज्ञानिक युग में प्रजातंत्र को ही सर्वश्रेष्ठ शासन का रूप माना जा रहा है। यह लॉक के दर्शन की सफलता है।

(ii) व्यवस्थापिका की सर्वोच्चता (Supremacy of Legislature)–लॉक ने सरकार के तीनों अंगों–व्यवस्थापिका, कार्यपालिका और संघपालिका में, व्यवस्थापक सत्ता को सर्वोच्च माना है चूँकि, उसमें जनता के प्रतिनिधि रहते हैं। इस प्रकार, लॉक ने अपने दर्शन में इंग्लैंड की गौरवपूर्ण क्रांति (1688 ई.) का प्रचंड रूप से समर्थन कर, यह सिद्ध कर दिया है कि संसदीय शासन-व्यवस्था ही सर्वोच्च है। आज उसी के पदचिह्नों पर संसदीय शासन-व्यवस्था को अपनाया जा रहा हैं।

(iii) विशेषाधिकार (Prerogative Power)–लॉक ने राज्य के प्रधान को विशेषाधिकार दिया है। उसके अनुसार विशेषाधिकार केवल जनता द्वारा शासक को दिया गया अधिकार है, जिसके बल पर शासक अपने व्यक्तिगत इच्छानुसार जनहित में ऐसे कार्य कर सकता है, जिन पर कानून मौन हो। आज के राज्याध्यक्षों को यह अधिकार प्राप्त है, जो लॉक की दूरदर्शिता और व्यावहारिक राजनीति को प्रमाणित करता है।

(iv) शक्ति-पृथक्करण का प्रणेता (Propounder of the Separation of Powers)–पॉलिबियस प्रथम विचारक है, जिसने शक्ति-पृथक्करण सिद्धांत का प्रतिपादन किया। लेकिन, आधुनिक युग में लॉक प्रथम प्रणेता है जिसने राजनीतिक रंगमंच पर शक्ति-पृथक्करण के सिद्धांत की किरणों को बिखेरा; भले ही उसकी किरणें तप्त नहीं हों; लेकिन दुनिया को अनुभव अवश्य हुआ।

(v) जनक्रांति का अधिकार (People's Right to Revolution)– लॉक के अनुसार, व्यवस्थापिका की शक्तियाँ केवल धरोहरमात्र हैं और उसे केवल निश्चित कार्य करने के अधिकार हैं। यदि जनता यह अनुभव करती है कि व्यवस्थापिका सौंपे हुए ट्रस्ट के विरूद्ध कार्य कर रही है, तो जनता को उसे हटाने और परिवर्तित करने की सर्वोच्च शक्ति अब भी प्राप्त है। इस प्रकार, लॉक ने जनता को क्रांति का अधिकार देकर जनतंत्रप्रणाली की अमरता को सुरक्षित रखा है, जो उसकी दूरदर्शी राजनीति को चरितार्थ करता है।

(vi) सरकार का विघटन (Dissolution of the Government)–लॉक ने सरकार-विघटन की विभिन्न परिस्थितियों का जो विस्तारपूर्वक वर्णन किया है, वह उसकी व्यावहारिक राजनीतिक चिंतन की देन है। स्वेच्छाचारी शासन, कार्यकारिणी द्वारा कर्तव्य की अवहेलना, व्यवस्थापिका का संविधान के विरूद्ध कार्य करना, प्राकृतिक अधिकारों का हनन, अत्याचारी शासन का विरोध और अहंकारी राजा का नाश–ये ऐसी ज्वलंत परिस्थितियाँ हैं, जिनमें सरकार का विघटन अवश्यम्भावी है और उसके स्थान पर नई सरकार की व्यवस्था करना विवेक का सूचक है।

(vii) जनता कुशासन की निर्णायक (People Decider of Misrule)–सरकार जनता के हितों का हनन कर, कुशासन की स्थापना करती है, तो इसका भुक्तभोगी जनता होती है। अतएव, लॉक ने जनता को कुशासन का निर्णायक बनाकर ध्रुवसत्य की ओर ध्यान आकृष्ट किया है। अमेरिका का स्वतंत्रता संग्राम, फ्रांस की क्रांति, रूस की क्रांति, भारत का स्वतंत्रता संग्राम, आदि लॉक के इस सिद्धांत के ज्वलंत उदाहरण हैं।

(viii) जनता की सर्वोच्चता (Supremacy of People)–वैसे लॉक ने सरकार के तीनों अंगों में व्यवस्थापक सत्ता को सर्वोच्च माना है; क्योंकि उसमें जनता के प्रतिनिधि रहते हैं। लेकिन, जब यह सत्ता भी भ्रष्ट हो जाती है, तब आम जनता को उसे हटाने का सनातन अधिकार है। यह जनता की सर्वोच्चता के सिद्धांत को प्रतिपादित करता है, जो लॉक को अतिआधुनिक वैज्ञानिक, व्यावहारिक और दीर्घायु बना देता है।

(ix) ईश्वर में विश्वास (Faith in God)–अंत में, लॉक ने जनता की सर्वोच्चता को ईश्वर के समक्ष आत्मसमर्पण कर मनुष्य की नश्वरता और ईश्वर के अविनाशी व्यक्तित्व को स्वीकार किया है, जो उसके धर्म और ईश्वर में विश्वास को प्रमाणित करता है। अगर भष्ट शासक जनता के बार-बार अपील करने पर अपदस्थ न हो, तो ऐसी स्थिति में ईश्वर के समक्ष अपील करने के अलावा और कोई रास्ता नहीं रह जाता। लॉक का यह दर्शन उसे धर्मों की दार्शनिक श्रेणी में लाकर खड़ा कर देता है और गंगा की पवित्र धारा को चिंरतन प्रवाहशीलता का स्थायी रूप प्रदान करता है।

उपर्युक्त तथ्यों से यह स्पष्ट है कि लॉक का प्रजातंत्र का कट्टर समर्थक होना, व्यवस्थापिका की सर्वोच्चता, विशेषाधिकार, शक्ति-पृथक्करण, जनक्रांति अधिकार का समर्थन, सरकार विघटन के कारणों का भविष्यदर्शी, जनता को कुशासन का निर्णायक और जनता की सर्वोच्चता का प्रचंड पोषक होना तथा अंत में आस्तिक बनकर राजनीति से संन्यास लेना उसके मौलिक और अमर व्यक्तित्व को प्रदर्शित करता है।

प्रश्न
(Questions)

1. लॉक के अनुसार सरकार का क्या उद्देश्य है? उसके विभिन्न प्रकारों का वर्णन कीजिए।
   What is the aim of government according to Locke? Describe its different types.
2. लॉक के अनुसार सरकार के उद्देश्य और कार्यों का विवेचन करें।
   Examine the aim and functions of the government according to Locke.

3. "सरकार के विभिन्न अंगों के कार्यों की आलोचनात्मक व्याख्या करें।" लॉक।
   "Critically examine the functions of the different organs of government." Locke.
4. लॉक के अनुसार सरकार के तीनों अंगों का सापेक्षिक मूल्यांकन करें और बताएँ कि कौन-सा अंग सर्वोच्च है?
   Examine the relativity of the three organ's of the government according to Locke and say which one is the supreme.
5. लॉक के अनुसार विशेषाधिकार का वर्णन कीजिए।
   Describe the prerogative power according to Locke.
6. लॉक के शक्ति-पृथक्करण सिद्धांत की मीमांसा कीजिए।
   Discuss the Locke's theory of the separation of powers.
7. लॉक के जनक्रांति के अधिकार पर विचार कीजिए।
   Discuss the Locke's People's Right to Revolution.
8. लॉक के अनुसार सरकार-विघटन की विभिन्न परिस्थितियों का उल्लेख करें।
   Mention the different circumstances of the dissolution of the government according to Locke.
9. लॉक की सरकार और शक्ति-पृथक्करण सिद्धांत संबंधी धारणा का मूल्यांन करें।
   Evaluate the Locke's concept of the government and the theory of the separation of powers.
10. लॉक की सरकार और शक्ति-पृथक्करण-सिद्धांत के गुण-दोषों पर प्रकाश डालिए।
    Throw light on the merits and demerits of the Locke's government and the theory of the separation of powers.
11. लॉक के जनक्रांति के अधिकार और ईश्वर के पास अंतिम अपील से आप क्या समझते है? व्याख्या कीजिए।
    What do you mean by the Locke's People's Right to Revolution and the last appeal to God? Explain.
12. लॉक पूर्णतः सीमित राजतंत्र का पोषक था। व्याख्या कीजिए।
    Locke was the full supporter of the Limited Monarchy. Explain.
13. "लॉक के सरकार का सिद्धांत नहीं, बल्कि विद्रोह का सिद्धांत प्रतिपादित किया।" विवेचन कीजिए।
    "Locke formulated not a theory of government, but a theory of rebellion."—Discuss.

वस्तुनिष्ठ प्रश्न
(Objective Questions)

1. Who said this?

   "In the theory of divine right, only the ruler has rights; in the theory of contract both people and government have rights; in Locke's conception of government as trust, only the people have rights."

   (a) Ebenstein (b) Gettell (c) Sabine (d) Wayper

2. Who said this?

   "The great and chief end therefore, of men's uniting into commonwealth, and putting themselves under government is the preservation of their property."

   (a) Hobbes (b) Locke (c) Rousseau (d) Gettell

3. Who said this?

   "The best kind of government is that in which the legislative power is put into the hands of diverse persons who, duly assembled, have by themselves, or jointly with others, a power to make law."

   (a) Wayper (b) Sabine (c) Locke (d) Hobbes

4. Who said this?

   "The legislative and executive powers come often to be separated."

   (a) Hobbes (b) Bodin (c) Rousseau (d) Locke

5. यह कथन किसका है?

   "समझौता के स्थान पर ट्रस्ट की धारणा को अपनाकर लॉक न केवल सरकार के ऊपर जन-नियंत्रण की व्यवस्था करता है, बल्कि एक उससे भी अधिक महत्वपूर्ण बात का प्रतिपादन करता है, वह है अनुभव के आधार पर उस नियंत्रण का दिन-प्रतिदिन प्रसरण।"

   (क) वॉहन (ख) सेबाइन (ग) गेटेल (घ) वेपर

6. यह कथन किसका है?

   "शासन सत्ता चाहे जिसके हाथों में सौंपी जाए, उसकी यह शर्त और यही लक्ष्य होता है कि व्यक्ति को संपत्ति प्राप्त हो और सुरक्षित रहे।"

   (क) हॉब्स (ख) लॉक (ग) बोदां (घ) गेटेल

7. यह कथन किसका है?

   "जैसा मैंने कहा, यद्यपि सब राज्यों की कार्यकारिणी और संधीय सत्ताएँ वास्तव में स्वयं भिन्न होती है, तथापि उन्हें पृथक करना और एक ही समय विभिन्न व्यक्तियों के हाथों में सौंपना उचित नहीं होता।"

   (क) हॉब्स (ख) रूसो (ग) लॉक (घ) वेपर

8. यह कथन किसका है?

"जनहित के लिए, अपने विवेक के अनुसार, विधान की अनुमति के बिना और कभी-कभी विधान के प्रतिकूल भी कार्य करने के अधिकार को ही विशेषाधिकार कहते है।"

(क) रूसो (ख) गेटेल (ग) कोकर (घ) लॉक

9. यह कथन किसका है?

"विशेषाधिकार केवल जनता द्वारा शासक को दिया गया अधिकार है, जिसके बल पर शासक अपने व्यक्तिगत इच्छानुसार जनहित में ऐसे कार्य कर सकता है जिन पर विधि मौन हो।"

(क) लॉक (ख) हॉब्स (ग) सेबाइन (घ) हरमॉन

10. यह कथन किसका है?

"शक्ति विभाजन के सिद्धांत का, जो पॉलिबियस के समय से उपेक्षित था, स्पष्टीकरण और विकास करने का श्रेय लॉक को दिया जाना चाहिए।"

(क) वेपर (ख) मैक्सी (ग) गेटेल (घ) सेबाइन

11. यह कथन किसका है?

"व्यवस्थापिका की शक्तियाँ केवल धरोहरमात्र है और उसे केवल निश्चित कार्य करने के अधिकार है। यदि जनता यह अनुभव करती है कि व्यवस्थपिका सौंपे हुए ट्रस्ट के विरूद्ध कार्य कर रही है, तो जनता को उसे हटाने और परिवर्तित करने की सर्वोच्च शक्ति अब भी प्राप्त है।"

(क) रूसो (ख) हॉब्स (ग) लॉक (घ) गेटेल

12. यह कथन किसका है?

"विरोध आदर सहित होना चाहिए और विरोध प्रतिशोध-रहित तथा दंडहीन होना चाहिए।"

(क) हॉब्स (ख) गेटेल (ग) वेपर (घ) लॉक

13. यह कथन किसका है?

"जहाँ मनुष्यों के मध्य मतभेदों का निर्णय करने के लिए पृथ्वी पर कोई न्यायालय उपलब्ध नहीं होता वहाँ, परलोक में परमेश्वर न्याय करता है। यह सत्य है कि ईश्वर ही उचित और अनुचित का एकमात्र निर्णायक है"

(क) लॉक (ख) हॉब्स (ग) रूसो (घ) वेपर

उत्तर
(Answers)

1. (a) 2. (b) 3. (c) 4. (d) 5. (क) 6. (ख) 7. (ग) 8. (घ) 9. (क) 10. (ख) 11. (ग) 12. (घ) 13. (क)

◈ ◈ ◈

14

लॉक का व्यक्तिवाद
(Locke's Individualism)

विद्वानों का मत है कि लॉक मूलत: और पूर्णत: एक व्यक्तिवादी विचारक है। जैसा कि **वॉहन** ने कहा है, "लॉक के दर्शन में प्रत्येक वस्तु व्यक्ति के चारों ओर चक्कर काटती है। प्रत्येक वस्तु को इस प्रकार व्यवस्थित किया गया है कि व्यक्ति की संप्रभुता अक्षुण्ण है।"[1]

वॉहन का यह कथन बहुत हद तक सत्य है; क्योंकि लॉक ने जिस राजनीतिक दर्शन का चित्रण किया है, उसकी आधारशिला व्यक्ति है। लेकिन, उसके इस कथन का अर्थ यह नहीं है कि उसने व्यक्ति की संप्रभुता के सिद्धांत का प्रतिपादन किया है। उसका उद्देश्य व्यक्ति को सभी बंधनों से मुक्त करके, स्वतंत्र जीवन का अधिकार प्रदान करता है।

व्यक्तिवाद के समर्थन में तर्क
(Arguments in Support of Individualism)

लॉक के व्यक्तिवाद के समर्थन में अग्रलिखित तर्क उपस्थित किए जा सकते हैं–

राज्य की उत्पत्ति व्यक्ति के अधिकारों की रक्षा हेतु (State Originated for the Protection of Individual's Rights)–लॉक का संपूर्ण राजदर्शन व्यक्ति के प्राकृतिक अधिकारों पर आधृत है। उसका कहना है कि व्यक्ति के कुछ जन्मजात और अत्याज्य अधिकार होते हैं, जिनसे उसे वंचित नहीं किया जा

1. "Everything in Locke's system revolves round the individual; everything is disposed so at to ensure the sovereignty of the individual."—Vaughan.

सकता। ये अधिकार जीवन, स्वतंत्रता और संपत्ति के हैं। इन्हीं अधिकारों की रक्षा हेतु राज्य का निर्माण किया जाता है। अतएव, राज्य के अधिकारों का निर्माण, व्यक्ति के अधिकारों के आधार पर होता है।

व्यक्ति साध्य और राज्य साधन (Individual End and State Means)– लॉक ने अपने राजदर्शन में व्यक्ति को साध्य और राज्य को साधन माना है। उसकी दृष्टि में व्यक्ति राज्य से श्रेष्ठ है। उसने प्राकृतिक अवस्था, सभ्य समाज, समझौता और राज्य सभी को व्यक्ति के गौरव और सम्मान की वृद्धि का कारण माना है। उसके अनुसार, संप्रभुता व्यक्ति को प्राप्त है। सरकार एक ट्रस्टी के रूप में काम करती है। राज्य व्यक्ति को सुविधाएँ प्रदान करने के लिए हैं। राज्य व्यक्ति का सेवक है और उसके अधीन है। इस प्रकार, लॉक ने व्यक्ति को साध्य और राज्य को साधन माना है।

राज्य जन-इच्छा पर आधृत (State Based on People's Will)–लॉक के अनुसार, राज्य का आधार जन-इच्छा है। इसका अर्थ यह है कि किसी व्यक्ति को उसकी इच्छा के विरूद्ध राज्य का सदस्य बनने के लिए बाध्य नहीं किया जा सकता। सभी व्यक्ति जन्म से स्वतंत्र होते हैं। अतएव, वे किसी भी राज्य की सदस्यता स्वीकार कर सकते हैं। इस प्रकार, लॉक ने व्यक्ति को राज्य में सम्मिलित होने या न होने की पूर्ण स्वतंत्रता प्रदान की है।

सरकार व्यक्ति के सुख और सुरक्षा के लिए (Government for Individual's Happiness and Security)–लॉक का मत है कि राज्य की सृष्टि इसलिए की जाती है कि वह व्यक्ति के हितों का संरक्षण कर, उसे सुखी जीवन व्यतीत करने में सहायता दे। जब तक राज्य की सरकार अपने इस कार्य को तत्परता से करती है, तभी तक उसका अस्तित्व है। अपने कार्य की उपेक्षा करने पर जनता उसे अपदस्थ कर सकती है। इस प्रकार, लॉक की सरकार पूर्णतया व्यक्ति के अधीन है। **डनिंग** का भी कथन है, "व्यक्ति का सुख और सुरक्षा सरकार के अस्तित्व के लिए केवल अनिवार्य ही नहीं, बल्कि वे उद्देश्य भी हैं जिनके लिए सरकार का निर्माण किया गया है।"[1]

सीमित राजनीतिक शक्तियाँ (Limited Political Powers)–लॉक का विचार है कि राज्य को वे ही शक्तियाँ और अधिकार प्राप्त हैं, जो व्यक्ति ने उसे प्रदान की हैं। राज्य की निर्माण करनेवाले लोग अपनी शक्तियों को किसी विशेषव्यक्ति या व्यक्तिसमूह को न सौंपकर संपूर्ण समाज को सौंपते हैं। अतएव,

1. "The happiness and security of the individual figure, not as essential to the perpetuity of a government, but as the end for which alone government is ever called into existence."—Dunning, W.A., *A History of Political Theories*, *from Luther to Montesquieu*, Allahabad, Central Book Depot, 1966.

लॉक का शासक हॉब्स के **लेवियाथन** के समान असीमित और अमर्यादित शक्तियों से संपन्न निरंकुश संप्रभु नहीं हैं। उसकी शक्तियाँ और अधिकार वहीं हैं, जो समाज या बहुमत ने उसे प्रदान किए हैं। इस संदर्भ में, **डनिंग** का कथन है, "व्यक्ति के प्राकृतिक अधिकार प्रभुसत्तासंपन्न समाज की शक्ति को बिल्कुल उसी प्रकार सीमित करते हैं, जिस प्रकार वे प्राकृतिक अवस्था में व्यक्तियों की शक्ति को सीमित करते थे।"[1]

इस प्रकार, लॉक ने राजनीतिक शक्ति को सीमित किया है। **मैक्सी** का भी कहना है, "लॉक का उद्देश्य राजनीतिक शक्ति को श्रेष्ठ बनाना नहीं है, बल्कि उसकी सीमा को निर्धारित करना है।"[2]

शक्ति-विभाजन (Separation of Powers)–शक्ति का कोई दुरुपयोग न करे, इसके लिए लॉक ने शक्ति-विभाजन के सिद्धांत का प्रतिपादन किया है। वह व्यवस्थापिका और कार्यपालिका तथा व्यवस्थापिका और न्यायपालिका को सर्वथा अलग-अलग रखना चाहता है, ताकि शक्तियों का दुरुपयोग न हो सके और व्यक्ति की स्वतंत्रता पर कोई आघात न हो।

कानून की जाँच (Censorship of Laws)–लॉक प्रत्येक व्यक्ति को यह अधिकार देता है कि वह सरकार द्वारा निर्मित प्रत्येक कानून को प्राकृतिक नियमों की कसौटी पर जाँच करे और यदि वह कानून उसके प्रतिकूल हो, तो उसे न माने। कोई कानून प्राकृतिक नियम के अनुकूल है या नहीं, इसका निर्णय प्रत्येक व्यक्ति अपने विवेक के अनुसार करने के लिए स्वतंत्र है। इस स्थिति में, व्यक्ति यदि चाहे तो सरकार के प्रत्येक निर्णय को प्राकृतिक कानून के विरूद्ध बताकर उसे मानने से अस्वीकार कर सकता हे। अतएव, लॉक ने वैयक्तिक स्वतंत्रता की वेदी पर राज्य की स्थिरता और दृढ़ता को न्यौछावर कर दिया है।

व्यक्तिवादी राज्य (Individualistic State)–लॉक का मत है कि व्यक्ति में स्वभाव से ही विवेक, न्याय और नैतिकता के गुण विद्यमान रहते हैं। इन गुणों से संपन्न व्यक्ति ही राज्य का निर्माण करके उसका सदस्य बनता है। अतः, उसका बौद्धिक और नैतिक विकास राज्य द्वारा नहीं किया जाता। बौद्धिक और नैतिक कार्यों में वह राज्य के नियंत्रण में नहीं है। राज्य का निर्माण तो केवल व्यक्ति के अधिकारों की रक्षा करने के लिए किया जाता है। राज्य व्यक्ति के अधिकारों की सृष्टि नहीं करता है। इस प्रकार, लॉक का राज्य

---

1. "The natural rights of the individual limit the just power of the sovereign community precisely as they limit, in the state of naturc, the just power of other individuals."—*Ibid.*
2. "It was not his concern to exalt political authority but to describe its limitation."—Maxey.

व्यक्तिवादी राज्य है, जिसके कर्तव्य तो कम हैं, लेकिन जिसकी शक्तियों पर अनेक प्रतिबंध है।

व्यक्ति की धार्मिक स्वतंत्रता (Individual's Religious Freedom)–राजनीतिक क्षेत्र में ही नहीं, बल्कि धार्मिक क्षेत्र में भी लॉक व्यक्तिवादी है। वह प्रत्येक व्यक्ति को धार्मिक दृष्टि से उपासना की स्वतंत्रता प्रदान करता है। नागरिक किसी भी धर्म में विश्वास रखने के लिए स्वतंत्र हैं। इस दृष्टि से भी व्यक्ति प्रधान और राज्य गौण है। लॉक का विचार है कि धर्म पूर्णतः व्यक्तिगत वस्तु है। धर्म का संबंध व्यक्ति की आत्मा और भावना से है, जबकि राज्य का संबंध भौतिक और सांसारिक वस्तुओं से है। अतः, राज्य को व्यक्ति की धार्मिक स्वतंत्रता में हस्तक्षेप करने का कोई अधिकार नहीं। इस प्रकार, लॉक ने राज्य की सीमा को निर्धारित कर उसको व्यक्ति के धर्म से अलग रखा है। इस संदर्भ में, **बार्कर** का कथन है, "लॉक में व्यक्ति की आत्मा की सर्वोच्च श्रेष्ठता स्वीकार करनेवाली और सुधार चाहनेवाली श्रेष्ठ भावना थी। उसमें यह प्यूरिटन अनुभूति थी कि आत्मा को परमात्मा से अपने संबंध निश्चित करने का अधिकार है। उसमें यह प्यूरिटन सहजबुद्धि भी थी कि वह राज्य की सीमा को निश्चित कर, यह कह सकता था कि राज्य का कार्यक्षेत्र उससे आगे नहीं हो सकता था।"

राज्य के विरूद्ध जनक्रांति का अधिकार (Individual's Right of Revolution Against the State)–लॉक राज्य के विरूद्ध व्यक्ति को क्रांति का अधिकार देकर उसकी गरिमा को बढ़ा दिया है। राज्य का निर्माण व्यक्ति की सहमति से होता है। यदि राज्य अपनी शक्ति का दुरूपयोग करता है तो व्यक्ति को उसका विरोध करने का अधिकार है। यदि राज्य सौंपे गए कार्यों का संपादन कुशलता से नहीं करता तो व्यक्ति उसके विरूद्ध विद्रोह कर सकता है। यदि राज्य का कोई कानून या कार्य व्यक्ति के मतानुसार प्राकृतिक नियमों या सौंपे गए ट्रस्ट के प्रतिकूल है तो व्यक्ति उसका प्रतिरोध कर सकता है। इस प्रकार, लॉक ने व्यक्ति को राज्य के विरूद्ध क्रांति करने का अधिकार दिया है। यह लॉक की प्रचंड व्यक्तिवादी विचारधारा की चरम परकाष्ठा है।

उपर्युक्त तथ्यों से यह स्पष्ट है कि लॉक ने व्यक्ति के महत्व को मान्यता प्रदान की है–उसकी दृष्टि में राज्य तथा सरकार केवल एक उद्देश्य को प्राप्त करने के साधन हैं; वह उद्देश्य है व्यक्ति का हित। इस प्रकार, लॉक का दर्शन कट्टर व्यक्तिवादी और व्यक्तिकेंद्रित है। **गेटेल** ने भी कहा है, "लॉक ने व्यक्तिवाद का आधुनिक भावना को प्रतिनिधित्व किया है।"

लॉक के व्यक्तिवाद की आलोचनाएँ
(Criticisms of the Locke's Individualism)

लॉक के व्यक्तिवाद की आलोचनाएँ निम्नलिखित आधार पर की जाती हैं–

सभी व्यक्ति समान नहीं (All Men are not Equal)–लॉक सभी व्यक्तियों को समानता का अधिकार देता है। लेकिन, वह इस बात को नहीं समझ पाता कि व्यक्ति अपने प्राकृतिक गुणों के कारण असमान होते हैं।

अल्पसंख्यकों को क्रांति का अधिकार नहीं (Minorities have no Right of Revolution)–लॉक ने व्यक्ति को अत्याचारी शासन के विरूद्ध विद्रोह करने का अधिकार दिया है। लेकिन, उसने केवल बहुसंख्यकों को शासन को बदलने और उसका अंत करने की अनुमति देकर, अल्पसंख्यकों को क्रांति करने के अधिकार से वंचित रखा है।

राज्य नैतिक कार्यों से वंचित (State Devoid of Moral Functions)–लॉक ने राज्य को व्यक्ति के नैतिक कार्यों से अलग रखा है। व्यक्तियों के नैतिक दृष्टिकोणों में अंतर हो सकता है। अतएव, कुछ व्यक्ति राज्य के कानूनों और कार्यों को अनैतिक कहकर उनका विरोध कर सकते हैं। लेकिन, इसका अंतिम परिणाम होगा–अराजकता। राज्य में सर्वत्र अराजकता और अव्यवस्था फैल जाएगी।

अल्पसंख्यक प्राकृतिक अधिकारों से वंचित (Minorities Devoid of Natural Rights)–लॉक के सामाजिक समझौते के सिद्धांत में बहुमत के शासन का विचार अनिवार्य रूप से निहित है। उसका कथन है कि अल्पमत द्वारा बहुमत का निर्णय स्वीकार किया जाना अनिवार्य है। इसका अर्थ यह है कि अल्पसंख्यकों को उन प्राकृतिक अधिकारों (जीवन, स्वतंत्रता और संपत्ति) से वंचित कर दिया जाता है, जिनकी सुरक्षा की गारंटी उनको राज्य निर्माण के समय दी गई थी। इस प्रकार, लॉक एक ओर तो प्राकृतिक अधिकारों को अत्याज्य मानता है पर दूसरी ओर, अल्पसंख्यकों को उनसे वंचित कर देता है। यदि व्यक्ति को स्वतंत्रता का अधिकार है, तो इस बात का कोई कारण नहीं है कि वह अपने स्वतंत्र निर्णय का इसलिए त्याग कर दे कि बहुमत उससे सहमत नहीं है।

बहुमत का शासन (Majority Rule)–लॉक के अनुसार, प्रत्येक व्यक्ति को सामाजिक हित की दृष्टि से बहुमत के निर्णय को स्वीकार करना चाहिए। एक ओर लॉक व्यक्ति के प्राकृतिक अधिकारों की अनुल्लंघनीयता की बात करता है और दूसरी ओर, वह बहुमत को उसे कुचलने का अधिकार भी देता है। इससे स्पष्ट होता है कि वह व्यक्ति की तुलना में बहुमत को अधिक महत्व प्रदान करता है तथा व्यक्ति को यह अधिकार नहीं देता कि वह बहुमत की अवज्ञा करे।

समझौता आनेवाली पीढ़ी पर भी लागू (Contract Followed by Coming Generations Also)–अंत में, लॉक ने यह भी स्वीकार किया है कि प्रारंभ में लोगों ने जो समझौता किया था, वह उनके आनेवाली पीढ़ी पर भी लागू हो सकता है, जो व्यक्तिवाद के विरूद्ध है।

निष्कर्ष

उपर्युक्त आलोचनाओं के आधार पर कुछ आलोचकों का कहना है कि लॉक व्यक्ति को व्यक्ति के रूप में नहीं, बल्कि बहुमत के एक अंश के रूप में ही सर्वोच्च मानता है। इसलिए, उसका व्यक्तिवाद अधूरा व्यक्तिवाद है।

लॉक के व्यक्तिवाद के संदर्भ में **वेपर** का निष्कर्ष है, "लॉक की वाणी एक महान परंपरा के बारे में अंतिम वाणी तथा दूसरी महान परंपरा के बारे में प्रथम महान वाणी थी। वह प्राचीन परंपरा, जिसका कि वह अंतिम प्रतिनिधि था, मध्यकालीन परंपरा है, और वह नवीन परंपरा जिसका कि वह प्रथम प्रवक्ता है, व्यक्तिवाद की परंपरा है।"[1]

कुछ विद्वानों का मत है कि लॉक पूर्णरूपेण व्यक्तिवादी है। हम स्वतंत्रता और अधिकारों के वैसे ही जगत में निवास करना चाहते हैं और कुछ सीमा तक कर भी रहे हैं, जिसका चित्र लॉक ने अंकित किया है।

लेकिन, व्यक्तिवाद का भविष्य उज्जवल नहीं है और उसके औचित्य में संदेह किया जाने लगा है, जैसा कि **मैकडॉनल्ड** ने निष्कर्ष में कहा है, "हम लॉक को इसलिए पसंद करते हैं कि वह व्यक्तिवादी दीख पड़ता है, लेकिन हमको व्यक्तिवाद के औचित्य में विश्वास नहीं रह गया है।"[2]

लॉक के व्यक्तिवाद के संबंध में जो भी भ्रान्तियाँ हो, उसके विचारों से इतना तो यह स्पष्ट है कि वह मन, कर्म, वचन और हृदय से पूर्णतः व्यक्तिवादी है।

प्रश्न
(Questions)

1. लॉक के व्यक्तिवाद का विवेचन करें।
   Discuss Locke's individualism.
2. "लॉक के दर्शन में प्रत्येक बात व्यक्ति के चारों ओर घूमती है।" वॉहन। स्पष्ट कीजिए।
   "Everything is Locke's system revolves round the individual."—Vaughan. Explain.

---

1. वेपर, **राजदर्शन का स्वाध्याय।**
2. "We like Locke because he seems to be an individualist, but we are not sure individualism is relevant any more."—McDonald.

3. "लॉक पूर्णतः व्यक्तिवादी विचारक है।" इस कथन की व्याख्या कीजिए। "Locke is thoroughly an individualist thinker." Explain this statement.
4. लॉक के व्यक्तिवादी के समर्थन में कौन-से तर्क है? विवेचन कीजिए। What are the arguments in support of Locke's individualism? Discuss.
5. इस कथन की समीक्षा कीजिए, "लॉक पूर्णतः व्यक्तिवादी था।" Examine the statement: "Locke was an individualist out and out."

वस्तुनिष्ठ प्रश्न
(Objective Questions)

1. Who said this?

   "Everything in Locke's system revolves round the individual; everything is disposed so at to ensure the sovereignty of the individual."

   (a) Vaughan (b) Gettell (c) Sabine (d) Wayper
2. Who said this?

   "The happiness and security of the individual figure, not as essential to the perpetuity of a government, but as the end for which alone government is ever called into existence."

   (a) Sabine (b) Dunning (c) Gettell (d) Jones
3. Who said this?

   "The natural rights of the individual limit the just power of the sovereign community precisely as they limit, in the state of nature, the just power of other individuals."

   (a) Sabine (b) Foster (c) Dunning (d) Wayper
4. Who said this?

   "It was not his concern to exalt political authority but to describe its limitations."

   (a) Sabine (b) Jones (c) Wayper (d) Maxey
5. Who said this?

   "We like Locke because he seems to be an individualist, but we are not sure individualism is relevant any more."

   (a) McDonald (b) Wayper (c) Maxey (d) Gettell

6. यह कथन किसका है?

"लॉक में व्यक्ति की आत्मा की सर्वोच्च श्रेष्ठता स्वीकार करनेवाली और सुधार चाहनेवाली श्रेष्ठ भावना थी। उसमें यह प्यूरिटन अनुभूति थी कि आत्मा को परमात्मा से अपने संबंध निश्चित करने का अधिकार है। उसमें यह प्यूरिटन सहज बुद्धि भी थी कि वह राज्य की सीमा को निश्चित कर, यह कह सकता था कि राज्य का कार्य क्षेत्र उससे आगे नहीं हो सकता था।"

(क) गेटेल (ख) बारकर (ग) वेपर (घ) सेबाइन

7. यह कथन किसका है?

"लॉक की वाणी एक महान परंपरा के बारे में अंतिम वाणी तथा दूसरी महान परंपरा के बारे में प्रथम महान वाणी थी। वह प्राचीन परंपरा, जिसका कि वह अंतिम प्रतिनिधि था, मध्यकालीन परंपरा है, और वह नवीन परंपरा जिसका कि वह प्रथम प्रवक्ता है, व्यक्तिवाद की परंपरा है।"

(क) सेबाइन (ख) गेटेल (ग) वेपर (घ) जोन्स

उत्तर
(Answers)

1. (a) 2. (b) 3. (c) 4. (d) 5. (a) 6. (ख) 7. (ग)

◈ ◈ ◈

15

लॉक का उदारवाद

(Locke's Liberalism)

आदिकाल से स्वतंत्रता को मानवीय जीवन का महानतम लक्ष्य समझा जाता रहा है। लेकिन, इसे राजनीतिक विचार के केंद्रबिंदु का स्थान प्रदान करने का श्रेय उदारवादी दर्शन को प्राप्त है। स्वतंत्रता की समस्या और मानवमात्र के लिए इसकी प्राप्ति के उपायों पर जितना ध्यान उदारवाद ने केंद्रित किया है, संभवतः उतना किसी भी दूसरी विचारधारा ने नहीं। उदारवाद के समर्थकों में लॉक का स्थान अग्रगण्य है। लॉक को उदारवाद की आत्मा कहा जाता है; क्योंकि उसने अपने दर्शन में स्वतंत्रता को शासन के सर्वोच्च लक्ष्य का स्थान प्रदान किया है।

उदारवाद के दो रूप प्रचलित रहे हैं–(क) प्राचीन उदारवाद, और (ख) नवीन उदारवाद।

(क) प्राचीन उदारवाद (Old Liberalism)–इसके मुख्य प्रतिपादक बेंथम, जेम्स मिल, जॉन स्टुअर्ट मिल, जेफरसन और टॉमस पेन हैं। वे राज्य को श्रेष्ठतम अवस्था में भी एक बुराई मानते हैं। उनकी दृष्टि में राज्य एक प्रहरी का काम करता है तथा उसकी शक्तियाँ सीमित होती है।

(ख) नवीन उदारवाद (New Liberalism)–लॉक उदारवाद की नवीन विचारधारा का प्रतिनिधित्व करता है तथा शासन को स्वतंत्रता की प्राप्ति का एक अत्यंत महत्वपूर्ण और आवश्यक साधन मानता है। टी॰ एच॰ ग्रीन नवीन उदारवाद का दूसरा विचारक है, जिसने जनतंत्रात्मक उदारवाद की व्याख्या की है।

उदारवाद की परिभाषा और उद्देश्य
(Definition and Aim of Liberalism)

उदारवादी विचारधारा दूसरी विचारधाराओं की तरह निश्चित और क्रमबद्ध विचारधारा नहीं है। उदारवाद न तो किसी एक व्यक्ति के विचारों का परिणाम है और न ही यह विचारधारा किसी एक युग के साथ जुड़ी हुई है। वास्तव में, यह कोई एक दर्शन नहीं, बल्कि अनेक विचारों का सम्मिश्रण है। यह एक जीवन दृष्टि, जीवनक्रम और मस्तिष्क की एक प्रवृति है, जिसके अंतर्गत अनेक मान्यताएँ, आदर्श और संस्थाएँ हैं। ऐसी स्थिति में, उदारवाद की परिभाषा देना या व्याख्या करना कठिन कार्य हो जाता है।

परिभाषा (Definition)

मैक्गवर्न के अनुसार, "एक राजनीतिक सिद्धांत के रूप में उदारवादी दो पृथक तत्वों का मिश्रण है। इसमें से एक लोकतंत्र है और दूसरा व्यक्तिवाद।"[1]

कुछ व्यक्ति उदारवाद को व्यक्तिवाद का पर्यायवाची मानते हैं जो कि सही नहीं है। यद्यपि व्यक्तिवाद उदारवाद का अभिन्न अंग है, फिर भी दोनों एक ही वस्तु नहीं हैं। उसी प्रकार लोकतंत्र को उदारवाद की संज्ञा दी जाती है, लेकिन यह भी सही नहीं है। वस्तुत:, उदारवाद, व्यक्तिवाद, लोकतंत्र और प्रगतिवाद का एक मिश्रण है, जो व्यक्ति को साध्य और राज्य को साधन मानता है। वह इस बात पर जोर देता है कि समस्त मानवीय व्यवस्था का केंद्र व्यक्ति ही है, राज्य, समाज और अन्य संस्थाएँ इस व्यक्ति के कल्याण के साधनमात्र ही हैं तथा समस्त सामाजिक, आर्थिक और राजनीतिक व्यवस्था का निर्धारण व्यक्ति को केंद्र मानकर ही किया जाता है।

उद्देश्य (Aim)

व्यक्ति की स्वतंत्रता और राज्यसत्ता के बीच उचित समन्वय का प्रश्न ही उदारवाद का प्रश्न माना जा सकता है। व्यक्ति की स्वतंत्रता पर राज्य के नियंत्रण की उचित सीमा को निर्धारित करना ही उदारवाद का उद्देश्य होता है। व्यक्ति की स्वतंत्रता पर आघात न होने को उदारवाद की संज्ञा दी जा सकती है।

हॉब्स और टी॰ एच॰ ग्रीन राज्य द्वारा तथा हीगल नागरिक समाज द्वारा विभिन्न स्वार्थहितों में समन्वय स्थापित करने को ही उदारवाद का उद्देश्य मानते हैं।

---

1. "Liberalism as a political concept is a compound of two separate elements. One of these is democracy, the other is individualism."—McGovern, W.M., *From Luther to Hitler*.

रूसो और कार्ल मार्क्स क्रमशः सामान्य इच्छा तथा साम्यवाद के आधार पर राज्यसत्ता और वैयाक्तिक स्वतंत्रता में एकरूपता लाकर पूर्ण उदारवाद का संचार करते हैं।

लॉक और बेंथम आर्थिक व्यक्तिवाद पर आधृत मध्यमवर्ग के उदारवाद यानी वर्गविशेष के उदारवाद का समर्थन करते हैं। जॉन स्टुअर्ट मिल उदारवादी सरकार की पृष्ठभूमि में एक उदारवादी समाज के पूर्व अस्तित्व को अनिवार्य बताता है।

वस्तुतः, लॉक का उदारवादी चिंतन महत्वपूर्ण प्रारंभ था, लेकिन उसने उसका पूर्णरूप से सैद्धांतिक विश्लेषण न कर सका। हॉब्स के समान लॉक भी अनुबंधवादी था, परंतु वह उसके निरंकुश राजतंत्र के विपरीत सांविधानिक राजतंत्र प्रदान कर उदारवादी मार्ग पर अग्रसर होता है। उदारवादी दिशा में वह एक विशाल मोड़ लेता है। लेकिन, वह उदारवादी पथ को प्रशस्त करने में पूरी सफलता नहीं प्राप्त करता।

लॉक के उदारवाद के मुख्य आधार
(The Main Bases of Locke's Liberalism)

लॉक के उदारवाद के मुख्य आधार निम्नलिखित हैं–

विवेक में आस्था (Faith in Wisdom)–उदारवादी विचारधारा का प्रमुख आधार विवेक और बुद्धि में मूलभूत आस्था है। तत्कालीन यूरोप में ईसाइयत ने मनुष्य के विवेक को कठोर बंधनों में जकड़ रखा था और ऐसा माना जाता था कि पोप धर्मशास्त्रों का जो अर्थ बताते हैं, वही प्रामाणिक है। लेकिन, लॉक ने इसका विरोध किया और लोगों को स्वयं अपने विवेक के आधार पर सोचने के लिए प्रेरित किया। टॉमस पेन ने तो समस्त रूढ़िवादियों को चुनौती देते हुए कहा कि मेरा अपना मन ही मेरा चर्च है।

व्यक्ति साध्य : राज्य साधन (Individual End : State Means)– उदारवाद का मूल आधार व्यक्ति है। लॉक ने व्यक्ति को साध्य और राज्य को साधन माना है। उसके अनुसार व्यक्ति का भौतिक, बौद्धिक और आध्यात्मिक हित तथा उसकी रचनात्मक शक्तियों का विकास ही सबसे अधिक महत्वपूर्ण पहलू है। राज्य तो साधनमात्र है और उसका महत्व उसी सीमा तक है, जहाँ तक वह इस लक्ष्य की पूर्ति में सहायक होता हैं।

राज्य एक कृत्रिम संस्था है (State is an Artificial Institution)–लॉक ने राज्य को एक कृत्रिम संस्था माना है। उसके अनुसार राज्य प्राकृतिक अवस्था के मनुष्यों के आपसी समझौते का परिणाम है। राज्य की स्थापना व्यक्ति के हित के लिए की जाती है। अगर राज्य इस उद्देश्य की पूर्ति में असमर्थ सिद्ध

होता है, तो इसे भंग भी किया जा सकता है। इस प्रकार, लॉक की दृष्टि में राज्य एक प्राकृतिक नहीं, बल्कि कृत्रिम संस्था है।

प्राकृतिक नियम (Natural Law)–लॉक ने प्राकृतिक नियमों को सर्वोच्च नैतिक नियमों के रूप में स्वीकार किया है। उसने बोदाँ और ग्रोशस की तरह ही उन्हें प्रत्येक निरंकुश सत्ता को सीमित करने के लिए अस्त्रों के रूप में प्रयोग किया है। **बार्कर** ने तो यहाँ तक कहा है, "हम सामान्यत: लॉक को सामाजिक समझौते के सिद्धांत का प्रवर्तक होना मानते हैं, लेकिन उसके बारे में यह सोचना अधिक न्याययुक्त होगा कि वह प्राकृतिक नियम की संप्रभुता का प्रवर्तक है।"

लॉक ने अपने राजदर्शन में प्राकृतिक नियमों और कानूनों को प्रधानता दी है और शासकीय स्वेच्छाचारिता का विरोध किया है। उसका कथन है कि राज्य और सरकार प्राकृतिक नियमों और कानूनों से सदा आबद्ध रहते हैं।

प्राकृतिक अधिकार (Natural Rights)–उदारवादियों का विश्वास रहा है कि व्यक्ति को कुछ जन्मजात और अनुल्लंघनीय अधिकार प्राप्त हैं, जिन्हें प्राकृतिक अधिकार कहा जाता है। उनका कथन है कि अधिकारों की सृष्टि किसी मानवीय संस्था–समाज या राज्य–द्वारा नहीं की गई है, बल्कि ये तो इन संस्थाओं के अस्तित्व के पूर्व से विद्यमान रहे हैं तथा समाज और राज्य की उत्पत्ति इन अधिकारों की रक्षा के लिए ही हुई है।

इस संदर्भ में, लॉक प्राकृतिक अधिकारों का मसीहा है। उसने जीवन, स्वतंत्रता और संपत्ति को प्राकृतिक अधिकारों की श्रेणी में रखकर, संपूर्ण मानव जाति के अस्तित्व को सुरक्षित रखा है और प्रत्येक व्यक्ति के व्यक्तित्व को विकसित करना चाहा है। व्यक्ति को स्वतंत्रता का अधिकार देकर उसने व्यक्ति के स्वाभिमान और मर्यादा को ऊँचा उठाया है। संपत्ति का अधिकार व्यक्ति में गरिमा का संचार करता है। **डनिंग** ने भी कहा है, "व्यक्ति के प्राकृतिक अधिकार संप्रभु समाज के अधिकारों को ठीक वैसे ही सीमित करते हैं, जिस प्रकार प्राकृतिक अधिकार अन्य व्यक्तियों के प्राकृतिक अधिकारों को सीमित करते थे।"[1]

सीमित सरकार (Limited Government)–राज्य की उत्पत्ति व्यक्तियों के हित की रक्षा के लिए होती है। राज्यसत्ता के सुचारू रूप से संचालन हेतु सरकार की स्थापना की जाती है, जिसे जीवन, स्वतंत्रता और संपत्ति की रक्षा

---

1. "The natural rights of the individual limit the just power of the sovereign community precisely as they limited, in the state of nature, the just power of other individuals."—Dunning, W.A., *A History of Political Theories, from Luther to Montesquieu*, Allahabad, Central Book Depot, 1966.

का अधिकार दिया जाता है। शेष अधिकार जनता के पास होता है। इस प्रकार, लॉक का प्राकृतिक अधिकारों का सिद्धांत राज्य और सरकार की स्वेच्छाचारी और अमर्यादित शक्तियों पर घोड़े की लगाम का काम करता है। इसी आधार पर लास्की ने लॉक के राज्य को एक विशाल मर्यादित अर्थभार वाली कंपनी[1] की संज्ञा दी है, जो संपत्ति की रक्षा करती है।

इस संदर्भ में, **डनिंग** का कथन है, "हॉब्स और पूफेंडोर्फ के द्वारा सामाजिक समझौते के आधार पर राजनीतिक संघ के निर्माण की पद्धति शासकीय सत्ता की असीमितता का प्रतिपादन करने के लिए अपनाई गई है, लेकिन लॉक इस पद्धति के आधार पर शासकीय सत्ता को सीमित करने में ही प्रयत्नशील रहा है।"[2]

ए॰ हैकर ने भी ऐसा ही विचार व्यक्त किया है, "जबकि सभी पूर्वगामी विचारकों ने राज्य को अधिक सुदृढ़ बनाने के प्रयत्न किए, लॉक प्रथम विचारक है, जिसने राज्य संस्था को कमजोर बनाने और उसकी शक्तियों को सीमित करने का प्रयत्न किया।"[3]

शक्ति विभाजन (Separation of Powers)–सरकार के प्रमुख अंग हैं–व्यवस्थापिका, कार्यपालिका और न्यायपालिका। सरकार अपनी शक्तियों का दुरूपयोग न कर सके, इसके लिए लॉक ने शक्ति विभाजन के सिद्धांत का प्रतिपादन किया है। उसके अनुसार व्यवस्थापिका और कार्यपालिका को अलग-अलग काम करना चाहिए। दोनों एक दूसरे के कार्य में कोई हस्तक्षेप नहीं करें। दोनों शक्तियों का एक स्थान पर केंद्रित होने से व्यक्ति के प्राकृतिक अधिकारों पर खतरा उत्पन्न हो सकता है। इस प्रकार, लॉक ने शक्ति-पृथक्करण के सिद्धांत के द्वारा सरकार के अंगों को महत्वहीन और पंगु बना दिया है तथा वैयक्तिक स्वतंत्रता की नींव को मजबूत किया है।

विद्रोह का अधिकार (Right of Revolution)–यदि सरकार अपने कार्यों के संपादन करने में असमर्थ और अयोग्य सिद्ध होती है, तो जनता को उसे अपदस्थ कर नई सरकार गठन करने का अधिकार प्राप्त है। इस प्रकार, लॉक ने जनता को विद्रोह का अधिकार देकर वैयक्तिक स्वतंत्रता और जनतंत्र की मर्यादा को सुरक्षित रखा है, जो उदारवाद की नींव है।

---

1. Gigantic limited liability company.
2. "Where Hobbes and Pufendorf had analyzed the formula of political union in order to make governmental authority absolute, Locke laboured primarily to establish its limitations."—Dunning.
3. "After all the efforts of writers, culminating with Hobbes, to establish the strength of the state, it is Locke who sets about to weaken that institution and limit its powers."—Hacker.

रूढिवादी विचारों में आस्था नहीं (Disbelieve in Conservative Ideas)–उदारवाद मानवीय विवेक में विश्वास करता है और किसी भी ऐसे रूढ़िवादी विचार या सिद्धांत या संस्था को स्वीकार करने के लिए तैयार नहीं है जो बुद्धिसंगत न हो, चाहे वह कितना ही पुराना क्यों न हो और चाहे उसे कितना ही पवित्र क्यों न समझा जाता रहा है। उदारवाद का विश्वास रहा है कि यदि प्रगति के लिए इतिहास और परंपराओं के प्रति विद्रोह किया जाना आवश्यक हो, तो इस प्रकार का विद्रोह अवश्य ही किया जाना चाहिए। लॉक ने यूरोप के रूढ़िवादी और पारंपरिक असीमित राजसत्ता तथा धार्मिक कट्टरता का जोरदार शब्दों में खंडन किया है।

धार्मिक सहिष्णुता और धर्मनिरपेक्ष राज्य (Religious Toleration and Secular State)–तत्कालीन यूरोपीय समाज में धर्म के नाम पर नाना प्रकार के कुकर्म हो रहे है। कैथोलिक और प्रोटेस्टेंट में सर्वोच्चता के लिए काफी संघर्ष चल रहा था। जनता के ऊपर धर्म लादा जा रहा था। उसे धर्म के मामले में कोई स्वतंत्रता नहीं थी। चर्च और पादरी उसके धार्मिक भाग्य के निर्णायक थे। लॉक ने चर्च और पादरी के इस धार्मिक कट्टरता का जोरदार शब्दों में खंडन लेटर्स ऑन टोलरेशन में किया है और साथ ही धार्मिक सहिष्णुता की नीति का प्रतिपादन किया है। उसने लोगों को आह्वान किया कि प्रत्येक व्यक्ति किसी भी धर्म को मानने के लिए स्वतंत्र है। वह किसी भी चर्च में जा सकता है।

लॉक की इस धर्मसंबंधी धारणा ने धर्मनिरपेक्ष राज्य का बीजारोपण किया। लॉक ने स्पष्ट शब्दों में लिखा है कि राज्य का कोई अपना धर्म नहीं होना चाहिए। राज्य को धर्म के आधार पर अपने नागरिकों में किसी प्रकार का पक्षपात नहीं करना चाहिए। वह धर्म के मामले में तटस्थ रहे। राज्य के अंतर्गत सभी धर्मों को समान रूप से विकसित करने का अवसर मिलना चाहिए। लॉक के इस क्रांतिकारी विचार का प्रभाव अमेरिका और यूरोप के विभिन्न राज्यों में पड़ा, जहाँ धर्मनिरपेक्ष राज्य की स्थापना की गई। इसके साथ ही, वर्तमान युग और भारत उसका ऋणी है और उसके धर्मनिरपेक्ष राज्य तथा धार्मिक सहिष्णुता की नीति के मार्ग पर अविचल राही के समान चलायमान है।

प्रजातंत्र का समर्थक (Supporter of Democracy)–प्रजातांत्रिक पद्धति का समर्थन उदारवाद का स्थायी आधारस्तंभ है। उदारवाद का जन्म ही स्वेच्छाचारी शासन के विरूद्ध प्रतिक्रिया के रूप में हुआ और लोक-प्रभुत्व उदारवाद का मूल तत्व है। उदारवादी विचारधारा के अनुसार सभी मनुष्य स्वतंत्र उत्पन्न होते हैं, इसलिए किसी को भी दूसरों पर उनकी सहमति के बिना शासन करने का अधिकार नहीं हो सकता है। वे इस बात पर बल देते हैं कि व्यक्ति के अधिकारों की रक्षा का सर्वोच्च उपाय यही हो सकता है कि शासन की शक्ति

स्वयं जनता के हाथों में हो और किसी व्यक्ति अथवा वर्गविशेष को स्वेच्छाचारी ढंग से शासन करने का अधिकार न हो। लॉक इस सिद्धांत का आधुनिक युग का प्रथम प्रवर्तक कहा जा सकता है, जिसने राज्य को मानवकृत बताकर, सरकार को मर्यादित कर, जनता को क्रांति का अधिकार देकर तथा जनसंप्रभुता के सिद्धांत का प्रतिपादन कर प्रजातांत्रिक भव्य महल की नींव को सुदृढ़ किया है। इसके साथ ही, संयुक्त राष्ट्र के चार्टर के मानवीय अधिकार लॉक की आत्मा की अमरता का ज्वलंत प्रमाण है।

लॉक के उपर्युक्त उदारवादी विचार इंग्लैंड के ह्विग पार्टी के सिद्धांत पर आधृत है। ह्विग पार्टी के मूलभूत सिद्धांत चार थे–

(i) प्राकृतिक नियमों का सर्वाधिक नियंत्रण,

(ii) प्राकृतिक अधिकारों की मान्यता,

(iii) सीमित सरकार की स्थापना, और

(iv) धार्मिक सहिष्णुता तथा धर्मनिरपेक्ष राज्य की आकांक्षा।

यही चारों विचार लॉक के सिद्धांत के आधार हैं तथा इन चारों में उदारवाद की नीति व्याप्त है। ऐसा लगता है ह्विग पार्टी के मूलभूत सिद्धांतों का जनक लॉक ही रहा हो। ह्विग पार्टी का घोषणा पत्र उसी के उर्वर मस्तिष्क की उपज है।

ऐंड्रू हैकर के अनुसार उदारवाद के आधार
(Bases of Liberalism According to Andrew Hacker)

ऐंड्रू हैकर ने उदारवाद के चार विभिन्न रूपों का उल्लेख किया है। उन्हीं विभिन्न रूपों के आधार पर लॉक की उदारवादी सिद्धांतों में देन का मूल्यांकन किया जाएगा। ये हैं–

1. सुधारवादी उदारवादी,
2. स्वतंत्र बाजार उदारवाद,
3. कल्पनावादी उदारवादी, और
4. प्रजातंत्रीय उदारवाद।

सुधारवादी उदारवादी (Reformist Liberalism)

सुधारवादी उदारवाद का प्रयोग साधारणतः रूढ़िवाद के विरोध में होता है। एक सुधारवादी उदारवाद शीघ्रतापूर्ण परिवर्तन में विश्वास करता है। वह कानून और राजनीतिक गतिविधियों में नया प्रयोग करता है। **प्रो॰ हैकर** के शब्दों में, "यह स्पष्ट है कि इस प्रकार का उदारवाद एक संबद्ध नीति के बदले एक

चित्तवृत्ति को एक विशिष्ट **राजनीतिक** दिशा की अपेक्षा समय के भाव को अभिव्यक्त करता है।"[1]

इस संदर्भ में, अपनी सामान्य **बुद्धि** और व्यवहारवाद द्वारा लॉक इंग्लैंड के परंपरागत निरंकुशतावाद पर आधृत राज्य के स्थान पर सांविधानिक राज्य का प्रणयन करता है। जिसका प्रभाव 1688 ई० में गौरवपूर्ण क्रांति पर पड़ा। यह क्रांति प्रजातंत्र के विकास, व्यक्ति के अधिकारों की स्वीकृति और संसद की सर्वोच्चता के क्षेत्र में महान सुधार लानेवाली थी।

राज्य की अपरिहार्यता के साथ लॉक उसे एक ट्रस्ट के रूप में चित्रित करता है। राज्य का मुख्य उद्देश्य है–व्यक्ति के प्राकृतिक अधिकारों की रक्षा करना। लॉक प्रजातंत्र, संसदीय सर्वोच्चता, शक्ति-पृथक्करण और धार्मिक सहिष्णुता जैसे सिद्धांतों का प्रतिपादन करता है। वह जीवन, स्वतंत्रता और संपत्ति जैसे प्राकृतिक अधिकारों पर विशेष जोर देता है। इस प्रकार, वह राजनीतिक संस्थाओं में सुधार लाकर, एक नए पथ का निर्माण करना चाहता है।

स्वतंत्र बाजार उदारवाद (Free-market Liberalism)

स्वतंत्र बाजार उदारवाद सुधारवादी उदारवाद के ठीक विपरीत होता है। एडम स्मिथ के समय से ही इस प्रकार के उदारवाद का प्रचार दिख पड़ता है। आर्थिक क्रियाकलाप पर लगाए गए सरकारी नियंत्रण से व्यापारियों को मुक्त कराना ही उसका लक्ष्य है। ये कर-वृद्धि में विश्वास नहीं रखते। अतएव, ऐसे उदारवादी राज्यशक्ति की सीमा में कटौती करते हुए उसे कुछ संरक्षण और न्याय के कार्य प्रदान करते हैं। आर्थिक उद्देश्यों की पूर्ति और अभिवृद्धि के लिए राजनीतिक स्वतंत्रता पर इन लोगों ने जोर दिया है। हॉब्स और लॉक ने ऐसे उग्रतापूर्ण विचार का समर्थन बहुत पूर्व ही कर रखा था। इस अर्थ में लॉक महान उदारवादी है; क्योंकि उसने अपने सामाजिक समझौते के अंतर्गत व्यक्ति की संपत्ति के संरक्षण के निमित्त राज्य की अपरिहार्यता पर विशेष जोर दिया है।

कल्पनावादी उदारवाद (Utopian Liberalism)

उदारवाद केवल राजनीतिक और आर्थिक सिद्धांतों से ही संबद्ध नहीं है, बल्कि वह एक मानव स्वभाव का भी सिद्धांत है। कल्पनावादी उदारवाद मानव स्वभाव का उदारतापूर्ण चित्रण कर मनुष्य को साधारण और पूर्ण प्राणी के रूप में स्वीकार करता है। मनुष्य साधनयुक्त और विवेकी है तथा प्रगति की इच्छाशक्ति उसमें रहती है। ऐसे उदारवादी आशावादी सिद्धांत प्रस्तुत करता है। मनुष्य को

1. "It is obvious that this kind of liberalism expresses a mood rather than a coherent policy, a sense of tempo rather than a specific political direction."— Hacker, Andrew, *Political Theory : Philosophy, Ideology and Science* .

अच्छा मानकर उसकी शक्ति की प्रशंसा करता है। कल्पनावादी उदारवाद का समाज प्रबुद्ध व्यक्तियों से संगठित रहता है। व्यक्ति स्वतंत्र रूप से बिना किसी दूसरे की स्वतंत्रता पर आघात किए अपने हितसाधन की खोज करता है। प्लेटो और लॉक इस उदारवादी विचारधारा के प्रवर्तक हैं। इस संदर्भ में, **ऐंड्रू हैकर** का कथन है, "स्वतंत्र पुरूष इस सिद्धांत के मध्य में स्थान ग्रहण करता है। राज्यों ओर समुदायों को वह अपनी सुविधा के लिए न कि अपने से परे उच्चतर लक्ष्यों के लिए संघों के रूप में स्थापित करता है।"[1]

समझौतावादी लॉक स्वतंत्र व्यक्तियों द्वारा निर्मित ऐसे ही राज्य का चित्र चित्रित करता है। इस अर्थ में लॉक को पूर्णतया कल्पनावादी-उदारवादी माना जा सकता है।

प्रजातंत्रीय उदारवाद (Democratic Liberalism)

प्रजातंत्रीय उदारवाद प्रजातंत्र और वैयक्तिक स्वतंत्रता के बीच संतुलन स्थापित करना चाहता है। यह प्रजातंत्र और स्वतंत्रता दोनों में आस्था प्रकट करता है। प्रजातंत्र का अर्थ है–बहुमत सम्मति पर आधारित राज्य। व्यक्ति की स्वतंत्रता का अर्थ है बहुमत के साथ-साथ अल्पसंख्यक मत का भी समान आदर। भले ही बहुमत शासन करे, लेकिन अल्पमत पर कोई बुरा आघात न पहुँचे। लॉक बहुमत सम्मति पर आधृत राज्य का समर्थन संविदा के बाद करता है। लेकिन, प्रारंभ में व्यक्ति ही प्रारंभिक विंदु रहता है। इसके साथ ही, लॉक अपने राज्य में सहिष्णुता की नीति को मान्यता प्रदान कर अल्पसंख्यक मत के प्रति आदर का भाव प्रदर्शित करता है। इस प्रकार, लॉक ने बहुमतवाद और अल्पसंख्यक मत के बीच समन्वय स्थापित किया है।

उपर्युक्त तथ्यों के विश्लेषण से स्पष्ट है कि लॉक सही अर्थ में उदारवाद का जनक और पोषक है।

लॉक के उदारवाद की आलोचनाएँ
(Criticisms of Liberalism)

लॉक के उदारवाद की निम्नलिखित आलोचनाएँ उल्लेखनीय हैं–

व्यक्ति की सक्रियता संदेहयुक्त (Individual's Activeness Doubtful)–आलोचकों का कथन है कि प्रारंभ में लॉक व्यक्ति को पूर्ण सक्रिय मानता है–सभी तभी तो समझौते में भाग लेकर राज्य का निर्माण करते हैं। लेकिन,

1. "The freeman stands at the centre of this theory : states and societies are associations he establishes for his convenience but not for ends higher than his own."—*Ibid.*

आगे चलकर लॉक व्यक्ति की ऐसी सक्रियता को सदा के लिए तिलांजलि देते हुए कहता है, "आखिरकर, जनता में एक निश्चित जड़ता होती है, जो सरकार की देन की स्वीकृति, न कि उसकी स्थायी आलोचना, की दिशा में झुकती रहती है।"[1]

पूँजीवाद का समर्थन (Support of Capitalism)–लॉक संपत्ति के अधिकार के अंतर्गत संचय की पुष्टि कर पूँजीवाद का उदारवादी बन बैठा है।

अल्पसंख्यकों की उपेक्षा (Negligence of Minorities)–यद्यपि, लॉक सैद्धांतिक रूप से बहुमत शासन और अल्पसंख्यक मत के बीच समन्वय प्रस्तुत कर प्रजातंत्रीय उदारवाद का पोषण करता है, फिर भी वह अल्पसंख्यकों के अंतर्गत कैथोलिक, मुसलमान और नास्तिकों को सम्मिलित नहीं करता।

बहुमत शासन तानाशाही (Majority Rule Dictatorial)–पुफेनडॉर्फ का कथन है कि बहुमत सम्मति को सर्वोच्चशक्ति मानना, एक निरंकुश की अपेक्षा अधिक तानाशाह बनाना है।

पूर्ण सफलता नहीं (Not Fully Successful)–आलोचकों का मत है कि लॉक को उदारवादी सिद्धांतों के विकास में पूरी सफलता नहीं मिली है। उदारवादी धाराप्रवाह में लॉक ने तो गहरे पानी में पैठता है और न तो किनारे पर ही तैरता है। वह अपने को उस प्रवाह में झोंक अवश्य देता है। उसकी दो-चार लहरियों के आलिंगन के बाद शीघ्र ही लौट आता है। रॉकेट की तरह उसकी उदारवादी उड़ान सुदूर अंतरिक्ष में देखी जाती है। लेकिन, चाँद पर जाने की बाजी कोई दूसरा ही मार लेता है।

निष्कर्ष

लॉक के उदारवादी सिद्धांत की जो भी आलोचनाएँ की जाए, इतना सत्य है कि इंग्लैंड के लिए वह मध्यमवर्ग का उदारवादी विचारक था। इतना ही नहीं, उसके उदारवाद का प्रचंड प्रभाव फ्रांस और अमेरिका के संग्राम पर पड़ा, मानो लॉक ने उदारवादी झंडा को कहीं से पा लिया हो, लेकिन उसे अधिक देर तक थामे नहीं रख सका। फिर भी, उदारवादी विचारधारा के इतिहास में उसका योगदान एक स्थायी लकीर बनाकर रह गई।

---

1. "Moreover there is a certain inertia in the people, which tends in the same direction towards the acceptance of what government offers rather than towards constant criticism."—Locke.

प्रश्न
(Questions)

1. लॉक के उदारवादी दर्शन के मुख्य आधारों का विवेचन करें।
   Discuss the main bases of the Locke's liberalistic philosophy.
2. एंड्रू हैकर के उदारवादी आधार पर लॉक के उदारवाद का विश्लेषण करें।
   Analyse the Locke's liberalism in the light of Andrew Hacker's liberalistic bases.
3. लॉक के उदारवाद पर एक लेख लिखिए।
   Write an essay on Locke's liberalism.
4. "लॉक को आधुनिक उदारवाद का जनक कहा जाता हैं" इस कथन का परीक्षण कीजिए।
   "Locke is called the Father of Modern Liberalism." Examine this statement.
5. लॉक के उदारवाद की मीमांसा कीजिए।
   Discuss Locke's Liberalism.
6. लॉक को एक उदारवादी विचारक के रूप में विवेचन करें।
   Examine Locke as a liberalist thinker.
7. "लॉक शानदार क्रांति 1688 का दार्शनिक था।" विवेचन करें।
   Locke was the Philosopher of the Glorious Revolution of 1688."—Elucidate.

वस्तुनिष्ठ प्रश्न
(Objective Questions)

1. Who said this?

   "Liberalism as a political concept is a compound of two separate elements. One of these is democracy, the other is individualism."

   (a) McGovern (b) McDonald (c) Sabine (d) Wayper
2. Who said this?

   "The natural rights of the individual limit the just power of the sovereign community precisely as they limited, in the state of nature, the just power of other individuals."

   (a) Sabine (b) Dunning (c) Maxey (d) Foster

3. Who said this?

"Where Hobbes and Pufendorf had analyzed the formula of political union in order to make governmental authority absolute, Locke laboured primarily to establish its limitations."

(a) Sabine (b) Wayper (c) Dunning (d) Jones

4. Who said this?

"After all the efforts of writers, culminating with Hobbes, to establish the strength of the state, it is Locke who sets about to weaken that institution and limit its powers."

(a) Jones (b) Maxey (c) Dunning (d) Hacker

5. Who said this?

"It is obvious that this kind of liberalism expresses a mood rather than a coherent policy, a sense of tempo rather than a specific political direction."

(a) Hacker (b) Dunning (c) Wayper (d) Jones

6. Who said this?

"The freeman stands at the centre of this theory : states and societies are associations he establishes for his convenience but not for ends higher than his own."

(a) Sabine (b) Hacker (c) Jones (d) Coker

7. Who said this?

"Moreover there is a certain inertia in the people, which tends in the same direction towards the acceptance of what government offers rather than towards constant criticism."

(a) Hobbes (b) Bodin (c) Locke (d) Rousseau

8. यह कथन किसका है?

"हम सामान्यतः लॉक को सामाजिक समझौते के सिद्धांत का प्रवर्तक होना मानते हैं, लेकिन उसके बारे में यह सोचना अधिक न्याययुक्त होगा कि वह प्राकृतिक नियम की संप्रभुता का प्रवर्तक है।"

(क) सेबाइन (ख) जोन्स (ग) वेपर (घ) बारकर

उत्तर

(Answers)

1. (a) 2. (b) 3. (c) 4. (d) 5. (a) 6. (b) 7. (c) 8. (घ)

16

सम्मति-सिद्धांत

(The Consent Theory)

राजनीतिक विचारधारा के इतिहास में लॉक का सम्मति-सिद्धांत एक अमूल्य निधि है। वह हॉब्स की तरह व्यक्ति को प्रारंभिक विंदु मानता है। लेकिन, हॉब्स के विपरीत उस दोहरे अनुबंध–जिसका वह विशेष रूप से वर्णन नहीं करता–के द्वारा समुदाय-सिद्धांत[1] का प्रणयन कर आदर्शवादियों के समान राज्य का रहस्यात्मक स्वरूप ला रखता है। इसके साथ ही, वह समुदाय-सिद्धांत के समर्थन द्वारा सम्मति या बहुमत पर आधारित सामान्य इच्छा का पोषण करता है।

बोसाँके ने अपने ग्रंथ **द फिलॉसफिकल थ्योरी ऑफ स्टेट**[2] में हॉब्स और लॉक द्वारा प्रणीत जनसंकल्प की विशेषताओं का उल्लेख करते हुए लिखा है, "हॉब्स राजनीतिक एकता को ऐसे संकल्प में निहित करता है, जो यथार्थ है, सामान्य नहीं। जबकि लॉक ऐसी इच्छा में निहित करता है जो सामान्य है, लेकिन यथार्थ नहीं।"

लॉक सामान्य इच्छा का अर्थ एकावन प्रतिशत की बहुमत सम्मति से लगाता है। लेकिन, एक व्यक्ति में वास्तविक इच्छा के निवास से जितनी राजनीतिक एकता नहीं आ सकती, उससे कहीं अधिक बहुमत सम्मति द्वारा लाई जा सकती है। हॉब्स राज्य के विघटन का उल्लेख करता है, जबकि लॉक सरकार परिवर्तन की बात करता है।

सतरहवीं शताब्दी के इंग्लैंड का लॉक एक प्रयोगवादी दार्शनिक है। सामान्य बुद्धि के आधार पर वहाँ की निरंकुश विचारधारा के विपरीत उसने सांविधानिक

---

1. Theory of Commuity.
2. *The Philosophical Theory of State*.

सरकार के सिद्धांत का प्रतिपादन किया है। हूकर के माध्यम से उसने अपने विचारों को मध्ययुग की परंपरा से ग्रहण किया है। हूकर सभी सरकारों के पीछे में सम्मति के आधार को माननेवाला था। सम्मति के सरकार में स्थायित्व का भाव पैदा होता है। उसने सम्मति के प्रतिनिधित्व का भी समर्थन किया है। समुदाय के निर्माण के बाद उसकी समाप्ति कोई सम्मति नहीं कर सकती, ऐसा उसका विश्वास था। लॉक भी उसी के समान समुदाय और सरकार को सम्मति पर आधृत करता है।

सम्मति-सिद्धांत का विश्लेषण
(Analysis of the Consent Theory)

लॉक के सम्मति-सिद्धांत का विश्लेषण निम्नलिखित तर्कों के आधार पर किया जा सकता है।

प्राकृतिक अवस्था जनसम्मति पर आधृत (The State of Nature based on People's Consent)

विद्वानों का मत है कि लॉक की प्राकृतिक अवस्था में जनसम्मति का शासन था। लोग प्राकृतिक नियमों से नियमित होते थे और प्राकृतिक अधिकारों के आधार पर जीवनयापन करते थे। लोगों का जीवन सुखी और शांतिमय था। आपस में सहयोग ओर सद्भावना की भावना विद्यमान थी।

राज्य की उत्पत्ति जनसम्मति से (Origin of State due to People's Consent)

प्राकृतिक अवस्था में निश्चित कानूनों, पदाधिकारियों और न्याय के अभाव में लोगों का सुखी जीवन कष्ट में परिवर्तित हो गया। अतएव, इस कष्ट से छुटकारा पाने के लिए लोगों ने आपस में एक समझोता किया, जिसके फलस्वरूप राज्य का निर्माण हुआ। इस प्रकार, राज्य की उत्पत्ति जनसम्मत्ति के आधार पर हुई।

सरकार जनसम्मत्ति पर आधृत (Government based on People's Consent)

लॉक की दृष्टि में राज्य एक बहुत बड़ी संस्था सिद्ध हुई। अत:, लोगों के हितों की रक्षा हेतु जनसम्मति के आधार पर सरकार का निर्माण किया गया। जिसका मुख्य उद्देश्य था–मनुष्य के जीवन, स्वतंत्रता और संमत्ति की रक्षा करना। अगर सरकार अपने कर्तव्यों के पालन में अयोग्य और असमर्थ सिद्ध होती है, तो जनता क्रांति के अधिकार के द्वारा उसे अपदस्थ कर सकती है और उसके स्थान पर नई सरकार का गठन कर सकती है। इस प्रकार, जनता द्वारा सरकार का निर्माण और भंग जनसम्मति को प्रमाणित करता है।

राज्य एक ट्रस्ट (State is a Trust)

तत्कालीन इंग्लैंड हॉब्स के निरंकुश राजतंत्र के ज्वर से पीड़ित था। लेकिन, 1688 ई॰ की गौरवपूर्ण क्रांति ने इस ज्वर को सदा के लिए उतार दिया। अतएव, लॉक ने इसका समर्थन करते हुए राज्य की एक ट्रस्ट के रूप में व्याख्या की है, जो जनसम्मति पर पूर्णतः आधृत होता है।

विवेकाधिकार (Prerogative Powers)

सांविधानिकता में विश्वास रखते हुए भी लॉक कार्यपालिका के प्रधान को विवेकाधिकार प्रदान करता है। उसका कथन है कि बहुत सारे मामलों पर कानून मौन रहता है। ऐसी स्थिति में, शासन का प्रधान अपने विवेकाधिकार का प्रयोग करेगा। लॉक का कथन है कि शासनाध्यक्ष जनहित को ध्यान में रखकर ही अपने विवेकाधिकार का प्रयोग करेगा। फिर भी, वह जनसम्मति को ही अधिकांशतः सरकार का निर्णायक और आधार घोषित करता है।

समुदाय बहुमत पर आधृत (Community based on Majority)

लॉक का कहना है कि राज्यनिर्माण के बाद समुदाय मध्यस्थ का कार्य करता है। उसने अपनी पुस्तक **शासन पर दो निबंध** में लिखा है कि प्रत्येक व्यक्ति की सम्मति समुदाय का निर्माण करती है, लेकिन समुदाय की बहुमत इच्छा ही निर्णायक बनती है।[1]

लॉक आगे भी कहता है, "व्यक्तियों की सम्मति ही समुदाय की कार्यविधियाँ हैं। और यह आवश्यक हो जाता है कि समुदाय एक निकाय के रूप में एक मार्ग पर अग्रसर होता रहे। यह आवश्यक है कि समुदाय को उस मार्ग पर अग्रसर होना चाहिए, जिधर महती शक्ति खींच ले जाती है। यह महती शक्ति बहुमत की सम्मति है, नहीं तो समुदाय के लिए एक निकाय के रूप में काम करना या चालू रहना असंभव हो जाएगा।"[2]

लॉक का यह विश्वास है कि बहुमत संकल्प में सभी व्यक्तियों की इच्छा का समावेश रहता है। बहुमत सम्मति सभी व्यक्तियों की सम्मति का दूसरा रूप है, अतः सभी को इसे स्वीकार करना चाहिए।

---

1. "For when any number of men have, by the consent of every individual, made a community, they have there by made that community, one body, with a power to act as one body, which is only by the will and determination of the majority."—Locke, *Two Treatises on Government*.
2. "For that which acts any community, being only the consent of the individuals of it, and it being necessary to that which is one body to move one way, it is necessary the body should move that way wheather the greater force carries it, which is the consent of the majority, or else it is impossible it should act or continue one body, one community."—*Ibid*.

प्रजातंत्र बहुमत पर आधृत (Democracy based on Majority)

लॉक प्रतिनिधि सरकार में विश्वास करता है। व्यवस्थापिका जनहित का प्रतिनिधित्व करती है। प्रजातंत्र सभी व्यक्तियों की सम्मति का आदर करता है। वह बहुमत सम्मति पर आधारित होता है। विद्वानों का मत है कि रूसो की सामान्य इच्छा में छिपी भावात्मकता से कई गुनी व्यवहारिकता लॉक की बहुमत सम्मति में है। यह सिद्धांत आज भी आदर्श रूप में अधिकांश देशों में व्यवहार में है।

लॉक का सम्मति-सिद्धांत के समर्थन में तर्क (Locke's Argument in Support of the Theory of Consent)

लॉक तर्क देता है कि यह कोई आवश्यक नहीं कि सभी बातों या प्रस्तावों पर प्रत्येक व्यक्ति की स्वीकृति हो जाए। उसका यह तर्क कानूनी तर्क माना जा सकता है।

बहुमत की सम्मति सर्वसम्मति की अपेक्षा अधिक संगत और व्यावहारिक (The Consent of Majority is More Logical and Practical than Unanimous Decision)

लॉक आगे कहता है कि सर्वसम्मति की अपेक्षा बहुमत की सम्मति अधिक संगत और व्यावहारिक है। उसका विश्वास है कि किसी प्रश्न पर सर्वसम्मति को प्राप्त करना असंभव बात है। वह स्पष्ट रूप से कहता है कि यदि राज्य को स्थायी रूप से कार्यशील रहना है, तो बहुमत सम्मति को मान्यता मिलनी ही चाहिए।

लॉक के सम्मति-सिद्धांत की आलोचनाएँ (Criticisms of the Locke's Theory of Consent)

विभिन्न आलोचकों ने लॉक के सम्मति सिद्धांत की आलोचनाएँ निम्नांकित रूप से की है–

विरोधाभासपूर्ण और काल्पनिक (Contradictory and Imaginary)

आलोचकों ने लॉक के सम्मति सिद्धांत को विरोधाभासपूर्ण और काल्पनिक बताया है। लॉक ने सम्मति के विपरीत राज्य का आधार शक्ति को माना है। स्वयं उसने शक्ति पर आधृत राज्य के अस्तित्व को स्वीकार किया है। वह एक व्यक्ति के प्रशासन का समर्थन करता है।[1]

---

1. "I will not deny that if we look back as far as history will direct us, towards the origin of commonwealth, we shall generally find them under the government and administration of one man."—*Ibid.*

प्रजातंत्र सम्मति पर आधृत नहीं (Democracy not based on the Consent)

आलोचकों का कहना है कि यह कोई आवश्यक नहीं है कि प्रजातंत्र सम्मति पर आधारित हो, अगर ऐसा मान लिया जाए तो फासिस्टवाद, नाजीवाद और बोल्शेविकवाद को भी सम्मति सिद्धांत पर आधृत मानना होगा। लेकिन, वस्तुस्थिति ठीक विपरीत है। इन शासनों में सम्मति ऊपर से थोपी जाती है।

अच्छी सरकार जनसम्मति से भयभीत नहीं (Good Government not Fearful to People's Consent)

लॉक सरकार को उपयोगितावादी सिद्धांत पर आधारित करता है। लेकिन, वह यह भी मानता है कि एक अच्छी सरकार जनसम्मति से सदा डरा नहीं करती है। लॉक का यह व्यवहारवाद है या अवसरवाद? यह अपने-आप में विरोधाभास उत्पन्न करता है।

जनता सदा सक्रिय नहीं (People not Always Active)

आलोचकों का कथन है कि लॉक ने जनसक्रियता को एक स्थायी गुण नहीं माना है। लॉक ने **शासन पर दो निबंध** के चौदहवें अध्याय में लिखा है, "आखिरकार, जनता में एक निश्चित जड़ता होती है, जो सरकार की देन की स्वीकृति, न कि (उसकी) स्थायी आलोचना, की दिशा में झुकती रहती है।"[1]

इससे यह स्पष्ट है कि राज्य में सदैव जनसम्मति सक्रिय नहीं होती। सरकार के मनमानेपन की स्पष्ट झलक इससे मिलती है। यह सम्मति-सिद्धांत का हास्यास्पद रूप नहीं है तो और क्या माना जा सकता है? यहाँ विरोधाभास की चरमसीमा दीख पड़ती है।

समुदाय शक्तिशाली: व्यक्ति नगण्य (Community Powerful : Individual Negligible)

लॉक निरंकुशवाद के स्थान पर सांविधानिकतावाद और प्रजातंत्र के आदर्श का प्रणयन अपनी सम्मति-सिद्धांत द्वारा ही करता है। व्यक्ति के प्राकृतिक अधिकारों–जीवन, स्वतंत्रता और संपत्ति–के संरक्षण के लिए वह उपयोगितावादी सिद्धांत का अनुसरण करता है। लेकिन, एकावन प्रतिशत के सांख्यिक बहुमत द्वारा समुदाय को अधिक शक्तिशाली तथा व्यक्ति संकल्प को नगण्य बना देता है।

पूँजीवाद का समर्थन (Acceptance of Capitalism)

आलोचकों का मत है कि लॉक ने संपत्ति सिद्धांत के अंतर्गत पूँजीवाद का समर्थन किया है, जो प्रजातंत्र की आत्मा पर आघात होता है।

1. "Moreover there is a certain inertia in the people, which tends in the same direction towards the acceptance of what government offers rather than towards constant criticism."—*Ibid.*, Chapter XIV.

पुफेनडॉर्फ की आलोचना (Criticism of Pufendorf)

पुफेनडॉर्फ ने लॉक के सम्मति सिद्धांत की आलोचना निम्नलिखित आधार पर की है–

(i) बहुमत सम्मति निरंकुश राजा से कहीं अधिक तानाशाह हो सकती है।

(ii) कोई भी व्यक्ति क्योंकर बहुमत को ध्यान में रखकर अपने व्यक्तिगत निर्णय के अधिकार का त्याग करेगा?

(iii) यदि लॉक ने आदर्शवादियों की तरह राज्य का रहस्यात्मक चित्रण किया, तो फिर क्योंकर आदर्शवाद के विरूद्ध सांख्यिक बहुमत की धारणा का वर्णन किया?

निष्कर्ष

लॉक के सम्मति-सिद्धांत की जो भी आलोचनाएँ की जाएँ, इतना तो सत्य है कि उसके द्वारा प्रणीत राज्य का सम्मति-सिद्धांत आज सभी प्रजातंत्रीय देशों में एक उच्चादर्श माना जा रहा है और भविष्य में भी जब तक मानवजाति रहेगी, राजनीतिक दर्शन में यह एक स्थायी प्रकाशस्तभ बना रहेगा।

प्रश्न
(Questions)

1. लॉक के सम्मति-सिद्धांत का विश्लेषण करें।
   Analye the Locke's theory of consent.
2. लॉक के सम्मति-सिद्धांत की आलोचनात्मक व्याख्या करें।
   Explain critically the Locke's theory of consent.
3. लॉक सीमित सरकार का समर्थक है।
   Discuss Locke as a defender of limited government.

वस्तुनिष्ठ प्रश्न
(Objective Questions)

1. Who said this?

   "For when any number of men have, by the consent of every individual, made a community, they have there by made that community, one body, with a power to act as one body, which is only by the will and determination of the majority."

   (a) Locke (b) Hobbes (c) Rousseau (d) Bodin

2. Who said this?

   "For that which acts any community, being only the consent of the individuals of it, and it being necessary to that which is one body to move one way, it is necessary the body should move that way whether the greater force carries it, which is the consent of the majority, or else it is impossible it should act or continue one body, one community."

   (a) Hobbes (b) Locke (c) Bodin (d) Gettell

3. Who said this?

   "I will not deny that if we look back as far as history will direct us, towards the origin of commonwealth, we shall generally find them under the government and administration of one man."

   (a) Bodin (b) Sabine (c) Locke (d) Jones

4. Who said this?

   "Moreover there is a certain inertia in the people, which tends in thc same direction towards the acceptance of what government offers rather than towards constant criticism."

   (a) Hobbes (b) Bodin (c) Rousseau (d) Locke

उत्तर

(Answers)

1. (a) 2. (b) 3. (c) 4. (d)

17

संप्रभुता
(Sovereignty)

लॉक ने बोदां और हॉब्स की तरह संप्रभुता पर विचार नहीं किया है और न संप्रभुता शब्द का ही प्रयोग किया है। वह राज्य में सर्वोच्च राजनीतिक सत्ता का वर्णन करता है, लेकिन, उसको एक संस्था में स्थापित नहीं करता है। ऐसा लगता है कि लॉक ने जान-बूझकर सम्प्रभुता जैसे विवादास्पद शब्द का प्रयोग नहीं किया क्योंकि, अगर वह सम्प्रभुता शब्द का प्रयोग करता, तो यह प्रश्न उठता कि राज्य में उसका निवास कहाँ पर है? उसके राजनीतिक दर्शन के अध्ययन से यह स्पष्ट है कि उसने हॉब्स की निरंकुश और अमर्यादित सम्प्रभुता के सिद्धांत का प्रतिपादन नहीं किया है।

लॉक की सम्प्रभुता के निवास पर विचार
(Locke's Views on the Location of Sovereignty)

लॉक राज्य या सरकार के किसी अंग को निरपेक्ष शक्ति से युक्त नहीं देखना चाहता है। क्योंकि, निरपेक्ष शक्ति के औचित्य को एक बार स्वीकार कर लेने के बाद यह प्रश्न उत्पन्न होता है कि इस निरपेक्ष शक्ति का निवास कहाँ है–राजा में या संसद में या राज्य में या सरकार में या व्यक्ति में? यह एक विचारणीय प्रश्न है।

1. राजा निरपेक्ष सम्प्रभु नहीं (The King not Absolute Sovereign)

लॉक राजा को सम्प्रभु नहीं बनाना चाहता था, क्योंकि वह अपने जीवनकाल में दो निरंकुश राजाओं (चार्ल्स प्रथम और चार्ल्स द्वितीय) के अत्याचार और अतियों से स्वयं परिचित था और उस शासन का वह कट्‌टर विरोधी था। उसका सम्पूर्ण राजदर्शन निरपेक्ष राजतंत्र की आलोचना से ओत-प्रोत है।

2. संसद निरपेक्ष सम्प्रभु नहीं (Parliament not Absolute Sovereign)

यद्यपि लॉक गौरवपूर्ण क्रांति (1688) का प्रबल समर्थक है जिसके अन्तर्गत इंग्लैंड के राजा की शक्तियों पर प्रतिबंध लगाकर, संसद को संप्रभु बनाया गया तथा विलियम और मेरी को राजसिंहासन पर आसीन किया गया। लेकिन, लॉक संसद के अत्याचारी शासन और अतियों से पूर्ण परिचित था। जैसा कि सेबाइन का कथन है–"लॉक परिस्थिति वश ही क्रांति का समर्थक बना। उसकी श्रद्धा सभी परम्परागत संस्थाओं की अटूटता पर थी। वह उन प्यूरिटन्स के भी विरूद्ध था, जो केवल संसद की सम्प्रभुता को प्रतिष्ठापित कर गणतन्त्रीय राज्य की नींव डालने के पक्ष में थे।"

3. राज्य या समुदाय निरपेक्ष सम्प्रभु नहीं (State or Commonwealth not Absolute Sovereign)

लॉक ने राज्य या समुदाय को भी निरपेक्ष सम्प्रभु नहीं बनाया है। क्योंकि, ऐसा करने से व्यक्ति के प्राकृतिक अधिकारो–जीवन, स्वतंत्रता और सम्पत्ति, खतरे में पड़ जाता या राज्य द्वारा उनका हनन किया जाता।

4. व्यक्ति निरपेक्ष सम्प्रभु नहीं (Individual not Absolute Sovereign)

लॉक ने अपने राजदर्शन में व्यक्ति को भी निरपेक्ष सम्प्रभु नहीं बनाया है। क्योंकि, ऐसा करने से राज्य में सर्वत्र और घोर अराजकता फैल जाती।

उपर्युक्त कारणों के संदर्भ में, लॉक ने सम्प्रभुता पर विचार करना ही सम्भवत: अनुपयुक्त समझा तथा चाहे बोदां और हॉब्स ने उस पर कितना ही बड़ा ग्रंथ क्यों न लिखा हो? लेकिन, लॉक के राजदर्शन में इस सम्प्रभुता के लिए कोई मान्यता और महत्व नहीं है।

लॉक की सम्प्रभुता पर विभिन्न विद्वानों का मत
(Opinions of Different Scholars on Locke's Sovereignty)

लास्की, सेबाइन और बार्कर ने लॉक की सम्प्रभुता पर अपना-अपना विचार प्रकट किया है जिसका उल्लेख अग्रलिखित रूप से किया जा सकता है–

1. लास्की : समुदाय सम्प्रभु (Laski : Community Sovereign)

लास्की का मत है कि लॉक का राज्य सम्प्रभु नहीं है, क्योंकि इस राज्य का अर्थ उस समुदाय से है जिसका निर्माण व्यक्ति उसी समुदाय के साथ समझौता करके पूरा करता है। यह समुदाय प्राकृतिक कानूनों का कार्यान्वयन तो कराता है, कानूनों का उपचार करता है और कानून के उल्लंधन पर दंड

की व्यवस्था भी करता है। लेकिन, जिन कार्यों के लिए राज्य की स्थापना की जाती है, उनके बाहर राज्य को कोई भी अधिकार नहीं रहता। इस समुदाय की सत्ता भी बहुमत के हाथ में है जिसे पूरा समुदाय नहीं कहा जा सकता। फिर भी, यदि लॉक के राज्य में कहीं भी सम्प्रभुता का स्थान है तो ऐसा समुदाय ही है। लेकिन, लॉक ने इस सम्प्रभुता की शक्ति को कार्यान्वित करने का कोई साधन निश्चित नहीं किया है।

2. सेबाइन : व्यक्ति, समुदाय, व्यवस्थापिका और कार्यपालिका सभी सम्प्रभु (Sabine : Individual, Community, Legislature and Executive All Sovereign)

सेबाइन ने लॉक के राजनीतिक दर्शन में दो निरपेक्ष शक्तियों की ओर संकेत किया है व्यक्ति और समुदाय। व्यक्ति और समुदाय दोनों अपने-अपने स्थान पर सम्प्रभु हैं। लेकिन, इन दोनों सम्प्रभुओं को एक ही सिद्धांत के अंदर बिना किसी समन्वय के इस प्रकार मिला दिया गया है कि सारा सिद्धांत ही दूषित हो गया है।

एक दूसरे स्थान पर सेबाइन ने यह भी आक्षेप किया है कि लॉक के समझौता के चार प्रमुख अंग हैं–व्यक्ति, समुदाय, व्यवस्थापिका और कार्यपालिका। ये चारों अपने-अपने स्थान पर किसी सम्प्रभु से कम नहीं हैं।

3. बार्कर : चार सम्प्रभु (Barker : Four Sovereign)

बार्कर का भी विचार है कि लॉक के राजदर्शन में कम से कम चार सम्प्रभु हैं। लॉक कभी व्यक्तियों के अर्थात् समुदाय की सर्वोच्च शक्ति की बात करता है, तो दूसरे स्थान पर वह उस व्यवस्थापिका की सर्वोच्चता की बात करता है जो समुदाय भी है और साथ ही समुदाय द्वारा नियुक्त प्रतिनिधियों की संस्था भी है। इसके अतिरिक्त भी, दूसरे संदर्भ में लॉक ने लिखा है कि जहाँ कार्यपालिका शक्ति किसी ऐसे व्यक्ति पर निहित कर दी जाती है जो व्यवस्थापिका में भी भाग लेता है तो वह अकेला व्यक्ति भी एक बहुत उदार अर्थ में सम्प्रभु ही है।

बार्कर की दृष्टि में लॉक ने सम्प्रभुता पर उतना विचार नहीं किया है जितना व्यक्ति के प्राकृतिक अधिकारों पर; और जितना उन अधिकारों द्वारा सम्प्रभु को शक्तियों को सीमित करने के प्रश्न पर किया है। उसके शब्दों में–"इन अधिकारों के पीछे प्राकृतिक कानूनों के वे शानदार स्तम्भ हैं जिन पर ये अधिकार स्थित हैं और हम लगभग ऐसा कह सकते हैं कि अन्तिम नियंत्रण अथवा आखिरी सम्प्रभु न तो व्यवस्थापिका है और न व्यवस्थापिका के पीछे

समुदाय की शक्ति है, बल्कि प्राकृतिक कानूनों का एक पूरा संस्थान है, जो प्राकृतिक अधिकारों को धारण किए हुए है।"[1]

ऐसी स्थिति में, निश्चित रूप से यह कहना कठिन है कि लॉक के राजनीतिक दर्शन में सम्प्रभुता का स्थान कहाँ है। बार्कर का यही निष्कर्ष है कि लॉक के राजदर्शन में अन्तिम शक्ति प्राकृतिक कानून ही है, जो अनिश्चित है और नैतिक गुणों का पोषक है।

निष्कर्ष

उपर्युक्त तथ्यों से यह स्पष्ट है कि लॉक के राजदर्शन में प्राकृतिक अधिकार वह छुरी है जिसके चारों तरफ उसका सम्पूर्ण राजनीतिक दर्शन चक्कर काटता है। जीवन, स्वतंत्रता और सम्पत्ति की रक्षा करना ही, लॉक के राजदर्शन का मूल मंत्र है। उसने सरकार के तीनों अंगों में व्यवस्थापिका को सर्वोच्च सत्ता माना है। लेकिन, व्यक्ति को सरकार के विरूद्ध क्रांति का अधिकार देकर, उसकी सर्वोच्चता को समाप्त कर देता है। अतएव, इस आधार पर निष्कर्ष में यह कहा जा सकता है कि लॉक की सम्प्रभुता न तो निरपेक्ष है और न अविभाज्य। बल्कि, यह जनता और शासक के बीच विभाजित दीख पड़ती है।[2] इसे अर्द्ध-संसदीय और अर्द्ध-लोकतंत्रीय संप्रभुता की संज्ञा से विभूषित किया जा सकता है।

प्रश्न
(Questions)

1. लॉक के संप्रभुता-संबंधी विचारों का विश्लेषण कीजिए।
   Analyse the Locke's views on Sovereignty.
2. बोदां, हॉब्स और लॉक के संप्रभुता-संबंधी विचारों का तुलनात्मक अध्ययन कीजिए।
   Make a comparative study of Bodin, Hobbes and Locke's concept of Sovereignty.
3. लॉक और हॉब्स के संप्रभुता-सिद्धांत का विवेचन करें।
   Discuss the theory of Sovereignty of Locke and Hobbes.

---

1. Barker, *Introduction to Social Contract Essays, by Locke, Hume and Ronsseau*
2. "According to Locke, sovereignty is neither absolute nor indivisible. It seems to be divided between the people on the one hand and the rulers on the other."

4. "लॉक लोकप्रिय संप्रभुता और हॉब्स वैधनिक संप्रभुता का प्रणेता है।" क्या आप इस कथन से सहमत है? विवेचन करें।
   "Locke and Hobbes are propounders of Popular Sovereignty and Legal Sovereignty respectively." Do you agree with this statement? Discuss.
5. "लॉक की संप्रभुता अर्द्ध-संसदीय और अर्द्ध-लोकतंत्रीय है।" विवेचन करें।
   Locke's sovereignty is quasi-parliamentary and quasi-democratic." Discuss.
6. लॉक की संप्रभुता पर लास्की, सेबाइन और बारकर के मतों का उल्लेख करें।
   Mention the opinions of Laski, Sabine and Barker on the Locke's Sovereignty.
7. लॉक की संप्रभुता का राज्य में कहाँ पर निवास है? विवेचन करें।
   Examine the location of the Locke's sovereignty in the state? Discuss.

वस्तुनिष्ठ
(Objective Questions)

1. Who said this?
   "According to Locke, Sovereignty is neither absolute nor indivisible. It seems to be divided between the people on the one hand and the rulers on the other."
   (a) Author (b) Hobbes (c) Sabine (d) Gettell
2. यह कथन किसका है?
   "इन अधिकारों के पीछे प्राकृतिक कानूनों के वे शानदार स्तम्भ हैं जिनपर ये अधिकार स्थित है और हम लगभग ऐसा कह सकते हैं कि अंतिम नियंत्रण अथवा आखिरी संप्रभु न तो व्यवस्थापिका है और न व्यवस्थापिका के पीछे समुदाय की शक्ति है, बल्कि प्राकृतिक कानूनों का एक पूरा संस्थान है, जो प्राकृतिक अधिकारों को धारण किए हुए है।"
   (क) सेबाइन (ख) बारकर (ग) वेपर (घ) जोन्स

उत्तर
(Answers)

1. (a) 2. (ख)

18

राज्य और धर्म

(State and Religion)

तत्कालीन यूरोप में और विशेषत: इंग्लैंड तथा फ्रांस में कैथोलिक और प्रोटेस्टैण्ड चर्च के समर्थकों के बीच सर्वोच्चता के लिए घोर संघर्ष चल रहा था। इससे वहाँ का राजनीतिक और सामाजिक वातावरण विषाक्त हो गया था। लॉक के मस्तिष्क पर इस संघर्ष का बहुत बड़ा प्रभाव पड़ा। वह इस संघर्ष के विरूद्ध था। उसने अपने धर्म संबंधी विचारों का प्रतिपादन **लेटर्स ऑन टालरेशन** में किया है।

लॉक के पूर्व रॉबर्ट ओवेन, विलियन दि सायलेट, रिचर्डसन और मिल्टन जैसे विद्वानों ने धर्म के आधार पर किए जानेवाले दमन को नितांत अनुचित माना था। लॉक ने इसी परंपरा को अपनाते हुए धार्मिक क्षेत्र में राज्य की तटस्थता और धार्मिक सहिष्णुता का प्रतिपादन किया है तथा इस प्रश्न पर दार्शनिक रूप से विचार किया है।

जोन्स का कथन है कि लॉक के धार्मिक सहिष्णुता-संबंधी विचार, उसके राजनीतिक सिद्धांत के अनिवार्य अंग है। इसका कारण यह है कि लॉक ने **लेटर्स ऑन टालरेशन** में सहिष्णुता पर दार्शनिक रूप से विचार करके तथा उसके औचित्य को स्थापित करके, धर्म और राज्य के संबंध से उत्पन्न होने वाली उस जटिल समस्या का समाधान किया है, जिस कारण यूरोपीय समाज दो सौ वर्षों से अधिक से पीड़ित था। **फ्रेजर** के शब्दों में–"लॉक का धार्मिक स्वतंत्रता का समर्थन, सामाजिक राजनीति को उसका महानतम योगदान है।"[1]

---

1. "Locke's philosophical defence of religious liberty is the most far-reaching of his contributions to social polity." Fraser, A.C.—(Quoted by Maxey).

लॉक का धर्म पर विचार
(Locke's Views on Religion)

लॉक के धर्म-सम्बंधों विचारों का विश्लेषण अग्रलिखित रूप से किया जा सकता है-

1. धर्म राज्य के अधीन नहीं (Religion not Under the State)–हॉब्स ने धर्म को राज्य के अधीन बतलाया है। लेकिन, लॉक का मत इसके विपरीत है। उसका कथन है कि कोई भी व्यक्ति अपने विश्वासों को दूसरों के आदेशानुसार नहीं अपना सकता है। राज्य बल प्रयोग द्वारा विश्वास या धर्म परिवर्तन नहीं कर सकता है। क्योंकि, विश्वास या धर्म तो बुद्धि और हृदय की एक आंतरिक वस्तु है। अतएव, राज्य को धर्म पर नियंत्रण रखने या उसे निश्चित करने का अधिकार नहीं दिया जा सकता है। वस्तुतः, धार्मिक बातों में राज्य द्वारा दमन, धर्म के उद्देश्य को ही नष्ट कर देता है। इस प्रकार, धर्म पर राज्य का नियंत्रण नहीं रहना चाहिए। **लॉक** का मत है कि–"राज्य को धर्म में हस्तक्षेप करने और उसके संबंध में कानून बनाने का कोई अधिकार नहीं है।"

2. धर्म मानव-आत्मा से सम्बन्धित (Religion Related to Human Soul)–लॉक का मत है कि धर्म मानव-आत्मा से संबंधित है। धर्म व्यक्तिगत अनुभूति और व्यक्तिगत नैतिकता की वस्तु है। वह व्यक्ति की आन्तरिक भावना और विश्वास की वस्तु है। उसका संबंध मनुष्य के अन्तःकरण से है। अतएव, राज्य को नागरिकों के निजी धर्म में हस्तक्षेप नहीं करना चाहिए और बल भी प्रयोग नहीं करना चाहिए। स्वयं **लॉक** कहता है कि–"स्वयं ईसा ने दूसरे धर्मों के प्रति सहिष्णुता व्यक्त की थी। अतः, राज्य द्वारा ऐसा न किया जाना और धर्म की समानता स्थापित करने के लिए बल का प्रयोग किया जाना, ईसाई धर्म के सिद्धांतों के प्रतिकूल है।[1]

3. राज्य शान्ति और व्यवस्था के लिए (State for Peace and Order)–लॉक का कथन है कि राज्य का निर्माण नागरिकों के जीवन, स्वतंत्रता और सम्पत्ति की रक्षा के लिए किया जाता है। उसका निर्माण इसलिए नहीं किया जाता है कि वह मनुष्यों को विशिष्ट धार्मिक सिद्धांतों में विश्वास करने, या उनको विभिन्न धार्मिक सम्प्रदायों में सम्मिलित होने के लिए बाध्य करे। राज्य का कार्य–शान्ति और व्यवस्था स्थापित करने तक ही सीमित है। उसका मुख्य उद्देश्य–अपने नागरिकों को भौतिक और सांसरिक सुरक्षा प्रदान करना है, न कि उसके धार्मिक जीवन को अनुशासित करना, उनके अन्तःकरण से सम्बन्धित

---

1. Locke, *A Letter Conceming Toleration*, 1727, Vol. II.

धार्मिक मामलों में हस्तक्षेप करना तथा सच्चे धर्म को सुरक्षित रखना। इससे यह स्पष्ट है कि राज्य को धार्मिक कार्यों का सम्पादन नहीं करना चाहिए और न धार्मिक क्षेत्र में हस्तक्षेप ही करना चाहिए।

4. राष्ट्रीय एकता खतरे में (National Unity in Danger)–लॉक का विश्वास था कि किसी राज्य में विभिन्न धर्मावलम्बियों का अस्तित्व उसकी सामुदायिक एकता को नष्ट नहीं करता, बल्कि जहाँ बलपूर्वक धार्मिक समानता लाने या धर्म विशेष को मानने के लिए बाध्य किया जाता है तो ऐसी स्थिति में, राष्ट्रीय एकता खतरे में पड़ जाती है। अतएव, राष्ट्रीय एकता को सुरक्षित रखने के लिए भी राज्य को धर्म के मामलों में हस्तक्षेप नहीं करना चाहिए।

5. चर्च राज्य के कार्य में हस्तक्षेप न करे (Church should not Interfere into the Affairs of State)–लॉक का कहना है कि चर्च, राज्य और सरकार के संगठन तथा कार्यों में हस्तक्षेप न करे। इसके साथ ही, वह ऐसे धार्मिक विचारों का प्रचार न करे, जिनसे राज्य की एकता का नाश और सरकार के सुसंचालन में बाधा उपस्थित हो। अगर ऐसी स्थिति उत्पन्न होती हो, तो सरकार चर्च के विचारों का दमन कर सकती है। लेकिन, सरकार का यह दमन-नीति अंतिम शस्त्र होगा। ऐसे साधारण स्थिति में, सरकार चर्च के मामलों में हस्तक्षेप नहीं करेगी।

6. चर्च ऐच्छिक संस्था (Church Voluntary Institution)–लॉक ने चर्च को एक ऐच्छिक संस्था माना है।[1] चर्च अपने सिद्धांतों और विश्वासों के प्रसार के लिए स्वतंत्र है। प्रत्येक व्यक्ति भी चर्च के सिद्धांतों और विश्वासों को मानने के लिए पूर्णतः स्वतंत्र है। चर्च किसी व्यक्ति पर अपने सिद्धांतों को जबर्दस्ती लाद नहीं सकता है और न किसी व्यक्ति को धर्म नहीं पालन करने के लिए, दण्ड ही दे सकता है। चूँकि, दंड देने का एकमात्र अधिकार राज्य को प्राप्त है।

7. सहिष्णुता की नीति (Policy of Toleration)–लॉक ने धर्म के क्षेत्र में सहिष्णुता की नीति का प्रतिपादन किया है। उसने **लेटर्स ऑन टालरेशन** में बड़े ही विस्तारपूर्वक धर्म की मीमांसा की है और यह कहा है कि राज्य और चर्च दोनों पृथक संस्था है। दोनों का एक दूसरे से कोई सम्बन्ध नहीं है। दोनों एक दूसरे के कार्य में हस्तक्षेप न करे। राज्य को धर्म के मामले में सहिष्णुता की नीति का अनुसरण करना चाहिए। अर्थात् राज्य में सभी धर्मों के मानने वालों का आदर होना चाहिए तथा उनके प्रचार और प्रसार के लिए

1. "Church is a voluntary society of men joining themselves together of their own accord in order to the public worshipping of God in such a manner as they judge acceptable to Him, and effectual to the salvation of their souls."—Locke, *Letters on Toleration*.

समान सुविधाएँ मिलनी चाहिए। सभी धर्म समान रूप से विकसित और जीवित रह सकते है। प्रत्येक व्यक्ति को अपने विश्वास के अनुसार धर्म मानने की स्वतंत्रता होनी चाहिए और वह किसी के धर्माचरण में बाधा उपस्थित न करे। **जोन्स** का कथन है कि–"लॉक का विचार है कि सब सम्प्रदायों के प्रति पूर्ण सहिष्णुता और राजसत्ता के नियन्त्रण से उनकी पूर्ण स्वतंत्रता हमारी सब समस्याओं का समाधान कर देगी।"[1]

8. धर्मनिरपेक्ष राज्य (Secular State)–इस प्रकार, लॉक ने सहिष्णुता की नीति का प्रतिपादन कर, धर्म निरपेक्ष राज्य की कल्पना की है जिसका साकार रूप अभी विश्व के विभिन्न राज्यों में दिया जा रहा है। भारत उसका ज्वलंत उदाहरण है। धर्म निरपेक्ष राज्य के सिद्धांत ने लॉक को दूरदर्शी और यथार्थ विचारक के धरातल पर लाकर खड़ा कर दिया है।

सहिष्णुता नीति के अपवाद
(Exceptions to the Policy of Toleration)

यद्यपि, लॉक ने धार्मिक सहिष्णुता की नीति का प्रतिपादन किया है, लेकिन उसने कैथोलिकों, मुसलमानों और नास्तिकों को इससे वंचित रखा है–

(i) कैथोलिक (Catholics)–इंग्लैंड का राज्य धर्म प्रोटेस्टटैण्ट है। कैथोलिक धर्म प्रोटेस्टटैण्ट का विरोध करता है। इसलिए, यह धर्म अंगरेजी राज्य और समाज के विरूद्ध है। इसके साथ ही, इसकी आस्था एक विदेशी शक्ति के प्रति है।

(ii) इस्लामधर्म (Mohammedan Religion)–लॉक इस्लाम धर्म का विरोध इसलिए करता है कि उसका सिद्धांत और नैतिकता यूरोपीय समाज को स्वीकार नहीं है और उसके नियम तथा विश्वास यूरोपीय प्रकृति और विधान के विपरीत है।

(iii) नास्तिक (Atheists)–नास्तिक ईश्वर की सत्ता को अस्वीकार करता है इसलिए लॉक उसे सहिष्णुता की नीति से वंचित रखता है।

निष्कर्ष

इस प्रकार, लॉक कैथोलिक, मुसलमान और नास्तिकों को सहिष्णुता की नीति से वंचित रखता है और शेष सभी धर्मों के प्रति सहिष्णुता की नीति का पालन करने का आदेश देता है। यहाँ पर कैथोलिक धर्म का बहिष्कार कर, लॉक ने इंग्लैंड के राज्य धर्म-प्रोटेस्टैण्ट में पूरी आस्था और प्रचार विश्वास प्रकट किया है। तथा इस्लाम धर्म का बहिष्कार कर उसने विश्वधर्म में अविश्वास

1. Jones, W.T.

प्रकट किया है। जो उसके संकुचित धार्मिक दृष्टिकोण को प्रमाणित करता है। यह उसके व्यक्तिवादी, प्रजातंत्रवादी और उदारवादी दृष्टिकोण पर गहरा प्रहार करता है जो उसके सम्पूर्ण व्यक्तित्व को पंगु बना देता है तथा उसके आदर्शों को खोखलापन सिद्ध करता है।

इन दोषों के अतिरिक्त, लॉक ने सहिष्णुता का अनुमोदन, सतरहवीं सदी के धार्मिक संघर्षों की पृष्ठभूमि में अतिशय उदार वृत्ति का परिचय दिया है। bl laHkZe\$ **हरमॉन** ने लॉक की प्रशंसा करते हुए कहा है कि–"हमें स्वीकार करना पड़ेगा कि लॉक की सहिष्णुता-सम्बन्धी धारणा उसके स्वयं के युग से आगे की थी। उसकी धारणा आधुनिक समय के अनेक मनुष्यों की धारणा से भी अधिक उदार थी।"[1]

इस प्रकार, लॉक ने धर्म के क्षेत्र में सहिष्णुता का अमर दीप की शिखा को प्रज्वलित कर सम्पूर्ण संसार को आलोकित किया है।

प्रश्न
(Questions)

1. लॉक के धर्म-संबंधी विचारों का विश्लेषण कीजिए।
   Analyse the Locke's views on religion.
2. लॉक की सहिष्णुता-नीति का विवेचन करें।
   Discuss the Locke's Policy of Toleration.
3. लॉक के अनुसार राज्य और धर्म के संबंध को स्पष्ट कीजिए।
   Explain the relationship of state and religion according to Locke.
4. "लॉक धर्म-निरपेक्ष राज्य का प्रथम प्रवर्तक है।" व्याख्या कीजिए।
   "Locke is the first propounder of the secular state." Elucidate.
5. लॉक की सहिष्णुता-नीति के अपवाद का उल्लेख करें। क्या आप उसके मत से सहमत है? विवेचन करें।
   Mention the exceptions of the Locke's Policy of Toleration. Do you agree with his opinion?
6. हॉब्स और लॉक के धर्म-संबंधी विचारों का तुलनात्मक अध्ययन प्रस्तुत कीजिए।
   Make a comparative study of the Hobbes and Locke's views on religion.

---

1. "We must admit that Locke's view of toleration was advanced for his own period; it was also far more liberal than that held by many at the present time."—Harmon.

वस्तुनिष्ठ प्रश्न
(objective Questions)

1. Who said this?

   "Locke's philosophical defence of religious liberty is the most far-reaching of his contributions to social polity."

   (a) Fraser, A.C. (b) Sabine (c) Gettell (d) W.T. Jones

2. Who said this?

   "Church is a volutary society of men joining themselves together of their own accord in order to the public worshipping of god in such a manner as they judge acceptable to Him and effectual to the salvation of their souls."

   (a) Aquinas (b) Locke (c) Aristotle (d) Hobbes

3. Who said this?

   "We must admit that Locke's view of toleration was advanced for his own period, it was also far more liberal than that held by many at the present time."

   (a) Sabine (b) Locke (c) Harmon (d) Jones

4. यह कथन किसका है?

   "राज्य को धर्म में हस्तक्षेप करने और उसके संबंध में कानून बनाने का कोई अधिकार नहीं है।"

   (क) हॉब्स (ख) रूसो (ग) गेटेल (घ) लॉक

5. यह कथन किसका है?

   "स्वयं ईसा ने दूसरे धर्मों के प्रति सहिष्णुता व्यक्त की थी। अत:, राज्य द्वारा ऐसा न किया जाना और धर्म की समानता स्थापित करने के लिए बल का प्रयोग किया जाना, ईसाई धर्म के सिद्धांतों के प्रतिकूल है।"

   (क) लॉक (ख) हॉब्स (ग) आगस्टीन (घ) रूसो

6. यह कथन किसका है?

   "लॉक का विचार है कि सब सम्प्रदायों के प्रति पूर्ण सहिष्णुता और राजसत्ता के नियंत्रण से उनकी पूर्ण स्वतंत्रता हमारी सब समस्याओं का समाधान कर देगी।"

   (क) लॉक (ख) जोन्स (ग) गेटेल (घ) सेबाइन

7. यह कथन किसका है?

“हमें स्वीकार करना पड़ेगा कि लॉक की सहिष्णुता-संबंधी धारणा उसके स्वयं के युग से आगे की थी। उसकी धारणा आधुनिक समय के अनेक मनुष्यों की धारणा से भी अधिक उदार थी।”

(क) लॉक (ख) सेबाइन (ग) हरमॉन (घ) जोन्स

उत्तर
(Answers)

1. (a) 2. (b) 3. (c) 4. (घ) 5. (क) 6. (ख) 7. (ग)

19

राजनीतिक विचारधारा में लॉक का महत्व, योगदान और प्रभाव (Importance, Contributions and Influencc of Locke in Political Thought)

लॉक का महत्व (Importance of Locke)

विद्वानों का मत है कि हॉब्स के राजनीतिक दर्शन के समान लॉक का राजदर्शन सुस्पष्ट और तर्कसंगत नहीं है। ऊपर से देखने पर लॉक का राजदर्शन काफी सरल दीख पड़ता है और अपनी इसी सरलता के कारण उसे काफी लोकप्रियता मिली। लेकिन, उसमें अनेक गुत्थियाँ, असंगतताएँ और जटिलताएँ हैं। इस संदर्भ में, **आइवर** का कथन है, "लॉक ने फ्रांसीसी दार्शनिक डेकार्ट के दार्शनिक दृष्टिकोण, वैज्ञानिकों की प्रयोगात्मक पद्धति और उपयोगितावादी अनुभववाद को एक क्रियाशील धारणा में समन्वित करने का प्रयत्न किया है।"

इस प्रयत्न के कारण लॉक के राजदर्शन में त्रुटियों और असंगतियों का समावेश होना स्वाभाविक है।

सेबाइन का भी कथन है, "लॉक के राजनीतिक दर्शन की तर्कपरक त्रुटियों का प्रधान कारण यह है कि लॉक इस बात को पूरी तरह से कभी नहीं समझ सका कि क्या मूलभूत है और क्या आनुषंगिक।"[1] वह आगे लिखता है,

1. "The defects of logical structure in Locke's political theory arose from the fact that he never made up his mind what exactly was fundamental and what was derivative."—Sabine, G.H., *A History of Political Theory*, New Delhi, Oxford & IBH Publishing Co.

"वास्तव में, लॉक के दर्शन में अनेक गुत्थियाँ हैं। इन गुत्थियों का प्रधान कारण यह है कि सतरहवीं शताब्दी की राजनीति में लॉक ने अनेक प्रश्नों को देखा था और उसने इन सभी प्रश्नों का एक साथ समाधान करने का प्रयास किया। लेकिन, उसका सिद्धांत इतना तर्कसम्मत नहीं था कि वह ऐसी जटिल विषयवस्तु को सँभाल सकता।"[1] उसका यह भी कथन है, "लॉक के दर्शन का सबसे बड़ा दोष यह रहा है कि उसने कभी पीछे लौटकर प्रथम सिद्धांतों को स्पर्श नहीं किया है।"[2]

वस्तुत:, लॉक का राजनीतिक दर्शन भूत और वर्तमान के विचारों के मिश्रण का एक प्रयास है। इसके साथ ही, लॉक एक ऐसी पद्धति तैयार करना चाहता था, जो समाज के सभी पक्षों के विवेकी लोगों को संतुष्ट कर सके। लेकिन, इनमें उसे सफलता नहीं मिली।[3]

लॉक के राजदर्शन की महत्ता का गुणगान निम्नलिखित विद्वानों के विचारों से जाना जा सकता है–

मैक्सी के अनुसार–"लॉक का स्थान उन थोड़े से राजनीतिक विचारकों में है, जिनके विचारों का कभी लोप नहीं होगा।"

मैकडॉनल्ड के शब्दों में, "हम में से जो आधुनिक पाश्चात्य प्रजातंत्रीय समाजों में रह रहे हैं, वास्तव में लॉक के अनुगामी हैं; क्योंकि हम अनुभव करते हैं कि ईश्वर या प्रकृति या जीवन ने हमको कुछ अधिकार प्रदान किए हैं।"

गेटेल लिखता है, "लॉक के सिद्धांतों में ज्ञान की दिशा में अग्रसर करनेवाली शक्तियों का जितना पूर्ण प्रतिबिंब मिलता है उतना अन्य किसी लेखक की रचनाओं में उपलब्ध नहीं होता। उसने स्वतंत्रता, अधिकार, व्यक्तिवाद और प्रजातंत्र की उस भावना का प्रतिनिधित्व किया, जो धर्मसुधार आंदोलन तथा सतरहवीं शताब्दी की क्रांति में मुखरित हुई थी और जो अठारहवीं शताब्दी की बौद्धिक, राजनीतिक और आर्थिक क्रांतियों में पराकाष्टा को पहुँची। मनुष्यों के विचारों

---

1. "This was due to the fact that Locke saw with great clarity a multitude of issues involved in the politics of the seventeenth century and tried conscientiously to combine them all. But his theory had on logical structure eleborate enough to contain so complicated a subject-matter."—*Ibid.*
2. "The greater weakness of Locke's philosophy in all its branches was that he never got back to first principles."—*Ibid.*
3. "Locke's political philosophy was an effort to combine past and present and also to find a nucleus of agreement for reasonable men of all parties, but he did not synthetize all that he combined."—*Ibid.*

और संस्थाओं पर प्रभाव डालने की दृष्टि से दूसरा कोई दार्शनिक इतना महत्वाकांक्षी नहीं हुआ, जितना कि लॉक।"

लॉक का राजनीतिक विचारधारा में योगदान
(Locke's Contribution to Political Thought)

लॉक बहुमुखी प्रतिभा का विचारक था, जिसने न केवल राजनीतिक दर्शन को, बल्कि और भी अनेक क्षेत्रों को अपने अनुपम विचार से सारगर्भित किया है। राजनीतिक विचारधारा के क्षेत्र में उसके अमूल्य योगदान का उल्लेख निम्नांकित रूप से किया जा सकता है।

आगमनात्मक पद्धति (Inductive Method)

आधुनिक राजनीतिक विचारधारा में लॉक की सबसे बड़ी देन आगमनात्मक पद्धति है। यद्यपि अरस्तू इस पद्धति का जनक माना जाता है, तथापि आधुनिक युग में लॉक ने इस पद्धति की ओर विद्वानों का ध्यान आकृष्ट कराया। लॉक की अध्ययन-पद्धति तत्कालीन मनोविज्ञानयुक्त और अनुभवप्रधान है। इसका अर्थ यह है कि मानवज्ञान और आचरण की इंद्रियों के आधार पर व्याख्या की जाती है तथा आचरण के नियम अनुभव के आधार पर निर्धारित किए जाते हैं। लॉक यह मानकर चलता है कि समस्त ज्ञान का संचय अनुभव द्वारा किया जाता है। वह मानव के मस्तिष्क को स्वच्छ स्लेट के समान मानता है, जिसपर अनुभव की ऊँगलियाँ निरंतर लिखती रहती है। इस प्रकार, लॉक ने आगमनात्मक अध्ययन पद्धति का प्रयोग किया है। उसने अपने राजनीतिक साहित्य में वर्णनात्मक पद्धति का भी व्यवहार किया है। उसकी यह पद्धति भी अनुभव पर आधृत है तथा वैज्ञानिक पद्धति से मिलती-जुलती है।

मानव स्वभाव (Human Nature)

लॉक का दूसरा योगदान मानव स्वभाव का वर्णन है। उसने हॉब्स के विपरीत मानव स्वभाव का चित्रण किया है। उसकी दृष्टि में मानव स्वभाव मूलतः अच्छा, शांतिप्रिय और सामाजिक होता है। इस संदर्भ में, **जोन्स** ने लिखा है, "हॉब्स के समान मानव स्वभाव के संबंध में मानवद्वेषी दृष्टिकोण अपनाने के बजाय, लॉक का विश्वास है कि मनुष्य मूलतः अच्छे, शांतिप्रिय, सामाजिक और स्वशासन की योग्यतावाले होते हैं।"

इंग्लैंड की रक्तहीन क्रांति (1688 ई.) की घटना ने लॉक के मानव स्वभाव को प्रमाणित सिद्ध किया। लॉक ने मनुष्य को विवेकशील प्राणी माना है। उसकी दृष्टि में सभी मनुष्य प्राकृतिक रूप में समानता की अवस्था में होते हैं। लॉक ने मनुष्य को परोपकारी, सद्गुणी, कर्तव्यशील और नैतिक प्राणी माना है।

प्राकृतिक नियम (Natural Law)

लॉक की प्राकृतिक अवस्था स्वतंत्रता और समानता पर आधृत थी। लेकिन, इसका संचालन प्राकृतिक नियमों के अनुसार होता था, जो विवेक पर आधृत थे और नैतिकता के प्रतीक थे। व्यक्ति अपनी स्वतंत्रता का उपयोग प्राकृतिक नियमों की सीमाओं के अंतर्गत ही करता था।

लॉक के अनुसार प्राकृतिक अवस्था पर प्राकृतिक नियमों का शासन होता है। ये नियम प्रत्येक मनुष्य के लिए बंधनकारी होते हैं। ये तर्क पर आधृत होते हैं और संपूर्ण मानवजाति को यह बताते हैं कि चूँकि सब मनुष्य समान और स्वतंत्र हैं, इसलिए किसी मनुष्य को किसी दूसरे मनुष्य के जीवन, स्वास्थ्य, स्वतंत्रता और संपत्ति को हानि नहीं पहुँचानी चाहिए। वस्तुतः, प्राकृतिक नियम का मूल उद्देश्य है, सभी व्यक्तियों को शांति और सुरक्षा प्रदान करना।

प्राकृतिक अधिकार (Natural Rights)

डनिंग का कथन है, "राजनीतिक सिद्धांत को लॉक का सर्वप्रमुख योगदान है प्राकृतिक अधिकारों का सिद्धांत।"[1] लॉक ने जीवन, स्वतंत्रता और संपत्ति को व्यक्ति के जन्मजात तथा प्राकृतिक अधिकार बताते हुए कहा है कि इस राज्य का सर्वश्रेष्ठ कर्तव्य इन अधिकारों की रक्षा करता है एवं राज्य इन अधिकारों का अपहरण नहीं कर सकता है। यदि राज्य ऐसा करता है, तो जनता को उसके विरूद्ध विद्रोह करने का अधिकार है। यह विचार व्यक्त कर लॉक ने राज्य की निरंकुश और स्वेच्छाचारी शक्तियों को मर्यादित किया है। आज सभी प्रगतिशील देशों के संविधानों में जीवन, स्वतंत्रता और संपत्ति के अधिकारों को नागरिकों के मौलिक अधिकार स्वीकार कर सुरक्षा प्रदान की गई है। यहाँ तक कि संयुक्तराष्ट्र के चार्टर के मानवीय अधिकार में भी इन अधिकारों का समावेश किया गया है। लॉक का प्राकृतिक अधिकारों का सिद्धांत वर्तमान प्रजातंत्र और उदारवाद का मुख्य आधार माना जाता है।

राज्य मानवकृत संस्था (State : Man-made Institution)

हॉब्स और लॉक के पूर्व लोगों की आस्था दैवी सिद्धांत में थी। उनको यह विश्वास था कि ईश्वर ने राज्य का निर्माण किया है और राजा को शासन करने के लिए भेजा है। फिल्मर भी दैवी सिद्धांत का कट्टर समर्थक था। लॉक ने **शासन पर दो निबंध** के प्रथम खंड में फिल्मर से दैवी सिद्धांत की कटु आलोचनाएँ करके यह प्रमाणित किया है कि राज्य दैवी सिद्धांत का प्रतिफल नहीं है, बल्कि राज्य मानवकृत संस्था है। राज्य का निर्माण करनेवाला ईश्वर

1. "The most distinctive contribution of Locke to political theory is his doctrine of natural right."—Dunning.

नहीं, बल्कि मनुष्य है। राज्य को एक मानवकृत संस्था प्रमाणित करना आधुनिक राजनीतिविज्ञान की अमूल्य निधि है।

उपयोगितावाद (Utilitarianism)

उपयोगितावाद का मूल दर्शन भी लॉक की एक बड़ी देन है। लॉक का मत है कि मनुष्य के सभी कार्य सुख की प्राप्ति और दुःख के निवारण के लिए होते हैं। नैतिक सिद्धांतों का भी पालन सुखप्राप्ति के लिए ही होता है। राजदर्शन में हॉब्स के बाद लॉक ने ही सामान्य आनंद की बात कही है, जिसका आगे चलकर प्रचंड प्रभाव बेंथम तथा अन्य उपयोगितावादी विचारकों पर पड़ा है।

सीमित या सांविधानिक सरकार (Limited or Constitutional Government)

हॉब्स का संप्रभु असीम शक्ति का प्रतीक है। उसने निरंकुश राजतंत्र के सिद्धांत का प्रतिपादन किया है। इसके विपरीत, लॉक एक ट्रस्टी सरकार की स्थापना करता है, जिसकी शक्तियाँ सीमित होती हैं और जो संविधान के अनुसार कार्य करता है। अतएव, उसने एक सीमित या सांविधानिक सरकार के सिद्धांत का प्रतिपादन किया है।

शक्ति-विभाजन का सिद्धांत (Theory of Separation of Powers)

लॉक द्वारा प्रतिपादित शक्ति-विभाजन का सिद्धांत भी राजनीतिविज्ञान के लिए महत्वपूर्ण देन है। सर्वप्रथम पॉलिबियस ने इस पर विचार किया था, लेकिन उसको सुस्पष्ट और तर्कसंगत रूप प्रदान करने का श्रेय लॉक को प्राप्त है। लॉक का कथन है कि सरकार के तीनों अंग व्यवस्थापिका, कार्यपालिका और न्यायपालिका को अलग-अलग कार्य करना चाहिए; क्योंकि उसका मत है कि अगर कानून निर्मित करनेवाले और कानून को कार्यान्वित करनेवाले व्यक्ति समान हुए, तो समाज के हितों को हानि पहुँच सकती है। इसलिए, तीनों अंगों में पृथक्करण होना चाहिए। लॉक ने व्यवस्थापिका और कार्यपालिका को तो बिल्कुल ही अलग कार्य करने को कहा है। लेकिन, उसने कार्यपालिका और न्यायपालिका में कोई विभेद नहीं किया है और अलग कार्य करने को ही कहता है। मांटेस्क्यू ने आगे चलकर लॉक के शक्ति-विभाजन सिद्धांत का स्पष्ट और विस्तारपूर्वक वर्णन किया है, जिसका व्यावहारिक रूप अमेरिकन संविधान में दिया गया है।

विशेषाधिकार (Prerogative Powers)

लॉक की एक महान देन विशेषाधिकार या विवेकाधिकार है। उसका कथन है कि व्यवस्थापिका सभी समस्याओं पर कानून नहीं बना सकती है। अनेक

मामलों पर कानून मौन रहता है। कभी-कभी निर्मित कानून से जनता का अहित होता है। अतएव, जनहित की रक्षा हेतु कार्यपालिका के प्रधान शासक को विशेषाधिकार की शक्तियों से युक्त करना चाहिए। **लॉक** के शब्दों में–"विशेषाधिकार केवल जनता द्वारा शासक को दिया गया अधिकार है, जिसके बल पर शासक अपनी व्यक्तिगत इच्छानुसार जनहित में ऐसे कार्य कर सकता है जिन पर विधि मौन हो।"

क्रांति का अधिकार (Right of Revolution)

लॉक के राजनीतिक दर्शन में जनक्रांति का अधिकार एक क्रांतिकारी विचार है और उसकी महान देन है। उसके अनुसार राज्य का निर्माण जनहित के कुछ विशेष उद्देश्यों की पूर्ति के लक्ष्य को प्राप्त करने के लिए किया जाता है। सरकार को शासन करने की शक्तियाँ सीमित हैं और एक ट्रस्टी के रूप में प्राप्त है, जो जनता की सहमति पर आधारित है। लेकिन, अगर सरकार अपने उद्देश्यों की पूर्ति में असफल होती है, तो वैसी स्थिति में जनता को उस सरकार के विरूद्ध क्रांति करने का अधिकार प्राप्त है, जिसके माध्यम से उसे अपदस्थ किया जा सकता है। **लॉक** के शब्दों में–"व्यवस्थापिका की शक्तियाँ केवल धरोहर मात्र है, और उसे केवल निश्चित कार्य करने के अधिकार हैं। यदि जनता यह अनुभव करती है कि व्यवस्थापिका सौंपे हुए ट्रस्ट के विरूद्ध कार्य कर रही है, तो जनता को उसे हटाने और परिवर्तित करने की सर्वोच्च शक्ति अब भी प्राप्त है।"

सहिष्णुता की नीति और धर्मनिरपेक्ष राज्य (Policy of Toleration and Secular State)

यूरोपीय समाज में मध्ययुग से धार्मिक संघर्ष चल रहा था। राजा और पोप में सर्वोच्चता के लिए संघर्ष चल रहा था। हॉब्स ने चर्च को राज्य के अधीन किया। लेकिन, लॉक ने स्पष्ट शब्दों में कहा कि राज्य और चर्च दोनो पृथक संस्था है। दोनों का एक दूसरे से कोई संबंध नहीं है। चर्च एक ऐच्छिक संस्था है, जिसके अंतर्गत व्यक्ति ईश्वरोपासना और मोक्ष प्राप्ति हेतु जाता है। राज्य और चर्च दोनों एक-दूसरे के कार्य में हस्तक्षेप न करे। राज्य को धर्म के मामले में साहिष्णुता की नीति का अनुसरण करना चाहिए। अर्थात्, राज्य में सभी धर्मों के माननेवालों का आदर होना चाहिए तथा उनके प्रचार और प्रसार के लिए समान सुविधाएँ मिलनी चाहिए। सभी धर्म समान रूप से विकसित और जीवित रह सकते हैं। प्रत्येक व्यक्ति को अपने विश्वास के अनुसार धर्म मानने की स्वतंत्रता होनी चाहिए और वह किसी के धर्माचरण में बाधा उपस्थित न करे। लेकिन, लॉक ने कैथोलिक, मुसलमान और नास्तिकों को सहिष्णुता की नीति

से वंचित रखा है। इस प्रकार, लॉक ने सहिष्णुता की नीति का प्रतिपादन कर धर्मनिरपेक्ष राज्य की कल्पना की है, जिसका साकार रूप अभी विश्व के विभिन्न राज्यों में दिया जा रहा है। भारत उसका ज्वलंत उदाहरण है। धर्मनिरपेक्ष राज्य के सिद्धांत ने लॉक को दूरदर्शी और यथार्थ विचारक के धरातल पर लाकर खड़ा कर दिया है।

व्यक्तिवाद (Individualism)

मैक्सी ने कहा है, "लॉक का अमर योगदान यह है कि उसने संसार को व्यक्तिवाद का व्यवस्थित, तर्कशील और कार्यान्वित किए जाने के योग्य दर्शन प्रदान किया है।"

विद्वानों का विचार है कि लॉक मूलतः और पूर्णतः व्यक्तिवादी विचारक है। जैसा कि **वॉहन** ने कहा है, "लॉक के दर्शन में प्रत्येक वस्तु व्यक्ति के चारों ओर चक्कर काटती है। प्रत्येक वस्तु को इस प्रकार व्यवस्थित किया गया है कि व्यक्ति की संप्रभुता अक्षुण्ण है।"

लॉक ने व्यक्ति को साध्य और राज्य को साधन माना है। राज्य का निर्माण व्यक्ति के प्राकृतिक अधिकारों की रक्षा हेतु किया जाता है। राज्य जनइच्छा पर आधृत होता है। सरकार व्यक्ति के सुख और सुरक्षा के लिए है तथा उसकी शक्तियाँ सीमित हैं। अगर सरकार जनहित में कार्य नहीं करती, तो जनता अपने क्रांति-अधिकार के द्वारा उसे अपदस्थ कर सकती है और उसके स्थान पर नई सरकार का गठन करता है। जनता धर्म के मामले में भी स्वतंत्र है। वह किसी भी धर्म को अपना सकती है।

इस प्रकार, लॉक का दर्शन कट्टर, व्यक्तिवादी और व्यक्तिकेंद्रित है। **गेटेल** ने भी कहा है, "लॉक ने व्यक्तिवाद की आधुनिक भावना का प्रतिनिधित्व किया है।"

संप्रभुता (Sovereignty)

लॉक ने बोदाँ और हॉब्स के समान संप्रभुता पर विचार नहीं किया है और न संप्रभुता शब्द का ही प्रयोग किया है। वह राज्य में सर्वोच्च राजनीतिक सत्ता का वर्णन करता है। लेकिन, उसको एक संस्था में स्थापित नहीं करता है। ऐसा लगता है कि लॉक ने जानबूझकर संप्रभुता जैसे विवादास्पद शब्द का प्रयोग नहीं किया है। क्योंकि, अगर वह संप्रभुता शब्द का प्रयोग करता, तो यह प्रश्न उठता कि राज्य में उसका निवास कहाँ है? उसके राजनीतिक दर्शन के अध्ययन से यह स्पष्ट है कि उसने हॉब्स की निरंकुश और अमर्यादित संप्रभुता के सिद्धांत का प्रतिपादन नहीं किया है।

लॉक की दृष्टि में राजा, संसद, राज्य या समुदाय और व्यक्ति पृथक रूप से कोई भी निरपेक्ष संप्रभु नहीं है। सेबाइन का कहना है कि लॉक के दर्शन में व्यक्ति, समुदाय, व्यवस्थापिका और कार्यपालिका–ये चारों अपने-अपने स्थान पर किसी संप्रभु से कम नहीं हैं। बार्कर ने भी इसे स्वीकार किया है और कहा है कि लॉक के राजदर्शन में अंतिम शक्ति प्राकृतिक कानून ही है, जो अनिश्चित है और नैतिक गुणों का पोषक है।

वस्तुतः, लॉक की संप्रभुता न तो निरपेक्ष है और न अविभाज्य। बल्कि, यह जनता और शासक के बीच विभाजित दीख पड़ती है। इसे अर्द्ध-संसदीय और अर्द्धलोकतंत्रीय संप्रभुता की संज्ञा से विभूषित किया जा सकता है।

उदारवाद (Liberalism)

राजनीतिक दर्शन में लॉक का एक विशिष्ट योगदान–उदारवाद–है। लॉक को उदारवाद की आत्मा कहा जाता है; क्योंकि उसने अपने दर्शन में स्वतंत्रता को शासन के सर्वोच्च लक्ष्य का स्थान प्रदान किया है। **मैक्गवर्न** ने उदारवाद की परिभाषा इन शब्दों में दी है, "एक राजनीतिक सिद्धांत के रूप में उदारवादी दो पृथक तत्त्वों का मिश्रण है। इसमें से एक लोकतंत्र है और दूसरा व्यक्तिवाद।"

व्यक्ति की स्वतंत्रता और राज्यसत्ता के बीच उचित समन्वय का प्रश्न ही उदारवाद का प्रश्न माना जा सकता है। व्यक्ति की स्वतंत्रता पर राज्य के नियंत्रण की उचित सीमा को निर्धारित करना ही उदारवाद का उद्देश्य होता है। व्यक्ति की स्वतंत्रता पर आघात न होने को उदारवाद की संज्ञा दी जा सकती है।

लॉक के उदारवाद के मुख्य आधार हैं:–विवेक में आस्था, व्यक्ति साध्य और राज्य साधन, राज्य कृत्रिम संस्था, प्राकृतिक नियम, प्राकृतिक अधिकार, सीमित सरकार, शक्ति-विभाजन, क्रांति का अधिकार तथा रूढ़िवादी विचारों में आस्था नहीं, धार्मिक सहिष्णुता और धर्मनिरपेक्ष राज्य तथा प्रजातंत्र का समर्थन, आदि।

इस प्रकार, लॉक इंग्लैंड के लिए मध्यमवर्ग का उदारवादी विचारक था। फ्रांस और अमेरिका ने उसके उदारवाद से प्ररेणा ग्रहण किया। वस्तुतः, उदारवादी विचारधारा के इतिहास में लॉक का योगदान अमूल्य, स्थायी और अमर है।

सम्मति-सिद्धांत (Consent Theory)

राजनीतिक विचारधारा के इतिहास में लॉक का सम्मति-सिद्धांत एक अमूल्य निधि मानी जाती है। लॉक समुदाय-सिद्धांत के समर्थन द्वारा सम्मति या बहुमत पर आधृत सामान्य इच्छा का पोषण करता है। वह सामान्य इच्छा का अर्थ

एकावन प्रतिशत की बहुमत सम्मति से लगाता है। लेकिन, एक व्यक्ति में वास्तविक इच्छा के निवास से जितनी राजनीतिक एकता नहीं आ सकती, उससे कहीं अधिक एकता बहुमत की सम्मति द्वारा लाई जा सकती है। लॉक के अनुसार, प्राकृतिक अवस्था जनसम्मति पर आधारित होता है। राज्य की उत्पत्ति जनसम्मति से होती है। सरकार जनसम्मति पर आधृत होती है। राज्य एक ट्रस्टी है। शासक को विवेकाधिकार मिलना चाहिए। समुदाय बहुमत पर आधृत होता है। प्रजातंत्र भी बहुमत पर आधृत होता है। लॉक का कहना है कि बहुमत की सम्मति सर्वसम्मति की अपेक्षा अधिक संगत और व्यावहारिक है। अतएव, यदि राज्य को स्थायी रूप से कार्यशील रहना है, तो बहुमत की सम्मति को मान्यता मिलनी ही चाहिए।

लॉक के सम्मति-सिद्धांत का जो भी दोष हो, इतना तो सत्य है कि उसके द्वारा प्रणीत राज्य का सम्मति-सिद्धांत आज सभी प्रजातंत्रीय देशों में एक उच्चादर्श माना जा रहा है तथा भविष्य में भी जब तक मानवजाति रहेगी, राजनीतिक दर्शन में यह एक स्थाई प्रकाशस्तंभ बना रहेगा।

उपर्युक्त तथ्यों से यह स्पष्ट है कि आगमनात्मक पद्धति, मानव स्वभाव, प्राकृतिक नियम, प्राकृतिक अधिकार, राज्य मानवकृत संस्था, उपयोगितावाद, सीमित सरकार, शक्ति-विभाजन का सिद्धांत, विशेषाधिकार, क्रांति का अधिकार, सहिष्णुता की नीति और धर्मनिरपेक्ष राज्य, व्यक्तिवाद, संप्रभुता, उदारवाद तथा सम्मति-सिद्धांत अखंड दीपमालाओं की ज्योति हैं, जो लॉक के अमर राजदर्शन की शाश्वत दीपावली है।

लॉक का प्रभाव
(Insluence of Locke)

लॉक के उपर्युक्त योगदानों का व्यापक प्रभाव तत्कालीन राजनीतिक चिंतन पर पड़ा। इंग्लैंड, फ्रांस, हॉलैंड, नीदरलैंड, अमेरिका तथा अन्य राज्यों पर लॉक की राजनीतिक विचारधारा का प्रचंड प्रभाव पड़ा। आर्थिक, शैक्षणिक और राजनीतिक क्षेत्र पर भी लॉक के दर्शन का प्रभाव पड़ा। जिसका विश्लेषण हम अग्रलिखित रूप से कर सकते हैं।

आर्थिक क्षेत्र में प्रभाव (Influence in the Economic Field)

आर्थिक मामलों में लॉक वाणिज्यवादी था। वाणिज्यवादियों के समान उसने बताया कि आयात की कमी और निर्यात की अधिकता से देश धनी होता है।

मूल्य के क्षेत्र में लॉक की धारणा थी कि वस्तु का मूल्य उसमें लगाए जानेवाले श्रम से निर्धारित होता है। उसका यह प्रभाव दो प्रकार से पड़ा। एक

ओर एडम स्मिथ और रिकार्डो ने मूल्य के श्रममूलक सिद्धांत के पूँजीवादी के पोषण में तथा दूसरी ओर कार्ल मार्क्स ने श्रमिकवर्ग के हितों की वृद्धि में प्रयुक्त किया है।

शिक्षा के क्षेत्र में प्रभाव (Influence in the Field of Education)

शिक्षाशास्त्री के रूप में लॉक ने स्वतंत्रता का पोषण और परंपरावाद का खंडन करके उदारवाद का समर्थन किया है। इसलिए, वह बच्चों पर दंड और नियंत्रण के उपयोग को उचित नहीं समझता। वह शिक्षा को संस्कृति की प्राप्ति और चारित्रिक विकास के लिए आवश्यक मानता है। वह धार्मिक शिक्षा का पक्षपाती है, लेकिन बच्चों के लिए प्राचीन धर्मग्रंथों का अध्ययन अनावश्यक बताता है।

यूलिक का कथन है, "लॉक की धारणा है कि शिक्षा को बालक का सर्वांगीण विकास करना चाहिए। अत:, वह ऐसी शिक्षा पर बल देता है, जो निरीक्षण, पहलकदमी, स्वतंत्र निर्णय और बुद्धि के तार्किक प्रयोग को प्रोत्साहित करें।"[1]

राजनीति के क्षेत्र में प्रभाव (Influence in the Field of Politics)

राजनीति के क्षेत्र में लॉक के दर्शन का काफी प्रभाव पड़ा है। आयरलैंड में विलियम मोलीनो ने लॉक के राजदर्शन से प्रभावित होकर इंग्लैंड के शासन से आयरलैंड की स्वतंत्रता की माँग को शक्ति प्रदान की। फ्रांस में यूगन लोगों और नीदरलैंड में डच लोगों ने लॉक के बहुत-से विचार ग्रहण किए। मांटेस्क्यू ने लॉक के दर्शन में निहित शक्ति-विभाजन के सिद्धांत को अपने राजदर्शन का मूल आधार बनाया। रूसो ने लॉक की विचारधारा को उग्र स्वरूप प्रदान किया, जिससे फ्रांस की क्रांतिकारी विचारधारा को भारी समर्थन प्राप्त हुआ। अमेरिका में लॉक के दर्शन की स्पष्ट छाप वहाँ की स्वतंत्रता की घोषणा के रचनाकारों और वहाँ के संविधान के निर्माण करनेवालों पर थी। लॉक ने जीवन, स्वतंत्रता, संपत्ति, लोकतंत्र, व्यक्तिवाद और उदारवाद की उस भावना का उत्कट समर्थन किया था, जो पूर्व में धर्मसुधार आंदोलन तथा सतरहवीं शताब्दी की क्रांति के माध्यम से प्रस्फुटित हुई थी एवं जो आगे चलकर अठारहवीं सदी की राजनीतिक, आर्थिक और बौद्धिक क्रांतियों में अपने सर्वोच्च स्वरूप को प्राप्त हुई थी। मानव समाज के विचारों और उसकी संस्थाओं पर प्रभाव छोड़ने की दृष्टि से संभवत: दूसरा कोई विचारक इतना महत्व प्राप्त नहीं कर सका, जितना कि लॉक।

---

1. Ulich Robert, *History of Educational Thought*, 1967.

लेखकों का मत
(Opinions of Writers)

लॉक के दर्शन के प्रभाव पर विभिन्न लेखकों का मत द्रष्टव्य है–

मैक्सी के कथनानुसार, "लॉक ने स्वयं अपने और परवर्ती समय के विचारों और कार्यों को जितना प्रभावित किया है, उतना बहुत ही कम विचारकों ने किया है।"

वह आगे कहता है, "सुधारक चाहे वाल्पोल, चाहे जेफरसन, चाहे गेम्बेटा या चाहे केवूर था, लेकिन प्रेरणा निश्चित रूप से लॉक की थी।"[1]

सेबाइन ने लॉक के विषय में लिखा है, "लॉक के दर्शन का सबसे अधिक महत्व यह था कि उसने अमेरिका और फ्रांस की तत्कालीन राजनीतिक व्यवस्था पर प्रभाव डाला। इसकी चरम परिणति अमेरिका और फ्रांस में अठारहवीं सदी के अंत में होनेवाली महान क्रांतियाँ थीं। लॉक ने व्यक्तिगत अधिकारों को आदर्श रूप दिया, उपयोगितावाद को समस्त राजनीतिक बुराइयों का उपचार माना। संपत्ति के अधिकारों के प्रति आदरभावना को सुरक्षित रखा तथा इस बात पर बार-बार जोर दिया कि सार्वजनिक हितों पर व्यक्तिगत कल्याण के संदर्भ में विचार करना चाहिए।"[2]

वेपर के अनुसार, "लॉक की कीर्ति इंग्लैंड तक सीमित नहीं रही। उसकी वाणी अतलांतिक के भग्नावेषों साम्राज्यों में गूँजी। वर्जिनिया के बिल ऑफ राइट्स, अमेरिकी स्वतंत्रता घोषणा तथा फ्रांस के मानव अधिकारों की घोषणा लॉक के दर्शन के ही प्रतिफल हैं।"[3]

वस्तुतः, लॉक के अनुभववाद का प्रभाव बर्कले और ह्यूम पर पड़ा, तथा उन्होंने उसकी धारणाओं और मान्यताओं की पुष्टि करके अनुभववादी दर्शन का विस्तार किया। आर्थर कोलियर और बिशप पीटर ब्राउन भी लॉक से प्ररित हुए।

---

1. "The shaping hand was that of a Walpole, a Jefferson, a Gambetta or Cavour, the voice was invariably the voice of Locke."—Maxey.
2. "The greatest importance of Locke's philosophy, therefore, lay beyond the contemporary English settlement in the political thought of America and France which culminated in the great revolutions at the end of the eighteenth century. Here Locke's defence of resistance in the name of inalienable rights of personal liberty, consent, and freedom to acquire and enjoy property had their full effect."—Sabine.
3. "Locke's reputation did not confine to England. His voice spanned the Atlantic, rang in the ruins of empire, and spoke confidently to the future in the virginia bill of rights and in the American declaration of independence. Echoing again in the French declaration of the rights of man."—Wayper.

डेविड हार्टले, हेल वेशियस और जॉसेफ प्रीस्टले भी लॉक के विचारों से प्रभावित हुए। अठारहवीं सदी में लॉक के जिन विचारों का फ्रांस में असर हुआ था, उन विचारों को बेंथम, जेम्स मिल और जे॰ एस॰ मिल पुनः इंग्लैंड में ले आए।

इस प्रकार, लॉक के विचारों का प्रभाव तत्कालीन इंग्लैंड, फ्रांस हॉलैंड, नीदरलैंड, अमेरिका और अन्य देशों पर पड़ा। यह उसके महान व्यक्तित्व का साक्षी है। इस संदर्भ में, **सेबाइन** का कथन है, "उसने अतीत के विविध तत्वों का सम्मिश्रण किया, इसलिए उसके राजनीतिक दर्शन से उसके बाद की शताब्दियों में विविध प्रकार की विचारधाराओं की उत्पत्ति हुई।"[1]

निष्कर्ष

लॉक का सिद्धांत तत्वतः नरम और व्यावहारिकता से परिपूर्ण था। यह बात अवश्य है कि उसमें हॉब्स जैसी स्पष्टता और संगति विद्यमान नहीं थी। इतना होते हुए भी समसामयिक समस्याओं से उसका पर्याप्त अंशों में घनिष्ठ संबंध रहा। वह ऐसी शासन-व्यवस्था स्थापित करना चाहता था, जिसमें जनसम्मति प्रभावकारी ढंग से साकार हो और व्यक्ति की स्वतंत्रता की रक्षा भलीभाँति हो जाए। यद्यपि लॉक ने, जो भी धारणाएँ प्रस्तुत की, उनपर व्यवहारिकता की छाप लगी हुई होने पर भी उनमें अर्द्ध-सत्यता और डगमगाहट विद्यमान थी। फिर भी, वे उस राजनीतिक व्यवस्था के पूर्णरूपेण अनुकूल थीं, जिसकी स्थापना ह्विग पार्टी ने इंग्लैंड में की थी। उसके राजदर्शन ने पूँजीवादी को राजनीतिक आधार प्रदान किया और सबसे बढ़कर ह्विग लोगों द्वारा सम्राट जेम्स द्वितीय के विरूद्ध जो कार्यवाही की गई थी, उसे सैद्धांतिक आधार प्रदान किया तथा उनकी विचारगत अड़चन दूर की।

इस संदर्भ में, **गेटेल** का मत है, "अर्धसत्य और हिचकिचाहट के बावजूद लॉक का सिद्धांत उस व्यवस्था के अनुरूप था, जिसकी इंग्लैंड में ह्विग नेताओं ने स्थापना की थी।"[2]

डनिंग का भी कथन है, "लॉक का सिद्धांत ह्विग पार्टी का व्यावहारिक कार्यक्रम बना।"[3]

---

1. "He combined diverse elements from the past, so from his political philosophy, emerged diverse theories in the century following him."—Sabine.
2. "Locke's theory, in spite of half-truths and hesitations, corresponded to the system established by the Whig leaders in England."—Gettell.
3. "Locke's political theory corresponded to this Whiggish practical work."—Dunning.

सेबाइन का कथन है, "उसकी प्रतिभा की विशेषता न तो विद्वता थी और न तर्कशक्ति, यह उसकी अतुलनीय सहजबुद्धि थी, जिसके प्रयोग से उसने दर्शन, राजनीति, आचरणशास्त्र तथा शिक्षा के क्षेत्र में उन मुख्य विचारधाराओं का एक स्थान पर संग्रह किया, जिन्हें भूतकाल के अनुभव से उसकी समकालीन पीढ़ी के, जो अधिक ज्ञानवान थी, मस्तिष्क में उत्पन्न कर दिया था। उसने उनको एक सरल, गंभीर किन्तु हृदयग्राही भाषा में अभिव्यक्त करके अठारहवीं शताब्दीं के लोगों के सम्मुख प्रस्तुत किया, जहाँ जाकर वह ऐसी सामग्री बना, जिससे इंग्लैंड तथा यूरोप के राजदर्शन का विकास हुआ।"[1]

मैक्सी ने लॉक का मूल्यांकन करते हुए कहा है, "लॉक के राजनीतिक दर्शन में ऐसा बहुत थोड़ा है, जो उसकी मौलिकता को प्रकट करता है। उसमें बहुत थोड़े विचार और सिद्धांत ऐसे होंगे, जिनका पहले प्रतिपादन न हुआ हो, फिर भी सतरहवीं शताब्दी के इस दुबले-पतले किताबी-कीड़े डॉक्टर को राजनीतिविज्ञान के उन कुछ विचारकों के श्रेणी में रखा जाना चाहिए, जिनका कार्य कभी मृत्यु को प्राप्त नहीं होगा।"[2]

लॉक वह महान दार्शनिक है, जिसका मूल्यांकन **वेपर** ने निम्नांकित शब्दों में किया है–"एक महान परंपरा के बारे में अंतिम महान वाणी और दूसरी महान परंपरा के बारे में प्रथम महान वाणी थी। वह प्राचीन परंपरा जिसका कि वह अंतिम प्रतिनिधि था, मध्यकालीन परंपरा है तथा वह नवीन परंपरा जिसकी कि यह प्रथम परंपरा, व्यक्तिवाद की परंपरा है।"[3]

निष्कर्ष:, कहा जा सकता है कि लॉक के राजदर्शन के प्रति किए गए योगदान का महत्व उसके विचारों की मौलिकता के कारण नहीं है। इसके विपरीत, उसके इस योगदान का महत्व इस बात में है कि उसने जीवन,

---

1. "The mark of his genius was neither learning nor logic but an incomparable common sense by which he gathered together the chief convictions in philosophy, politics, morals and education, that the experience of the past had generated in the more enlightened minds of his generation. By giving to them a simple and sober yet persuasive statement, he passed them on to the eighteenth century, where they become the matrix from which grew the later political philosophy both of England and the continent."—Sabine.
2. "There is a little that is absolutely original in the political philosophy of John Locke—few ideas and doctrines that had not been previously conceived and declared to the world—it is nonetheless a fact that this frail and bookish physician of seventeenth century England must be ranked as one of the few political thinkers whose work will never die."—Maxey.
3. "His is the last great voice of one great tradition and the first great voice of another great tradition."—Wayper.

स्वतंत्रता, संपत्ति के प्राकृतिक अधिकारों, व्यक्तिवाद, उत्तरदायी शासन, बहुमत शासन, प्रजातंत्र और उदारवाद जैसी राजनीतिक विचारधाराओं को ऐसे सरल और सुबोध ढंग से व्यवस्थित किया है कि वे यूरोप और अमेरिका के राजनीतिक जीवन का अविभाज्य अंग बन गई हैं। आज भी लॉक के दर्शन की लोकप्रियता और महत्व कम नहीं हुआ है। **लॉस्की** ने ठीक कहा है, "लॉक के प्रश्न स्थूल रूप से आज भी हमारे प्रश्न बने हुए हैं। हमें व्यापक रूप में उसके सिद्धांतों से इन प्रश्नों का उत्तर पाने में सहायता मिलती है।"[1]

वस्तुतः, लॉक वह दर्पण है, जिसमें अँगरेजों के प्रतिबिंब स्थायी रूप से परिलक्षित हो रहे हैं।[2]

लॉक के प्राकृतिक अधिकारों का सिद्धांत, प्रजातंत्र, बहुमत शासन, व्यक्तिवाद और उदारवाद राजदर्शन के स्थायी स्वर्णमुकुट हैं, जिनकी आभा से संपूर्ण मानवसमाज आलोकित है।

प्रश्न
(Questions)

1. राजनीतिक दर्शन में लॉक का क्या महत्व है? स्पष्ट कीजिए।
   What is the importance of Locke in Political Philosophy? Explain.
2. राजनीतिक विचारधारा के इतिहास में लॉक की महत्वपूर्ण देन का वर्णन करें।
   Describe the important contributions of Locke in the History of Political Thought.
3. राजनीतिक विचारधारा के क्षेत्र में लॉक के प्रभाव का उल्लेख करें।
   Mention the influence of Locke in the field of Political Thought.
4. लॉक के महत्व, योगदान और प्रभाव को राजनीतिक दर्शन में स्पष्ट कीजिए।
   Explain the Locke's importance, contributions and influence in Political Philosophy.
5. जॉन लॉक के राजदर्शन के प्रभाव की विवेचना कीजिए।
   Examine the effect of the Political Philosophy of John Locke.

---

1. "In the largest sense, Locke's questions are still our own. In the largest sense, we are near enough to his time to profit at each step of our own efforts by the hints he prefers."—Laski, H.J., *Political Thought in England from Locke to Bentham*, 1920.
2. "Above all, he is a mirror in which Englishmen may find themselves faithfully reflected."—Wayper.

वस्तुनिष्ठ प्रश्न
(Objective Questions)

1. Who said this?

   "The defects of logical structure in Locke's political theory arose from the fact that he never made up his mind what exactly was fundamental and what was derivative."

   (a) Sabine (b) Jones (c) Dunning (d) Gettell

2. Who said this?

   "This was due to the fact that Locke saw with great clarity a multitude of issues involved in the politics of the seventeenth century and tried conscientiously to combine them all. But his theory had on logical structure elaborate enough to contain so complicated a subject-matter."

   (a) Dunning (b) Sabine (c) Coker (d) Jones

3. Who said this?

   "The greatest weakness of Locke's philosophy in all its branches was that he never got back to first principles."

   (a) Jones (b) Coker (c) Sabine (d) Dunning

4. Who said this?

   "Locke's Political Philosophy was an effort to combine past and present and also to find a nucleus of agreement for reasonable men of all parties, but he did not synthetize all that he combined."

   (a) Jones (b) Dunning (c) Coker (d) Sabine

5. Who said this?

   "This most distinctive contribution of Locke to political theory is his doctrine of natural rights."

   (a) Dunning (b) Jones (c) Sabine (d) Maxey

6. Who said this?

   "The shaping hand was that of a Walpole, a Jefferson, a Gambetta or Cavour, the voice was invariably the voice of Locke."

   (a) Sabine (b) Maxey (c) Jones (d) Coker

7. Who said this?

   "The greatest importance of Locke's philosophy, therefore, lay beyond the contemporary English settlement in the political thought of America and France which culminated in the great revolutions at the end of the eighteenth century. Here Locke's defence of resistance in the name of inalienable rights of personal liberty, consent, and freedom to acquire and enjoy property had their full effect."

(a) Dunning (b) Jones (c) Sabine (d) Wayper

8. Who said this?

"Locke's reputation did not confine to England. His voice spanned the Atlantic, rang in the ruins of empire, and spoke confidently to the future in the Virginia Bill of Rights and in the American Declaration of Independance. Echoing again in the French Declaration of the Right of man."

(a) Coker (b) Jones (c) Sabine (d) Wayper

9. Who said this?

"He combined diverse elements from the past, so from his Political Philosophy, emerged diverse theories in the century following him."

(a) Sabine (b) Coker (c) Wayper (d) Maxey

10. Who said this?

"Locke's theory, in spite of half-truths and hesitations, corresponded to the system established by the whig leaders in England."

(a) Sabine (b) Gettell (c) Coker (d) Jones

11. Who said this?

"Locke's political theory correspended to this whiggish practical work."

(a) Coker (b) Jones (c) Dunning (d) Sabine

12. Who said this?

"His is the last great voice of one great tradition and the first great voice of another great tradition."

(a) Sabine (b) Coker (c) Jones (d) Wayper

13. Who said this?

"Above all, he is a mirror in which Englishmen may find themselves faithfully reflected."

(a) Wayper (b) Jones (c) Maxey (d) Coker

14. Who said this?

"In the largest sense, Locke's questions are still our own. In the largest sense, we are near enough to his time to profit at each step of our own efforts by the hints he prefers."

(a) Jones (b) Laski (c) Sabine (d) Maxey

15. Who said this?

"There is a little that is absolutely original in the Political Philosophy of John Locke—few ideas and doctrines that had not been previously conceived and declared to the world—it is nonetheless a fact that this frail and bookish physician of seventeenth century England must be ranked as one of the few political thinkers whose work will never die."

(a) Sabine (b) Coker (c) Maxey (d) Jones

16. यह कथन किसका है?

"लॉक ने फ्रांसीसी दार्शनिक डेकार्ट के दार्शनिक दृष्टिकोण, वैज्ञानिकों की प्रयोगात्मक पद्धति और उपयोगितावादी अनुभववादी को एक क्रियाशील धारणा में समन्वित करने का प्रयत्न किया है।"

(क) कोकर (ख) सेबाइन (ग) जोन्स (घ) आइवर

17. यह कथन किसका है?

"लॉक का स्थान उन थोड़े से राजनीतिक विचारकों में है, जिनके विचारों का कभी लोप नहीं होगा।"

(क) मैक्सी (ख) जोन्स (ग) कोकर (घ) डनिंग

18. यह कथन किसका है?

"हम में से जो आधुनिक पाश्चात्य प्रजातंत्रीय समाजों में रह रहे हैं, वास्तव में लॉक के अनुगामी है; क्योंकि हम अनुभव करते हैं कि ईश्वर या प्रकृति या जीवन ने हमको कुछ अधिकार प्रदान किए हैं।"

(क) कोकर (ख) मैकडॉनल्ड (ग) जोन्स (घ) वेपर

19. यह कथन किसका है?

"हॉब्स के समान मानव स्वभाव के संबंध में मानव द्वेषी दृष्टिकोण अपनाने के बजाय, लॉक का विश्वास है कि मनुष्य मूलतः अच्छे, शांतिप्रिय, सामाजिक और स्वशासन की योग्यतावाले होते हैं।"

(क) कोकर (ख) वेपर (ग) जोन्स (घ) सेबाइन

20. यह कथन किसका है?

"राजनीतिक सिद्धांत को लॉक का सर्वप्रमुख योगदान है–प्राकृतिक अधिकारों का सिद्धांत।"

(क) जोन्स (ख) वेपर (ग) कोकर (घ) डनिंग

21. यह कथन किसका है?

"विशेषाधिकार केवल जनता द्वारा शासक को दिया गया अधिकार है, जिसके बल पर शासक अपनी व्यक्तिगत इच्छानुसार जनहित में ऐसे कार्य कर सकता है जिन पर विधि मौन हो।"

(क) लॉक (ख) हॉब्स (ग) रूसो (घ) बेन्थम

22. यह कथन किसका है?

"लॉक का अमर योगदान यह है कि उसने संसार को व्यक्तिवाद का व्यवस्थित, तर्कशील और कार्यान्वित किए जाने के योग्य दर्शन प्रदान किया है।"

(क) कोकर (ख) मैक्सी (ग) सेबाइन (घ) डनिंग

23. यह कथन किसका है?

"व्यवस्थापिका की शक्तियाँ केवल धरोहर मात्र है, और उसे केवल निश्चित कार्य करने का अधिकार है। यदि जनता यह अनुभव करती है कि व्यवस्थापिका सौंपे हुए ट्रस्ट के विरूद्ध कार्य कर रही है, तो जनता को उसे हटाने और परिवर्तित करने की सर्वोच्च शक्ति अब भी प्राप्त है।"

(क) हॉब्स (ख) वेपर (ग) लॉक (घ) कोकर

24. यह कथन किसका है?

"लॉक के दर्शन में प्रत्येक वस्तु व्यक्ति के चारों ओर चक्कर काटती है। प्रत्येक वस्तु को इस प्रकार व्यवस्थित किया गया है कि व्यक्ति की संप्रभुता अक्षुण्ण है।"

(क) कोकर (ख) वेपर (ग) सेबाइन (घ) वॉहन

25. यह कथन किसका है?

"लॉक ने व्यक्तिवाद की आधुनिक भावना का प्रतिनिधित्व किया है।"

(क) गेटेल (ख) जोन्स (ग) वेपर (घ) कोकर

26. यह कथन किसका है?

"एक राजनीतिक सिद्धांत के रूप में उदारवादी दो पृथक तत्वों का मिश्रण है। इसमें से एक लोकतंत्र है और दूसरा व्यक्तिवाद।"

(क) कोकर (ख) मैक्गवर्न (ग) जोन्स (घ) मैक्सी

27. यह कथन किसका है?

"लॉक ने स्वयं अपने और परवर्ती समय के विचारों और कार्यों का जितना प्रभावित किया है, उतना बहुत ही कम विचारकों ने किया है।"

(क) कोकर (ख) जोन्स (ग) मैक्सी (घ) सेबाइन

28. यह कथन किसका है?

"सुधारक चाहे वाल्पोल, चाहे जेफरसन, चाहे गेम्बेटा या चाहे केवूर था, लेकिन प्रेरणा निश्चित रूप से लॉक की थी।"

(क) जोन्स (ख) डनिंग (ग) कोकर (घ) मैक्सी

29. यह कथन किसका है?

"लॉक वह दर्पण है, जिसमें अँगरेजों के प्रतिबिंब स्थायी रूप से परिलक्षित हो रहे हैं।"

(क) वेपर (ख) कोकर (ग) सेबाइन (घ) डनिंग

उत्तर

(Answers)

1. (a) 2. (b) 3. (c) 4. (d) 5. (a) 6. (b) 7. (c) 8. (d) 9. (a) 10. (b) 11. (c) 12. (d) 13. (a) 14. (b) 15. (c) 16. (घ) 17. (क) 18. (ख) 19. (ग) 20. (घ) 21. (क) 22. (ख) 23. (ग) 24. (घ) 25. (क) 26. (ख) 27. (ग) 28. (घ) 29. (क)

जीन जेक्स रूसो
JEAN JACQUES ROUSSEAU
(1712-1778 ई.)

20

रूसो का जीवन

(The Life of Rousseau)

जन्म और बाल्यावस्था (Birth and Childhood)

जीन जेक्स रूसो का जन्म स्विट्जरलैंड के जनेवा में एक निम्न मध्य वर्गीय परिवार में 28 जून, 1712 ई. को हुआ था। उसके पिता का नाम आइजक[1] या इसाक और माता का सूजने बर्नार्ड[2] था। सोलहवीं सदी में रूसो के पूर्वज धार्मिक संघर्ष में फ्रांस से भागकर यहाँ बस गए थे। उसके पिता एक कुशल घड़ीसाज था। लेकिन, इस कार्य में मन न लगने के कारण एक नृत्य मंडली का संगठनकर्ता बना और उसी के सहारे अपना भरण-पोषण करने लगा। आइजक को यात्रा से काफी प्रेम था। वैवाहिक सूत्र में बंधने के कुछ ही दिनों बाद वह अपनी पत्नी को छोड़ कर कुस्तुन्तुनिया चला गया। पत्नी द्वारा कई आग्रहपूर्ण पत्र भेजे जाने पर वह लौटकर घर आया। इस संदर्भ में, रूसो ने अपनी आत्मकथा **कन्फेशनस** में लिखा है कि–"उसने (आइजक ने) सभी वस्तु छोड़ दी और घर लौट आया। मैं इस पुनर्मिलन का दुष्परिणाम था। दस मास पश्चात् मैं दुर्बल और अस्वस्थ दशा में उत्पन्न हुआ। मेरे उत्पन्न होते ही मेरी माँ का देहान्त हुआ और मेरा जन्म मेरी प्रथम दुर्भाग्यपूर्ण घटना थी।"[3]

इस प्रकार, प्रसवकाल में ही रूसो मातृविहीन बना। उसके लालन-पालन का भार पिता पर पड़ा। लेकिन, उसका पिता अत्यन्त ही चंचल स्वभाव का,

---

1. Isaac.
2. Suzanne Bernard.
3. "He abandoned everything and came home. I was the sad fruit of the reunion. Ten months afterwards I was born, ill and weak, I cost my mother her life, and my birth was the first of my misfortune."—Rousseaus, *Confessions*, Quoted by Jones in *Masters of Political Thought, Machiavelli to Bentham*, Vol. II.

ऐय्याशी और दुर्व्यसनों में लिप्त रहनेवाला उत्तरदायित्वहीन व्यक्ति था। अत:, उसने रूसो की शिक्षा पर लेशमात्र भी ध्यान नहीं दिया। इसके विपरीत, वह कामुक और वासनापूर्ण कहानियाँ, उपन्यास पढ़कर, रूसो को सुनाया करता था और उसे रातभर सोने नहीं देता था। जब रूसो पढ़ने योग्य हुआ, तब वह उन कहानियों और उपन्यासों को उससे पढ़वाने लगा। रूसो समझता तो कुछ नहीं था, लेकिन अनुभव सब बातों का करता था। इससे स्पष्ट है कि उन कहानियों-उपन्यासों का उसकी कोमल-भावनाओं पर निश्चित रूप से अवांछनीय प्रभाव पड़ा। रूसो ने कन्फेशन्स में स्पष्ट रूप से लिखा है कि–"मेरी जो इच्छा होती थी, करता था और मुझे अपनी इच्छा के विरूद्ध कहने वाला कोई नहीं था, न मुझ पर कोई दबाव ही डाल सकता था। मेरे पिता मुझे जोखिम यात्राओं और प्रेम कहानियों को सारी रात जोर-जोर से पढ़कर सुनाने के लिए जगाए रखते थे। इस प्रकार थोड़े ही समय में मुझे न केवल पढ़ने और समझने का अभ्यास हो गया, बल्कि बचपन में ही मुझ में वासनात्मक प्रवृत्ति का ऐसा प्रादुर्भाव हो गया कि मैं प्रत्येक चीज का अनुभव तो करता था पर उसे समझता नहीं था। सभी प्रकार की अनिश्चित भावुकताओं ने, जिनके प्रभाव में मैं एक के बाद एक आया, मेरे जीवन में आश्चर्यजनक और प्रेम-पिपासापूर्ण प्रभाव डाला जिनसे मुझे अपने अनुभव और जानकारी के बाद भी कभी पूर्णतया मुक्ति नहीं मिल सकी।"[1]

अतएव, आवारागर्दी और विलासिताप्रिय स्वभाव रूसो को अपने पिता से ही मिला।

शिक्षा (Education) जब रूसो दस वर्ष का था, तब उसके पिता ने एक झगड़े में एक व्यक्ति को आहत कर दिया और दंड के भय से जनेवा से इटली भाग गया। रूसो के पालन-पोषण का भार, उसके मातृपक्ष के एक चाचा बरनाई ने लिया। उसने दो वर्षों तक स्कूल में शिक्षा प्राप्त करने के लिए भेजा। जहाँ रूसो ने बड़ी कठिनाई से टूटी-फूटी लैटिन की शिक्षा पायी। उसने विद्या अर्जन में तनिक भी रूचि नहीं दिखलायी। अतएव, उसे एक निष्ठुर और पाशविक संगतराश का शिष्य बना दिना गया। जिसके पास तीन वर्ष रहकर रूसो ने केवल चोरी करना और झूठ बोलना सीखा। एक रात जब रूसो को लौटने में देर हो गयी, तब उसने संगतराश के मकान का दरवाजा बंद पाया। इस भय से कि उसे दूसरे दिन कठोर दंड मिलेगा, वह जनेवा छोड़कर बिना

1. "I understood nothing—I felt everything. All the obscure emotions which I underwent, one after another...formed in me intelligence of a peculiar character and gave me wonderful and romantic impressions of life of which experience and reflections have never quite been able to cure me." Rousseau, *Confessions*—quoted by W.T. Jones in *Masters of Political Thought*.

लक्ष्य के फ्रांस भाग गया। उस समय उसके पास पहने हुए कपड़ों के अतिरिक्त कुछ भी नहीं था। वह वर्तमान में रहकर, भूत के लिए पाश्चाताप और भविष्य की चिंता नहीं करता था।

इस प्रकार, बाल्यावस्था में ही मातृ-छाया से विहीन होने के कारण, रूसो अत्यधिक भावुक हो गया था। संगतराश के दुर्व्यवहार के कारण उसका स्वभाव अत्यंत कठोर और कर्कश हो गया था। उचित अनुशासन में न रहने के कारण, वह नियम के वास्तविक महत्व से पूर्णतया अनभिज्ञ था। उसका भविष्य भयंकर गरीबी के बादलों से ढँका हुआ था। वह जीवन के प्रशस्त-मार्ग पर लक्ष्य विहीन राही की तरह कदम बढ़ाता रहा।

यात्रा : दाम्पत्य-जीवन (Visit : Conjugal Life : 1728-1742)

फ्रांस पहुँचने पर अपनी उदरपूर्ति के लिए रूसो ने एक नयी युक्ति का सहारा लिया। प्रोटेस्टेण्ट होते हुए भी वह एक कैथोलिक पादरी के घर पहुँचा। उस पादरी ने तुरिन नामक स्थान पर उसे कैथोलिक धर्म की दीक्षा दी। इससे कुछ समय के लिए रूसो की रोटी की समस्या का समाधान हो गया। लेकिन, ज्यों ही उस पादरी को रूसो की चालाकी का पता चला, त्यों ही उसने उसे अपने यहाँ से निकाल दिया।

इस प्रकार, रूसो को धर्म परिवर्तन करने के बाद भी, निष्ठुर समाज उसके पेट की ज्वाला को शांत करने में असमर्थ रहा। इसी बीच सौभाग्यवश उसे मैडल-डी-वरसेल्ली नामक एक महिला के यहाँ नौकरी मिल गयी। लेकिन, तीन माह के अन्दर ही उस महिला का स्वर्गावास हो गया। निधन के समय उस महिला की रूपये की एक थैली रूसो के पास पायी गयी। सम्भवतः रूसो ने यह थैली चुरा ली थी। पूछे जाने पर उसने एक निरपराध-महिला का नाम बता दिया, जिसे दण्डित होना पड़ा।

इस घटना के बाद रूसो का परिचय एक धनाढय तरूण विधवा मैडम-डी-वारेन्स से हुआ, जो कैथोलिक धर्म स्वीकार करने वाले दीन-दुखियों की सहायता करती थी। उस महिला ने रूसो को अपने पास रखकर उसकी शिक्षा-दीक्षा की व्यवस्था की। इस तरह रूसो काव्य और संगीत का अध्ययन करने लगा। यद्यपि वह महिला रूसो से तेरह वर्ष बड़ी थी, फिर भी रूसो धीरे-धीरे उसके प्रति आकृष्ट होता गया और अंत में यौन-संबंध स्थापित हो गया। प्रारम्भ में बहुत दिनों तक उस महिला के साथ रूसो का अच्छा सम्बन्ध रहा। लेकिन, विद्वानों का मत है कि रूसो की अति से वह इतनी परेशान हो गयी कि उसे पेरिस भाग जाना पड़ा।

रूसो अपनी प्रेमिका की खोज में अपनी सारी शक्ति लगा दी और जब पैसा न मिला तो पैदल ही पेरिस के लिए रवाना हुआ। कितनी ही कठिनाइयों

का सामना करते हुए वह पेरिस पहुँचा। पेरिस की गलियों में वह मजनू बनकर अपनी लैला की खोज में भटकता रहा। अंत में, एकदिन चेम्बरी में उसने वारेन्स को खोज लिया। लेकिन, इसी बीच वारेन्स का संबंध विंतजनरीड नामक व्यक्ति से हो चुका था। रूसो के लिए उसके हृदय में तनिक भी स्थान नहीं था। स्वाभिमानी रूसो अपनी प्रेमिका मामा के इस अकस्मात् अपमान की चोट से तिलमिला उठा और पुनः घोर निराशा के बादलों से घिर गया तथा बिजली की चमक की प्रतीक्षा में दर-दर की ठोकरे खाने लगा।

पेशा (Livelihood 1742-1749)–वारेन्स ने रूसो के निवास का प्रबन्ध ला चाश मेट्स नामक स्थान में कर दिया, जहाँ रूसो ने दो वर्ष (1738-1740) एकांत में पुस्तकों से दार्शनिक शिक्षा प्राप्त की। वारेन्स की मदद से उसे एक परिवार में शिक्षक की नौकरी मिली। लेकिन, इस कार्य में अभिरूचि नहीं रहने के कारण वह सफल नहीं हो सका। 1742 ई. में एक प्रभावशाली महिला मैडम-डी-ब्रोग्ली की सहायता से वेनिस-स्थित फ्रांस के राजदूत के सचिव का पद उसे प्राप्त हो गया। लेकिन, अपने स्वभाव के कारण वह उच्चाधिकारियों से झगड़ पड़ा। परिणामतः अठारह महीने तक सेवा करने के बाद वहाँ भी उसे पदच्युत होना पड़ा। वह 1744 ई॰ में पेरिस लौट आया।

1745 ई॰ में रूसो ने एक संगीत नाटक लिखा, लेकिन वह सफल नहीं हुआ। अपनी जीविका का उपार्जन करने के लिए, वह संगीत की प्रतिलिपियाँ तैयार करता था। 1746 ई॰ में उसे दिदरो से भेंट हुई, जिसने उसे अपने विश्वकोष के लिए संगीत पर कुछ लेख लिखने के लिए आमन्त्रित किया; किंतु वह उपयोगी सिद्ध नहीं हो सका। रूसो को आशा थी कि अपनी संगीत-कला की सहायता से उसे भद्र और वैभवपूर्ण समाज में स्थान मिल जाएगा, लेकिन उसकी आशा पूर्ण नहीं हुई। फिर, उसने अपने मित्रों के सहयोग से इस समाज में प्रवेश किया, लेकिन वहाँ उसकी उपस्थिति सहन न की गयी।

निम्नवर्ग से सम्पर्क : पुनः दाम्पत्य जीवन–थेरेसे लेवासिये (Contact with Lowerclass : Again Conjugal Life—Therese Levasseur)–भद्रसमाज से उपेक्षित और तिरस्कृत होकर, रूसो ने 1747 ई॰ से निम्नतम वर्गों से सम्पर्क स्थापित किया और पूर्णरूप से आवारागर्दी का जीवन व्यतीत किया। वह भूत और भविष्य की चिन्ता न करके, वर्तमान से अधिक-से-अधिक आनंद प्राप्त करने की चेष्टा करता था। सौभाग्य से, कुछ दयालु मित्र उसे समय-समय पर आर्थिक सहायता देते रहे। लेकिन, उसकी स्थिति भिखारी से अच्छी नहीं थी और उसका अधिकांश समय पेरिस की गंदी बस्तियों में बीतता था।

निम्न वर्गों के सम्पर्क में रहने के कारण, रूसो स्वार्थी, मिथ्यावादी, चरित्रहीन और पक्का चोर बन गया था। उसने अपने एक रोगी मित्र को इसलिए

छोड़ दिया, क्योंकि उसकी सेवा से उसके स्वच्छन्द भ्रमण में बाधा पड़ती थी। अपने चुम्बकीय व्यक्तित्व के कारण, उसे अनेक स्त्रियों का प्रेम प्राप्त हुआ तथा सभी के साथ उसने यौन-संबंध स्थापित किए, लेकिन सबों को उसने एक-एक करके छोड़ दिया। स्वयं रूसो ने **कन्फेशनस** में लिखा है कि किसी भी व्यक्ति से साथ उसकी मित्रता निभ ही नहीं सकती थी। दुश्चरित्रता ही सारा कारण नहीं थी, उसके पास लेखन कला के अलावे और कोई ऐसी चीज नहीं थी जिसे लोग पसंद करें। स्त्रियाँ अवश्य ही उनसे बहुत आकर्षित होती थी तथा वे स्वयं उनसे आकर्षित होते थे और जीवन भर किसी न किसी रूप में स्त्री जाति ने ही उनकी मदद की। **मैक्सी** का भी कथन है कि "रूसो दूसरों व्यक्तियों की तरह काम नहीं कर सकते थे, दूसरों की तरह प्रेम नहीं कर सकते थे, उनकी तरह लड़ नहीं सकते थे, केवल लेखन कार्य के लिए ही वे उपयुक्त थे तथा वह भी केवल उस दिशा में जिस दिशा में उनकी भावुकता उन्हें ले जाए।"

रूसो पेरिस की गंदी गलियों, होटलों और शराब की दूकानों पर घूमने लगा। इसी बीच शराब की एक दूकान पर काम करने वाली अशिक्षित धोबिन महिला थेरेसे लेवासिये से उसने मैत्री कर ली। वह महिला अत्यन्त कुरूप और अनपढ़ थी। लेकिन, रूसो के हृदय में उसके प्रति आकर्षण का बंधन इतना दृढ़ सिद्ध हुआ कि वह आजीवन उसके साथ रहा और दाम्पत्य जीवन का छककर पान करने लगा। उक्त महिला के साथ उन्मुक्त यौन-संबंध स्थापित करने के लगभग छब्बीस वर्ष बाद रूसो ने उससे विधिवत् विवाह किया। यद्यपि इस बीच उसे पाँच बच्चे हुए, जिन्हें बारी-बारी से रूसो ने अनाथालय में रखा, लेकिन अपनी संतान के रूप में स्वीकार नहीं किया। इस प्रकार, वह बच्चों के पालन-पोषण के उत्तरदायित्व से सदा मुक्त रहा और उसके हृदय में वात्सल्य प्रेम का उद्रेक नहीं हुआ जो उसके कठोर, पक्का स्वार्थी और उत्तरदायित्वहीन व्यक्तित्व को प्रभावित करता है।

निबंध प्रतियोगिता : 1749-1755 (Essays Competition)–1749 ई० में रूसो के जीवन में एक ऐसी महत्वपूर्ण घटना घटी जिससे उसके जीवन की धारा ही मुड़ गयी। उसे अपनी जन्मजात प्रतिभा को प्रकट करने का अवसर प्राप्त हुआ। अक्तूबर 1749 ई० उसके जीवन में क्रान्ति का सन्देश लेकर आया। वह अपने मित्र दिदरो से मिलने जा रहा था, जो बन्दी गृह में कष्ट झेल रहा था। उसे लम्बी दूरी तय करनी थी। मार्ग में वह थकान कम करने के उद्देश्य से बैठकर मरक्यूरी दी फ्रांस नामक एक साहित्यिक पत्रिका के कुछ पृष्ठ उलटने लगा जिसमें डिजोन की अकादमी द्वारा आयोजित एक निबंध प्रतियोगिता की विज्ञप्ति दिखाई पड़ी। जिसका विषय था–"विज्ञान और कला की प्रगति

ने नैतिकता को भ्रष्ट करने में योग दिया है अथवा विशुद्ध करने में।" (Has the Progress of Sciences and Arts contributed to Corrupt to Purify Morals?)

इस विज्ञापन को पढ़ते ही रूसो के मन में असीमित विचारों का स्त्रोत फूट पड़ा। उसका मस्तिष्क असंख्य प्रकाश की किरणों से चकाचौंध हो गया। विचारों से प्रेरित और उत्तेजित होकर वह एक वृक्ष की छाया में कुछ देर बैठा रहा। जब उसकी उत्तेजना घटी और संयत रूप में लौटा तब उसने देखा कि उसके कोट के सामने का भाग आँसुओं से भींग चुका था। स्वयं **रूसो** ने लिखा है कि "उस अवसर पर मैं दूसरा व्यक्ति था और मैं दूसरी दुनिया में खो गया था।"

निबंध का चयन उन्नतिवाद की उस भावना के कारण की गयी थी, जिसका राग अठारहवीं सदी के सभी फ्रांसीसी विचारक अलाप रहे थे तथा अकादमी की आशा थी कि सभी प्रतियोगी अपने निबंधों में विज्ञान और कला की प्रगति का यशगान करेंगे। लेकिन, रूसो की सहजबुद्धि ने उसे अपना निबंध इसके विपक्ष में लिखने का सुझाव दिया। समाज के दुराचारों और दुराग्रहों से विदीर्ण उसकी आत्मा ने उसे इस सुझाव को स्वीकार करने के लिए उत्प्रेरित किया, ताकि वह भद्र कहे जाने वाले समाज की अभद्रता पर प्रचंड प्रहार करके प्रतिशोध ले सके।

अतएव, रूसो ने निषेधात्मक दृष्टिकोण अपनाकर अपना निबंध तैयार किया। उसके शब्दों में निबंध का सार था–"मनुष्य स्वभावतः अच्छा होता है लेकिन वह अस्वाभाविक सभ्यता की भ्रष्ट संस्थाओं द्वारा बुरा बना दिया जाता है। जिस अनुपात में विज्ञान और कला ने प्रगति की है, उसी अनुपात में हमारे विचार भ्रष्ट हो गये हैं।"

वस्तुतः, रूसो जीवन की कटुताएँ भोगने के कारण समाज के विरूद्ध विद्रोही बन चुका था। उसने अपने निबंध में लिखा था कि विज्ञान और कला की प्रगति ने मनुष्य का नैतिक पतन किया है। अतः, यदि उसे अपना सरल, सुखी और सद्‌गुणी जीवन प्राप्त करना है तो उसे प्राकृतिक जीवन अपनाना चाहिए। इस निबंध में एक स्थान पर वह लिखता है–"हमें फिर से अज्ञान, भोलापन और निर्धनता दे दो, केवल वे ही हमें सुखी बना सकते है।"

अगस्त, 1750 में निबंध-प्रतियोगिता का परिणाम घोषित हुआ तथा सर्वप्रथम पुरस्कार के रूप में रूसो को एक स्वर्णपदक और तीन सौ फ्रैंक प्राप्त हुए। रूसो ने इस निबंध द्वारा क्रान्ति की पहली झंकार प्रतिध्वनित करके, फ्रांस के तत्कालीन कृत्रिम समाज में असाधारण हलचल मचा दी। उसका यह निबंध 1751 में कलाओं और विज्ञानों के नैतिक प्रभावों पर प्रबंध (Discourses on the Moral Effects of the Arts and Sciences) के नाम से प्रकाशित हुआ। इस प्रकार, पेरिस के साहित्यिक क्षेत्र में रूसो को सर्वोच्च सम्मान प्राप्त हुआ। लेकिन, रूसो के जीवन पर इस सम्मान की प्रतिक्रिया विपरीत ही हुई। उसने अब भद्र समाज से अपना संबंध-विच्छेद करके, निम्न वर्ग के साथ धनिष्ठ मेल-मिलाप शुरू कर दिया। अपनी ओर आकर्षित धनाढ्य महिलाओं का दामन छोड़कर, वह एक दरिद्र, अत्यंत कुरूप और अनपढ़ साकी के साथ दाम्पत्य-जीवन व्यतीत करने लगा। वह संगीत की प्रतिलिपि तैयार करके बड़ी कठिनता से अपनी सूखी-रोटी कमा पाता था।

दूसरा निबंध प्रतियोगिता : 1754 (Second Essay Competition)–1754 ई० में रूसो ने डिजोन की अकादमी द्वारा आयोजित दूसरी निबंध-प्रतियोगिता में फिर भाग लिया। उसका विषय था–मनुष्यों में असमानता के उद्भव का क्या कारण है और क्या प्राकृतिक नियम इसका समर्थन करता है? (What is the cause of the origin of inequality in men and does the natural law support it?)

इसके उत्तर में रूसो ने जो निबंध लिखा–वह 1755 ई० में असमानता के उद्भव पर प्रबंध (Discourse on the origin of inequality) के नाम से प्रकाशित हुआ। यह निबंध निजी संपत्ति का संस्था पर उसका एक कड़ा प्रहार था। रूसो ने कहा कि असमानता का मूल कारण निजी सम्पत्ति है, जो कि नितांत अस्वाभाविक और अनौचित्यपूर्ण है। जिन्होंने निजी सम्पत्ति पर अधिकार कर लिया है, उनकी सुरक्षा के लिए ही राज्य का जन्म हुआ है। स्वयं रूसो लिखता है कि–वह प्रथम व्यक्ति, जिसने एक भू-भाग पर अधिकार जमाकर यह कहना प्रारम्भ किया कि यह मेरी भूमि है और उसकी इस बात को अन्य मूर्खों ने स्वीकार कर लिया, वह व्यक्ति ही राज्य का संस्थापक है। निर्धन लोग सोचते हैं कि राज्य भूस्वामियों से उनकी रक्षा करने के लिए है, लेकिन कुछ दिनों में वे राज्य के वास्तविक रूप को समझ लेते हैं और वे शक्तिशाली राज्य के विरूद्ध कुछ नहीं कर पाते।

रूसो ने यह निर्णय दिया कि जब तक राज्य का अस्तित्व है, शान्ति असम्भव ही रहेगी और शान्ति प्राप्त करने का एकमात्र उपाय है–प्राकृतिक अवस्था की ओर लौट जाना।

इस प्रकार, रूसो ने अपने निबंध में तत्कालीन फ्रांस के कृत्रिम समाज पर प्रचंड प्रहार किया तथा उसने राज्य को निर्धन व्यक्तियों के कष्टों के लिए उत्तरदायी ठहराकर, उसकी तीव्र निंदा की। इन्हीं दो कारणों से उसे अपने निबंध पर पुरस्कार नहीं मिला। यद्यपि उसका यह निबंध पहले निबंध की अपेक्षा कहीं अधिक सांगोपांग, क्रम बद्ध और तर्कपूर्ण था। उस वर्ष का पुरस्कार रूसो को

न देकर एक ऐसे व्यक्ति को दिया गया जिसकी रचना रूसो की रचना से हीन थी।

इस अन्याय से रूसो की आत्मा चीत्कार कर उठी तथा समाज और राज्य के प्रति उसकी क्रोधाग्नि अधिक वेग से धधक उठी। 1754 ई० में रूसो जनेवा गया, जहाँ उसका अति भव्य स्वागत हुआ। उसने रोमन कैथोलिक धर्म का त्याग करके, अपने पहले प्रोटेस्टैण्ट धर्म को फिर अंगीकार कर लिया तथा पुनः अपनी मातृभूमि जनेवा गणतंत्र का नागरिक बना। इस धर्म-परिवर्तन के पीछे कोई बड़ा दार्शनिक रहस्य नहीं था। यह एक प्रकार से रूसो की मानसिक अस्थिरता का ही परिणाम था।

पेरिस : सर्वोत्कृष्ट रचनाएँ : 1756-1762 (Paris : The Best Works)– 1756 ई० में जनेवा से पेरिस लौटने पर, रूसो को सुप्रसिद्ध फ्रांसीसी लेखिका मैडम-डी-एपिने से भेंट हुई। रूसो की प्रतिभा से अत्यधिक प्रभावित होने के कारण, इस लेखिका ने पेरिस के निकट मॉण्ट मोरेण्सी नामक एक निर्जन स्थान में रूसो के निवास के लिए एक कुटिया बनवा दी तथा उसके भोजन की व्यवस्था भी कर दी। रूसो ने अपने जीवन के छह वर्ष पेरिस के कृत्रिम जीवन से दूर प्रकृति के बीच में वहीं व्यतीत किया। इन्हीं वर्षों में उसने तीन श्रेष्ठतम ग्रंथों की रचना की–

1. ला नॉभिले हीलॉइज (La Nouvelle Heloise: 1761)
2. द सोशल कॉन्ट्रैक्ट (The Social Contract: 1762)
3. द ईमाइल (The Emile: 1762)

यातनाएँ और यात्राएँ : 1763–1778 (Tortures and Visits)–रूसो की सर्वोत्कृष्ट रचनाएँ क्रान्ति का संदेश वाहक सिद्ध हुई। उसके क्रान्तिकारी विचारों ने यूरोप के समाज में हलचल पैदा की। फलतः, 1762 ई० में फ्रांस की संसद ने उसकी गिरफ्तारी और उसकी पुस्तकों की जब्ती की घोषणा कर दी। जनेवा की परिषद ने भी उसकी पुस्तकों को जलाने और जनेवा में प्रवेश करते ही उसे बंदी बनाने का आदेश दे दिया।

ऐसी संकटपूर्ण स्थिति में अपने मित्रों का परामर्श स्वीकार करके, रूसो ने पेरिस छोड़ दिया। उसने खानाबदोश की तरह अपने जीवन के अन्तिम दिन व्यतीत किये। सर्वप्रथम, वह स्विट्जरलैण्ड में बर्न नामक नगर गया लेकिन उसे वहाँ से निकाल दिया गया। निराशा में डूबा हुआ रूसो अपनी प्राणरक्षा के लिए जर्मनी में स्थित न्यूचैटल नामक स्थान पर पहुँचा। उसके सौभाग्य से जर्मन सम्राट, फ्रेडरिक महान ने, जिसका कुछ समय पूर्व उसने अनुचित निंदा की थी, उसे अभय दान देकर अपनी महानता का परिचय दिया। उस छोटे से गाँव

में तीन वर्ष के एकाकी और निर्वासित जीवन से उकताकर, रूसो अपने अंग्रेज मित्रों का निमंत्रण स्वीकार करके, जिनमें दार्शनिक ह्यूम भी था, 1766 ई॰ में इंग्लैंड पहुँचा। ह्यूम ने डर्बीशायर में उसके निवास और भोजन का प्रबंध कर दिया। वहाँ रूसो महान दार्शनिक बर्क के भी सम्पर्क में रहा।

इस प्रकार, अपने विचारों के कारण हर जगह सताया जाने वाला तथा खतरनाक समझा जाने के कारण देश-देश से निकाले जाने वाला रूसो भग्न-हृदय, विक्षुप्त और घोर निराशावादी हो गया। वस्तुतः, उसकी आवारागर्दी और निराशा का यह दूसरा युग था। **हर्नशा** के मर्म स्पर्शी शब्दों में–उत्तरोत्तर गहन अंधकार, गिरते हुए स्वास्थ्य, टूटे हुए हृदय, आच्छादित भय, विनाशकारी विभ्रम तथा बढ़ती हुई निराशा का युग था।[1] रूसो को सर्वत्र शोषण, अन्याय और अत्याचार की झलक दिखाई देने लगी। उसमें यह मिथ्या भ्रम उत्पन्न हो गया कि सभी लोग उसकी जान लेने को तुले हुए है। इस भ्रम ने उसे वहमी और अर्द्ध-विक्षिप्त बना दिया। 1766 ई॰ में एक दिन उसे अनायास यह वहम हो गया कि ह्यूम उसके जीवन के विरूद्ध षड़यंत्र कर रहा था। अतएव, वह ह्यूम से झगड़ बैठा तथा उस पर विश्वासघात का आरोप लगाकर 1767 ई॰ में पेरिस लौट आया।

निधन : पेरिस : 1767-1778 (Death : Paris)–1767 ई॰ से 1778 तक अर्थात् जीवन के अन्तिम ग्यारह वर्ष रूसो पेरिस की सबसे गंदी बस्तियों में खानाबदोश और पूर्ण निराशापूर्ण जीवन व्यतीत किया। ह्यूम अंत तक रूसो का हितैषी बना रहा। उसने अपने मित्र और प्रसिद्ध फ्रांसीसी राजनीतिक टूर्जो को एक पत्र में बलपूर्वक लिखा कि सरकार द्वारा रूसो को बन्दी बनाये जाने की आज्ञा क्रियान्वित न की जाय। इसी पत्र के कारण, रूसो के व्यक्तिगत जीवन में किसी प्रकार का हस्तक्षेप नहीं किया गया तथा उसने अपने जीवन के शेष ग्यारह वर्ष अर्द्ध-विक्षिप्त अवस्था में पेरिस में व्यतीत किया। इस अवस्था में भी उसकी मानसिक शक्तियाँ क्षीण नहीं हुई थी और उसने विश्व को अनुपम कृतियाँ भेट की–**आत्मकथा** (Confessions), **डॉयलॉग्स** (Dialogues), **रेवेरीज** (Reveries) तथा **कोर्सिका** और **पोलैण्ड के संविधान** (Constitutions of Corsica and Poland)।

1778 ई॰ में दो जुलाई को रूसो पर अकस्मात् मिर्गी का आक्रमण हुआ और छयासठ वर्ष की आयु में यह विलक्षण प्रतिभाशाली और संवेदनशील दार्शनिक का निधन हो गया और छोड़ गया–वह जिन्दगी भर का लादा गया लबादा तथा अपनी फटी हुई गुद्ड़ी जिसमें असंख्य लाल (विचार रत्न) छिपे पड़े थे।

1. Hearnshaw, *Social and Political Ideas of French Thinkers of the Age of Reason*

वस्तुतः यह महान दार्शनिक, साहित्यकार, शिक्षाशास्त्री, राजनीतिज्ञ और प्रजातंत्र का प्रणेता अत्यंत ही निर्धनावस्था में इस संसार से विदा लिया, लेकिन सनातन रूप से प्रज्वलित प्रजातंत्र रूपी प्रकाश-स्तंभ को मानव समाज के लिए वरदान रूप में छोड़ गया। जीवनभर वात्सल्य प्रेम से वंचित, अस्थायी और परिवर्तित दाम्पत्य जीवन, रति-संबंध का स्वच्छंद रसास्वादन, खानाबदोश और आवारागर्दी जीवन, समाज से तिरस्कृत, राज्य से निर्वासित तथा अंत में, अपनी प्राण रक्षा हेतु प्रबल रूप से भयभीत-विक्षुप्त दार्शनिक शिरोमणि रूसो शांति की खोज में, दर-दर की ठोकरें खाते हुए चिर शांति के घने बादलों से सदा के लिए आच्छादित हो गया एवं चंद्र की ज्योत्सना का रूप ले लिया।

रूसो पर प्रभाव (Influence on Rousseau)–रूसो के जीवन पर गहरा प्रभाव डालनेवाले तथ्यों का वर्णन निम्नलिखित रूप से किया जा सकता है–

पिता का प्रभाव (Influence of Father)–जन्म के साथ माँ का देहांत रूसो के लिए प्रथम दुर्भाग्यपूर्ण घटना थी। मातृविहीन रूसो के लालन-पालन का भार उसके पिता आइजक पर पड़ा, जो चंचल स्वभाव का, ऐय्याश और दुर्व्यसनों में लिप्त रहनेवाला उत्तरदायित्वहीन व्यक्ति था। अतः, उसने रूसो की शिक्षा पर तनिक भी ध्यान नहीं दिया। आवारागर्दी और विलासप्रिय स्वभाव रूसो को अपने पिता से ही मिला।

इसके साथ उचित शिक्षा और अनुशासन के अभाव में रूसो का जीवन स्वच्छंदता का था। संगतराश के दुर्व्यवहार और कुशिक्षा के कारण उसका स्वभाव अत्यंत कठोर तथा कर्कश हो गया था। वह भयंकर गरीबी के बादलों से आच्छादित था।

यूनानी, रोमन और स्विस राज्यों का प्रभाव (Influences of Greek, Roman and Swiss States)–विद्वानों का मत है कि रूसो के मस्तिष्क पर यूनानी और रोमन साहित्य का गहरा प्रभाव पड़ा था। रूसो यूनानी, रोमन और स्विस राज्यों से काफी परिचित था। स्विट्जरलैंड के प्रत्यक्ष प्रजातंत्रीय शासन का रक्त उसके नसों में आनुवांशिक रूप से प्रवाहित था। वह जीवन, स्वतंत्रता और समानता का प्रेमी था। विभिन्न देशों के ऐतिहासिक तथ्यों के गहन अध्ययन के बाद वह इस निष्कर्ष पर पहुँचा कि प्रत्येक राज्य का विनाश अवश्यम्भावी है। इस कथन की पुष्टि के लिए वह कहता है, "यदि स्पार्टा और रोम के राज्य नष्ट हो गए, तो कौन-सा राज्य सदा के लिए स्थापित रह सकता है।"[1] इन सिद्धांतों से प्रेरित होकर रूसो संपूर्ण मानव समाज के लिए प्रजातंत्रीय राज्य को प्रस्तावित किया है।

---

1. ....If Sparta and Rome have perished, what state can hope to survive for ever."—Rousseau, *Social Contract*, Book III, Chapter XI.

तत्कालीन फ्रांस का प्रभाव (Influence of the Then France)–रूसो का अधिकांश समय फ्रांस की राजधानी पेरिस की गंदी बस्तियों में व्यतीत हुआ था। जब वह फ्रांस गया, तब वहाँ की सामाजिक, आर्थिक और राजनीतिक परिस्थितियों का गहरा प्रभाव उसके दार्शनिक चिंतन पर पड़ा। उसने वहाँ राजा की शक्ति की क्षीणता, अमीरों की विलासिता, मध्यमवर्ग की दुर्दशा, किसानों और निर्धनों की भीषण गरीबी तथा राजतंत्र की जर्जरता का प्रत्यक्ष अनुभव किया। राजनीतिक अनाचार और सामाजिक विषमताओं को देखकर उसे अत्यधिक क्षोभ हुआ तथा उसने निष्कर्ष निकाला कि इस पतन का मुख्य कारण भौतिक सभ्यता का विकास है।

इसके साथ ही, रूसो के समय फ्रांस विरोधी विचारधाराओं का संधिस्थल था। एक ओर बुद्धिशून्य राजनीतिज्ञ थे, जो राज्य की उत्पत्ति के दैवी सिद्धांत का सहारा लेकर मध्यम और निम्न वर्ग की जनता के शोषण का समर्थन करते थे; तो दूसरी ओर ऐसे विचारक भी थे, जो बौद्धिकत पर अत्यधिक बन देते थे।

उस समय राज्य द्वारा पोषित सामंत वैभव और विलास में लिप्त थे। उन्नतिशील व्यापारीवर्ग की भावनाओं और महत्वाकांक्षाओं के साकार रूप ग्रहण करने में वे बाधक थे। रूसो ने अपने युग में प्रचलित राज्य की उत्पत्ति के दैवी सिद्धांत के स्थान पर सामाजिक समझौते का सिद्धांत प्रतिपादित किया।

धर्म का प्रभाव (Influence of Religion)–रूसो के राजनीतिक चिंतन पर धर्म का भी गहरा प्रभाव पड़ा। धर्म के ठेकेदार पोप और पादरियों को राजा, सामंतों और उच्चाधिकारियों की खुशामद से इतना अवकाश कहाँ था कि वे गरीबों की दशा पर ध्यान देते। इसके अतिरिक्त, राजा और सामंतों के संपर्क में आने के फलस्वरूप वे पादरी भी सुरा और सुंदरी के उपभोग में लिप्त थे। परंतु, धनीवर्ग के अहंकार के कारण जनसाधारण के मन में असंतोष की आग सुलग रही थी। पेट की ज्वाला को शांत करने के लिए फ्रांस पहुँचकर रूसो ने एक पादरी के यहाँ जाकर कैथोलिक धर्म ग्रहण किया। लेकिन, शीघ्र ही वह इसके लाभ से वंचित रहा और जनेवा लौटकर पुनः अपने प्रोटेस्टेंट धर्म का पालन किया। इस प्रकार, उसके हृदय में चर्च, पादरी, पोप और धर्म के प्रति एक चिनगारी सुलगती रही।

महान दार्शनिकों का प्रभाव (Influence of the Great Philosophers)–प्लेटो, अरस्तू, मेकियावेली, ग्रोशस, हॉब्स, लॉक, मांटेस्क्यू, पुफेनडॉर्फ, दिदरो, वाल्टेयर, ह्यूम, बर्क तथा अन्य विचारकों का गहरा प्रभाव रूसो के मस्तिष्क पर पड़ा। उनके सिद्धांतों के सहारे रूसो ने अपने राजनीतिक साहित्य की सृष्टि की, जो राजनीति विज्ञान की अमूल्य निधि है। प्लेटो के ग्रंथ **रिपब्लिक** और अरस्तू की **पॉलिटिक्स** ने उसके मस्तिष्क में विचारों की क्रांतियाँ पैदा कर दी।

प्लेटो और अरस्तू की तरह उसने स्वीकार किया कि मनुष्य एक सामाजिक प्राणी है। मनुष्य का पूर्ण जीवन राज्य में ही संभव है तथा मनुष्य राज्य की अधीनता वैधानिक दृष्टिकोण से नहीं, बल्कि आचारिक दृष्टिकोण से ही स्वीकार करता है। **वेपर** के अनुसार, "रूसो के शब्दों में एक बार फिर प्लेटो की आवाज गूँजती हुई यह कहती है कि राज्य की अधीनता कानून का नहीं, बल्कि नैतिकता का प्रश्न है।"[1]

मेकियावेली के समान रूसो ने इस बात पर बल दिया कि मानव-इतिहास मानव-जाति के पतन की कहानी है। वह हॉब्स से व्यक्तिवाद और निरंकुशतावाद ग्रहण करता है। लॉक के प्रभाव के कारण उसने प्रजातंत्र का समर्थन किया है तथा राज्य की स्थापना के मूल में सम्मति को मान्यता दी है। मांटेस्क्यू के अनुसार, रूसो ने भी माना कि मानव स्वभाव में ऐसे अनेक तत्व हैं, जिनसे समाज का संगठन जुड़ा होता है; भौगोलिक स्थिति का प्रभाव सामाजिक, आर्थिक तथा राजनीतिक संस्थाओं पर पड़ता है; प्रत्येक राज्य में कुछ ऐसे कानून होते हैं, जो उसी राज्य के लिए उपयोगी सिद्ध होते हैं; सभी राज्यों पर लागू होनेवाला कोई आदर्श संविधान नहीं होता, इत्यादि।

तत्कालीन स्थिति में दिदरो और वॉल्टेयर जैसे बुद्धिवादी क्रियाशील थे, जो राज्य को साधन और व्यक्ति को साध्य मानते थे। उनकी दृष्टि में व्यक्ति ने अपनी आवश्यकताओं की पूर्ति के लिए ही राज्य का निर्माण किया है तथा व्यक्ति के लिए ऐसी सभी चीजें अस्तित्वहीन हैं, जिनसे उसे सुख न मिले। अतएव, राज्य का कर्तव्य है—मानव-कल्याण। राज्य को व्यक्ति के कार्य में कम-से-कम हस्तक्षेप करना चाहिए, क्योंकि व्यक्ति अपना हित स्वयं समझता है। रूसो ने इस विचारधारा का विरोध किया और सावयव-सिद्धांत के आधार पर यह सिद्ध किया कि राज्य और समाज का जीवन व्यक्ति से श्रेष्ठ है। इस प्रकार, वह व्यक्तिवाद के स्थान पर सावयव-सिद्धांत का समर्थन करता है।

पुफेनडॉर्फ, ह्यूम और बर्क के विचारों का भी गहरा प्रभाव रूसो के दार्शनिक चिंतन पर पड़ा है। ह्यूम रूसो का अंत तक मदद करता रहा और सच्चा हितैषी सिद्ध हुआ।

उपर्युक्त तथ्यों से यह स्पष्ट है कि पिता का प्रभाव, यूनानी, रोमन और स्विस राज्यों का प्रभाव, फ्रांस का प्रभाव, धर्म का प्रभाव तथा महान दार्शनिकों के प्रभाव के रेशमी धागे से रूसो के राजनीतिक सिद्धांतरूपी चादर का निर्माण हुआ है, जो मानव-जगत के लिए एक अमूल्य धरोहर है।

---

1. "Plato's voice rings strongly through his words, telling us again that subjection to the state is a matter of ethics than of law."—Wayper.

रूसो की रचनाएँ
(The Works of Rousseau)

रूसो की मुख्य रचनाएँ निम्नलिखित हैं–

1. कलाओं और विज्ञानों के नैतिक प्रभावों पर प्रबंध : 1751 (Discourse on the Moral Effects of Arts and Sciences)–इसके अंतर्गत रूसो ने कलाओं और विज्ञानों का मनुष्य के नैतिक पतन के लिए उत्तरदायी ठहराया है। उसका मत है कि जिस अनुपात में कलाओं और विज्ञानों की प्रगति हुई है, उसी अनुपात में मनुष्य का नैतिक पतन हुआ है।

2. असमानता के उद्भव पर प्रबंध : 1755 (Discourse on the Origin of Inequality)–इसमें रूसो ने मानव-असमानता का मूल कारण खोजने का प्रयत्न किया है। उसके अनुसार यह कारण भू-संपत्ति है। भू-संपत्ति की असमानता से ही अन्य असमानताओं का जन्म हुआ है।

3. राजनीतिक अर्थव्यवस्था का परिचय : 1758 (An Introduction to Political Economy)–इसमें राजनीतिक अर्थव्यवस्था पर प्रकाश डाला गया है।

4. ला नॉभिले हीलॉइज : 1761 (La Nouvelle Heloise)–यह एक संवेदनपूर्ण उपन्यास है, जिसमें रूसो ने प्राकृतिक अवस्था के लौटने का वर्णन किया है।

5. द सोशल कांट्रैक्ट : 1762 (The Social Contract)–यह रूसो की सर्वोत्कृष्ट रचना है। इसके अंतर्गत, उसने अपने प्रमुख राजनीतिक सिद्धांतों का वर्णन किया है। यह ग्रंथ चार खंडों में विभाजित है। प्राकृतिक अवस्था, राज्य की उत्पत्ति, संप्रभुता, कानून, कानूननिर्माता और सरकार जैसे सिद्धांतों पर रूसो ने विस्तारपूर्वक प्रकाश डाला है।

6. द ईमाइल : 1762 (The Emile)–यह शिक्षा के संबंध में लिखा गया एक क्रांतिकारी ग्रंथ है। इसमें रूसो ने तत्कालीन शिक्षा-व्यवस्था की धज्जियाँ उड़ाई हैं। उसने कहा है कि बालकों को किशोरावस्था तक धार्मिक शिक्षा नहीं दी जानी चाहिए। उनकी शिक्षा पर रोमन कैथोलिक पादरियों का एकाधिकार नहीं होना चाहिए तथा उनकी परंपरागत ढंग के स्थान पर प्राकृतिक ढंग से शिक्षा दी जानी चाहिए। अपने इन मौलिक और क्रांतिकारी विचारों के कारण रूसो को असाधारण प्रसिद्धि मिली। लेकिन, साथ ही, अपने धर्मविरोधी और राज्यविरोधी विचारों के कारण उसे अनेक यातनाएँ भी सहन करनी पड़ीं।

7. कन्फेशन्स (Confessions)–यह रूसो की आत्मकथा है। इसमें उसने अपने आवारागर्दी और कष्टमय जीवन की दर्दनाक कहानी कही है।

8. डॉयलॉग्स (Dialogues)।

9. रेवेरीज (Reveries)।

10. पोलैंड और कोर्सिका का आदर्श संविधान (Model Constitutions for Poland and Corsica)।

रूसो की पद्धति
(The Method of Rousseau)

अनुभूतिमूलक पद्धति (Empirical Method)

रूसो की पद्धति अनेक तथ्यों से प्रभावित है। उसपर यूनानी और रोमन साहित्य तथा काल्विन के धार्मिक विचारों का पर्याप्त प्रभाव है। वह प्लेटो, अरस्तू, मेकियावेली, हॉब्स, लॉक मांटेस्क्यू, दिदरो और वॉल्टेयर से भी काफी प्रभावित है।

रूसो की पद्धति बहुत-कुछ हॉब्स की पद्धति के समान है। हॉब्स की तरह उसने भी मनोविज्ञानयुक्त पद्धति अपनाई तथा इतिहास को आधार बनाकर अनुभूतिमूलक पद्धति का अनुसरण किया है। सिद्धांतनिर्माता होने के कारण रूसो ने इतिहास के तथ्यों को संकलित करके और उनकी तुलना करके निष्कर्ष निकालने की पद्धति का प्रयोग नहीं किया है। **मैक्सी** के शब्दों में, "रूसो की पद्धति गूढ़ चिंतन की पद्धति है और वह तथ्यों का प्रयोग केवल अपनी सैद्धांतिक पूर्वधारणाओं को पुष्ट करने के लिए करता है।"[1]

वस्तुतः, रूसो न तो मांटेस्क्यू के समान ऐतिहासिक पद्धति का अनुसरण करता है, न वॉल्टेयर के समान तार्किक पद्धति का और न हैल्वेशस, हॉलबॉक, दिदरो तथा अन्य समसामयिक फ्रांसीसी विचारकों के समान बुद्धि, विवेक और ज्ञान पर ही जोर देता है। वह न तो ज्ञानवादी है और न विवेकवादी। उसके विचार सहजबुद्धि, संवेग और कल्पना पर आधृत हैं। यह सत्य है कि उसकी रचनाओं में ऐतिहासिक तथ्यों और पौराणिक बातों का उल्लेख किया गया है। फिर भी, इतिहास का उसका अध्ययन न क्रमिक है, न पूर्ण। वह ऐतिहासिक तथ्यों और पूर्ववर्ती विचारकों के विचारों का उल्लेख केवल अपने सिद्धांत की पुष्टि के लिए करता है।

वास्तविकता यह है कि रूसो एक अत्यंत ही संवेदनशील व्यक्ति है। कोई बात जो उसके हृदय को छूती है, उसकी जिह्वा शीघ्र ही उसे उगल देती है।

---

1. "Rousseau's method was that of abstract speculation, and he used facts only to fortify his theoretical postulates."—Maxey, *Political Philosophies*, 1961.

उसने भावना के आवेग से प्रेरित होकर अपने समस्त विचारों को व्यक्त किया है। यह सत्य है कि उसमें न तो मांटेस्क्यू का पांडित्य है, न वॉल्टेयर का तर्क। फिर भी, अपनी भावना की तीव्रता के कारण इन दोनों विचारकों की तुलना में उसके विचार अधिक प्रभावशाली है। जहाँ मांटेस्क्यू केवल कानूनवेत्ताओं को प्रभावित करता है; वॉल्टेयर कुछ चुने हुए प्रतिभाशाली साहित्यिकों के हृदय को स्पर्श करता है; रूसो की रचनाएँ जनसमुदाय के सभी वर्गों का जयगान करती हैं।

इस प्रकार, रूसो की पद्धति में क्रमबद्धता और तार्किक संगति का पूर्ण अभाव है। उसकी पद्धति विचारात्मक नहीं, भावनात्मक है; गद्यात्मक नहीं, पद्यात्मक है; तार्किक नहीं, कल्पनात्मक और संवेगपूर्ण है तथा वैज्ञानिक नहीं, बल्कि सहजबुद्धि पर आधृत है।

प्रश्न
(Questions)

1. रूसो के जीवन पर प्रकाश डालिए।
   Examine the Life of Rousseau.
2. रूसो को प्रभावित करनेवाली विभिन्न परिस्थितियों का वर्णन करें।
   Describe the different circumstances which influenced Rousseau.
3. रूसो की रचनाओं का उल्लेख करें।
   Mention the works of Rousseau.
4. रूसो की अध्ययन-पद्धति की व्याख्या कीजिए।
   Explain the Method of Study of Rousseau.
5. रूसो के दाम्पत्य-जीवन पर प्रकाश डालिए।
   Throw light on the Conjugal life of Rousseau.
6. रूसो की निबंध-प्रतियोगिता का वर्णन करें।
   Describe the Essay-Competition of Rousseau.
7. रूसो के प्रेममय जीवन का विवेचन करें।
   Discuss the Romantic life of Rousseau.
8. रूसो के पेरिस-जीवन का वर्णन करें।
   Describe the Rousseau's life in Paris.

वस्तुनिष्ठ प्रश्न
(Objective Questions)

1. Who said this?

   "He abandoned everything and came home. I was the sad fruit of the reunion. Ten months afterwards I was born, ill and weak, I cost my mother her life, and my birth was the first of my misfortune."

   (a) Rousseau (b) Hobbes (c) Locke (d) Bodin

2. Who said this?

   "I understood nothing—I felt everything. All the obscure emotions which I under went, one after another...formed in me intelligence of a peculiar character and gave me wonderful and romantic impressions of life which experience and reflections have never quite been able to cure me."

   (a) Locke (b) Rousseau (c) Bodin (d) Plato

3. रूसो का जन्म कहाँ हुआ?

   (क) रोम (ख) पेरिस (ग) जनेवा (घ) लंदन

4. **The Social Contract** पुस्तक के रचयिता कौन है?

   (क) लॉक (ख) हॉब्स (ग) बोदां (घ) रूसो

5. **The Emile** पुस्तक के लेखक कौन है?

   (क) रूसो (ख) लॉक (ग) गेटेल (घ) बोदां

6. रूसो का जन्म किस वर्ष में हुआ?

   (क) 1812 (ख) 1712 (ग) 1713 (घ) 1714

7. रूसो का निधन किस वर्ष में हुआ?

   (क) 1878 (ख) 1777 (ग) 1778 (घ) 1776

8. यह कथन किसका है?

   "रूसो दूसरों व्यक्तियों की तरह काम नहीं कर सकते थे, दूसरों की तरह प्रेम नहीं कर सकते थे, उनकी तरह लड़ नहीं सकते थे, उनकी तरह वह खेल भी नहीं सकते थे, केवल लेखन कार्य के लिए ही वे उपयुक्त थे तथा वह भी केवल उस दिशा में जिस दिशा में उनकी भावुकता उन्हें ले जाए।"

   (क) सेबाइन (ख) कोकर (ग) जोन्स (घ) मैक्सी

9. यह कथन किसका है?

"मनुष्य स्वभावतः अच्छा होता है, लेकिन वह अस्वाभाविक सभ्यता की भ्रष्ट संस्थाओं द्वारा बुरा बना दिया जाता है। जिस अनुपात में विज्ञान और कला ने प्रगति की है, उसी अनुपात में हमारे विचार भ्रष्ट हो गए हैं।"

(क) रूसो (ख) लॉक (ग) हॉब्स (घ) बोदां

10. यह कथन किसका है?

"हमें फिर से अज्ञान, भोलापन और निर्धनता दे दो, केवल वे ही हमें सुखी बना सकते है।"

(क) लॉक (ख) रूसो (ग) गेटेल (घ) कोकर

11. यह कथन किसका है?

"वह प्रथम व्यक्ति, जिसने एक भू-भाग पर अधिकार जमाकर यह कहना प्रारम्भ किया कि यह मेरी भूमि है और उसकी इस बात को अन्य मूर्खों ने स्वीकार कर लिया, वह व्यक्ति ही राज्य का संस्थापक है।"

(क) लॉक (ख) कोकर (ग) रूसो (घ) वेपर

12. यह कथन किसका है?

"उत्तरोत्तर गहन अंधकार, गिरते हुए स्वास्थ्य, टूटे हुए हृदय, आच्छादित भय, विनाशकारी विभ्रम तथा बढ़ती हुई निराशा का युग था।"

(क) रूसो (ख) केटलिन (ग) कोकर (घ) हर्नशा

उत्तर
(Answers)

1. (a) 2. (b) 3. (ग) 4. (घ) 5. (क) 6. (ख) 7. (ग) 8. (घ) 9. (क) 10. (ख) 11 (ग) 12. (घ)

21

राज्य की उत्पत्ति के सामाजिक समझौते का सिद्धांत

(The Social Contract Theory of the Origin of State)

मानव स्वभाव
(Human Nature)

यद्यपि हॉब्स और लॉक के समान रूसो भी राज्य की उत्पत्ति के संबंध में सामाजिक समझौता सिद्धांत का समर्थक था, फिर भी उसका उद्देश्य उनकी तरह व्यक्तिवाद और प्राकृतिक अधिकारों का समर्थन करना मात्र नहीं था। इसके विपरीत, रूसो राज्य के नैतिक पतन के प्रति अत्यधिक चिंतित था तथा चाहता था कि इस अभिशाप से मुक्त होकर मनुष्य का जीवन पुनः नैतिक दृष्टि से श्रेष्ठ हो जाए। अतएव, वह राज्य को आदर्शवादी दृष्टिकोण से विवेचन करता था। तथा, इसी आधार पर मानव स्वभाव और प्राकृतिक अवस्था का वर्णन करता था।

मनुष्य स्वभाव से अच्छा (Man is Good by Nature)

राजनीतिक विचारधारा के इतिहास में, मानव स्वभाव के संबंध में दो परस्परविरोधी विचारधाराएँ प्रचलित रही हैं। प्रथम विचारधारा मेकियावेली और हॉब्स की है, जिसके अनुसार मनुष्य स्वभाव से ही स्वार्थी और दुष्ट प्राणी होता है। दूसरी विचारधारा प्लेटो, अरस्तू और लॉक की है, जिसके अनुसार मनुष्य स्वभावतः सामाजिक, विनम्र, सहानुभूतियुक्त और परोपकारी होता है। रूसो ने मनुष्य को स्वार्थी, दुष्ट, पापी और पतित न मानकर प्लेटो, अरस्तू और लॉक

की तरह स्वभाव से अच्छा, निर्दोष और निष्पाप माना है। **जोन्स** के शब्दों में, "रूसो की मानवसंबंधी धारणा अनिवार्य रूप से प्लेटो और अरस्तू की धारणा के समान है।"[1]

रूसो के मानव स्वभाव संबंधी विचार उसके दोनों निबंधों में मिलते हैं। उसका कथन है कि मनुष्य स्वभाव से अच्छा, सीधा और भोला होता है। संसार में पाया जाने वाला पाप, दुराचार और भ्रष्टाचार–मनुष्य की जन्मजात दुष्टता के परिणाम न होकर, कला और विज्ञान की प्रगति के परिणाम हैं। जिस अनुपात में इनकी प्रगति हुई है, उसी अनुपात में मनुष्य पथभ्रष्ट हुआ है। इनकी प्रगति ने मनुष्य को सभ्य अवश्य बनाया है, लेकिन सभ्य बनकर उसमें स्वार्थ, छल, भय, घृणा, ईर्ष्या तथा क्रूरता के दुर्गुण उत्पन्न हो गए हैं।

रूसो ने मानव स्वभाव तथा कला और विज्ञान की प्रगति में स्पष्ट संबंध स्थापित किया है। इनकी प्रगति ने मनुष्य के सच्चे साहस और सद्‌गुणों का नाश कर दिया है। इस तथ्य की पुष्टि रोमन इतिहास से हो जाती है। जब तक रोमन लोग निर्धन और सरल जीवन व्यतीत करते थे, तब तक उनमें अनेक देशों को विजय करने तथा साम्राज्य की स्थापना करने का शौर्य और पराक्रम था। लेकिन, कला और विज्ञान की प्रगति के कारण वहाँ के निवासी ऐश्वर्य और विलासिता में डूब गए। यही कारण था कि वे ऐसे देशों के मनुष्यों द्वारा पददलित किए गए, जो ऐश्वर्य और विलासिता से बिल्कुल अनभिज्ञ थे। कला और विज्ञान के दूषित प्रभाव का उल्लेख करते हुए, **रूसो** लिखता है, "हमारे बीच में भौतिकशास्त्री, रसायनशास्त्री, खगोलशास्त्री, कवि, संगीतज्ञ और चित्रकार प्रचुरता में हैं, लेकिन हमारे बीच में एक भी सच्चा नागरिक नहीं है।"[2]

मानव स्वभाव दो मूल प्रवृत्तियों पर आधृत : आत्मरक्षा और सहानुभूति (Human Nature Based on Two Born Instincts : Self-preservation and Sympathy)

रूसो का यह तर्क है कि मनुष्य स्वभाव से बुरा नहीं होता है, बल्कि कला और विज्ञान की प्रगति के कारण बुरा बन जाता है। अपने इस तर्क को सत्य सिद्ध करने के लिए, रूसो मानव स्वभाव का निर्माण करने में दो मूल प्रवृत्तियों को सहायक बताता है–आत्मरक्षा या आत्मप्रेम[3] और सहानुभूति। आत्मप्रेम का

1. "Rousseau has reached a conception of man essentially identical with that of Plato and Aristotle."—Jones, W.T., *Masters of Political Thought*, Vol. II, 1959.
2. Rousseau, *Discourse on the Moral Effects of Arts and Sciences*.
3. "His first law is to attend to his own preservation, his first cares are which he owes to himself."—Rousseau, *The Social Contract*.

अर्थ आत्मरक्षा की भावना है तथा सहानुभूति से तात्पर्य परस्पर सहयोग की भावना। रूसो का कथन है कि यदि मानव स्वभाव में यह भावना नहीं होती, तो मनुष्य अपने आदिकाल में ही नष्ट हो गया होता।

रूसो का मत है कि आत्मरक्षा और सहानुभूति की भावनाएँ सभी मनुष्यों में पाई जाती हैं। वह इन भावनाओं को शुभ मानता है; क्योंकि इनका क्रियात्मक प्रभाव कल्याणकारी होता है। अतएव, ये भावनाएँ शुभ हैं और इसलिए मनुष्य को स्वभावत: अच्छा माना जाना चाहिए।

दोनों मूल प्रवृत्तियों में संघर्ष, किंतु अंत:करण और विवेक इनमें सामंजस्य लाता है (Struggle between Two Born Instincts but Conscience and Reason Establish Harmonious Relationship between the Two)

रूसो का विचार है कि दोनों मूल प्रवृत्तियों में कभी-कभी संघर्ष होना स्वाभाविक है; जैसे—आत्मरक्षा की भावना माता को अपनी क्षुधा को शांत करने के लिए प्रेरित करती है, लेकिन दया उसे अपने भूखे बच्चे को भोजन देने के लिए बाध्य करती है। पारिवारिक हित की इच्छा कभी-कभी मनुष्य में ऐसे कार्य की माँग करती है, जो सामाजिक हित के प्रतिकूल होता है। दोनों भावनाओं में इस प्रकार का संघर्ष मनुष्य के समक्ष एक समस्या उपस्थित कर देता है; क्योंकि मनुष्य इन मूल प्रवृत्तियों को पूर्णरूप से संतुष्ट करने में असमर्थ होता है। इसलिए, वह इनमें समझौता करने के लिए विवश हो जाता है। वह इस समझौते को एक नई भावना का विकास करके करता है, जिसे अंत:करण कहते हैं।

रूसो का कहना है कि अंत:करण मनुष्य को स्वाभाविक रूप से प्राप्त होनेवाला प्रकृति का उपहार है। यह एक नैतिक शक्ति है, लेकिन नैतिकता का मार्ग-प्रदर्शन नहीं करती है। मार्ग-प्रदर्शन का कार्य मनुष्य में स्वयं विकसित होनेवाली एक अन्य शक्ति के द्वारा किया जाता है, जिसे विवेक कहते है। विवेक उचित और अनुचित का ज्ञान प्रदान करके अंत:करण का मार्ग-प्रदर्शन करता है। अंत:करण इस ज्ञान के आधार पर मनुष्य के नैतिक जीवन का निर्माण करता है। इस प्रकार, रूसो का विचार है कि अंत:करण और विवेक मनुष्य की दोनों मूल प्रवृत्तियों (आत्मरक्षा और सहानुभूति) में सामंजस्य स्थापित करने तथा दूसरी भावनाओं को विकसित करने में साथ-साथ सहयोग देते हैं।

दूसरे शब्दों में, अंत:करण एक अंधी भावना है। इसमें सत्य और असत्य तथा उचित और अनुचित का निर्णय करने की क्षमता नहीं होती। यह सच है कि अंत:करण मनुष्य को सत्य और उचित कार्यों की ओर प्रेरित करता है तथा असत्य और अनुचित कार्यों से दूर रखता है, लेकिन यह स्वयं इस बात का

निर्णय नहीं कर सकता कि सत्य और उचित क्या है। यह तो मनुष्य को केवल सत्कार्य का निर्णय विवेक करता है। विवेक ही मनुष्य को सिखाता है कि क्या उचित है और क्या अनुचित। लेकिन, विवेक मनुष्य से उचित कार्य नहीं करा सकता, केवल अंत:करण मनुष्य से सत्कार्य करा सकता है। इस प्रकार, विवेक मनुष्य को सत्कार्य का ज्ञान कराता है तथा अंत:करण उसे सत्कार्य की ओर प्रेरित करता है। प्राकृतिक मनुष्य वह है, जो अपने सजग अंत:करण और प्रबुद्ध विवेक द्वारा अपने आत्मरक्षा और सहानुभूति में सामंजस्य स्थापित करे। इसी अर्थ में रूसो ने कहा है कि मनुष्य स्वभावत: अच्छा होता है।

विद्वानों का मत है कि रूसो ने विवेक की तुलना में अंत:करण को अधिक महत्व दिया है। संभवत:, इसका कारण यह है कि रूसो के समय में अंत:करण की उपेक्षा करना तथा उसके अस्तित्व को अस्वीकार करना एक सामान्य बात हो गई थी। विवेक को अंत:करण से निम्नतर स्थान देने के कारण, रूसो को कभी-कभी विवेकविरोधी कहकर तिरष्कृत किया जाता है। वस्तुत:, रूसो ने विवेक पर भीषण प्रहार किया है। उसने बुद्धि, ज्ञान और विज्ञान के विकास का विरोध किया है तथा इनके स्थान पर प्रबुद्ध भावों, श्रद्धा और सद्‌भावना को प्रतिष्ठित किया है। रूसो का विश्वास है कि दार्शनिकों की सविवेक-आलोचना ने चर्च की प्रथाओं, धर्म के सिद्धांतों और उन सब चीजों को नष्ट कर दिया है, जिन्हें मनुष्य पवित्र समझते हैं। अत:, **रूसो** का कथन है, "बुद्धि भयानक है, क्योंकि यह श्रद्धा को कम करती है; विज्ञान विनाशक है, क्योंकि यह विश्वास को नष्ट करता है; विवेक बुरा है, क्योंकि यह नैतिक सहजज्ञान के विरोध में तर्क-वितर्क को प्रतिष्ठित करता है।"

यद्यपि रूसो ने विवेक पर भीषण प्रहार किया है, फिर भी उसे विवेकविरोधी कहना सर्वथा अनुचित है। वह व्यक्ति के विकास में विवेक को मुख्य स्थान प्रदान करता है। उसका कथन है कि मनुष्य के जीवन का लक्ष्य—विवेक द्वारा अपने स्वभाव को पूर्ण बनाना होना चाहिए। उसके इस विचार को **वेपर** ने अग्रांकित शब्दों में कहा है, "अपने विवेक द्वारा और समाज में रहकर अपने स्वभाव को पूर्ण बनाना मनुष्य के जीवन का लक्ष्य है।"[1]

अभिमान या घमंड (Pride or Vanity)

इस प्रकार, रूसो का विचार है कि विवेक ही मानव स्वभाव को पूर्णता की स्थिति में पहुँचा सकता है। इसका कारण यह है कि विवेक ही भावना पर नियंत्रण रखकर मनुष्य को सद्‌मार्ग की ओर ले जाता है। लेकिन, यहाँ यह

---

1. "Perfection of man's nature by his reason and through society is man's de~tiny."—Wayper, *Political Thought*, 1954.

प्रश्न उठता है कि यदि मनुष्य स्वभावतः अच्छा है, तो वह पथभ्रष्ट क्यों हो जाता है। रूसो ने इस प्रश्न के उत्तर में बताया है कि जब मनुष्य का आत्मप्रेम घमंड में बदल जात है, तब वह उसके वशीभूत ऐसी आवश्यकताओं को जगा लेता है, जो कभी संतुष्ट नहीं होतीं। परिणामतः, वह दूसरों के प्रति सहानुभूति प्रदर्शित करने की अपनी स्वाभाविक प्रवृत्ति त्याग देता है। घमंड के कारण ही मनुष्य के अंतःकरण और विवेक भ्रष्ट हो जाते हैं तथा उसके सामाजिक, आर्थिक और सांस्कृतिक विकास में एक प्रकार की विकृति आ जाती है। इसी के फलस्वरूप मनुष्य में दूसरे को अपमानित करने और प्रतिशोध लेने की भावना उत्पन्न होती है। इस प्रकार, घमंड उन सारी बुराइयों की जड़ है, जिससे संसार राहु की तरह ग्रसित है। अतएव, स्वाभाविक रूप में बने रहने के लिए घमंड को दूर हटाना आवश्यक है।

अतः, रूसो का परामर्श है कि मनुष्य को अपने स्वभाव को अच्छा बनाए रखने के लिए, विवेक को घमंड के चंगुल में नहीं फँसने देना चाहिए तथा आत्मप्रेम और सहानुभूति में सामंजस्य बनाए रखने के लिए अपने अंतःकरण को विवेक के शासन में रखना चाहिए। संक्षेप में, **रूसो** का मत है, "मनुष्य को अपने स्वयं के विवेक के अतिरिक्त और किसी के शासन के अधीन नहीं रहना चाहिए।"[1]

मानव स्वभाव के दो प्रेरणास्रोत (Two Inspiring Sources of Human Nature)

रूसो ने अपने प्रबंध में प्राकृतिक अवस्था में मनुष्य को स्वाभाविक रूप से अच्छा, सीधा, चिंतारहित, स्वस्थ, सुखी, शांतिप्रेमी और एकाकी-प्रिय बताया है। मुख्यतः, दो प्रेरणास्रोत के कारण उसने आदिम मनुष्य को ऐसा समझा–

प्रोटेस्टेंट धर्म (Protestant Religion)–जनेवा में बचपन से काल्विन की शिक्षाओं में दीक्षित होने के कारण रूसो ने आदिम मनुष्य को सर्वथा निर्दोष और निष्पाप माना; क्योंकि बाइबिल के मतानुसार आदम शैतान के बहकावे में आने के बाद पापी बना था।

आदिवासियों के लिए प्रकाशित साहित्य (Published Literature for Tribes)–उस समय प्रशांत महासागर के टापुओं में रहनेवाले आदिवासियों के ऐसे विवरण प्रकाशित किए गए, जिसमें उन्हें शांतिप्रेमी, अबुद्धिवादी, अंधविश्वासों और रीति-रिवाजों का अनुसरण करनेवाला बताया गया था। हॉब्स के समय में उत्तरी अमेरिका की युद्धप्रिय आदिम जातियों के वर्णन प्रकाशित होने से उसने

1. "Man should be subject to no government except that of his own reason."—Rousseau, *The Emile*, Chapter IV.

मानव प्रकृति को एक-दूसरे का गला काटने को तत्पर रक्तपिपासु माना था। रूसो ने इससे सर्वथा विपरीत उसे शांतिप्रेमी माना है।

अतएव, निष्कर्ष में यह कहा जा सकता है कि जहाँ हॉब्स के अनुसार मनुष्य स्वभावतः स्वार्थी, हिंसक, क्रूर और दुष्ट होता है लॉक के अनुसार, मनुष्य विवेकी और शांतिप्रिय होता है। लेकिन, रूसो के अनुसार मनुष्य स्वभावतः स्वतंत्र, भद्र, सरल और अच्छा होता है।

प्राकृतिक अवस्था
(State of Nature)

रूसो के मानव स्वभाव की धारणा हॉब्स और लॉक से भिन्न होने के कारण, उसकी प्राकृतिक अवस्था की धारणा भी उन दोनो विचारकों से भिन्न है। जैसा कि **ऐबेंस्टीन** का भी मत है, "प्राकृतिक अवस्था में रूसो के मनुष्य के जीवन की धारणा न तो इतनी विषादयुक्त है, जितनी कि हॉब्स की; और न इतनी उज्जवल, जितनी कि लॉक की।"[1] रूसो ने अपने दो प्रबंधों में प्राकृतिक अवस्था का वर्णन किया है। उसकी प्राकृतिक अवस्था को निम्नलिखित तीन श्रेणियों में विभक्त कर अध्ययन किया जा सकता है।

आदि प्राकृतिक अवस्था (Beginning State of Nature)

(i) पाशविक जीवन (Animal Life)–आदि प्राकृतिक अवस्था में मनुष्य का जीवन पाशविक था। वह सभ्यता और शिष्टाचार के बंधनों से दूर एकाकी तथा जंगली जीवन व्यतीत करता था। पशुओं के समान न तो उसका कोई निश्चित घर था और न उसे चिंता ही सताती थी। वह न तो वस्त्र पहनता था और न अपनी आवश्यकता का ही अनुभव करता था। उसमें भाषणशक्ति का अभाव था तथा ऐसी कोई आवश्यकता या इच्छा उसकी न थी, जिसकी पूर्ति में वह अक्षम हो। मानव-जाति की अभिवृद्धि के लिए नारी के साथ आकस्मिक और क्षणिक यौन-संबंध स्थापित करने के अतिरिक्त वह अपनी जाति के अन्य लोगों से नहीं मिलता-जुलता था। वह वन-उपवनों में भ्रमण करता था तथा कंद-मूल-फल आदि खाकर पहाड़ की गुफाओं और घने वृक्षों की छाया में रात्रि विश्राम करता था।

(ii) स्वतंत्र और सादा जीवन (Free and Simple Life)–रूसो के अनुसार, प्राकृतिक अवस्था में मनुष्य प्रकृति की गोद में स्वतंत्र, सुखी, सरल और स्वच्छंद जीवन व्यतीत करता था। वह अबोध, अज्ञान और अकिंचन था। वह चिंता, भय और कष्ट से भी मुक्त था। वह संतुष्ट, स्वस्थ और आत्मनिर्भर था।

1. "Rousseau's conception of man's life in the state of nature is not quite so gloomy as that of Hobbes, nor as optimistic as that of Locke."—Ebenstein.

वह उचित और अनुचित से अनभिज्ञ था। वह गुण और अवगुण के विचारों से परे था। वह स्वयं अपना स्वामी था, किसी का दास नहीं था। वह अपने वर्तमान से संतुष्ट था और भविष्य की चिंता नहीं करता था। वह प्रकृति के नियमों के अनुसार जीवन व्यतीत करता था तथा वे ही नियम उसके व्यवहार को नियंत्रित करते थे। वह केवल उन्हीं वस्तुओं को प्राप्त करने का प्रयत्न करता था, जो उसकी स्वाभाविक आवश्यकता थी। वह संपत्ति का संचय नहीं करता था तथा उद्योग और व्यापार के दूषित प्रभावों से मुक्त था। चैन से असभ्यता का जीवन बिताते हुए वह वास्तविक समानता और स्वतंत्रता का उपभोग करता था।

(iii) आत्मप्रेम और सहानुभूति (Self-love and Sympathy)–रूसो आगे लिखता है कि प्राकृतिक अवस्था में मनुष्य केवल प्राकृतिक शक्तियों से संपन्न था। उसमें बुद्धि और विवेक का अभाव था। उसमें ऊँच-नीच और मेरे-तेरे का कोई भेदभाव नहीं था। उसे न तो साथियों की आवश्यकता थी और न वह दूसरी जातियों को कष्ट देता था। उसकी स्वाभाविक प्रवृत्तियाँ उसका पथ-प्रदर्शन करती थीं। आत्मप्रेम और सहानुभूति की भावनाओं के कारण ही उसका दूसरे व्यक्तियों से गठबंधन आरंभ हुआ। उसे जिन बातों को जानने की आवश्यकता होती थी, उनको प्रकृति सिखाती थी। अतएव, उसमें किसी वस्तु के प्रति ममत्व की भावना नहीं थी। उसमें ज्ञान, विज्ञान, कला, साहित्य आदि का विकास नहीं हुआ था। मनुष्य ईर्ष्या-द्वेष और कलह से दूर था।

(iv) भद्र बर्बर (Noble Savage)–आदिम व्यक्ति परम सुखी था। वह जंगली और निर्दोष था। सहज-स्वभाव और भोलेपन की वह प्रतिमूर्ति था। प्राकृतिक अवस्था पूर्ण समानता की अवस्था थी, जिसमें किसी के बड़े-छोटे का प्रश्न ही नहीं उत्पन्न होता था। रूसो ने प्राकृतिक अवस्था में जिस मनुष्य का चित्रण किया है, वह भद्र बर्बर था। वह असभ्य और अशिष्ट अवश्य था, लेकिन नेक और सज्जन भी था। वह ग्रोशस, हॉब्स और लॉक द्वारा समर्थित विवेकयुक्त न होकर, विवेकशून्य था। वह लॉक के प्राकृतिक मनुष्य के समान नैतिक प्राणी नहीं था; क्योंकि रूसो के अनुसार नैतिकता विवेक से उत्पन्न होती है। वह हॉब्स के प्राकृतिक मनुष्य की तरह आक्रमणकारी नहीं था; क्योंकि आत्मप्रेम और सहानुभूति की मूल प्रवृत्तियों से संपन्न होने के कारण वह शांतिप्रिय था। वह न तो किसी से द्वेष करता था और न लड़ता था। प्राकृतिक अवस्था युद्ध की अवस्था नहीं थी; भद्र बर्बर आदि मानव इसमें स्वर्गिक आनंद की अनुभूति करता था।[1]

1. "The state of nature was not a state of war. The noble savage enjoyed idyllic bliss."

इस प्रकार, प्राकृतिक अवस्था में रूसो का मनुष्य स्वतंत्र, एकाकी, सीधा, सरल, नैतिक और अनैतिक भावनाओं से मुक्त, भाषाविहीन, संपत्ति और परिवारविहीन भद्र बर्बर के समान था। वस्तुतः, रूसो की यह प्राकृतिक अवस्था एक स्वर्णिम युग के समान थी, जिसमें मनुष्य बाह्य नियंत्रणों से मुक्त एक निर्दोष और निष्पाप पशु की तरह प्राकृतिक सौंदर्य का उपभोग करते हुए स्वच्छंदतापूर्वक जीवन व्यतीत करता था।

मध्यवर्ती प्राकृतिक अवस्था (Middle State of Nature)

आदिम प्राकृतिक अवस्था के बाद मध्यवर्ती प्राकृतिक अवस्था का आगमन होता है, जिसमें स्वर्णिम युग का वातावरण और लोगों का स्वर्गिक आनंद का जीवन दो मूल कारणों से समाप्त हो जाता है–

(i) जनसंख्या की वृद्धि, और

(ii) सभ्यता का विकास।

(i) जनसंख्या की वृद्धि (Growth of Population)–जनसंख्या में वृद्धि तथा भूमि, जलवायु और ऋतुओं के भेद के कारण रहन सहन के तरीकों में अंतर होने लगा। भूमि का आपस में बँटवारा होने लगा, जिसके कारण मेरा-तेरा की भावना और निजी संपत्ति का प्रचलन हुआ। इस प्रकार, कुछ मनुष्य दूसरों की तुलना में अधिक शक्तिशाली, चतुर, परिश्रमी, श्रेष्ठ और स्वार्थी बन गए, जिसके परिणामस्वरूप असमानता का जन्म हुआ। स्वयं **रूसो** ने लिखा है, "जो मनुष्य सबसे अच्छा गाता या नाचता था, जो सबसे अधिक सुंदर, सबसे अधिक बलवान या सबसे अधिक चतुर था, वह सबसे अधिक प्रतिष्ठित बन गया। यह असमानता की ओर और साथ ही पाप की ओर पहला कदम था। मनुष्यों में पाए जानेवाले अंतरों के कारण एक ओर घृणा तथा अहंकार का एवं दूसरी ओर लज्जा और ईर्ष्या का आविर्भाव हुआ। ये दुर्गुण प्राकृतिक मनुष्य के आनंद और अज्ञानता के लिए घातक सिद्ध हुए।"[1]

(ii) सभ्यता का विकास (Dawn of Civilization)–सभ्यता के विकास से कृषि-उत्पादन के नए-नए औजारों का आविष्कार हुआ। इसके साथ ही, धातुओं का प्रयोग होने लगा, जिसके कारण असमानता का प्लेग फैला और संपूर्ण प्राकृतिक जीवन नष्ट हो गया। समुद्र और नदियों के किनारे रहनेवालों ने मछली पकड़ने के लिए काँटे और डोरे का आविष्कार कर लिया। जंगलों में रहनेवाले शिकारी के रूप में तीर-कमान और धातुओं के अस्त्र-शस्त्र का प्रयोग करने लगे। आर्थिक विकास की गति बढ़ी। लोग गुफाओं के स्थान पर झोंपड़ियों में निश्चित स्थान पर निवास करने लगे। इसके फलस्वरूप निजी

1. Rousseau, *Discourse on Inequality*.

परिवार और निजी संपत्ति का प्रादुर्भाव हुआ। आपस में संघर्ष और प्रतियोगिता का सूत्रपात हुआ। लेकिन, यह विकृत मध्यवर्ती प्राकृतिक अवस्था भी "मानव-जीवन की सर्वश्रेष्ठ अवस्था थी, इसमें क्रांति की संभावनाएँ नहीं थी और मनुष्य के लिए सर्वश्रेष्ठ थी।"[1]

यह रूसो के विचारों की विशेषता या असंगति ही मानी जाएगी कि जब वह आदिम प्राकृतिक अवस्था का चित्रण करता है, तब उसे सर्वाधिक सुखद और श्रेष्ठ बताता है। लेकिन, मध्यवर्ती प्राकृतिक अवस्था पर विचार करते ही उसे आदिम अवस्था से भी अच्छा बताता है।

भूस्वामित्व और सभ्यता के विकास के बाद की प्राकृतिक अवस्था (State of Nature after the Land-ownership and the Dawn of Civilization)

रूसो के कथनानुसार, मध्यवर्ती प्राकृतिक अवस्था का अंत भूमि के व्यक्तिगत स्वामित्व द्वारा हुआ। वस्तुतः, संपत्ति के सर्प ने स्वर्णिम युग को डँस लिया और उसके विष से संपूर्ण वातावरण विषैला और दूषित हो उठा। **रूसो** के शब्दों में, "वह पहला मनुष्य, जिसमें भूमि के एक टुकड़े को घेरकर अपने मन में कहा कि यह मेरा है और उसे ऐसे भोले लोग मिले, जो इस विचार से सहमत हुए, सभ्य समाज का वास्तविक संस्थापक था।"[2]

इसके परिणामस्वरूप प्राकृतिक अवस्था की समानता और प्रसन्नता का अंत हो गया। स्वार्थ, लोभ, पाप, आकांक्षा, संघर्ष, प्रतिस्पर्धा, हत्या, भय, युद्ध, आतंक आदि का साम्राज्य छा गया। धनी गरीब का शोषण करने लगे। स्वामी-दास का संबंध स्थापित होने लगा। ऐसी संकटपूर्ण स्थिति में अपनी निजी संपत्ति को सुरक्षित रखने के लिए धनी व्यक्तियों ने अत्यंत चतुराई से निर्धन व्यक्तियों को एक ऐसी शक्ति का निर्माण करने के लिए फुसलाया, जो प्रत्येक व्यक्ति को सुरक्षा और शांति प्रदान करे। इसी के परिणामस्वरूप आधुनिक समाज और कानूनों का निर्माण हुआ। रूसो के शब्दों में, "इस प्रकार, समाज और कानूनों का उद्भव हुआ, जिसने संपूर्ण मानव-जाति को अनंत परिश्रम, दासता और दुर्भाग्य के अधीन कर दिया।"[3]

---

1. "...it appears to him the happiest period in the life of humanity—the least subject to revolutions, the best for man."—Quoted by Dunning, *A History of Political Theories from Rousseau to Spencer*.
2. "The first man who, enclosing a piece of ground, be thought himself to say 'this is mine', and found people simple enough to believe him, was the real founder of Civil Society."—Rousseau, *Discourse on Inequality*, Part II beginning.
3. "Such was the origin of society and law, which subjected all mankind to perpetual labour, slavery, and wretchedness."—*Ibid*.

मानव-जाति का इस दयनीय दशा से उद्धार करने के लिए रूसो ने ईमाइल और न्यू हीलॉयज में 'प्राकृतिक अवस्था की ओर लौटो' का नारा लगाया। लेकिन, सोशल कॉन्ट्रैक्ट की रचना करते समय, उसे यह बात असंभव जान पड़ी तथा उसने अनुभव किया कि प्राकृतिक अवस्था का स्वर्णिम युग और स्वर्गिक आनंद एक सुंदर सपना था। **हरमॉन** के शब्दों में, "रूसो ने 'सोशल कॉन्ट्रैक्ट' में एक नवीन समाज के निर्माण की कल्पना की, जिसमें प्राकृतिक अवस्था के सब गुण हों, लेकिन आधुनिक भ्रष्ट समाज का एक भी अवगुण न हो।"

वस्तुतः, प्राकृतिक अवस्था संबंधी रूसो के विचार हॉब्स और लॉक दोनों से प्रभावित हैं। रूसो की प्राकृतिक अवस्था का पहला चरण जब मनुष्य मनुष्य नहीं देवता था तथा प्राकृतिक अवस्था का युग स्वर्गिम युग था–यह लॉक की छाप लिए है। इसके साथ ही, दूसरा चरण जब मनुष्य मनुष्य नहीं दानव के समान है और प्राकृतिक अवस्था का युग परस्पर संघर्ष, कलह, लूट-खसोट तथा स्वार्थ का युग है–यह हॉब्स की छाप लिए है।

निष्कर्ष में, यह कहा जा सकता है कि रूसो की प्राकृतिक अवस्था की धारणा मनोवैज्ञानिक होने के बजाय ऐतिहासिक है। लेकिन, वह इस अवस्था की वास्तविकता के बारे में कोई दावा नहीं करता है। इस संदर्भ में, स्वयं रूसो लिखता है, "प्राकृतिक अवस्था ऐसी थी, जो अब नहीं है, जो संभवतः कभी नहीं थी और जो शायद कभी नहीं होगी, पर जिसको तत्कालीन समाज की उचित धारणाओं को समझने के लिए ठीक-ठीक जान लेना आवश्यक है।"[1]

सामाजिक समझौता और राज्य की उत्पत्ति
(Social Contract and the Origin of State)

समझौते की आवश्यकता (Necessity of the Contract)

रूसो के अनुसार, असमानता उत्पन्न होने से प्राकृतिक अवस्था का जीवन इतना असह्य हो जाता है कि मनुष्य की सुरक्षा खतरे में पड़ जाती है। वैयक्तिक संपत्ति से उत्पन्न सामाजिक विषमता और अन्य बुराइयों के उन्मूलन के लिए, मानव-जाति को नष्ट होने से बचाने के लिए तथा एक आदर्श राज्य की स्थापना हेतु समझौते की आवश्यकता हुई। **रूसो** के शब्दों में, "समस्या एक ऐसे समुदाय का निर्माण करने की है, जो संपूर्ण सामूहिक शक्ति के साथ

1. "The state of nature is one, which no longer exists, which perhaps has not existed, and which probably never will exist, but which must be accurately understood in order to get just notions as to contemporary society."—Rousseau, *Discourse on Inequality*.

मिलकर प्रत्येक व्यक्ति ओर उसके हितों की रक्षा करे, तथा जिसके द्वारा प्रत्येक व्यक्ति अपने को सब के साथ मिला दे, वहाँ वह पहले की तरह स्वतंत्र बना रहे।"[1]

समझौते का स्वरूप और राज्य की उत्पत्ति (The Form of the Contract and the Origin of State)

रूसो के अनुसार, इस समस्या का समाधान सामाजिक समझौते द्वारा किया जाता है। दूसरे शब्दों में, सामाजिक समझौते पर आधृत राज्य मनुष्यों की प्राकृतिक अवस्था की स्वतंत्रता को सुरक्षित रखता है तथा उनको नागरिक समाज की व्यवस्था भी प्रदान करता है। रूसो का कथन है कि समाज या समुदाय की स्थापना करने की इच्छा से प्रेरित होकर मनुष्य एक स्थान पर सामूहिक रूप से एकत्र होते हैं और अपने सब प्राकृतिक अधिकारों को समर्पित करते हुए कहते हैं–"हममें से प्रत्येक व्यक्ति अपने शरीर और अपनी संपूर्ण शक्ति को सामान्य इच्छा के सर्वोच्च निर्देशन में रखता है तथा हम सामूहिक रूप में प्रत्येक मनुष्य को संपूर्ण समुदाय का अविभाज्य अंग स्वीकार करते हैं।"[2]

इस प्रकार, समझौता करनेवाला प्रत्येक व्यक्ति अपने को समाज में पूर्ण रूप से विलीन करके समाज का निर्माण करता है। इस निर्माण की मीमांसा करते हुए **रूसो** लिखता है, "समझौता करनेवाले प्रत्येक व्यक्ति के अपने व्यक्तित्व के स्थान पर, समुदाय बनने के इस कार्य से एक साथ ही एक नैतिक और सामूहिक निकाय का निर्माण होता है, जो उतने ही सदस्यों से मिलकर बनता है, जितने कि उसमें मत हैं। समुदाय बनने के इस कार्य से ही निकाय को अपने सदस्यों से भिन्न, अपनी एकता, अपनी सामान्य सत्ता, अपना जीवन और अपनी इच्छा प्राप्त होती है। समस्त व्यक्तियों के संगठन से निर्मित इस सार्वजनिक व्यक्ति को पहले नगर कहते थे और अब गणराज्य या राजनीतिक समाज कहते हैं। जब यह निष्क्रिय होता है, तब इसके सदस्य इसे राज्य कहते हैं, जब यह सक्रिय होता है, तब वे इसे संप्रभु कहते हैं, और जब इसकी तुलना इसके समान दूसरे निकायों से की जाती है, तब वे इसे शक्ति कहते हैं। इसी

1. "The problem is to find a form of association which may defend and protect with the whole force of the community the person and property of the every associate, and by means of which each, coalescing with all, may nevertheless obey only himself, and remain as free as before."—Rousseau, *The Social Contract*, Book I, Chapter IV.
2. "Each of us puts in common his person and his whole power under the supreme direction of the general will and in return we receive every member as an indivisible part of the whole."—Rousseau, *The Social Contract*, Book I, Chapter VI.

प्रकार, इसके सदस्य सामूहिक रूप में राज्य और व्यक्तिगत रूप में नागरिक कहे जाते हैं।"[1]

अतएव, रूसो ने केवल एक ही समझौते की कल्पना की है, जिससे सभ्य समाज और राज्य दोनों की उत्पत्ति होती है। सरकार और व्यक्ति के बीच कोई अलग समझौता नहीं होता है। इस समझौते में व्यक्ति के दो रूप होते हैं–(i) वैयक्तिक और (ii) सामूहिक। इस समझौते में प्रत्येक व्यक्ति, यथा–क, ख, ग, घ आदि अलग-अगल व्यक्तिगत रूप से अपने-अपने सभी अधिकारों को क + ख + ग + घ के सामूहिक रूप को सौंपते हैं।

ऐसी व्यवस्था के फलस्वरूप कोई घाटे में नहीं रहता, बल्कि प्रत्येक को लाभ ही होता है; क्योंकि जब उनमें से किसी पर आक्रमण होता है तो संपूर्ण समाज उसकी रक्षा करता है। राज्य का प्रत्येक नागरिक राज्य की संप्रभुता के अंश का स्वामी होता है तथा सबके लिए यह अंश बराबर होता है, जिसे छीना नहीं जा सकता। इसके साथ ही, समझौता समाज के सभी व्यक्तियों में समानता स्थापित करता है और व्यक्तिगत स्वतंत्रता को सुरक्षित रखता है।

रूसो के शब्दों में, "प्रत्येक व्यक्ति अपने-आपको सबके प्रति समर्पित करते हुए किसी को व्यक्तिगत रूप से समर्पित नहीं होता, इस तरह कोई भी ऐसा सदस्य नहीं होता है, जो दूसरों पर उन्हीं अधिकारों को प्राप्त नहीं करता, जो कि वह खुद दूसरों को देता है; जो कुछ वह गँवाता है, उसी के बराबर प्राप्त कर लेता है और अपनी वस्तुओं की सुरक्षा की शक्ति में वृद्धि कर लेता है।"[2]

वह आगे लिखता है, "जो कुछ समझौते से मनुष्य खोता है, वह है प्राकृतिक स्वतंत्रता और किसी भी वस्तु को पाने का असीमित अधिकार। जो कुछ वह पाता है, वह है सामाजिक स्वतंत्रता और अपनी वस्तुओं पर स्वामित्व।"[3]

---

1. "Forthwith, instead of the individual personality of each contracting party, this act of association creates a moral and collective body, composed of as many members, as the assembly contains votes and receiving from this act its unity, its common identity, its life and its will. This public person, so framed by the union of all the individual members, formerly took the name of city, now takes that of republic or body-politic which is called by its members as state when it is passive, sovereign when it is active, power when it is compared to similar bodies."—*Ibid.*
2. "Each man in giving himself to all gives himself to nobody, and as there is no associate over which he does not acquire the same right as he yields others over himself, he gains an equivalent for everything he loses, and an increase of force for the preservation of what he has."—*Ibid.*
3. "What man loses by the social contract is his natural liberty and an unlimited right to whatever he can get and hold on to. What he gains in civil liberty and, the ownership of all that he possesses."—*Ibid.*, Chapter VIII.

सामाजिक समझौता प्राकृतिक अवस्था का अंत करके नागरिक समाज की स्थापना करता है। इसके अंतर्गत, मानव स्वभाव में महान परिवर्तन होता है। सहजज्ञान के स्थान पर न्याय, अभिलाषा के स्थान पर कानून तथा नैतिक गुणों और कर्तव्यों का संचार मानव स्वभाव में होता है। मनुष्य को पशु से विवेकशील प्राणी बनाता है। स्वयं **रूसो** के शब्दों में, "मनुष्य को उस सुखद क्षण को सदैव शुभाशीष देना चाहिए, जिसने उसे प्राकृतिक अवस्था से निकाला, तथा उसे मूर्ख पशु से बुद्धिमान प्राणी में परिवर्तित कर दिया।"[1]

सामाजिक समझौता सिद्धांत की विशेषताएँ
(Features of the Social Contract Theory)

रूसो के सामाजिक समझौता सिद्धांत की निम्नलिखित तेरह विशेषताएँ विशेष रूप से उल्लेखनीय हैं–

1. एक समझौता (One Contract)–रूसो के अनुसार एक समझौता हुआ, जिसके द्वारा नागरिक समाज की स्थापना की गई। इसके साथ, सरकार का भी निर्माण किया गया, जो सामान्य इच्छा पर आधारित है।

2. अराजकता का अंत (End of Anarchy)–प्राकृतिक अवस्था के प्रथम चरण में सभी व्यक्ति निश्छल और सरल होते हैं। लेकिन, कालांतर में जनसंख्या की वृद्धि, सभ्यता के विकास तथा निजी संपत्ति के प्रवेश के कारण वे संघर्षरत होते हैं। अतएव, इस अराजकता को समाप्त करने के लिए तथा अपनी स्वतंत्रता को सुरक्षित रखने के लिए, लोगों ने एक समझौता किया।

3. व्यक्ति के दो रूप (Two Forms of Individual)–रूसो के सामाजिक समझौते के अंतर्गत प्रत्येक व्यक्ति के दो रूप दिखाई पड़ते हैं–(i) व्यक्तिगत और (ii) समूहगत। समझौते में प्रत्येक व्यक्ति अपने सभी अधिकारों का समर्पण कर देता है, लेकिन अधिकारों का यह समर्पण किसी व्यक्ति विशेष के प्रति नहीं, बल्कि संपूर्ण समाज के प्रति किया जाता है; क्योंकि व्यक्ति भी इस संपूर्ण समाज का सदस्य होता है। इसलिए, समाज का सदस्य होने के नाते समूहगत व्यक्तित्व के आधार पर अपनी वे शक्तियाँ वह फिर से प्राप्त कर लेता है।

4. वास्तविक स्वतंत्रता (Real Liberty)–इस समझौते के द्वारा व्यक्ति की स्वतंत्रता सीमित नहीं हुई, बल्कि उसने वास्तविक स्वतंत्रता प्राप्त किया। क्योंकि, जनहित में कार्य करना ही स्वतंत्रता है। इसलिए, जब राज्य मनुष्य को अपनी इच्छा के अनुसार नहीं, बल्कि जनहित के लिए कार्य करने को बाध्य करता

1. "Man ought ceaselessly to bless the happy moment which snatched him from the state of nature, and which changed from a stupid animal into an intelligent creature."—*Ibid.*, Chapter VIII.

है, वास्तव में प्रत्येक व्यक्ति स्वतंत्र होने के लिए बाध्य किया जाता है। इस प्रकार, राज्य की असीमित शक्ति से व्यक्ति की स्वतंत्रता की प्राप्ति होती है।

5. सामान्य इच्छा सर्वोच्च (General Will Supreme)–समझौते के आधार पर जिस सामान्य इच्छा का निर्माण होता है, वह सामान्य इच्छा सभी व्यक्तियों के लिए सर्वोच्च होती है तथा प्रत्येक व्यक्ति उसके अधीन होता है। यह सामान्य इच्छा ही राज्य, संप्रभु, शक्ति आदि सब कुछ है।

6. सामान्य इच्छा जनहित पर आधृत (General Will Based on Public Interest)–समझौते के आधार पर निर्मित सामान्य इच्छा सदैव ही न्याययुक्त होती है और जनहित उसका लक्ष्य होता है। व्यक्ति स्वयं अपने हित के संबंध में ठीक प्रकार से विचार नहीं कर सकता, उसका हित तो सामान्य इच्छा द्वारा निर्देशित मार्ग पर चलने में ही है।

7. सरकार का निर्माण नहीं (Not Creation of Government)–समझौते के द्वारा सरकार का निर्माण नहीं होता। उसका निर्माण करना प्रभुसत्तासंपन्न जनता का काम है। जनता अपनी इच्छानुसार उसे बदल सकती है और वह जनता का एजेंट मात्र है। उसे किसी भी प्रकार की स्वतंत्र शक्तियाँ और अधिकार प्राप्त नहीं है।

8. निरंतर क्रम (Continuous Process)–रूसो के अनुसार समझौता कोई ऐसी घटना नहीं, जो कभी एक बार घटी हो। यह तो एक निरंतर चलनेवाला क्रम है, जिससे प्रत्येक व्यक्ति सामान्य इच्छा में निरंतर भाग लेता रहता है तथा इस प्रकार राज्य के कार्यों को निरंतर सहमति प्रदान करता है।[1]

9. व्यक्ति समझौता का भागी (Individual Party to the Contract)–समझौते के द्वारा जिस राज्य की स्थापना होती है, व्यक्ति स्वयं भी समझौता का भागी होता है। जब एक बार बहुमत से राज्य की स्थापना हो जाती है, तब कोई व्यक्ति किसी की दशा में उससे अलग नहीं हो सकता।

10. समझौते से व्यक्ति को लाभ, हानि नहीं (Individual Gainer, not Loser by the Contract)–समझौते से प्रत्येक व्यक्ति को लाभ होता है और किसी को हानि नहीं होती। इसका कारण यह है कि समझौते की शर्तों के अनुसार प्रत्येक व्यक्ति अपने सभी अधिकारों को सबको उसी प्रकार समर्पित करता है, जिस प्रकार वे अपने अधिकारों को उसे समर्पित करते हैं। इस प्रकार, वह जो–कुछ खोता है, उसके बराबर प्राप्त कर लेता है। इससे स्पष्ट है कि

1. "The relationship is rather a continuous, free, spontaneous and growing participation in something conceived of as the real goal of all the associates."—Jones, W.T.

उसकी कोई हानि नहीं होती। उसे लाभ यह होता है कि उसे अपने जीवन और संपत्ति की सुरक्षा के लिए राज्य की शक्ति प्राप्त हो जाती है। रूसो के शब्दों में, "प्रत्येक व्यक्ति अपने-आपको सबके साथ समर्पित करते हुए, अपने को किसी के साथ समर्पित नहीं करता।"[1]

11. व्यक्ति प्रजा और संप्रभु दोनों (Individual Subject and Sovereign Both)–समझौता व्यक्ति के दो स्वरूपों के बीच होता है। व्यक्ति निष्क्रिय रूप में प्रजा और सक्रिय रूप में संप्रभु दोनों होता है। प्रभुसत्तासंपन्न राज्य का सदस्य होने के कारण वह केवल उतनी ही स्वतंत्रता का उपयोग नहीं करता, जितनी वह पहले करता था, बल्कि सामाजिक परिस्थितियों के अंतर्गत वह उससे अधिक और सुरक्षित स्वतंत्रता का उपयोग करता है।

12. सभी अधिकार समर्पित (All Rights Surrendered)–समझौते के द्वारा सभी व्यक्ति अपने सभी अधिकारों को बिना किसी शर्त के राज्य को पूर्ण रूप से समर्पित करते हैं। लेकिन, ये अधिकार वही होते हैं, जिनका संबंध संपूर्ण राज्य से होता है। जिन अधिकारों का संबंध केवल व्यक्ति से होता है, उनको वह अपने पास ही रखता है; जैसे–राज्य का इन व्यक्तिगत अधिकारों से कोई संबंध नहीं है कि व्यक्ति क्या खाता है और क्या पहनता है? लेकिन, राज्य को निस्संदेह यह निर्णय करने का अधिकार है कि किन विषयों का संबंध सार्वजनिक हित से है और किन विषयों का वैयक्तिक हित से। कुछ विशेष परिस्थितियों में राज्य सार्वजनिक हितों को सुरक्षित रखने के लिए वैयक्तिक हितों में हस्तक्षेप कर सकता है; जैसे–युद्धकालीन परिस्थिति में राज्य अपने सदस्यों के भोजन, वस्त्र आदि को नियंत्रित कर सकता है।

13. सावयव राज्य (Organic State)–रूसो के समझौते द्वारा उत्पन्न राज्य एक सावयव राज्य है। प्रत्येक व्यक्ति राज्य का अविभाज्य अंग होने के कारण राज्य से किसी भी प्रकार अलग नहीं हो सकता और न ही व्यक्ति राज्य के विरूद्ध आचरण कर सकता है। **रूसो** ने लिखा है, "विधिनिर्माण शक्ति सिर के समान, कार्यकारिणी बाहु के समान, न्यायपालिका मस्तिष्क के समान, कृषि, उद्योग और वाणिज्य पेट के समान तथा राजस्व रक्तसंचार के समान है। राज्य को सावयव कहने में रूसो पर प्लेटो-अरस्तू का प्रभाव पड़ा है।"

उपर्युक्त तथ्यों से यह स्पष्ट है कि रूसो का सामाजिक समझौता हॉब्स और लॉक के समझौते से भिन्न होते हुए भी प्रभावित अवश्य है। हॉब्स की तरह रूसो के भी सभी व्यक्तियों ने अपने सभी अधिकार बिना किसी शर्त के समर्पित कर दिए। हाँ, यह अवश्य है कि हॉब्स के मंतव्य के विपरीत ये

1. "Each one in giving himself upto all, gives himself upto no one."—*Rousseau*.

अधिकार किसी एक व्यक्ति या व्यक्ति समूह को नहीं सौंपे गए। लॉक की तरह रूसो ने यह स्वीकार किया है कि समझौते के बाद संपूर्ण सत्ता समाज में ही निहित रही। **गेटेल** के शब्दों में, "रूसो की रचना का यह भाग हॉब्स और लॉक दोनों से प्रभावित था, हॉब्स की पद्धति और लॉक के निष्कर्ष को जिज्ञासापूर्वक संयुक्त कर दिया गया..... इस प्रकार हॉब्स के समान जहाँ सत्ता निरंकुश स्थापित हुई, वहाँ लॉक की तरह व्यक्ति अब भी समान अधिकार रखते थे।"[1]

इस संदर्भ में, मैक्सी का भी कथन है "हॉब्स और लॉक के सामाजिक समझौता का सम्मिश्रण करके, रूसो ने एक ऐसे सिद्धांत का विकास किया है, जिसको तर्क सरलता से गलत तो बता सकता है, लेकिन खंडित नहीं कर सकता।"[2]

प्रजातंत्रीय सरकार
(Democratic Government)

रूसो के अनुसार एक समझौता हुआ। यह समझौता सभी व्यक्तियों के बीच हुआ और सभी व्यक्तियों ने इसमें समान रूप से भाग लिया। उन्होंने अपने सभी अधिकारों को एक-दूसरे को व्यक्तिगत रूप से समर्पित करके एक सामान्य इच्छा का निर्माण किए, जो राज्य की उत्पत्ति में सहायक सिद्ध हुआ तथा इसी के द्वारा एक लोकप्रिय या प्रजातंत्रीय सरकार की स्थापना की गई।

रूसो जनेवा का रहनेवाला था। स्विट्जरलैंड प्रत्यक्ष-प्रजातंत्रीय शासन-पद्धति के लिए अभी भी जगतविख्यात है। रूसो के मस्तिष्क पर स्विस कैंटनों की प्रजातंत्रीय शासन-व्यवस्था की अमिट छाप पड़ी हुई थी। इसलिए, उसने सोशल कॉन्ट्रैक्ट ग्रंथ लिखकर अपने सामाजिक समझौते के द्वारा दुनिया को यह सिद्ध करना चाहा कि मानव समाज की सभी समस्याओं का समाधान केवल प्रजातंत्रीय सरकार ही कर सकती है, जिसमें संप्रभुता जनता के हाथों में होती है। उसने जनता-जनार्दन को देवतुल्य माना है और कहा है कि जनता की वाणी देववाणी[3] होती है। उसकी प्रजातंत्रीय सरकार का दर्शन आज कामधेनु का रूप ले लिया

1. "Both Hobbes and Locke influenced this part of Rousseau's work, the method of Hobbes and the conclusion of Locke being curiously combined....thus while authority established was absolute, following Hobbes individuals still possessed equal rights, following Locke."—Gettell.
2. "Blending the social contract theories of Hobbes and Locke, Rousseau had evolved a theory that logic could easily refute, but could not demolish."—Maxey.
3. Vox Populi is Vox dei.

और विश्व के महान राष्ट्रों ने उसे मानव की सभी समस्याओं के समाधान का मसीहा मान लिया। यह रूसो के महान राजनीतिज्ञता, व्यावहारिकता और दूरदर्शिता को चरितार्थ करता है।

सामाजिक समझौते का मूल्यांकन
(Evaluation of the Social Contract)

रूसो के राज्य की उत्पत्ति के सामाजिक समझौता सिद्धांत की अग्रांकित आलोचनाएँ विशेष रूप से उल्लेखनीय हैं–

1. मानव स्वभाव की गलत धारणा (Wrong Conception of Human Nature)–रूसो ने जिस मानव स्वभाव का वर्णन किया है, वह एकाकी, पाक्षिक और त्रुटिपूर्ण है। अतएव, उसकी प्राकृतिक अवस्था का चित्रण मानव स्वभाव की गलत धारणाओं पर आधृत है। मानव स्वभाव न तो उतना अच्छा है, जितना रूसो, प्लेटो, अरस्तू और लॉक उसे समझते हैं तथा न उतना बुरा ही जैसा कि हॉब्स और मेकियावेली ने सिद्ध किया है। वस्तुतः, मानव स्वभाव अच्छाई-बुराई, स्वार्थ-परमार्थ तथा सद्‌गुण-दुर्गुण दोनों का मिश्रण है।[1]

2. प्राकृतिक अवस्था काल्पनिक (State of Nature Imaginary)–रूसो ने जिस प्राकृतिक अवस्था का चित्रण किया है, वह कल्पना पर आधृत है। ऐतिहासिकता से उसका कोई संबंध नहीं है। ऐतिहासिक शोधों से इस बात की पुष्टि नहीं होती कि प्राकृतिक अवस्था जैसे असामाजिक स्तर पर भी मानव कभी रहा है। नृतत्त्वशास्त्र के अनुसंधानों से यह सिद्ध हो चुका है कि मनुष्य कभी एकाकी या असामाजिक जीवन व्यतीत नहीं करता था। सत्य तो यह है कि वह सामाजिक प्राणी है और प्रारंभ से ही किसी-न-किसी प्रकार के सामाजिक संगठन में रहता आया है। एशिया, अमेरिका, अफ्रीका और आस्ट्रेलिया आदि महादेशों के आदिम निवासी भी कुटुंबों और कुलों में रहते आए हैं तथा उनपर सामाजिक और धार्मिक नियमों का बहुत बड़ा प्रतिबंध रहा है। इस स्थिति में, यह कहा जा सकता है कि प्राकृतिक अवस्था संबंधी रूसो के विचार काल्पनिक हैं।

3. भद्र बर्बर काल्पनिक (Noble Savage is Imaginary)–आलोचकों का कथन है कि प्राकृतिक अवस्था में रूसो ने जिस 'भद्र बर्बर' का चित्रण किया है, वह बिल्कुल ही काल्पनिक है। इतिहास में उसका कोई प्रमाण नहीं मिलता।

---

1. "We are a combination of good and bad, of the beast and of something that is divine."—Nehru.

4. प्राकृतिक अवस्था की झूठी प्रशंसा (False Appreciation of State of Nature)–विद्वानों का मत है कि रूसो ने प्राकृतिक अवस्था की मुक्तकंठ से प्रशंसा की है, जो झूठी प्रशंसा है। क्योंकि, रूसो एक स्थान पर लोगों को प्रकृति की ओर लौटने के लिए कहता है, लेकिन जब सामाजिक अवस्था का निर्माण हो जाता है, तब उसे प्राकृतिक अवस्था से भी श्रेष्ठ सिद्ध करता है। अतः, ऐसी स्थिति में किस अवस्था को श्रेष्ठ माना जाए? यह विरोधाभास उत्पन्न करता है।

5. विवेक (Reason)–प्राकृतिक अवस्था के मानवजीवन में रूसो ने विवेक को महत्वपूर्ण स्थान दिया है, लेकिन उसके विचारों में विरोधाभास झलकता है। एक स्थान पर उसने जोर देकर कहा है कि उस अवस्था में मनुष्य विवेक से कार्य न लेकर भावों के प्रवाह में प्रवाहित होता था। लेकिन, अन्यत्र उसने कहा है कि प्राकृतिक मनुष्य विवेक को छोड़ और किसी के शासन को मानने के लिए बाध्य नहीं थे। इन विरोधी कथनों में कौन सत्य है, यह कहना कठिन है।

6. प्राकृतिक अवस्था में समता नहीं (No Equality in the State of Nature)–रूसो ने कहा है कि प्राकृतिक अवस्था में सभी मनुष्य समान थे। लेकिन, यह विचार तथ्यहीन और निराधार है। प्रारंभिक अवस्था में मनुष्यों में समानता की अपेक्षा असमानता अधिक थी।

7. प्राकृतिक कानूनों की उपेक्षा (Negligence of Natural Law)–रूसो ने प्राकृतिक अवस्था के परंपरागत विचार को तो अपना लिया, लेकिन उसने प्राकृतिक कानूनों के अस्तित्व को स्वीकार नहीं किया है, जबकि हॉब्स और लॉक के अनुसार प्राकृतिक अवस्था में मनुष्यों का जीवन प्राकृतिक कानूनों पर आधृत था। रूसो ने इनकी उपेक्षा की है जो उसके सिद्धांत का दोष है।

8. प्राकृतिक अधिकारों की उपेक्षा (Negligence of Natural Rights)–हॉब्स और लॉक के अनुसार प्राकृतिक अवस्था में मनुष्यों को कुछ प्राकृतिक अधिकार प्राप्त थे, जिनके आधार पर वे अपना जीवनयापन करते थे। लॉक के लोगों को जीवन, स्वतंत्रता और संपत्ति रखने का अधिकार प्राप्त था। लेकिन, रूसो ने इन अधिकारों की उपेक्षा की है, जो उसके सिद्धांत का बड़ा दोष है।

9. निजी संपत्ति का जादू (Magic of the Private Property)–रूसो ने प्राकृतिक अवस्था के मनुष्य को भद्र बर्बर कहा है। उसने उसे सभी गुणों से युक्त बताया है। मनुष्य अच्छा, सरल और गुणी होता है, लेकिन निजी संपत्ति के प्रचलन से वह स्वार्थी, दुर्गुणी और झगड़ालू हो जाता है। यह अचानक परिवर्तन वास्तविक तथ्यों पर आधारित नहीं है और बुद्धियुक्त तथा तर्कयुक्त नहीं है।

10. सामाजिक समझौता काल्पनिक (Social Contract Imaginary)–आलोचकों का कथन है कि सामाजिक समझौता ऐतिहासिक तथ्यों पर आधृत नहीं है, बल्कि वह काल्पनिक है। इतिहास में इस बात का कहीं भी प्रमाण नहीं मिलता कि समझौता कब, कहाँ और कैसे हुई।

11. राज्य की उत्पत्ति सामाजिक समझौते का परिणाम नहीं (The Origin of State is not the Result of the Social Contract)–आधुनिक विद्वानों ने प्रमाणों के द्वारा यह सिद्ध कर दिया है कि राज्य की उत्पत्ति सामाजिक समझौते के द्वारा नहीं हुई है। वस्तुतः, राज्य एक प्राकृतिक संस्था है, जिसका क्रमिक रूप से विकास हुआ है। राज्य की उत्पत्ति का विकासवादी सिद्धांत आज सर्वमान्य सिद्धांत है।

12. व्यक्ति नागरिक और प्रजा दोनों (Individual Citizen and Subject Both)–रूसो ने व्यक्ति को नागरिक और प्रजा दोनों माना है। शासक के रूप में वह नागरिक है और कानून के आदेश का पालन करनेवाले के रूप में प्रजा। व्यक्ति का यह दोहरा संबंध हास्यास्पद है।

13. मनुष्य का पतन (Downfall of Man)–रूसो सामाजिक प्रगति के सिद्धांत का विरोध करता है। उसकी यह धारणा है कि जैसे-जैसे समाज प्राकृतिक जीवन से दूर हुआ है, वैसे-वैसे उसका पतन हुआ है। लेकिन, यह तर्क गलत है। मानव-जाति के आज तक का इतिहास उसकी प्रगति का इतिहास है। ज्ञान और विज्ञान दोनों के क्षेत्रों में विकास के जिन शिखरों को आज मनुष्य स्पर्श कर पाने में सफल हुआ है, वैसा अतीत में कभी नहीं हुआ। मनुष्य में विद्यमान जिज्ञासा की प्रवृत्ति उसे हमेशा आगे बढ़ने के लिए प्रेरित करती रही है; क्योंकि मनुष्य एक प्रगतिशील प्राणी है।

14. स्वतंत्रता और अधिकारों का समर्पण (Surrendering of Liberty and Rights)–रूसो के समझौते के द्वारा व्यक्ति अपनी संपूर्ण स्वतंत्रता और अधिकार राज्य को समर्पित कर देता है। अतः, उसकी स्थिति स्वतंत्रता और अधिकारविहीन हो जाती है। रूसो इसकी प्राप्ति के लिए यह सफाई देता है कि राज्य का सदस्य होने के नाते व्यक्ति अपनी खोई हुई स्वतंत्रता और अधिकार पुनः प्राप्त कर लेता है। लेकिन, यह एक सैद्धांतिक कथन मात्र है। वास्तविकता यह है कि रूसो व्यक्ति को पूर्णतः सामान्य इच्छा की निरंकुशता के अधीन कर देता है।

15. सामान्य इच्छा निरंकुश (General Will Absolute)–रूसो ने सामान्य इच्छा की जिस ढंग से व्याख्या की है, उससे यह ज्ञात होता है कि वह पूर्णतः निरंकुश है। उसे कानून बनाने का असीमित अधिकार प्राप्त है। अतएव, वह

निरंकुश होने के कारण इस अधिकार का दुरूपयोग कर सकती है तथा उसकी ओट में निरंकुशतावाद और अन्याय को बढ़ने का अवसर मिल सकता है।

16. सर्वाधिकारवादी राज्य (Totalitarian State)–रूसो ने जिस राज्य का चित्रण किया है, वह आगे चलकर सर्वाधिकारवादी राज्य का रूप ले लेता है। आलोचकों ने उसे शीशविहीन लेवियाथन का नाम दिया है। उसे ऐसा नाम इसलिए दिया गया है कि यद्यपि हॉब्स के लेवियाथन की तरह वह सामान्य इच्छा से निर्देशित होने के कारण निरंकुश नहीं है, लेकिन सामान्य इच्छा क्या है, इसका निर्धारण करने का एकाधिकार उसके हाथों में केंद्रित है। अतएव, व्यावहारिक रूप से वह निरंकुश हो जाता है। इस तरह वह सामान्य इच्छा से जो पूर्ण जनतांत्रिक है, निर्देशित होते हुए भी निरंकुशता का उपयोग करने की स्थिति में बना रहता है। इसलिए, वह एक शीशविहीन लेवियाथन है।

17. कॉन्सल ऑफ जनेवा का आरोप (Charges of the Council of Geneva)–वॉहन ने लिखा है कि सोशल कॉन्ट्रैक्ट के प्रकाशित होते ही कॉन्सल ऑफ जनेवा ने इस ग्रंथ को अत्यंत धृष्ट और दुष्टतापूर्ण कृति की संज्ञा दी तथा स्विट्ज़रलैंड आते ही रूसो की गिरफ्तारी का वारंट जारी कर दिया। सार्वजनिक रूप से जल्लाद के हाथों इस ग्रंथ को जलवाया गया। ग्रंथ के प्रथम वाक्य, "मनुष्य स्वतंत्र जन्म लेता है, लेकिन वह सर्वत्र बंधनों से घिरा दिख पड़ता है ...."[1] को सरकार के विरूद्ध अत्यंत क्रांतिकारी आह्वान माना गया। यह वाक्य संपूर्ण सरकारों को इस बात के लिए एक प्रकार से चेतावनी देता है कि अगर उनके संगठन का आधार समझौता नहीं है, तो उन्हें अस्तित्व में रहने का कोई अधिकार नहीं तथा लोगों को ऐसी सरकारों को उखाड़ फेकने का पूरा अधिकार है, लेकिन पूरी पुस्तक पढ़ने के बाद रूसो ऐसा कहता हुआ प्रतीत होता है, "सरकारों को उलटना तो दूर रहा, मैंने सभी सरकारों के औचित्य को सिद्ध कर दिया है।" वस्तुतः, रूसो के विचारों में विरोधाभास पाया जाता है।

निष्कर्ष

रूसो के सामाजिक समझौते के उपर्युक्त दोषों को ध्यान में रखते हुए **डनिंग** कहता है, "रूसो के समझौते का अर्थ और प्रभावों की व्याख्या अशुद्ध तर्क और पूर्ण विचारहीनता का अद्‌भुत मिश्रण है।"[2]

यद्यपि रूसो के सामाजिक समझौते का सिद्धांत हॉब्स और लॉक के सिद्धांतों से सर्वथा भिन्न है तथा इसमें अनेक दोष भी हैं, फिर भी अपने

1. "Man is born free but everywhere he is in chains."—Rousseau.
2. "Rousseau's exposition of the spirit and effects of his contract is an amazing medley of bad logic and utter puerility."—Dunning.

सिद्धांत का प्रतिपादन करने में रूसो का उद्देश्य इस बात का वर्णन करना नहीं है कि राजनीतिक समाजों का अविर्भाव और विकास किस प्रकार होता है। इसके विपरीत, उसका उद्देश्य राज्य की उत्पत्ति और संगठन का वर्णन करना है। **मुरे** के शब्दों में, "रूसो हमें बताता है कि व्यक्तिगत स्वतंत्रता और सामाजिक व्यवस्था दोनों की माँगों को पूर्ण करने के लिए राज्य का निर्माण और संगठन किस प्रकार किया जाना चाहिए।"[1]

प्रश्न
(Questions)

1. रूसो के मानव स्वभाव-संबंधी धारणा को स्पष्ट कीजिए।
   Explain the views of Rousseau on Human Nature.
2. प्राकृतिक अवस्था पर रूसो के विचारों का वर्णन करें।
   Describe the views of Rousseau on the State of Nature.
3. प्राकृतिक अवस्था पर हॉब्स, लॉक और रूसो के विचारों की व्याख्या कीजिए।
   Explain the ideas of Hobbes, Locke and Rousseau on the State of Nature.
4. प्राकृतिक अवस्था पर लॉक और रूसो के विचारों की व्याख्या कीजिए।
   Explain the ideas of Locke and Rousseau on the State of Nature.
5. रूसो के राज्य की उत्पत्ति के सामाजिक समझौते के सिद्धांत की विवेचना कीजिए।
   Discuss the theory of the origin of state of the Social Contract of Rousseau.
6. रूसो के राज्य की उत्पत्ति के कारणों का वर्णन करें।
   Describe the causes of the origin of State of Rousseau.
7. रूसो के सामाजिक समझौते की प्रमुख विशेषताओं का वर्णन करें।
   Describe the main features of the Social Contract of Rousseau.
8. रूसो के सामाजिक समझौते द्वारा निर्मित राज्य की सरकार की प्रकृति की व्याख्या करें।
   Explain the nature of government of the state created by the Social Contract of Rousseau.

---

1. "Rousseau is telling us how a state would have to originate and be constituted in order to meet the claims of both individual liberty and social order."—Murray, A.R.M., *An Introduction to Political Philosophy*, 1959.

9. रूसो के राज्य की उत्पत्ति के सामाजिक समझौता-सिद्धांत की प्रमुख आलोचनाओं का विवेचन करें।
   Discuss the main criticisms of Rousseau's Social Contract theory of the origin of state.
10. "मनुष्य स्वतंत्र जन्म लेता है, लेकिन वह सर्वत्र जंजीरों में जकड़ा दीख पड़ता है।" रूसो। विवेचन करें।
    "Man is born free but everywhere he is in chains." Rousseau. Discuss.
11. "वॉहन के इस कथन को स्पष्ट कीजिए कि रूसो एक ओर तो राज्य का प्रबल समर्थक था और दूसरी ओर व्यक्ति का घनघोर प्रतिपादक था तथा एक आदर्श के लिए दूसरे का बलिदान करने में असमर्थ था।"
    "Elucidate the statement of vaughan that Rousseau was a stern asserter of the state on the one hand and a fiery champion of the individual on the other and was unable to sacrifice one ideal for the other."
12. "रूसो का सामाजिक संविदा हॉब्स का लेवियाथन है, जिसका सिर कटा हुआ है।" समीक्षा कीजिए।
    "Rousseau's social contract is Hobbes's Leviathan with its head chopped off." Discuss.
13. "रूसो के राजदर्शन का उद्देश्य हॉब्स के संप्रभुता सम्पन्न राज्य और लॉक के संप्रभु व्यक्ति में सामंजस्य स्थापित करना था।" इस कथन की समीक्षा करें।
    "Rousseau's Political theory aimed at reconciling the sovereign individual of Locke with the sovereign state of Hobbes." Explain and Examine the Statement.
14. अपने राजनीतिक दर्शन में रूसो कहाँ तक लॉक का ऋणी था? किन आवश्यक बातों में वे परसपर भिन्न थे?
    How far was Rousseau indebted to Locke in his Political Philosophy? In what essential matters did they differ?

वस्तुनिष्ठ प्रश्न
(Objective Questions)

1. Who said this?
   "Rousseau has reached a conception of man essentially identical with that of Plato and Aristotle."
   (a) Jones (b) Gettell (c) Sabine (d) Coker

2. Who said this?

"His first law is to attend to his own preservation, his first cares are which he owes to himself."

(a) Locke (b) Rousseau (c) Bodin (d) Hobbes

3. Who said this?

"Perfection of man's nature by his reason and through society is man's destiny."

(a) Sabine (b) Coker (c) Wayper (d) Jones

4. Who said this?

"Man should be subject to no Government except that of his own reason."

(a) Hobbes (b) Locke (c) Bodin (d) Rousseau

5. Who said this?

"Rousseau's conception of man's life in the State of Nature is not quite so gloomy as that of Hobbes, nor as optimistic as that of Locke."

(a) Ebenstein (b) Sabine (c) Dunning (d) Jones

6. Who said this?

"The State of Nature was not a state of war. The noble savage enjoyed idyllic bliss."

(a) Locke (b) Rousseau (c) Hobbes (d) Bodin

7. Who said this?

"...it appears to him the happiest period in the life of humanity—the least subject to revolutions, the best for man."

(a) Sabine (b) Jones (c) Dunning (d) Coker

8. Who said this?

"The first man who, enclosing a piece of ground, be thought himself to say 'this is mine', and found people simple enough to believe him, was the real founder of Civil Society."

(a) Locke (b) Hobbes (c) Bodin (d) Rousseau

9. Who said this?

"Such was the origin of Society and Law, which subjected all mankind to perpetual labour, slavery, and wretchedness."

(a) Rousseau (b) Hobbes (c) Locke (d) Bodin

10. Who said this?

"The State of Nature is one, Which no longer exists, which perhaps has not existed, and which probably never will exist, but which must be accurately understood in order to get just notions as to contemporary society."

(a) Locke (b) Rousseau (c) Hobbes (d) Bodin

11. Who said this?

"The problem is to find a form of association which may defend and protect with the whole force of the community the person and property of the every associate, and by means of which each, coalescing with all, may nevertheless obey only himself, and remain as free as before."

(a) Locke (b) Bodin (c) Rousseau (d) Hobbes

12. Who said this?

"Each of us puts in common his person and his whole power under the supreme direction of the General Will and in return we receive every member as an indivisible part of the whole."

(a) Locke (b) Bodin (c) Hobbes (d) Rousseau

13. Who said this?

"Each man in giving himself to all gives himself to nobody, and as there is no associate over which he does not acquire the same right as he yields others over himself, he gains an equivalent for everything he loses, and an increase of force for the preservation of what he has."

(a) Rousseau (b) Bodin (c) Locke (d) Sabine

14. Who said this?

"What man loses by the Social Contract is his natural liberty and an unlimited right to whatever he can get and hold on to. What he gains in Civil Liberty and, the ownership of all that he possesses."

(a) Locke (b) Rousseau (c) Bodin (d) Coker

15. Who said this?

"Man ought ceaselessly to bless the happy moment which snatched him from the state of nature, and which changed from a stupid animal into an intelligent creature."

(a) Locke (b) Bodin (c) Rousseau (d) Hobbes

16. Who said this?

"The relationship is rather a continuous, free, spontaneous and growing participation in something conceived of as the real goal of all the associates."

(a) Sabine (b) Wayper (c) Coker (d) Jones

17. Who said this?

"Each one in giving himself upto all, gives himself upto no one."

(a) Rousseau (b) Locke (c) Bodin (d) Coker

18. Who said this?

"Blending the social contract theories of Hobbes and Locke, Rousseau had evolved a theory that logic could easily refute, but could not demolish."

(a) Sabine (b) Maxey (c) Wayper (d) Coker

19. Who said this?

"Both Hobbes and Locke influenced this part of Rousseau's work, the method of Hobbes and the conclusion of Locke being curiously combined.... Thus while authority established was absolute, following Hobbes individuals still possessed equal rights, following Locke."

(a) Sabine (b) Coker (c) Gettell (d) Wayper

20. Who said this?

"We are a combination of good and bad, of the beast and of something that is divine."

(a) Gettell (b) Coker (c) Wayper (d) Nehru

21. Who said this?

"Man is bornfree but everywhere he is in chains."

(a) Rousseau (b) Plato (c) Locke (d) Hobbes

22. Who said this?

"Rousseau's exposition of the spirit and effects of his contract is an amazing medley of bad logic and utter puerility."

(a) Coker (b) Dunning (c) Wayper (d) Locke

23. Who said this?

"Rousseau is telling us how a state would have to originate and be constituted in order to meet the claims of both individual liberty and social order."

(a) Coker (b) Wayper (c) Murray (d) Jones

24. यह कथन किसका है?

"हमारे बीच में भौतिकशास्त्री, रसायनशास्त्री, खगोलशास्त्री, कवि, संगीतज्ञ और चित्रकार प्रचुरता में हैं, लेकिन हमारे बीच में एक भी सच्चा नागरिक नहीं है।"

(क) हॉब्स (ख) बोदां (ग) लॉक (घ) रूसो

25. यह कथन किसका है?

"रूसो ने सोशल कॉन्ट्रैक्ट में एक नवीन समाज के निर्माण की कल्पना की, जिसमें प्राकृतिक अवस्था के सब गुण हों, लेकिन आधुनिक भ्रष्ट समाज का एक भी अवगुण न हो।"

(क) हरमॉन (ख) सेबाइन (ग) वेपर (घ) कोकर

26. यह कथन किसका है?

"विधिनिर्माण शक्ति सिर के समान, कार्यकारिणी बाहु के समान, न्यायपालिका मस्तिष्क के समान, कृषि, उद्योग और वाणिज्य पेट के समान तथा राजस्व रक्त संचार के समान है। राज्य को सावयव कहने पर रूसो पर प्लेटो-अरस्तू का प्रभाव पड़ा है।"

(क) लॉक (ख) रूसो (ग) हॉब्स (घ) बोदां

27. **Discourse on Inequality** पुस्तक के रचयिता कौन हैं?

(क) लॉक (ख) हॉब्स (ग) रूसो (घ) बोदां

28. **Discourse on the Moral Effects of Arts and Sciences** पुस्तक के रचनाकार कौन हैं?

(क) सेबाइन (ख) लॉक (ग) कोकर (घ) रूसो

29. **Emile** ग्रंथ के लेखक कौन हैं?

(क) रूसो (ख) लॉक (ग) हॉब्स (घ) अरस्तू

उत्तर
(Answers)

1. (a) 2. (b) 3. (c) 4. (d) 5. (a) 6. (b) 7. (c) 8. (d) 9. (a) 10 (b) 11. (c) 12. (d) 13. (a) 14. (b) 15. (c) 16. (d) 17. (a) 18. (b) 19. (c) 20. (d) 21. (a) 22. (b) 23. (c) 24. (घ) 25. (क) 26. (ख) 27. (ग) 28. (घ) 29. (क)

22

सामान्य इच्छा
(General Will)

रूसो की सामान्य इच्छा उसके समझौते का प्रतिफल है। व्यक्ति समझौते द्वारा राज्य के लिए अपने अधिकारों और शक्तियों का जो परित्याग करता है, उससे उसकी वैयक्तिक इच्छा का स्थान एक सामान्य इच्छा ले लेती है। सामान्य इच्छा वह धुरी है, जिसके चारों तरफ रूसो का संपूर्ण राजनीतिक दर्शनरूपी चक्र घूमता रहता है। जोन्स ने इसकी महत्ता पर प्रकाश डालते हुए लिखा है, "रूसो की सामान्य इच्छा की धारणा न केवल उसके सिद्धांत की सबसे अधिक महत्वपूर्ण धारणा है, बल्कि उसकी सबसे अधिक मौलिक और सबसे अधिक रोचक धारणा भी, तथा ऐतिहासिक दृष्टि से राजनीतिक सिद्धांत को उसकी सबसे अधिक महत्वपूर्ण देन।"[1]

कुछ विद्वानों ने सामान्य इच्छा को प्रजातंत्र की आधारशिला बताया है। इसके साथ ही, कॉण्ट, हीगल, ग्रीन और बोसाँके का आदर्शवाद भी इसी पर आधृत है। इसलिए, जहाँ, प्रजातंत्र के समर्थकों ने मुक्त हृदय से इसका स्वागत और समर्थन किया है, वहाँ आदर्शवाद से प्रेरित निरंकुश शासकों ने इसकी ओट में जनता पर अपनी स्वेच्छाचारिता को लादने का भी प्रयत्न किया है।

इच्छा का वर्गीकरण
(Classification of Will)

मनोवैज्ञानिकों का कथन है कि मानव स्वभाव में मस्तिष्क, इच्छा और भावना का बहुत बड़ा हाथ रहता है। मनुष्य की इच्छा के रूप बदलते रहते

1. "The notion of the general will is not only the most central concept of Rousseau's theory; it is also the most interesting and historically the most important contribution, which he made to political theory."—Jones, W.T.

हैं, अतएव सामान्य इच्छा का सही अध्ययन तभी संभव है, जब हम इच्छा के स्वरूप को समझें; क्योंकि सामान्य इच्छा का उद्‌गम स्थल इच्छा ही है। सामान्य इच्छा का वर्णन करते समय, रूसो यह मानकर चलता है कि प्रत्येक मनुष्य की दो मुख्य इच्छाएँ होती हैं–(i) यथार्थ इच्छा, और (ii) वास्तविक इच्छा।

यथार्थ इच्छा (Actual Will)

रूसो के अनुसार, यथार्थ इच्छा व्यक्ति के निजी स्वार्थ पर आधारित और भावनाप्रधान होती है। यह इच्छा स्वार्थपूर्ण, संकीर्ण, अविवेकपूर्ण और अस्थायी होती है। यह निम्न स्तर की इच्छा होती है, जो व्यक्तिगत हित पर आधृत होती है। इसका संबंध सामाजिक हित से नहीं होता है। यह केवल वर्तमान के बारे में सोचती है तथा क्षणिक और परिवर्तनशील होती है।

रूसो का कथन है कि व्यक्ति यथार्थ इच्छा के वशीभूत होकर, बिना सोचे-समझे विवेकहीन कार्य करता है। वह केवल अपने वर्तमान लाभ के बारे में सोचता है। वह अपने निजी स्वार्थ में लिप्त रहता है और सामाजिक कल्याण की चिंता नहीं करता। उसका दृष्टिकोण संकुचित और उसका स्वभाव अस्थिर हो जाता है। वह अपनी यथार्थ इच्छा की पूर्ति के लिए बेचैन रहता है। यदि वह पूर्ण नहीं होती है, तो उसमें अंतर्द्वंद्व उत्पन्न हो जाता है। यदि वह पूर्ण हो जाती है, तो उसे केवल क्षणिक आनंद होता है और स्थायी संतोष नहीं मिलता।

कुछ विद्वानों ने यथार्थ इच्छा के स्थान पर तात्कालिक इच्छा, स्वार्थी इच्छा या व्यावहारिक इच्छा आदि शब्दों का प्रयोग किया है।

वास्तविक इच्छा (Real Will)

रूसो के अनुसार, वास्तविक इच्छा व्यक्ति के श्रेष्ठ स्व पर आधृत और विवेकपूर्ण होती है। यह स्वार्थहीन, स्थायी और संपूर्ण समाज के हित पर ध्यान देती है। साथ ही, यह व्यक्तिगत हित के स्थान पर सामान्य हित का अधिक ध्यान रखती है। सामान्य हित का ध्यान रखकर ही, यह मनुष्य का व्यक्तिगत हित करती है। इस प्रकार, यह व्यक्ति और समाज दोनों का हित करती है तथा दोनों के हितों में सामंजस्य स्थापित करती है।

रूसो का कथन है कि व्यक्ति की वास्तविक इच्छा उसकी उत्कृष्ट इच्छा है। इस इच्छा से वशीभूत होकर, वह आत्मालोचन और आत्मावलोकन करता है तथा वास्तविक स्वतंत्रता का उपभोग करता है। वह व्यक्तिगत स्वार्थों और अस्थायी परिणामों की ओर आकर्षित न होकर, सार्वजनिक हितों और स्थायी निर्णयों को स्वीकार करता है। इस प्रकार, वह आत्महित और सामान्य हित में समन्वय स्थापित करता है। वस्तुतः, वास्तविक इच्छा भूत, वर्तमान और भविष्य तीनों कालों से संबद्ध होती है।

उपर्युक्त तथ्यों से स्पष्ट है कि यथार्थ इच्छा और वास्तविक इच्छा में बहुत बड़ा अंतर है। वस्तुतः, दोनों इच्छाओं में प्रायः विरोध रहता है। इसका मूल कारण यह है कि यथार्थ इच्छा व्यक्तिगत हित और वास्तविक इच्छा सामाजिक हित पर आधारित होती है। इसे उदाहरण द्वारा समझा जा सकता है; जैसे–पुलिस अधिकारी अपनी यथार्थ इच्छा के वश में होकर, अपराधी से घूस लेकर, उसको छोड़ सकता है; लेकिन वास्तविक इच्छा से प्रेरित होने पर, वह अपने इस कार्य को समाजविरोधी समझकर नहीं करता है।

हॉबहाउस ने अपनी पुस्तक **द मेटाफिजिकल थ्योरी ऑफ स्टेट**[1] में यथार्थ इच्छा और वास्तविक इच्छा के विभेद पर विस्तारपूर्वक प्रकाश डाला है। उसका निष्कर्ष है कि यथार्थ इच्छा और वास्तविक इच्छा में किसी प्रकार का विभेद नहीं है। उसने अपनी पुस्तक में स्पष्ट रूप से लिखा है, "जो यथार्थ इच्छा है, वही वास्तविक इच्छा है तथा जो वास्तविक इच्छा है, वही यथार्थ इच्छा है।"[2]

लेकिन, हॉबहाउस ने सामान्य अर्थ में यथार्थ और वास्तविक इच्छा का प्रयोग किया है, जिसे राजनीतिविज्ञान में नहीं माना जा सकता। उपर्युक्त विवरण से यह स्पष्ट है कि यथार्थ इच्छा और वास्तविक इच्छा दोनों पृथक-पृथक हैं। इस संदर्भ में, हॉबहाउस का दृष्टिकोण गलत है।

कुछ विद्वानों ने वास्तविक इच्छा के स्थान पर विवेकशील इच्छा या आदर्श इच्छा आदि शब्दों का भी प्रयोग किया है।

सामान्य इच्छा का अर्थ और परिभाषा
(The Meaning and Definition of General Will)

विद्वानों ने व्यक्तियों की वास्तविक इच्छा के आधार पर ही सामान्य इच्छा के अर्थ को स्पष्ट किया है। उन लोगों का मत है कि समाज के सभी व्यक्तियों की वास्तविक इच्छाओं का सर्वयोग ही सामान्य इच्छा है।[3]

सामान्य इच्छा के संदर्भ में रूसो का कथन है कि प्रत्येक व्यक्ति की इच्छा स्वार्थ से प्रेरित होती है। यह स्वार्थ दो प्रकार का होता है–

(क) व्यक्ति का हित करनेवाला स्वार्थ, और

(ख) समाज का हित करनेवाला स्वार्थ।

---

1. *The Metaphysical Theory of State*.
2. "The actual will is the real will and the real will is the actual will."—Hobhouse.
3. "The general will is the sum total or rather the organization and synthesis of the real will of the individuals in the society."

सभी व्यक्तियों के व्यक्तिगत स्वार्थ अलग-अलग होते हैं। उनके ये स्वार्थ एक-दूसरे को काटते रहते हैं। अंत में, जो स्वार्थ बच जाता है, उनका संबंध समाज से होता है। इस बचे हुए स्वार्थों के सर्वयोग को सामान्य इच्छा कहते हैं।

विभिन्न विद्वानों ने सामान्य इच्छा की परिभाषाएँ निम्नलिखित रूप से दी है–

1. **बोसाँके**–"सामान्य इच्छा संपूर्ण समाज की सामूहिक अथवा सभी व्यक्तियों की ऐसी इच्छाओं का समूह है, जिसका लक्ष्य सामान्य हित की पुष्टि हो।"[1]

2. **टी॰ एच॰ ग्रीन**–"सामान्य इच्छा सामान्य हित की सामान्य चेतना है।"[2]

3. **वेपर**–"सामान्य इच्छा सभी नागरिकों की वह इच्छा है, जिसका लक्ष्य सर्वसाधारण की भलाई है, व्यक्तिगत स्वार्थ नहीं। यह सबकी भलाई के निमित्त सबकी आवाज है।"[3]

4. **डनिंग**–"सामान्य इच्छा केवल सामान्य हित की आवश्यकता की अभिव्यक्ति है। सिद्धांत और तथ्य में ये दोनों बातें अविच्छेद्य हैं।"[4]

5. **सेबाइन**–"सामान्य इच्छा समाज का एक विचित्र प्रतिनिधित्व करती है। इसका उद्देश्य स्वार्थपरता और कुछ इने-गिने व्यक्तियों की रक्षा न होकर सर्वसाधारण की रक्षा करना होता है।"

6. **गेटेल**–"सामान्य इच्छा समाज के सभी सदस्यों के सामान्य हित के अनुरूप होती है, उनके विशिष्ट हितों के अनुरूप नहीं।"

7. **ऐबेंस्टीन**–"व्यक्तिगत सद्गुण के समान सामान्य इच्छा की परिभाषा नहीं की जा सकती है। यह वह प्रेरणा है, जो नागरिक कार्यों को अनुप्राणित और निर्देशित करती है।"

8. **हरमॉन**–"सामान्य इच्छा सार्वजनिक विचार की अभिव्यक्ति है। यह सभी व्यक्तियों की इच्छा है, चाहे ये इसे मानते हों या नहीं, और इसका संबंध सभी से होता है।"[5]

---

1. "General will is the will of the whole society as such or the wills of all the individuals in so far as they aim at common good."—Bosanquet, *The Philosophical Theory of State*.
2. "General will is the common consciousness of the common end."—T.H. Green.
3. "General will is the will of all the citizens when they are willing, not their own private interest but the general good, it is the voice of all for the good of all."—Wayper, C.L., *Political Thought*.
4. "The general will is but the expression of what the common interest requires. The two ideas are inseparable in thought and in fact."—Dunning.
5. "The general will is an expression of the public mind. It emanates from all, whether all know it or not, and is directed to all."—Harmon.

9. रूसो–"सामान्य इच्छा को वस्तुतः सामान्य होने के लिए अपने उद्देश्य के साथ सार तत्व में भी सामान्य होना चाहिए। सभी लोगों पर लागू होने के लिए उसे सभी लोगों से प्रादुर्भूत होना चाहिए।"[1]

उपर्युक्त विवेचन से यह स्पष्ट है कि रूसो की सामान्य इच्छा के दो अंग हैं–

(क) सामान्य व्यक्तियों की इच्छा, और

(ख) सामान्य हित पर आधृत इच्छा।

सामान्य इच्छा के इन दो अंगों में दूसरा पहला से अधिक महत्त्वपूर्ण है; जैसा कि स्वयं **रूसो** ने लिखा है, "सामान्य इच्छा सभी व्यक्तियों की इच्छा होती है और सभी पर लागू होती है। मतदाताओं की संख्या से कम तथा उस सामाजिक हित की भावना से अधिक इच्छा सामान्य बनती है, जिसके द्वारा वे एकता में बँधते हैं।"[2]

जब हम सभी परिभाषाओं का विवेचन करते हैं, तो स्पष्ट हो जाता है कि राज्य में सामान्य इच्छा को ही संप्रभु माना गया है। सामान्य इच्छा की उत्पत्ति व्यक्ति की वास्तविक इच्छाओं से होती है। वस्तुतः, व्यक्ति की इच्छाएँ भिन्न-भिन्न होती हैं। लेकिन, उसकी कुछ इच्छाएँ सामान्य हित की होती हैं, जिनके द्वारा सामान्य इच्छा की उत्पत्ति होती है। वास्तविक इच्छा के अंतर्गत व्यक्ति का व्यक्तिगत स्वार्थ नहीं होता है, बल्कि उसके अंतर्गत संपूर्ण समाज की भलाई निहित होती है।

रूसो का मत है कि सामान्य इच्छा और वास्तविक इच्छा में संघर्ष नहीं होता है; क्योंकि सामान्य इच्छा के अंतर्गत सभी व्यक्तियों की भलाई निहित होती है। इसलिए, सामान्य इच्छा किसी भी व्यक्ति को हानि नहीं पहुँचा सकती। और, इसीलिए रूसो के राज्य में सामान्य इच्छा कानून का रूप ले लेती है तथा संप्रभुता का भी प्रतिनिधित्व करती है, जिसके आधार पर राज्य का शासन चलता है।

कोई भी व्यक्ति सामान्य इच्छा की अवहेलना नहीं कर सकता। अगर कोई व्यक्ति ऐसा करता है, तो वह अपने सभी साथियों द्वारा मानने के लिए बाध्य किया जाएगा। जैसा कि स्वयं **रूसो** ने लिखा है, "यदि कोई व्यक्ति सामान्य

---

1. "...The general will, to be truely such, should be so in its objects as well as in its essence; that it ought to proceed from all in order to be applicable to all."—Rousseau, *The Social Contract*, Book II, Chapter IV.
2. "General will is the will which must both come from all and apply to all, and what makes the will general is less the number of voters than the common interest uniting them."—Rousseau, *The Social Contract*, Book II, Chapter IV.

इच्छा की आज्ञा की अवहेलना करेगा, तो वह अपने सभी साथी नागरिकों द्वारा ऐसा करने के लिए बाध्य किया जाएगा।"[1]

निष्कर्षतः, कहा जा सकता है, "राज्य में सामान्य इच्छा सभी व्यक्तियों की वास्तविक इच्छाओं का संश्लेषण या योग है।"[2]

सामान्य इच्छा और सबकी इच्छा में अंतर
(Difference between General Will and Will of All)

साधारण लोग सामान्य इच्छा को सबकी इच्छा का पर्यायवाची समझ लेते हैं, जो उनकी भूल है। वस्तुतः, दोनों में निम्नांकित अंतर हैं–

(i) सबकी इच्छा पर आधृत नहीं (Not Based on Will of All)–सबकी इच्छा राज्य के सभी व्यक्तियों की इच्छा होती है। लेकिन, सामान्य इच्छा के लिए यह आवश्यक नहीं कि वह सभी व्यक्तियों की इच्छा पर आधारित हो। सामान्य इच्छा किसी एक व्यक्ति, कुछ व्यक्तियों या सभी व्यक्तियों की इच्छा हो सकती है।

(ii) एकता (Unity)–सामान्य इच्छा राज्य की संगठित इच्छा है, जो उसकी एकता को व्यक्त करती है। दूसरी ओर, सबकी इच्छा उन असंगठित और विशिष्ट इच्छाओं का समूह है, जो राज्य की एकता को व्यक्त नहीं करती; क्योंकि विशिष्ट इच्छाएँ स्वार्थपूर्ण और समाजविरोधी हो सकती हैं।

(iii) सामाजिक हित (Social Welfare)–सामान्य इच्छा सामाजिक हित पर आधृत होती है, जबकि सबकी इच्छा से सामाजिक अहित भी संभव है; क्योंकि यह वर्गविशेष के हित को ध्यान में रखती है।

(iv) स्थायी हित (Permanent Interest)–सामान्य इच्छा राज्य के विभिन्न नागरिकों के वर्तमान और भविष्य से संबद्ध स्थायी हितों पर विचार करती है, जबकि सबकी इच्छा लोगों के क्षणिक और निजी हितों पर विचार करती है।

(v) सामान्य हित का योग (Sum Total of Common Interest)–सामान्य इच्छा राज्य के सभी व्यक्तियों की उन व्यक्तिगत इच्छाओं का योग है, जो सामान्य हित को व्यक्त करती हैं। दूसरी ओर, सबकी इच्छा व्यक्तियों के व्यक्तिगत हितों से संबद्ध इच्छाओं का योग है।

(vi) स्वार्थी इच्छा नहीं (Not Selfish Will)–रूसो के अनुसार, सामान्य इच्छा स्वार्थी इच्छा नहीं होती है, जबकि सबकी इच्छा व्यक्तियों के निजी स्वार्थों पर आधृत होती है। **रूसो** ने स्पष्ट शब्दों में लिखा है, "समाज के

---

1. Rousseau, Chapter VII.
2. "The general will is a synthesis of real will of individuals comprising the state."

समस्त सदस्यों की इच्छाओं का कुल योग सामान्य इच्छा कभी नहीं हो सकता; क्योंकि समस्त सदस्यों की इच्छाओं में सदस्यों के व्यक्तिगत स्वार्थों का मिश्रण होता है, जबकि सामान्य इच्छा का संबंध केवल सामान्य हितों से होता है।"

सामान्य इच्छा और सबकी इच्छा के अंतर को अग्र उदाहरण से स्पष्ट किया जा सकता है। जैसे, सभी विद्यार्थियों में परीक्षा भवन में चोरी करने और बातचीत करने की इच्छा आम होती है। यह सबकी इच्छा होते हुए भी सामान्य इच्छा नहीं है; क्योंकि सामान्य इच्छा परीक्षा भवन में शांतिपूर्वक लिखने और चोरी न करने की होती है। रूसो ने सामान्य इच्छा और सबकी इच्छा के अंतर को इन शब्दों में व्यक्त किया है, "सामान्य इच्छा और सबकी इच्छा में बहुधा काफी अंतर होता है। सामान्य इच्छा का संबंध केवल सामान्य हित से होता है, जबकि सबकी इच्छा का संबंध व्यक्तिगत हितों से होता है। सबकी इच्छा विशिष्ट इच्छाओं का योग मात्र है।"[1]

सामान्य इच्छा और बहुमत की इच्छा में अंतर
(Difference between General Will and Will of Majority)

विद्वानों का मत है कि बहुमत का निर्णय भी स्वार्थमत हो सकता है तथा अल्पमत के हितों को नष्ट करनेवाला हो सकता है। ऐसा निर्णय बहुमत का निर्णय होते हुए भी सामान्य इच्छा का निर्णय नहीं माना जा सकता। यह सामान्य इच्छा का निर्णय तभी हो सकता है, जबकि वह बहुमत के साथ-साथ अल्पमत का भी सामान्यहित साधनेवाला हो।

बहुमत की इच्छा ही सामान्य इच्छा है (Will of Majority is the General Will)

रूसो ने बहुमत इच्छा को ही सामान्य इच्छा माना है। उसने लिखा है, "सामान्य इच्छा के समस्त गुण बहुमत में सदैव पाए जाते हैं।"[2]

रूसो ने इस जबर्दस्त पेंचीदगी और जटिल गुत्थी का कोई संतोषजनक समाधान नहीं किया है कि बहुमत की इच्छा सामान्य इच्छा किस प्रकार है। लेकिन, स्पष्टीकरणार्थ रूसो के पक्ष में यह कहा जा सकता है कि सबकी इच्छा राज्य के सदस्यों की स्वार्थपूर्ण इच्छाओं का योग है तथा सामान्य इच्छा सदस्यों के सामाजिक कल्याण की इच्छाओं का बहुमत द्वारा प्राप्त रूप है। रूसो की

1. "There is often a great deal of difference between the will of all and the general will, the latter regards only the common interest, while the former takes private interest into account and is no more than a sum of particular will."
2. "All the qualities of the general will still reside in the majority."—Rousseau as quoted by Ebenstein.

मान्यता है कि जब व्यक्तियों द्वारा राज्य के प्रश्नों पर विचार किया जाता है, तब उनकी परस्परविरोधी इच्छाओं का घात-प्रतिघात होता है। फलस्वरूप, उनकी कुछ व्यक्तिगत इच्छाएँ एक-दूसरे को काट डालती हैं। इस प्रकार के जोड़-घटाव की क्रिया के बाद जो इच्छा बच जाती है, उसे सामान्य इच्छा कहते हैं।

रूसो की सामान्य इच्छा की उपर्युक्त धारणा पर टिप्पणी करते हुए **हरमॉन** ने लिखा है, "रूसो का यह कहना कि जोड़-घटाव के फलस्वरूप शेष बचनेवाली इच्छा सामान्य इच्छा को निश्चित करती है; यह कहने का दूसरा ढंग है कि बहुमत सामान्य इच्छा को व्यक्त करता है।"

यहाँ प्रश्न यह है कि रूसो ने बहुमत इच्छा को सामान्य इच्छा क्यों माना है। इसका उत्तर **गेटेल** के निम्न शब्दों में मिलता है, "रूसो यह मानता है कि बहुमत की राय गलत हो सकती है। लेकिन, उसका विश्वास है कि सामान्य इच्छा को जानने में बहुमत अन्य किसी समूह से कम भूल करता है; क्योंकि सामूहिक हित में उनकी जो रूचि होती है, उसे सरलता से भ्रष्ट नहीं किया जा सकता।"

सामान्य इच्छा का निर्माण
(Formation of General Will)

अब प्रश्न यह उठता है कि सामान्य इच्छा का निर्माण कैसे होता है। रूसो के अनुसार सामान्य इच्छा के निर्माण की प्रक्रिया राज्य के सदस्यों की व्यक्तिगत इच्छाओं से प्रारंभ होती है; जिनमें स्वार्थपूर्ण और परमार्थप्रेरित प्रवृत्तियाँ सम्मिलित रहती हैं। उसका कथन है कि किसी सार्वजनिक प्रश्न पर सामान्य इच्छा का निर्माण इस प्रकार होता है—सर्वप्रथम किसी भी राजनीतिक निकाय के सदस्य किसी भी सार्वजनिक प्रश्न पर अपने दृष्टिकोणों के अनुसार अपने विचारों को व्यक्त करते हैं। उनके विचार उनकी आत्महित ही यथार्थ इच्छाओं और सामान्य हित की वास्तविक इच्छाओं पर आधृत होते हैं। अतएव, उनके द्वारा व्यक्त किए जानेवाले विचार निश्चित रूप से परस्परविरोधी होते है और इसलिए उनका एक-दूसरे से संघर्ष होना स्वाभाविक है। इस संघर्ष के फलस्वरूप आत्महित की यथार्थ इच्छाएँ नष्ट हो जाती हैं। दूसरे शब्दों में, राजनीतिक चेतना से युक्त सदस्य अपने विवेक के प्रकाश में अपनी स्वार्थपूर्ण यथार्थ इच्छाओं का त्याग कर देते हैं, जिसके फलस्वरूप उनकी स्वार्थहीन और सामान्य हित की वास्तविक इच्छाएँ शेष रह जाती हैं। सामान्य इच्छा इन वास्तविक इच्छाओं के समन्वित रूप को व्यक्त करती है।

इसे उदाहरण द्वारा और भी स्पष्ट किया जा सकता है। जैसे—क, ख, ग, और घ सदस्यों की यथार्थ इच्छाएँ क्रमशः च, छ, ज और झ हैं तथा उनकी वास्तविक

इच्छाएँ क्रमशः ट, ठ, ड और ढ हैं। उनकी यथार्थ इच्छाओं और वास्तविक इच्छाओं में संघर्ष उत्पन्न होगा तथा अंत में उनकी यथार्थ इच्छाएँ नष्ट हो जाएँगी और वास्तविक इच्छाएँ शेष रह जाएँगी। इन वास्तविक इच्छाओं का कुल योग, अर्थात् ट, ठ, ड और ढ ही सामान्य इच्छा का रूप धारण करता है।[1]

रूसो का विचार है कि सामान्य इच्छा का निवास सभी व्यक्तियों के अंतस्थल में होता है। अतएव, सामान्य इच्छा का स्वरूप शुद्ध, बौद्धिक और नैतिक होता है। इसलिए, यह सामान्य हित की सामान्य चेतना को व्यक्त करती है तथा सामाजिक हित को सुरक्षित रखती है। **रूसो** के शब्दों में, "सामान्य इच्छा में संपूर्ण राज्य और उसके प्रत्येक भाग की सुरक्षा तथा कल्याण करने की प्रवृत्ति सदैव होती है।"[2]

सामान्य इच्छा का विश्लेषण
(Analysis of General Will)

रूसो की सामान्य इच्छा का विश्लेषण निम्नलिखित रूप से किया जा सकता है। उसकी सामान्य इच्छा तीन दृष्टियों से सामान्य होती है–

1. उद्‌गम (Origin)–उद्‌गम या निर्माण की दृष्टि से, सामान्य इच्छा सभी नागरिकों की वास्तविक इच्छाओं के कुल योग का प्रतिफल है।

2. क्षेत्र (Jurisdiction)–क्षेत्र की दृष्टि से, सामान्य इच्छा सभी नागरिकों पर समान रूप से लागू होती है।

3. उद्देश्य (Aim)–उद्देश्य की दृष्टि से, सामान्य इच्छा का एकमात्र उद्देश्य सार्वजनिक हित है। यह जनहित की प्राप्ति का परम साधन है। व्यापक कल्याण की भावना से रहित सामान्य इच्छा की कल्पना नहीं की जा सकती।

सामान्य इच्छा के अन्य लक्षण निम्नलिखित हैं–

(i) सामान्य इच्छा सभी व्यक्तियों की इच्छा से भिन्न होती है।

(ii) सामान्य इच्छा सभी व्यक्तियों की सामाजिक हित की इच्छाओं का बहुमत द्वारा प्राप्त रूप है।

(iii) सामान्य इच्छा सामाजिक एकता को सुदृढ़ बनाती है और उसमें निहित रहती है।

(iv) सामान्य इच्छा उस मानवसमूह के सभी सदस्यों का हित करती है, जो उसका निमार्ण करते हैं।

1. "...take away from these same wills the pluses and minuses which cancel one another, and the general will remains as the sum of differences."—Rousseau.
2. "The general will tends always to the preservation and welfare of the whole and of every part of the state."—Rousseau, *Discourse on Political Economy*.

(v) सामान्य इच्छा प्रत्येक व्यक्ति की निजी इच्छा का अंग होती है और उसमें सम्मिलित रहती है।

(vi) सामान्य इच्छा कभी भ्रांतिपूर्ण या गलत नहीं होती; क्योंकि वह राज्य के सर्वोच्च हितों को अभिव्यक्त करती है।

(vii) सामान्य इच्छा की उत्पत्ति समस्त जनता से होती है और उसका उद्देश्य समानता की रक्षा करना है।

(viii) सामान्य इच्छा स्वार्थी इच्छा पर परमार्थी इच्छा की विजय है।

(ix) सामान्य इच्छा का ज्ञान प्राप्त करने की विधि यह है कि किसी मानवसमूह के सभी सदस्यों से यह पूछा जाए कि सामान्य हित की दृष्टि से वे किस बात को अच्छा समझते हैं, और फिर बहुमत की जो राय हो, उसे स्वीकार कर लिया जाए।

सामान्य इच्छा के परिणाम
(Results of General Will)

रूसो सामान्य इच्छा को संप्रभुता संपन्न मानता है तथा अपने इस विचार के आधार पर सामान्य इच्छा के अग्रांकित महत्वपूर्ण परिणाम निकालता है।

1. **सावयविक एकता** (Organic Unity)–राज्य या राजनीतिक निकाय को मनुष्य के समान सजीव और संगठित शरीरधारी माना जा सकता है, जिसमें मनुष्य के समान सावयविक एकता होती है।

2. **न्यायपूर्ण** (Just)–सामान्य इच्छा जितनी अधिक सामान्य होती है, अपनी ही अधिक न्यायपूर्ण होती है।

3. **नैतिक प्राणी** (Moral Being)–राज्य या राजनीतिक निकाय एक नैतिक प्राणी भी है, जिसकी अपनी स्वयं की इच्छा होती है। वस्तुत:, सामान्य इच्छा का राजनीतिक रूप तब व्यक्त होता है, जब राज्य संप्रभुतासंपन्न होकर नैतिक मानव के समान कार्य करता है।

4. **न्याय और अन्याय का निर्धारण** (Determination of Just and Unjust)–सामान्य इच्छा राज्य के सभी नागरिकों के पारस्परिक संबंधों और राज्य के प्रति उनके संबंधों में न्याय तथा अन्याय का निर्धारण करती है।

5. **सामान्य हित** (Common Interest)–सामान्य इच्छा सदैव सामान्य और सार्वजनिक हित के लिए होती है। अतएव, प्रत्येक व्यक्ति को उसकी आज्ञा का पालन करने के लिए बाध्य किया जाना चाहिए।

6. **सुरक्षा और कल्याण** (Projection and Welfare)–सामान्य इच्छा संपूर्ण राज्य और उसके समस्त नागरिकों की सुरक्षा तथा कल्याण के लिए सदैव प्रयत्नशील रहती है।

7. कानून का स्रोत (Source of Law)–रूसो ने सामान्य इच्छा को सभी कानूनों का मुख्य और अंतिम स्रोत माना है।

सामान्य इच्छा की विशेषताएँ
(Features of General Will)

रूसो की सामान्य इच्छा की निम्नलिखित विशेषताएँ विशेष रूप से उल्लेखनीय हैं–

1. सर्वोच्च और निरंकुश (Supreme and Absolute)–सामान्य इच्छा सर्वोच्च और निरंकुश होती है। यह न तो किसी दैवी या प्राकृतिक नियमों से आबद्ध होती है और न किसी व्यक्ति या व्यक्ति समूह के अधिकारों से नियंत्रित होती है। संपूर्ण नैतिक और सामाजिक जीवन के संचालन का सूत्र इसी के हाथ में होता है तथा इसका निर्णय ही कानून होता है, जिसका पालन प्रत्येक व्यक्ति के लिए आवश्यक होता है। क्योंकि, यह सर्वोच्च इच्छा होती है और सार्वजनिक हित में कार्य करती है। अतएव, प्रत्येक व्यक्ति इसका पालन करता है, इसका पालन न करनेवालों को दंड भी दिया जाता है। इस संदर्भ में, **रूसो** का कथन है, "जो कोई सामान्य इच्छा का पालन नहीं करता, वह आज्ञापालन के लिए समस्त समाज द्वारा बाध्य किया जा सकता है। इसका अर्थ इससे अधिक कुछ नहीं कि उसे स्वतंत्र होने के लिए बाध्य किया जाएगा।"[1]

इस उक्ति के स्पष्टीकरण के लिए रूसो ने कहा है कि इसमें विरोधाभास नहीं है; क्योंकि व्यक्ति वास्तव में स्वतंत्र तब होता है, जब वह अपनी वास्तविक इच्छा के अनुसार कार्य करता है। लेकिन, जब वह अपनी यथार्थ इच्छा के प्रभाव में रहता है, तब स्वतंत्र नहीं होता। वस्तुतः, सामान्य इच्छा जनवाणी होती है, जो देववाणी का रूप ले लेती है।[2]

2. अदेयता या अहस्तांतरणीय (Inalienable)–सामान्य इच्छा अदेय और अहस्तांतरित होती है। रूसो संप्रभुता को सामान्य इच्छा में ही निहित मानता है। वस्तुतः, संप्रभुता सामान्य इच्छा का प्राण है। जिस प्रकार किसी व्यक्ति के शरीर से प्राण को अलग नहीं किया जा सकता और किसी दूसरे व्यक्ति को नहीं दिया जा सकता, उसी प्रकार संप्रभुता को सामान्य इच्छा से अलग नहीं किया जा सकता। रूसो ने स्पष्ट शब्दों में कहा है कि यदि राज्य किसी दूसरी शक्ति की आज्ञा मानने की स्वीकृति देता है, तो वह विनष्ट हो जाता है। उसके शब्दों

---

1. "Who ever refuses to obey the general will shall be constrained to do so by the whole body; which means nothing else than that he shall be forced to be free."—Rousseau.
2. Vox Populi is Vox dei.

में, "जिस क्षण राज्य का कोई स्वामी बन जाता है, वह संप्रभु नहीं रह जाता।"[1] वह आगे कहता है, "सामान्य इच्छा कभी हस्तांतरित नहीं की जा सकती है। वास्तव में, शक्ति को हस्तांतरित किया जा सकता है, लेकिन सामान्य इच्छा को नहीं।"

3. अविभाज्यता (Indivisible)–सामान्य इच्छा संप्रभुता के समान अविभाज्य होती है। यह छोटे-छोटे समूहों में विभाजित नहीं की जा सकती, जैसा कि आधुनिक बहुलवादी करने का प्रयास करते हैं। यह सरकार के विभिन्न अंगों–व्यवस्थापिका, कार्यपालिका और न्यायपालिका–में भी विभक्त नहीं की जा सकती है। इसे विभाजित करने का अर्थ है इसको नष्ट करना। इसका कारण बताते हुए **रूसो** ने लिखा है, "सामान्य इच्छा या तो सामान्य होती है या नहीं होती।"

4. स्थायित्व (Permanency)–सामान्य इच्छा स्थायी होती है। यह अपरिवर्तनशील है। इसके अंतर्गत जो विशेषताएँ होती हैं, वे स्थायी रूप से वर्तमान रहती हैं। इसका रूप कभी नहीं बदलता। यह भावनायुक्त न होकर विवेकपूर्ण होती है तथा विवेकयुक्त और बुद्धिजन्य होने के कारण इसमें परिवर्तन की आवश्यकता नहीं पड़ती। इसका निवास विचारों और हितों की सामान्यता में है, जो राष्ट्र के निवासियों में व्याप्त रहती है तथा उन निवासियों को विशिष्ट चरित्र प्रदान करती है। **लॉर्ड** ने कहा है, "सामान्य इच्छा प्रत्यक्ष रूप से न तो सार्वजनिक आवेश की आँधियों में मिलती है और न राजनीतिज्ञों की बहकानेवाली बातों में।"[2] वस्तुतः, जिन कार्यों और गतिविधियों के द्वारा सामान्य इच्छा अभिव्यक्त होती है उनकी अपेक्षा वह अधिक स्थायी होती है। रूसो ने भी लिखा है, "सामान्य इच्छा सदैव स्थायी, अपरिवर्तनीय और पवित्र होती है।"[3]

5. एकता (Unity)–सामान्य इच्छा में एकता होती है। इसमें मतभेद का कोई प्रश्न नहीं उठता; क्योंकि यह सभी व्यक्तियों की वास्तविक इच्छाओं के योग से बनता है तथा सभी व्यक्तियों की भलाई इसमें निहित होती है। इसलिए, इसमें फूट की संभावना नहीं होती। इसमें एकता इसलिए होती है कि इसको व्यक्त करनेवाला निकाय नैतिक और सामूहिक होता है, जिसका अपना उद्देश्य, जीवन और अस्तित्व होता है। सामान्य इच्छा राष्ट्रीय चरित्र और राष्ट्रीय संस्थाओं में एकता उत्पन्न करती है। इस संदर्भ में, **रूसो** ने लिखा है, "यह राष्ट्रीय चरित्र में एकता उत्पन्न करती है और उसे स्थिर रखती है तथा उन समान गुणों में

1. "The moment, there is a master, there is no longer a sovereign."—Rousseau.
2. "General will is to be looked for neither in the tempests of popular feelings nor in the vagaries of statesmen."—Lord.
3. "General will is always constant, unalterable, and pure."—Rousseau.

प्रकाशित होती है, जिनके किसी राष्ट्र के नागरिकों में होने की आशा की जाती है।"[1]

6. निष्पक्षता (Impartiality)–सामान्य इच्छा संप्रभुता के समान निष्पक्ष होती है और किसी वर्गविशेष के हित के लिए बाध्यकारी शक्ति का प्रयोग नहीं करती है। सामान्य इच्छा दो प्रकार से निष्पक्ष होती है–(i) व्यक्तिगत हितों से कोई संबंध नहीं होता। (ii) यह सामान्य हित की बातों में जनसेवा की भावना से प्रेरित होती है। यदि राज्य के सदस्य सामान्य हित की किसी समस्या पर व्यक्तिगत या वर्गविशेष के हित को ध्यान में रखकर विचार करते हैं? तो उसका परिणाम सामान्य इच्छा नहीं होता। वस्तुत:, सामान्य इच्छा निष्पक्ष होती है और सामान्य हित के लिए प्रयास करती है।

7. अच्युत या गलत नहीं या न्यायोचित (Infallible or Inerrant or Right)–सामान्य इच्छा सदैव शुभ, सही, सत्य और न्यायोचित होती है। यह कभी गलती नहीं करती है। राजनीतिक दल या सरकार जो सामान्य इच्छा के माध्यम से शासन करती है वह गलती कर सकती है, लेकिन सामान्य इच्छा कभी भी स्वयं गलत सिद्ध नहीं हो सकती। क्योंकि, इसके अंतर्गत सभी व्यक्तियों की भलाई निहित होती है। इसके साथ ही, यह समाज के भूत, वर्तमान और भविष्य तीनों कालों के दृष्टिकोण से चलती है। सरकार का बहुमत गलती कर सकता है, लेकिन सामान्य इच्छा गलती नहीं कर सकती। सरकार या राजनीतिक दल या बहुमत सामान्य इच्छा की व्याख्या गलत ढंग से कर सकता है, किंतु सामान्य इच्छा गलत नहीं हो सकती। रूसो ने कहा है कि सामान्य इच्छा सुकरात और गाँधी जैसे एक व्यक्ति के माध्यम से भी व्यक्त किया जा सकता है। इसके लिए बहुमत की आवश्यकता नहीं होती। **रूसो** के शब्दों में, "सामान्य इच्छा सदैव न्यायोचित होती है और इसमें सार्वजनिक हित की प्रवृत्ति सदैव रहती है।"[2]

8. लोककल्याणकारी (Public welfare)–सामान्य इच्छा का सबसे प्रमुख लक्षण लोककल्याण है। यह व्यक्तियों की वास्तविक इच्छाओं का योग होती है और लोककल्याण की भावना से प्रेरित होती है। इसका उद्देश्य संपूर्ण समाज का कल्याण होता है। **रूसो** के शब्दों में, "सामान्य इच्छा सदैव ठीक ही होती है, किंतु वह निर्णय जो इसका पथप्रदर्शक होता है, सदैव समझदारीपूर्ण नहीं होता।"

1. "It makes and preserves the unity of the national character and it issues in those common qualities which we ought to expect to find in the citizens of a given state."– Rousseau, *The Social Contract*, Book II, Chapter IV.
2. "The general will is always right and always tends to the public advantage."—*Ibid*., Book II, Chapter III.

9. प्रजातंत्र का आधार (Basis of Democracy)–सामान्य इच्छा राज्य का आधार होती है, जिससे यह सिद्ध होता है कि राज्य का संचालन शक्ति के माध्यम से नहीं, बल्कि जनता की सहमति से होना चाहिए। अतएव, सामान्य इच्छा का सिद्धांत जन-सहमति पर आधृत है, जो प्रजातंत्र की आधारशिला बनता है।

10. उद्देश्य और गुण में सामान्य (General in Object and Essence)–सामान्य इच्छा अपने उद्देश्य में ही नहीं, बल्कि गुण में भी सामान्य होती है। इसका अर्थ यह है कि यह राज्य के प्रत्येक सदस्य की इच्छा को ध्यान में रखती है। **रूसो** के शब्दों में, "सामान्य इच्छा अपने उद्देश्य और गुण में भी सामान्य होती है। यह राज्य के सभी सदस्यों से निःसृत होती है और सब पर लागू भी होती है।"

11. अप्रतिनिध्यात्मक (Unrepresentative)–सामान्य इच्छा संप्रभु होने के कारण संप्रभुतासंपन्न होती है, जिसका किसी अन्य के द्वारा प्रतिनिधित्व नहीं किया जा सकता है। क्योंकि, ज्योंही राष्ट्र अपना प्रतिनिधि नियुक्त कर देता है, त्योंही सामान्य इच्छा स्वतंत्र नहीं रह जाती; सत्य यह है कि सामान्य इच्छा का अस्तित्व ही नहीं रहता रूसो प्रत्यक्ष प्रजातंत्र का समर्थक था, अतः वह ग्रेट ब्रिटेन की संसद जैसी संस्था को सामान्य इच्छा का प्रतिनिधित्व करनेवाली संस्था नहीं मानता था। उसने कहा है, "निर्वाचन के समय इंग्लैंड स्वतंत्र नहीं रहता और निर्वाचन के बाद तो वह एक गुलाम देश हो जाता है।" वह आगे कहता है, "प्रभुसत्ता अनिवार्य रूप से सामान्य इच्छा में निहित है; क्योंकि यह सभी व्यक्तियों की सामूहिक इच्छा है। इसलिए, इसके अतिरिक्त और कोई इसका प्रतिनिधित्व नहीं कर सकता।

12. विवेक पर आधृत (Based on Reason)–सामान्य इच्छा किसी प्रकार की भावनाओं पर नहीं, बल्कि तर्क और विवेक पर आधारित होती है। यह संभव है कि सामान्य इच्छा के अंतर्गत की गई सामान्य हित की कल्पना गलत हो, लेकिन यह व्यक्तिगत स्वार्थ से भ्रष्ट नहीं होती है। **रूसो** ने लिखा है, "सामान्य इच्छा सदैव ही विवेकपूर्ण और न्यायसंगत होती है; क्योंकि जनवाणी वास्तव में देववाणी है।"

वस्तुतः, रूसो की सामान्य इच्छा के सिद्धांत में यह विचार निहित है कि राज्य का आधार जनता की विवेकपूर्ण इच्छा है, न कि शक्ति।[1]

13. स्वतंत्रता और समानता का रक्षक (Defender of Liberty and Equality)–रूसो का कथन है कि कोई भी व्यक्ति जो राज्य का सदस्य बन

---

1. "Rouseau's theory of the general will points to the notion that it is rational will and not force which is the basis of the state."

जाता है, वास्तव में स्वतंत्र हो जाता है। लेकिन, जो उसके बाहर है, अर्थात् जो राज्य की अधीनता में सभी के अधिकार समान हो जाते हैं तथा सभी को समान कानूनों का पालन करना पड़ता है। इस प्रकार, सामान्य इच्छा व्यक्तियों की स्वतंत्रता और समानता का रक्षक है।

14. समस्त कानूनों का स्रोत (Sources of All Laws)–रूसो के अनुसार सामान्य इच्छा राज्य के सभी कानूनों का स्रोत है। कानून का उद्देश्य जनकल्याण है और जब संपूर्ण समुदाय कानून पर विचार करता है, तब वह वास्तव में अपने ही कल्याण पर विचार करता है तथा तब वह विचारनिर्णय लेने पर कानून का रूप धारण करता है। कानून सामान्य इच्छा की कृति है। ऐसा कानून कभी अन्यायपूर्ण नहीं हो सकता, क्योंकि कोई भी कानूननिर्माता अपने प्रति ही अन्याय नहीं कर सकता। जो व्यक्ति अपने को कानून का आज्ञाकारी बना लेता है, वास्तव में वही स्वतंत्र है; क्योंकि कानून उसी सदिच्छा की अभिव्यक्ति है। जो अपनी इच्छा का पालन कर सकता है, वही स्वतंत्र है। इस प्रकार, सभी प्रकार के कानूनों की जननी सामान्य इच्छा है।

15. अविनाशी (Indestructible)–जब तक राज्य के सभी सदस्य एक सम्मेलन के रूप में अपने को एक शक्ति मानते हैं, तब तक उनकी इच्छा एक होती है तथा यह सामान्य इच्छा सबका कल्याण चाहने के कारण अविनाशी होती है।

16. नित्य (Constant)–रूसो का विचार है कि चूँकि सामान्य इच्छा नित्य है, इसलिए संप्रभुता भी नित्य है। उसका सदा नवीनीकरण होता रहता है और उसका आधार अनुमति है। वह विकासशील है; प्रत्येक आनेवाली संतति उसका समर्थन करती है।

उपर्युक्त तथ्यों से स्पष्ट है कि सामान्य इच्छा सर्वोच्च और निरंकुश, अदेय, अविभाज्य, स्थायी, एकता, निष्पक्ष, न्यायोचित, लोककल्याणकारी, प्रजातांत्रिक, उद्देश्य और गुण में सामान्य, अप्रतिनिध्यात्मक, विवेकशील, स्वतंत्रता और समानता का रक्षक, सभी कानूनों का स्रोत, अविनाशी तथा नित्य जैसी विशेषताओं से अलंकृत है।

सामान्य इच्छा की आलोचनाएँ
(Criticisms of the General Will)

रूसो की सामान्य इच्छा की आलोचनाएँ विभिन्न रूप से की जा सकती हैं।

काल्पनिक (Imaginary)

आलोचकों का कथन है कि रूसो की सामान्य इच्छा की धारणा काल्पनिक है। इस इच्छा के विषय में उसकी संपूर्ण युक्ति एक हवाई उड़ान है। यह ऐसी

कल्पना है, जो तथ्यों की पहुँच से परे शून्य में उड़ान करती है। **रूसो** ने स्वयं लिखा है, "सामान्य इच्छा वह चीज नहीं है, जो मैं उसे समझता था।"

संप्रभुता काल्पनिक (Sovereignty Imaginary)

आलोचकों का मत है कि रूसो की सामान्य इच्छा की संप्रभुता की धारणा पूर्णतः काल्पनिक है। यह धारणा दो प्रकार से काल्पनिक है। पहला, कोई भी सामान्य इच्छा पूर्णरूप से प्रभुसत्ता संपन्न नहीं हो सकती। दूसरा, कोई भी शासक अपने राज्य की जनता की सामान्य इच्छा की अवहेलना नहीं कर सकता। अतः, जोन्स ने ठीक ही लिखा है, "सामान्य इच्छा की प्रभुसत्ता केवल कल्पना है।"

मानव इच्छा का विभाजन काल्पनिक (Division of Human Will is Imaginary)

रूसो सामान्य इच्छा के निर्धारण के लिए मनुष्य की इच्छाओं को यथार्थ और वास्तविक इच्छाओं में विभाजित करता है। लेकिन, हॉबहाउस कहता है कि यथार्थ इच्छा और वास्तविक इच्छा का अंतर व्यवहार में सही नहीं होता है। अतएव, यह विभाजन अनुचित और कृत्रिम है। क्योंकि, मानव इच्छा ऐसी जटिल, पूर्ण, अविभाज्य समष्टि है कि उसका इस तरह विभाजन कर भी दिया जाए तो यह पता लगाना कठिन होगा कि कौन-सी इच्छा यथार्थ है और कौन-सी वास्तविक।

अस्पष्ट और जटिल (Vague and Complicated)

सामान्य इच्छा का सिद्धांत अस्पष्ट और जटिल है। रूसो ने न तो स्पष्ट रूप से इसकी परिभाषा दी है और न यह बताया है कि सामान्य इच्छा का निवास कहाँ है तथा उसका भौतिक रूप क्या है। एक स्थान पर वह यह कहता है कि सामान्य इच्छा का निवास सबकी इच्छा में है। लेकिन, दूसरे स्थान पर वह यह कहता है कि सामान्य इच्छा और सबकी इच्छा में महान अंतर है।

इसी प्रकार, एक स्थान पर रूसो यह कहता है कि सामान्य इच्छा बहुमत की इच्छा है, लेकिन दूसरे स्थानों पर वह यह कहता है कि बहुमत की इच्छा को सामान्य इच्छा तब कहा जा सकता है, जब उसमें सामान्य इच्छा की सभी विशेषताएँ वर्तमान हों। कहीं-कहीं रूसो ने यह विचार भी व्यक्त किया है कि राज्य के सभी व्यक्तियों की इच्छाओं के जोड़-घटाव के बाद जो इच्छा शेष रह जाती है, वही सामान्य इच्छा है।

इस प्रकार, रूसो ने **सोशल कॉन्ट्रैक्ट** और **ईमाइल** में सामान्य इच्छा की व्याख्या विभिन्न रूप से की है और कहीं भी पूर्ण रूप से **उसका स्पष्टीकरण**

नहीं किया है। **मैक्सी** के शब्दों में, "रूसो सामान्य इच्छा की स्पष्ट रूप से परिभाषा नहीं करता है और इसका वर्णन बहुधा अस्पष्ट है।"

वेपर ने भी कहा है, "जब रूसो हमें सामान्य इच्छा का पता ही नहीं दे सकता, तो इस सिद्धांत के प्रतिपादन का लाभ ही क्या हुआ। यद्यपि रूसो ने हमें सामान्य इच्छा के संबंध में बहुत कुछ बताया है, फिर भी जो कुछ बताया है वह पूर्णतः अपर्याप्त है। सत्य यह है कि रूसो ने हमें एक ऐसे अंहकार में छोड़ दिया है, जहाँ हम सामान्य इच्छा के बारे में अच्छी तरह सोच भी नहीं सकते।"[1]

तानाशाही (Dictatorship)

रूसो की सामान्य इच्छा के प्रतिपादन का उद्देश्य तो जनता के अधिकारों की रक्षा है, लेकिन यह धारणा व्यवहार में निरंकुश और अत्याचारी राज्य का पोषक भी बन सकती है। एक विशेष समय पर सामान्य इच्छा क्या है, यह निश्चित करने की शक्ति रूसो शासक को सौंप देता है तथा यदि शासक दुराचारी है, तो वह अपने स्वार्थ को ही सामान्य इच्छा का रूप दे सकता है। इसके अतिरिक्त, रूसो के सिद्धांत में जनता द्वारा अपने समस्त अधिकारों का समर्पण कर दिया गया है और जनता को किसी भी परिस्थिति में राज्य के विरोध का अधिकार नहीं है। इस संदर्भ में, **जोन्स** का कथन है, "रूसो के सामान्य इच्छाविषयक सिद्धांत में कुछ ऐसे अस्थिर तत्व हैं, जो उसे जनतंत्र के समर्थन से हटाकर निरंकुश शासन के समर्थन की ओर ले जाते हैं।" **ए॰ डाइड** के अनुसार, "रूसो सामान्य इच्छा की ओट में बहुमत की निरंकुशता का प्रतिपादन तथा समर्थन करता है।" **वाहन** ने तो यहाँ तक कहा है, "रूसो ने अपनी समष्टिवादी विचारधारा से व्यक्ति को शून्य बना दिया है।" इस संदर्भ में, एक लेखक ने कहा है, "रूसो की सामान्य इच्छा हॉब्स का शीशविहीन लेवियाथन है।"[2] रसेल, आइवर ब्राउन और मुरे ने भी रूसो की विचारधारा पर निरंकुशतावाद और अधिनायकवाद के पोषण का आरोप लगाया है।

बड़े राज्य के लिए अनुपयुक्त (Unfit for Big Countries)

आलोचकों का मत है कि सामान्य इच्छा का सिद्धांत यूनान के छोटे नगर-राज्यों और स्विट्ज़रलैंड के कैंटनों के लिए उपयुक्त हो सकता है, लेकिन आधुनिक बड़े राज्यों के लिए अनुपयुक्त है। इसका कारण यह है कि सामान्य हित की कल्पना छोटे राज्यों में की जा सकती है; क्योंकि उनके नागरिकों में पारस्परिक संबंध होते हैं तथा वे संगठित और एकीकृत होते हैं।

---

1. Wayper, *Political Thought*.
2. "Rousseau's general will is Hobbes's Leviathan with its head chopped off."

आधुनिक बड़े राज्यों का रूप यह नहीं है। उनमें विभिन्न धर्मों, हितों, आदर्शों, जातियों और राष्ट्रीयतावाले व्यक्ति निवास करते हैं। यह सभी बातें सामान्य इच्छा के उदय में बाधा उपस्थित करती हैं। अतएव, बड़े राज्यों में सामान्य इच्छा का उदय संभव नहीं है। **जोन्स** ने ठीक ही कहा है, "इस बात में संदेह है कि आधुनिक बड़े राज्यों में, जिनमें आर्थिक और सामाजिक विभिन्नता होती है, सामान्य इच्छा का उदय हो सकता है।"

व्यवहार में कठिनाई (Difficulty in Practice)

सामान्य इच्छा को व्यावहारिक रूप देने में दो कठिनाइयाँ उत्पन्न हो सकती हैं–

(i) यदि सामान्य इच्छा प्रायः बहुमत है, तो इस सिद्धांत में अल्पमतों की उपेक्षा निहित है। दूसरे शब्दों में, सामान्य इच्छा बहुमत की इच्छा होने के कारण अल्पसंख्यकों का अहित कर सकती है।

(ii) यदि सामान्य इच्छा प्रायः नैतिक है तो कोई अल्पसंख्यक दल या कोई तानाशाही नेता अपने को सामान्य इच्छा का प्रतिनिधि घोषित कर सकता है। जर्मनी में नाजी दल और हिटलर के द्वारा जर्मन राष्ट्र का प्रतिनिधित्व करना इसी प्रकार का प्रस्ताव था।

वस्तुतः, सामान्य इच्छा संख्यामूलक या नैतिक हो, उसके व्यावहारिक रूप को व्यक्त करने में जबर्दस्त कठिनाइयाँ भरी पड़ी हैं।

सामान्य हित को जानना कठिन (Difficult to Know Common Interest)

सामान्य इच्छा जिस सामान्य हित पर आधारित है उसे जानना प्रायः कठिन है। इसका कारण यह है कि रूसो सामान्य इच्छा को बहुमत की इच्छा मानता है। बहुमत की इच्छा होने के कारण सामान्य इच्छा अल्पसंख्यकों की इच्छाओं के प्रतिकूल हो सकती है। इस बात पर ध्यान रखते हुए यह कहा जा सकता है कि जिस बात को बहुमत सामान्य हित समझता है उसको अल्पमत सामान्य हित न समझे। ऐसी स्थिति में, यह निश्चित करना कठिन हो जाता है कि सामान्य हित क्या है। **मुरे** के शब्दों में, "जिस हित को बहुमत सामान्य हित समझता है, वह उस हित को नष्ट कर सकता है, जिसे अल्पमत सामान्य हित समझता है।"

प्रतिनिधित्व संभव (Representation Possible)

रूसो की सामान्य इच्छा का प्रतिनिधिमूलक न होने का विचार निराधार है। उसका मत यह है कि राजनीतिक दल और प्रतिनिधि शासन-व्यवस्था सामान्य इच्छा का प्रतिनिधित्व नहीं कर सकते हैं। किंतु, आधुनिक युग ने उसके

इस विचार को असत्य सिद्ध कर दिया है। आज के प्रजातंत्रीय राज्यों में राजनीतिक दल, समाचारपत्र और विभिन्न प्रकार के संगठन सामान्य इच्छा का प्रतिनिधित्व और उसका निर्माण करने में योग देते है। इस संबंध में, **जोन्स** ने भी कहा है, "सामान्य इच्छा के प्रतिनिधित्व के विषय में अत्यंत संकुचित दृष्टिकोण अपनाता है।"

वैयक्तिक स्वतंत्रता का निषेध (Negation of Individual Liberty)

आलोचकों का मत है कि सामान्य इच्छा का सिद्धांत वैयक्तिक स्वतंत्रता का हनन करनेवाला है; क्योंकि रूसो एक ओर तो व्यक्ति को सामान्य इच्छा का विरोध करने का अधिकार प्रदान नहीं करता पर दूसरी ओर उसका विरोध करनेवालों के विरूद्ध शासक को, उन्हें सामान्य इच्छा के अनुसार कार्य करने के लिए बाध्य करने की शक्ति प्रदान करता है। रूसो यह मानता है कि व्यक्ति कभी-कभी न तो अपना हित जानता है और न अपनी स्वतंत्रता। इसलिए, उसे अपने हितों से परिचित कराने के लिए और सही रूप में स्वतंत्र बनाने के सामान्य इच्छा द्वारा शक्ति प्रयोग न्यायोचित है। यह उसका एक अजीब तर्क है। इसका व्यावहारिक परिणाम वैयक्तिक स्वतंत्रता के निषेध के रूप में प्रकट होने के अतिरिक्त और कुछ नहीं हो सकता।

सरकार महत्वहीन (Government Unimportant)

सामान्य इच्छा का सिद्धांत सरकार के महत्व को भी घटाता है। जनता संप्रभुत्व-संपन्न मानी गई है, इसलिए कार्यपालिका जनता की इच्छा का पालन करनेवाली शक्ति मात्र रह जाती है, जिसे कुछ शक्तियाँ जनता द्वारा दी जाती हैं तथा यदि वह चाहे तो उन्हें पुनः वापस ले सकती है या उनमें परिवर्तन कर सकती हैं। हॉब्स और लॉक के दर्शन में सरकार को इससे अधिक महत्व प्रदान किया गया है।

हीगल का विचार है, "सामान्य इच्छा का उदय व्यक्तिगत इच्छाओं से होता है। अतः, यह पूर्णतः सामान्य नहीं है।"

टी॰ एच॰ ग्रीन का कथन है, "सामान्य इच्छा राज्य की इच्छा होने से कहीं अधिक राज्य के लिए इच्छा है।"[1]

निष्कर्ष में, **सेबाइन** ने बड़े ही अच्छे शब्दों में लिखा है, "रूसो ने 'द सोशल कॉन्ट्रैक्ट' में सामान्य इच्छा के सिद्धांत का जिस ढंग से विकास किया है, उसमें अनेक अंतर्विरोध हैं। इसका कारण कुछ तो यह है कि रूसो

1. "General will is more a will for the state than the will of the state."—T.H. Green.

के अपने विचार अस्पष्ट थे, तथा कुछ यह है कि उसे एक अलंकारशास्त्री की तरह अंतर्विरोध अच्छे लगते थे।"[1]

उपर्युक्त आलोचनाओं से स्पष्ट है कि रूसो की सामान्य इच्छा का सिद्धांत अपने-आप में अंतर्विरोधी विचारों का समुद्र बन गया है, जिसकी सत्यता और गहनता का पता लगाना आकाश से तारे तोड़ना है।

सामान्य इच्छा के महत्व या गुण
(Importance or Merits of General Will)

उपर्युक्त आलोचनाओं से स्पष्ट है कि सामान्य इच्छा में अनेक दोष और अंतर्विरोध हैं। लेकिन, राजनीतिक विचारधारा के क्षेत्र में इसके महत्व को अस्वीकार नहीं किया जा सकता। इसके निम्नांकित गुण विशेष रूप से उल्लेखनीय हैं–

प्रजातंत्र का प्रतिष्ठापक (Founder of Democracy)–रूसो की सामान्य इच्छा का सिद्धांत प्रजातंत्र का प्रतिष्ठापक है; क्योंकि उसका यह विश्वास है कि सत्ता का आधार जन-सहमति है। जनता की इच्छा ही सर्वोपरि है। कानून-निर्माण में जनता का प्रत्यक्ष सहयोग वांछित है। सरकार सतत रूप में जनता के प्रति उत्तरदायी होनी चाहिए। सामान्य इच्छा का सिद्धांत राजनीतिक क्षेत्र में एक ऐसा आदर्श प्रस्तुत करता है, जिसकी प्राप्ति सदैव ही हमारा लक्ष्य होना चाहिए। **मेकाइवर** का कथन है, "सामान्य इच्छा का प्रयोग मात्र शासन को स्वशासन में परिणत कर देता है।"[2] वस्तुतः, आधुनिक प्रजातंत्र अपने विकास के लिए किसी-न-किसी रूप में रूसो का ऋणी है।

राज्य प्राकृतिक और अनिवार्य संस्था है (State is Natural and Inevitable Institution)–प्रकृतिप्रेमी रूसो की सामान्य इच्छा के सिद्धांत से यह सिद्ध होता है कि राज्य एक प्राकृतिक संस्था है और उसका आधार व्यक्ति की इच्छा तथा उसकी स्वाभाविक आवश्यकता है। राज्य सामान्य इच्छा को क्रियात्मक रूप देने का साधन है। **जी० डी० एच० कोल** ने ठीक ही कहा है, "यह हमें सिखाता है कि राज्य मनुष्य की प्राकृतिक आवश्यकताओं और इच्छाओं पर ही आधृत है। राज्य के प्रति हमें इसलिए आज्ञाकारी होना चाहिए; क्योंकि यह हमारे व्यक्तित्व का ही प्राकृतिक विस्तृत रूप है।"[3]

---

1. "The development of the theory of the general will in the social contract was involved in paradoxes, partly because of the cloudiness of Rousseau's ideas, but partly because he had a rhetorician's liking for paradox."—Sabine.
2. "The exercise of the general will transform mere government into self-government."—MacIver, *The Modern State*.
3. "It teaches us that the state is natural in that it has its basis in the will and the natural need of man. The state exists and claims out obedience, because it is a natural extension of our personality."—G.D.H. Cole.

निश्चित लक्ष्य (Definite Aim)–सामान्य इच्छा के सिद्धांत ने राजनीति के क्षेत्र में एक निश्चित लक्ष्य निर्धारित किया है तथा राजनीतिक प्रयत्नों का पथ प्रदर्शित करता है। यह लक्ष्य ऐसे हैं, जिनकी प्राप्ति के लिए हम अस्थायी बाधाओं और कठिनाइयों के रहते हुए भी प्रयत्न करते हैं।

राज्य की एकता (Unity of the State)–यह सिद्धांत इस बात पर बल देता है कि राज्य केवल मनुष्यों की भीड़ का संकलित रूप नहीं है, बल्कि उसमें भी आंतरिक एकता होती है। यह हमें बताता है कि राज्य की भी अपनी एकता और इच्छा होती है, जो इसके सदस्यों की व्यक्तिगत एकता और इच्छा से भिन्न होती है।

राज्य का आधार इच्छा, शक्ति नहीं (The Basis of State is Will, not Force)–इस सिद्धांत द्वारा यह प्रमाणित होता है कि राज्य का आधार शक्ति नहीं, इच्छा है। रूसो ने स्पष्ट रूप से कहा है कि व्यक्ति जब राज्य के आदेश का पालन करता है, तब वह किसी बाहरी शक्ति के आदेश का पालन नहीं करता, बल्कि अपनी इच्छा के आदेश का ही पालन करता है।

लोककल्याणकारी राज्य (Public Welfare State)–सामान्य इच्छा का सिद्धांत यह सिद्ध करता है कि राज्य का उद्देश्य किसी व्यक्ति या वर्गविशेष का कल्याण नहीं, बल्कि संपूर्ण राज्य के सदस्यों का कल्याण है। अतएव, यह व्यक्ति की स्वार्थपूर्ण और समाजविरोधी प्रवृत्ति को दूर करने का प्रयास करता है, जो आगे चलकर कल्याणकारी राज्य की स्थापना में सहायक सिद्ध होता है। इसके साथ ही, सामाजिक हित वैयक्तिक हित से अधिक श्रेष्ठ और उत्कृष्ट है। इसलिए, यह सिद्धांत सामान्य हित पर विशेष जोर देता है।

आंगिक सिद्धांत (Organic Theory)–सामान्य इच्छा ने राज्य के आंगिक सिद्धांत पर बल दिया है। यह सिद्धांत व्यक्ति और राज्य में शरीर तथा उसके अंगों के समान संबंध स्थापित करके उसे प्राकृतिक स्वरूप प्रदान करता है एवं व्यक्ति के सामाजिक स्वरूप को सुदृढ़ बनाने का प्रयत्न करता है।

लोकप्रिय संप्रभुता (Popular Sovereignty)–सामान्य इच्छा जन-सहमति पर आधारित है, जो लोकप्रिय संप्रभुता का बीजारोपण करती है, जो आगे चलकर राज्य का आधार होती है तथा उसकी सर्वोच्च शक्ति का प्रतिनिधित्व करती है।

नागरिक स्वतंत्रता (Civil Liberty)–सामाजिक समझौते से मनुष्य प्राकृतिक स्वतंत्रता और असीमित अधिकारों को खोता है और उनके स्थान पर नागरिक स्वतंत्रता की प्राप्ति करता है, जो उसके व्यक्तित्व के समग्र विकास में मदद करता है।

राष्ट्रवाद (Nationalism)–सामान्य इच्छा का सिद्धांत राष्ट्रवाद का प्रेरक सिद्धांत भी है; क्योंकि सामान्य इच्छा की धारणा में यह आशय मिलता है कि जिस जीवन में समता, एकता, समभाव, सम्मान की भावना, साहचर्य, समर्पण और आत्मीयता है, वही जीवन श्रेष्ठ है। यह सभी गुण राष्ट्रवाद के आधार हैं।

फ्रांस की क्रांति (French Revolution)–सामान्य इच्छा के सिद्धांत ने भावनावादी और रोमांचवादी आंदोलन पर भी प्रभाव डाला। साथ ही, इसे फ्रांस की क्रांति का प्रेरक विचार भी कहा जा सकता है। जर्मन विद्वान शिलर प्रकृति और भावना के प्रतिपादक रूसो को युवकों का पथप्रदर्शक मानता है तथा यह कहा जाता है कि राब्सपीयर के तत्वाधान में एवं इसके परिणामस्वरूप फ्रांस और दूसरे देशों में जो क्रांतियाँ हुईं, उनका संदेश रूसो के ग्रंथ **द सोशल कॉन्ट्रैक्ट** में वर्णित सामान्य इच्छा के आदर्श में है।

व्यक्ति और राज्य में घनिष्ठ संबंध (Close Relationship between Individual and State)–सामान्य इच्छा का सिद्धांत व्यक्ति और राज्य में घनिष्ठ संबंध स्थापित करता है। क्योंकि, व्यक्ति की वास्तविक इच्छा ही सामान्य इच्छा का निर्माण करती है, जो सामाजिक हित को ध्यान में रखते हुए, व्यक्ति का हित करती है।

वैयक्तिक स्वतंत्रता (Individual Liberty)–सामान्य इच्छा का सिद्धांत राज्य की शक्ति और व्यक्ति की स्वतंत्रता में समन्वय स्थापित करता है; क्योंकि व्यक्ति की स्वतंत्रता उन कानूनों द्वारा मर्यादित होती है, जिनके निर्माण में वह स्वयं भाग लेता है।

कांट, हीगल, ग्रीन और मार्क्स पर प्रभाव (Influence on Kant, Hegel, Green and Marx)–विद्वानों का मत है कि रूसो की सामान्य इच्छा के सिद्धांत का बहुत बड़ा प्रभाव कांट, हीगल, ग्रीन और कार्ल मार्क्स पर पड़ा है। कांट ने रूसो के समान सामान्य इच्छा को कानून का मूल स्रोत माना है। उसकी शुभ इच्छा, जो तर्कसंगत, विवेकसंपन्न और जनकल्याण की कामना करनेवाली है, रूसो की सामान्य इच्छा का ही प्रतिरूप है। उसके विवेक का आदेश भी सामान्य इच्छा से प्रभावित है। हीगल का राज्यविषयक विचार और विश्वात्मा का सिद्धांत रूसो की सामान्य इच्छा पर आधारित है। **ग्रीन** का सिद्धांत "राज्य का आधार शक्ति नहीं, इच्छा है।"[1] पूर्णतः रूसो की सामान्य इच्छा को व्यक्त करता है। **कार्ल मार्क्स** ने विश्व के मजदूरों को यह कहकर संबोधित किया है, "उन्हें अपनी गुलामी के सिवा और कुछ नहीं खोना है।"[2] उसका यह विचार रूसोवाद से प्रभावित है।

---

1. "Will, not force, is the basis of state."—T.H. Green.
2. "They had nothing to loose but their chains."—Karl Marx.

निष्कर्ष

उपर्युक्त तथ्यों से यह स्पष्ट है कि सामान्य इच्छा के सिद्धांत का, अस्पष्ट होते हुए भी, राजनीतिक विचारधारा के क्षेत्र में महत्वपूर्ण स्थान है। रूसो ने राज्य का आधार इच्छा बताया और राज्य का मुख्य उद्देश्य जनकल्याण की प्राप्ति। **जोन्स** के शब्दों में, "सामान्य इच्छा की कल्पना रूसो के राजनीतिक सिद्धांत का एक केंद्रीय विचार ही नहीं है, यह सिद्धांत राजनीतिविज्ञान के लिए भी उसकी एक अत्यंत मौलिक, रूचिकर और ऐतिहासिक दृष्टि से अत्यंत महत्वपूर्ण देन है।"[1] **ओसवॉर्न** का भी कथन है, "रूसो द्वारा प्रतिपादित सामान्य इच्छा का सिद्धांत राजनीतिक दर्शन के लिए उसका सबसे मौलिक ही नहीं, बल्कि सबसे अधिक महत्वपूर्ण योगदान है।"[2]

वस्तुतः, रूसो ने अपनी सामान्य इच्छा में हॉब्स और लॉक के अच्छे सिद्धांतों का सम्मिश्रण किया है। वह हॉब्स के सिद्धांत से प्रारंभ करता है और उसका अंत लॉक के सिद्धांत में होता है।[3] उसने हॉब्स से निरंकुश, अदेय और अविभाज्य संप्रभुता का सिद्धांत लिया है, तथा लॉक से जनहित का विचार लिया है जो एक अच्छी सरकार का मापदंड है। इन्हीं दोनों सिद्धांतों के मिश्रण से सामान्य इच्छा का निर्माण होता है।

रूसो ने सामान्य इच्छा की तुलना ईश्वर से की है। उसने स्वयं कहा है, "सामान्य इच्छा जनता की इच्छा है, जो ईश्वर की इच्छा का प्रतिनिधित्व करती है।"[4] इस प्रकार, वह सामान्य इच्छा के सिद्धांत का प्रतिपादन कर प्रजातंत्र और लोकप्रिय संप्रभुता का भावी मार्ग प्रशस्त कर राजनीतिक विचारधारा के इतिहास में चिर मसीहा की उपाधि से विभूषित होता है।

---

1. "The notion of the general will is not only the most central concept of Rousseau's theory, it is also the most original, the most interesting and historically the most important contribution, which he made to political theory."—Jones, W.T., *Masters of Political Thought*.
2. "The doctrine of the general will was not only Rousseau's most original, but it was also his most important contribution to political philosophy."—A.M. Osworn.
3. "Rousseau combines the premises and temper of Hobbes with the conclusion of Locke."
4. "General will is only the voice of the people that is the voice of God."—Rousseau.

प्रश्न
(Questions)

1. रूसो के सिद्धांत में सामान्य इच्छा के विचार का आलोचनात्मक परीक्षण कीजिए।
   Examine critically the Concept of the general will in Rousseau's theory.
2. सामान्य इच्छा की परिभाषा दीजिए तथा इच्छा के वर्गीकरण पर विचार कीजिए।
   Define general will and examine the classification of will.
3. सामान्य इच्छा क्या है? सामान्य इच्छा और सबकी इच्छा में अंतर बताइए।
   What is general will? Distinguish between the general will and the will of all.
4. सामान्य इच्छा से आप क्या समझते हैं? सामान्य इच्छा और बहुमत इच्छा के अंतर को बतलाइए।
   What do you mean by general will? Distinguish between the general will and the will of majority.
5. रूसो की सामान्य इच्छा का निर्माण कैसे होता है? उसका विश्लेषण कीजिए।
   How is general will formed? Analyse it.
6. सामान्य इच्छा की परिभाषा दीजिए तथा उसके परिणाम को स्पष्ट कीजिए।
   Define general will and explain its results.
7. रूसो की सामान्य इच्छा की विशेषताओं की व्याख्या कीजिए।
   Explain the features of the general will of Rousseau.
8. रूसो की सामान्य इच्छा की आलोचनाओं पर प्रकाश डालिए।
   Throw light on the criticisms of Rousseau's general will.
9. रूसो की सामान्य इच्छा के महत्व का परीक्षण कीजिए।
   Examine the Importance of Rousseau's general will.
10. रूसो की सामान्य इच्छा के गुणों का उल्लेख करें।
    Mention the merits of Rousseau's general will.
11. रूसो की सामान्य इच्छा के गुण-दोषों का विवेचन करें।
    Discuss the merits and demerits of Rousseau's general will.
12. "रूसो हॉब्स की तरह निरंकुशतावादी था, लेकिन लॉक से अधिक लोकतंत्रवादी।" समझाइए।
    "Rousseau was an absolutist like Hobbes but more democratic than Locke." Discuss.

13. रूसो की सामान्य इच्छा के सिद्धांत को समझाइए। वह सामान्य इच्छा के प्रभुत्व और व्यक्ति की स्वतंत्रता के बीच समन्वय किस प्रकार स्थापित करने का प्रयत्न करता है?
Explain Rousseau's theory of general will. How does he try to reconcile Sovereignty of the general will with the liberty of the individual?

14. रूसो की सामान्य इच्छा के सिद्धांत की आलोचनात्मक व्याख्या कीजिए।
Critically discuss Rousseau's theory of general will.

15. रूसो की सामान्य इच्छा से संबद्ध सिद्धांत की विवेचना कीजिए। क्या आप इससे सहमत हैं कि 'रूसो की सामान्य इच्छा पर वास्तविक आपत्ति यह है कि न यह सामान्य है और न इच्छा ही।'
Examine Rousseau's theory of general will. Do you agree that 'the real objection to the term general will is that in so far as it is general, it is not will and so far as it is will, it is not general.'

16. "रूसो की सामान्य इच्छा हॉब्स का शक्तिविहीन लेवियाथन है।" विवेचना कीजिए।
"Rousseau's general will is the Hobbes's Leviathan with its head chopped off." Discuss.

17. "रूसो की सामान्य इच्छा का सिद्धांत न तो सामान्य है, न इच्छा ही, बल्कि अमूर्त चिंतन है।" समीक्षा करें।
"Rousseau's concept of general will is neither general nor will but a mere abstraction." Comment.

18. "व्यक्तिवादी लॉक सभ्य समाज को सर्वोच्च शक्ति प्रदान करने में असमर्थ रहा, लेकिन रूसो की सामान्य इच्छा ने व्यक्तियों को संप्रभु बना दिया।" इस कथन की पुष्टि कीजिए।
"Locke, the individualist, could not give supreme power to the civil society, Rousseau's general will made the people sovereign." Substantiate this statement.

19. "सबकी इच्छा और सामान्य इच्छा में बहुत अधिक अंतर है।"
इस कथन को स्पष्ट करें और सामान्य इच्छा सिद्धांत के दोषों पर प्रकाश डाले।
"There is a great deal of difference between the will of all and the general will."
Explain and pointout the inherent defects in the theory of general will.

20. रूसो द्वारा प्रतिपादित सामान्य इच्छा का स्पष्टीकरण करें और यह बताएँ कि बहुमत इच्छा से यह किस प्रकार भिन्न है?
Explain Rousseau's conception of general will. How does it differ from the will of majority.

21. "रूसो की सामान्य इच्छा का सिद्धांत काल्पनिक, आदर्शवाद और सामान्य ज्ञान का विभिन्न समिश्रण है।" विवेचना कीजिए।
Rousseau's theory of general will is a strange mixture of Utopian idealism and plain commonsence. Discuss.

22. "प्रत्येक मनुष्य अपने-आपको अन्य सभी व्यक्तियों के हाथों में समर्पित करते हुए किसी के भी हाथों में समर्पित नहीं करता।" विवेचना कीजिए।
"Each giving himself to all, gives himself to nobody." Discuss.

23. "रूसो की सामान्य इच्छा जनवाणी है जो ईश्वर की वाणी है।" विवेचना कीजिए।
"Rousseau's general will is the voice of people that is, the voice of God." Discuss.

24. "रूसो हॉब्स के सिद्धांत से प्रारंभ करता है और उसका अंत लॉक के सिद्धांत में होता है।" स्पष्टीकरण कीजिए।
"Rousseau's combines the premises and temper of Hobbes with the conclusion of Locke." Explain.

वस्तुनिष्ठ
(Objective Questions)

1. Who said this?
"The notion of the general will is not only the most central concept of Rousseau's theory; it is also the most original, the most interesting and historically the most important contribution, which he made to political theory."
(a) Jones (b) Wayper (c) Coker (d) Sabine

2. Who said this?
"The actual will is the real will and the real will is the actual will."
(a) Sabine (b) Hobhouse (c) Dunning (d) Wayper

3. Who said this?
"The general will is the sum total or rather the organization and synthesis of the real will of the individuals in the society."
(a) Sabine (b) Coker (c) Author (d) Wayper

4. Who said this?

   "General will is the will of the whole society as such or the wills of all the individuals in so far as they aim at common good."

   (a) Hobhouse (b) Coker (c) Wayper (d) Bosanquet

5. Who said this?

   "General will is the common consciousness of the common end."

   (a) T.H. Green (b) Bentham (c) J.S. Mill (d) Coker

6. Who said this?

   "General will is the will of all the citizens when they are willing, not their own private interest but the general good, it is the voice of all for the good of all."

   (a) Sabine (b) Wayper (c) Coker (d) Gettell

7. Who said this?

   "The general will is but the expression of what the common interest requires. The two ideas are inseparable in thought and in fact."

   (a) Coker (b) Wayper (c) Dunning (d) Sabine

8. Who said this?

   "The general will is an expression of the public mind. It emanates from all, whether all know it or not, and is directed to all."

   (a) Jones (b) Wayper (c) Coker (d) Harmon

9. Who said this?

   "...The general will, to be truely such, should be so in its objects as well as in its essence; that it ought to proceed from all in order to be applicable to all...."

   (a) Rousseau (b) Locke (c) Hobbes (d) Bodin

10. Who said this?

    "General will is the will which must both come from all and apply to all, and what makes the will general is less the number of voters than the common interest uniting them."

    (a) Jones (b) Rousseau (c) Locke (d) Hobbes

11. Who said this?

    "The general will is a synthesis of real will of individuals comprising the state."

    (a) Jones (b) Coker (c) Author (d) Wayper

12. Who said this?

"All the qualities of the general will still reside in the majority."

(a) Locke (b) Bodin (c) Hobbes (d) Rousseau

13. Who said this?

"...take away from these same wills the pluses and minuses which cancel one another, and the general will remains as the sum of differences."

(a) Rousseau (b) Locke (c) Bodin (d) Wayper

14. Who said this?

"The general will tends always to the preservation and welfare of the whole and of every part of the state."

(a) Locke (b) Rousseau (c) Bodin (d) Jones

15. Who said this?

"Who ever refuses to obey the general will shall be constrained to do so by the whole body; which means nothing else than that he shall be forced to be free."

(a) Locke (b) Hobbes (c) Rousseau (d) Coker

16. Who said this?

"The moment, there is a master, there is no longer a sovereign."

(a) Locke (b) Gettell (c) Coker (d) Rousseau

17. Who said this?

"General will is to be looked for neither in the tempests of popular feelings nor in the vagaries of statesmen."

(a) Lord (b) Locke (c) Coker (d) Wayper

18. Who said this?

"General will is always constant, unalterable, and pure."

(a) Locke (b) Rousseau (c) Coker (d) Plato

19. Who said this?

"The general will is always right and always tends to the public advantage."

(a) Hobbes (b) Locke (c) Rousseau (d) Coker

20. Who said this?

"It makes and preserves the unity of the national character and it issues in those common qualities which we ought to expect to find in the citizens of a given state."

(a) Sabine (b) Locke (c) Bodin (d) Rousseau

21. Who said this?

"Rousseau's theory of the general will points to the notion that it is rational will and not force which is the basis of the state."

(a) Author (b) Locke (c) Rousseau (d) Coker

22. Who said this?

"General will is more a will for the state than the will of the state."

(a) Locke (b) T.H. Green (c) Bentham (d) Jones

23. Who said this?

"The development of the theory of the general will in the Social Contract was involved in paradoxes, Partly because of the cloudiness of Rousseau's ideas, but partly because he had a rhetorician's liking for paradox."

(a) Coker (b) Jones (c) Sabine (d) Wayper

24. Who said this?

"The exercise of the general will transforms mere government into self government."

(a) Coker (b) Wayper (c) Jones (d) MacIver

25. Who said this?

"It teaches us that the state is natural in that it has its basis in the will and the natural need of man. The state exists and claims out obedience, because it is a natural extension of our personality."

(a) G.D.H. Cole (b) W.T. Jones (c) Sabine (d) Dunning

26. Who said this?

"Will not force, is the basis of state."

(a) Sabine (b) T.H. Green (c) Dunning (d) Locke

27. Who said this?

"The doctrine of the general will was not only Rousseau's most original, but it was also his most important contribution to Political Philosophy."

(a) Sabine (b) Jones (c) A.M. Osworn (d) Locke

28. Who said this?

"General will is only the voice of the people that is the voice of God."

(a) Locke (b) Hobbes (c) Bodin (d) Rousseau

29. यह कथन किसका है?

"सामान्य इच्छा समाज के सभी सदस्यों के सामान्य हित के अनुरूप होती है, उनके विशिष्ट हितों के अनुरूप नहीं।"

(क) गेटेल (ख) वेपर (ग) जोन्स (घ) कोकर

30. यह कथन किसका है?

"व्यक्तिगत सद्गुण के समान सामान्य इच्छा की परिभाषा नहीं की जा सकती है। यह वह प्रेरणा है, जो नागरिक कार्यों को अनुप्राणित और निर्देशित करती है।"

(क) कोकर (ख) ऐबेंस्टीन (ग) सेबाइन (घ) जोन्स

31. यह कथन किसका है?

"रूसो के सामान्य इच्छा विषयक सिद्धांत में कुछ ऐसे अस्थिर तत्व है, जो उसे जनतंत्र के समर्थन से हटाकर निरंकुश शासन के समर्थन की ओर ले जाते है।"

(क) वेपर (ख) कोकर (ग) जोन्स (घ) सेबाइन

32. यह कथन किसका है?

"रूसो सामान्य इच्छा की ओट में बहुमत की निरंकुशता का प्रतिपादन तथा समर्थन करता है।"

(क) डनिंग (ख) मैक्सी (ग) कोकर (घ) ए० डाइड

33. यह कथन किसका है?

"रूसो ने अपनी समष्टिवादी विचारधारा से व्यक्ति को शून्य बना दिया है।"

(क) वॉहन (ख) कोकर (ग) वेपर (घ) जोन्स

34. यह कथन किसका है?

"इस बात में संदेह है कि आधुनिक बड़े राज्यों में, जिनमें आर्थिक और सामाजिक विभिन्नता होती है, सामान्य इच्छा का उदय हो सकता है।"

(क) कोकर (ख) जोन्स (ग) वेपर (घ) सेबाइन

35. यह कथन किसका है?

"सामान्य इच्छा का उदय व्यक्तिगत इच्छाओं से होता है। अतः, यह पूर्णतः सामान्य नहीं है।"

(क) कोकर (ख) वेपर (ग) हीगल (घ) ग्रीन

36. यह कथन किसका है?

"उन्हें अपनी गुलामी के सिवा और कुछ नहीं खोना है।"

(क) लेनिन (ख) स्टालिन (ग) लॉक (घ) कार्ल मार्क्स

उत्तर
(Answers)

1. (a) 2. (b) 3. (c) 4. (d) 5. (a) 6. (b) 7. (c) 8. (d) 9. (a) 10 (b) 11. (c) 12. (d) 13. (a) 14. (b) 15. (c) 16. (d) 17. (a) 18. (b) 19. (c) 20. (d) 21. (a) 22. (b) 23. (c) 24. (d) 25. (a) 26. (b) 27. (c) 28. (d) 29. (क) 30. (ख) 31. (ग) 32. (घ) 33. (क) 34. (ख) 35. (ग) 36. (घ)

23

सम्प्रभुता
(Sovereignty)

आधुनिक युग में बोदां पहला विचारक है जिसने सम्प्रभुता को स्पष्ट रूप से परिभाषित किया है। आगे चलकर हॉब्स ने उसको निश्चित रूप प्रदान किया है। लॉक और मॉण्टेस्क्यू ने सम्प्रभुता के विचार को सैद्धांतिक रूप से अनावश्यक, व्यावहारिक रूप से घातक तथा स्वतंत्रता का कट्टर शत्रु माना एवं उसके सैद्धांतिक पहलू का विवेचन नहीं किया है। रूसो ने अपनी सम्प्रभुता के सिद्धांत में हॉब्स के निरंकुशवाद और लॉक के उदारवाद में सामंजस्य स्थापित करने का प्रयास किया है।

सम्प्रभुता का अर्थ
(Meaning of Sovereignty)

रूसो के सिद्धांत में सामाजिक समझौता, सामान्यइच्छा और सम्प्रभुता जैसी धारणाएँ एक दूसरे से इस प्रकार संबंधित हैं कि एक के अभाव में दूसरे की व्याख्या नहीं की जा सकती है। रूसो सामान्य इच्छा द्वारा निर्देशित होने वाली राजनीतिक समाज की निरंकुश शक्ति को सम्प्रभुता मानता है। उसके शब्दों में–सामाजिक समझौता, राजनीतिक समाज को अपने सभी सदस्यों पर निरंकुश शक्ति प्रदान करता है। जब यह शक्ति सामान्य इच्छा द्वारा निर्देशित होती है, तब इसका नाम सम्प्रभुता होता है।[1]

दूसरे शब्दों में–सम्प्रभुता सामान्य इच्छा की कार्यान्विति है।[2] इस प्रकार, रूसो के राज्य में सामान्य इच्छा ही सम्प्रभु है। सामान्य इच्छा को सम्प्रभु मानने

1. Rousseau, *The Social Contract*, Book II, Chapter 4.
2. "Sovereignty is the exercise of general will."—*Ibid.*

का आधार सामाजिक समझौता है। स्वयं **रूसो** आगे लिखता है कि–जिस प्रकार प्रकृति ने मनुष्य को अपने सभी अंगों के ऊपर निरपेक्ष शक्ति प्रदान की है, उसी प्रकार सामाजिक समझौता राजनीतिक समाज को अपने सभी सदस्यों पर असीम शक्ति प्रदान करता है; और यही असीम शक्ति जब सामान्य इच्छा के द्वारा निर्देशित होती है तो सम्प्रभुता का नाम धारण कर लेती है।[1]

इसकी व्याख्या करते हुए डनिंग ने स्पष्ट शब्दों में लिखा है कि–रूसो सम्प्रभुता की परिभाषा और विशेषता का वर्णन हॉब्स की तरह करता है तथा उसके निवास-स्थान के विषय में उसका विचार लॉक से समता रखता है।[2]

अतएव, रूसो की सम्प्रभुता हॉब्स और लॉक की सम्प्रभुता संबंधी धारणा का एक मिश्रित रूप है।

सम्प्रभुता की विशेषताएँ
(Features of Sovereignty)

रूसो की सम्प्रभुता की अग्रलिखित विशेषताएँ उल्लेखनीय है–

1. अदेय (Inalienable)

सम्प्रभुता अदेय होती है। इसका हस्तान्तरित नहीं किया जा सकता है। चूँकि, यह सामान्य इच्छा के रूप में जनता में निवास करती है। अतएव, न तो जनता इसे किसी को प्रदान कर सकती है, और न इससे अलग हो सकती है। **रूसो** के शब्दों में, "मैं कहता हूँ कि सम्प्रभुता केवल सामान्य इच्छा का व्यावहारिक रूप है। अत:, यह कभी अलग नहीं की जा सकती है। चूँकि, सम्प्रभुता केवल सामूहिक इच्छा है, अतएव इसका प्रतिनिधित्व स्वयंमेव करती है। शक्ति का हस्तांतरण हो सकता है, इच्छा का नहीं।"[3]

2. अविभाज्य (Indivisible)

सम्प्रभुता अविभाज्य होती है, क्योंकि यह सामान्य इच्छा में निवास करती है जिसका विभाजन संभव नहीं है। **रूसो** ने कहा है कि–इच्छा या तो सामान्य

---

1. "As nature gives everyman an absolute power over all his limbs, the social pact gives the body politic an absolute power over all its members, and it is this same power which, when directed by the general will, hears....the name of sovereignty."—*Ibid*.
2. "He defines sovereignty with fulness and precision of Hobbes and gave it an abode and an operation that satisfied the feelings of Locke."—Dunning, *A History of Political Theories*, from Rousseau to spencer.
3. "I say that sovereignty being merely the exercise of general will can never be alienated and the sovereignty, since it is only a collective will can be represented by itself, power can be transfered, not will."—Rousseau, *The Social Contract*, Book II, Chapter 1.

होती है या नहीं होती है या यह सभी लोगों की है या कुछ की है। प्रथम अवस्था में अभिव्यक्त इच्छा सम्प्रभुता का कार्यान्वित रूप होती है और कानून की संज्ञा प्राप्त करती है; लेकिन, दूसरी अवस्था वाली इच्छा केवल विशिष्ट इच्छा होती है। यह केवल मैजिस्ट्रेट का कार्य ही है। उसे अधिक-से-अधिक मैजिस्ट्रैट का आदेश कहा जा सकता है।[1]

इस संदर्भ में, **ऐबेन्स्टीन** ने भी लिखा है कि—रूसो की अविभाज्य सम्प्रभुता की धारणा, जनता को अपने विधि-निर्माण के कार्य को हस्तान्तरित करने की अनुमति देती है। जहाँ तक कार्यपालिका और न्यायपालिका के कार्यों का संबंध है, रूसो का विचार है कि वे सरकार के विशिष्ट अंगों द्वारा किए जाने चाहिए, लेकिन ये अंग पूर्ण रूप से जनता की सम्प्रभुता के अधीन होते हैं। रूसो ने कहीं भी शक्तियों के पृथक्करण का संकेत नहीं दिया है।[2]

3. सर्वोच्च और निरंकुश (Supreme and Absolute)

रूसो की सम्प्रभुता सर्वोच्च, निरंकुश, असीमित और अमर्यादित है। यह सामान्य इच्छा की अभिव्यक्ति है जो सदा जनहित में कार्य करती है। इसलिए, इस पर किसी प्रकार के प्रतिबंध की आवश्यकता नहीं है। रूसो जनता की सम्प्रभुता को असीमित शक्तियाँ इसलिए प्रदान करता है कि जनता सम्प्रभु और प्रजा दोनों है; तथा साथ ही निरंकुश शक्ति का प्रयोग करने वाली भी है। जब जनता स्वयं सम्प्रभु है, तब वह प्रजा के रूप में अपने ऊपर निरंकुश शक्ति का प्रयोग नहीं कर सकती है। अतएव, उसकी शक्ति पर प्रतिबंध होना आवश्यक है। इस संदर्भ में, **रूसो** ने लिखा है कि—जिस प्रकार प्रकृति प्रत्येक मनुष्य को अपने शरीर के सभी अंगों पर निरंकुश शक्ति प्रदान करती है, उसी प्रकार सामाजिक समझौता राजनीतिक समाज को अपने सभी सदस्यों पर निरंकुश शक्ति प्रदान करता है।[3]

जोन्स का भी कथन है कि—रूसो अपने सम्प्रभु को वैसी ही निरंकुश और सर्वोच्च शक्ति देता है, जैसी हॉब्स अपने सम्प्रभु को देता है। अंतर केवल यह है कि जबकि रूसो के सम्प्रभु की निरंकुश सत्ता का आधार, नागरिकों की सहमति है, हॉब्स के सम्प्रभु की निरंकुश सत्ता का आधार ऐतिहासिक दृष्टि से भ्रान्तिपूर्ण कोई सामाजिक समझौता है।[4]

---

1. "The will either is or is not general, is that of the whole people or that of part of the people. In the first case the expression of the will is a sovereign act and makes law; in the second case it is merely a particular will or an act of the magistrate—utmost a decree."—*Ibid.*, Book II, Chapter 2.
2. Ebenstein.
3. Rousseau, *The Social Contract*, Book II, Chapter 4.
4. Jones.

4. अप्रतिनिधिमूलक (Unrepresentative)

रूसो की सम्प्रभुता अप्रतिनिधिमूलक होती है। चूँकि, यह सम्पूर्ण जनता में सामूहिक रूप में निवास करती है, इसलिए कोई भी व्यक्ति या व्यक्ति-समूह सम्पूर्ण रूप में इसका प्रतिनिधित्व नहीं कर सकता है। **रूसो** का भी कहना है कि–सम्प्रभुता का प्रतिनिधित्व नहीं किया जा सकता है। यह अनिवार्य रूप से सामान्य इच्छा में निहित है तथा सामान्य इच्छा का प्रतिनिधित्व नहीं किया जा सकता है। अतः, जनता के प्रतिनिधि न तो उसके प्रतिनिधि होते हैं और न हो सकते हैं। वे केवल उसके सर्वोच्च अधिकार होते हैं।[1]

5. कानून का मूल स्त्रोत (Main Source of Law)

सम्प्रभुता राज्य के सभी कानूनों का मूल स्त्रोत है। सामान्य इच्छा सम्प्रभु होती है और कानूनों का स्त्रोत भी है। कानून का दूसरा कोई वैध स्त्रोत नहीं हो सकता है। सामान्य इच्छा ही कानूनों का उदगम स्थल है। सम्प्रभु कानून द्वारा अपनी इच्छा को व्यक्ति करता है और अपने सारे कार्यों का सम्पादन करता है।

6. न्यायोचित (Right)

सम्प्रभुता सामान्य इच्छा में निहित होती है जो सदा सामाजिक हित में कार्य करती है। इसलिए, यह कभी भी अन्यायपूर्ण, त्रुटिपूर्ण और गलत काम नहीं कर सकती है अतएव यह न्यायोचित होती है।

7. एकता (Unity)

सम्प्रभुता एकता का पोषण करती है। यह जनता की सामान्य इच्छा में निहित है तथा सामान्य इच्छा जन-आकांक्षाओं को प्रकट करती है, इसलिए सम्प्रभुता उनमें एकता को प्रोत्साहित करती है।

इस प्रकार, रूसो की सम्प्रभुता अदेय, अविभाज्य, निरंकुश, अप्रतिनिधिमूलक, न्यायोचित, कानून का स्त्रोत और एकता का प्रतीक है।

रूसो की लोकप्रिय-सम्प्रभुता का सिद्धांत (Rousseau's Theory of Popular Sovereignty)

रूसो की सम्प्रभुता का सिद्धांत हॉब्स और लॉक के सिद्धांत से भिन्न है। हॉब्स निरंकुश राजतंत्र का और लॉक व्यक्तिगत स्वतंत्रता का पोषक है। हॉब्स के सामाजिक समझौते में व्यक्ति एक निरंकुश शासक की स्थापना करते हैं और अपनी सभी शक्तियाँ उसको हस्तान्तरित कर देते है। इसके विपरीत, लॉक

1. Rousseau, *The Social Contract*, Book III, Chapter 15.

के सामाजिक समझौते में व्यक्ति सीमित शक्तियों वाली सरकार की स्थापना करते हैं और उसे सीमित कार्य सौंपते हैं।

निरंकुशता का कट्टर शत्रु और स्वतंत्रता का महान पुजारी होने के कारण, रूसो–हॉब्स और लॉक के सिद्धांतों में समन्वय करके लोकप्रिय सम्प्रभुता के सिद्धांत की स्थापना करता है। **गेटेल** का कथन है कि–रूसो का विश्वास है कि सम्प्रभुता सदैव सम्पूर्ण जनता में निहित रहती है।[1] **ऐबेन्स्टीन** ने भी लिखा है कि–रूसो उन व्यक्तियों को सम्प्रभु मानता है, जो सामाजिक समझौते द्वारा राजनीतिक समाज के रूप में संगठित होते हैं।[2]

रूसो के सामाजिक समझौते में व्यक्तियों द्वारा जिस राजनीतिक समाज का निर्माण किया जाता है, वह स्वयं प्रभुसत्ता-सम्पन्न है। उनके निर्माण का कार्य एक नैतिक और सामूहिक सत्ता को जन्म देता है, जिसका अपना स्वयं का जीवन और अपनी इच्छा होती है। रूसो इस इच्छा को सामान्य इच्छा की संज्ञा देता है, तथा राज्य का प्रत्येक व्यक्ति अपनी शक्ति और शरीर को इस सामान्य इच्छा के निर्देशन में रख देता है।

रूसो का कथन है कि इस प्रकार अपने निर्माण की प्रक्रिया में राज्य स्वयं प्रभुसत्ता-सम्पन्न बन जाता है, तथा प्रत्येक व्यक्ति इस राज्य का अनिवार्य अंग होने के कारण स्वयं प्रभुसत्ता-सम्पन्न होता है। यह राज्य जो अपने सभी सदस्यों का योग होता है, किसी दूसरे की प्रभुसत्ता को स्वीकार नहीं करता है, और स्वयं अपना स्वामी होता है।

इस प्रकार, रूसो सम्पूर्ण राजनीतिक निकाय को प्रभुसत्ता-सम्पन्न मानकर जनता की सम्प्रभुता का सिद्धांत प्रतिपादित करता है। इस संदर्भ में, **डनिंग** का मत है कि–रूसो का विश्वास है कि किसी भी संभव तर्क या तथ्य द्वारा सम्पूर्ण राजनीतिक निकाय के अलावा न तो किसी दूसरे को सम्प्रभुसत्ता का स्वामी माना जा सकता है, तथा न सामान्य इच्छा के अलावा किसी अन्य की अभिव्यक्ति में उसकी सत्ता को स्वीकार किया जा सकता है।[3]

सम्प्रभुता पर प्रतिबंध
(Limitations on Sovereignty)

रूसो लॉक के समान व्यक्ति के अधिकारों का भी प्रबल समर्थन करता है और इस दृष्टि से उनकी सुरक्षा के लिए सम्प्रभु पर विभिन्न प्रकार के प्रतिबन्ध लगाता है। उसके शब्दों में–सम्प्रभु को ऐसी कोई बात नहीं करनी

---

1. "Rousseau believed that sovereignty was always in the whole people."—Gettell.
2. Ebenstein.
3. Dunning.

चाहिए जो सम्पूर्ण राज्य के लिए अहितकर हो। उसे कानून के समक्ष सभी को समान समझना चाहिए तथा न्याय-व्यवस्था को बनाये रखना चाहिए और उसे अपनी जनता पर कोई ऐसा प्रतिबंध नहीं लगाना चाहिए जिसका राज्य के लिए कोई अर्थ न हो।[1]

डनिंग के अनुसार, रूसो द्वारा सम्प्रभु पर लगाये जाने वाले प्रतिबंध चार हैं–

1. सम्प्रभु को पूर्णतया व्यक्तिगत हितों में हस्तक्षेप नहीं करना चाहिए।

2. सम्प्रभु को ऐसा कोई कार्य नहीं करना चाहिए, जो सम्पूर्ण जनता के हित के प्रतिकूल हो।

3. सम्प्रभु को नागरिकों पर ऐसे बंधन नहीं लगाने चाहिए, जो राज्य के लिए निरर्थक हो।

4. सम्प्रभु को कानून के समक्ष सभी नागरिकों को समानता प्रदान करनी चाहिए और सबके प्रति न्याय करना चाहिए।[2]

उपर्युक्त तथ्यों के आधार पर यह कहा जा सकता है कि रूसो लोकप्रिय सम्प्रभुता का प्रबल समर्थक है। वह सामान्य इच्छा को सम्प्रभु मानता है। उसका विचार है कि राज्य के सभी नागरिक अपने सामूहिक रूप में प्रभुसत्ता-सम्पन्न होते हैं तथा वैयक्तिक रूप में प्रजाजन होते हैं। रूसो यह मानता है कि सम्प्रभुता सदैव जनता की ही होती है।

रूसो और हॉब्स के सम्प्रभुता-सिद्धांत का तुलनात्मक अध्ययन
(A Comparative Study of Rousseau and Hobbes's Theory of Sovereignty)

रूसो और हॉब्स के सम्प्रभुता सिद्धांत की समानताओं और विभिन्नताओं का अध्ययन अग्रलिखित रूप से कर सकते है–

समानता (Similarity)

1. समान विशेषताएँ (Equal Features)–रूसो और हॉब्स दोनों सम्प्रभुता को सर्वोच्च, निरंकुश, असीम, अदेय, अविभाज्य और अनियन्त्रित मानते हैं।

2. कानून का स्रोत (Source of Law)–दोनों विचारक सम्प्रभु को कानून का स्रोत माना है।

---

1. Rousseau, *The Social Contract*, Book II, Chapter 4.
2. Dunning.

3. सभी अधिकारों का समर्पण (Surrender of All Rights)–दोनों के अनुसार समझौते द्वारा व्यक्ति अपने सभी अधिकारों को सम्प्रभु को सौंप देता है।

4. धर्म पर नियंत्रण (Control Over Religion)–दोनों का सम्प्रभु धार्मिक संस्थाओं पर नियंत्रण रखता है।

विभिन्नताएँ (Differences)

उपर्युक्त समानताओं के अतिरिक्त, दोनों के विचारों में निम्नांकित विभिन्नताएँ हैं–

1. जनसमुदाय सम्प्रभु : एक व्यक्ति सम्प्रभु (Community Sovereign : One Man Sovereign)–रूसो का सम्प्रभु सम्पूर्ण जनसमुदाय होता है, जबकि हॉब्स का सम्प्रभु एक व्यक्ति या कुछ व्यक्तियों का समूह होता है। इसीलिए, रूसो के सम्प्रभु को शीशविहीन लेवियाथन कहा गया है। इसका अर्थ यह है कि हॉब्स ने जो निरंकुश सत्ता राजा को प्रदान की है, वह रूसो समस्त जनता को प्रदान करता है।

2. जन-सहमति : अराजकता (People's Consent : Anarchy)–रूसो की निरंकुशता का आधार जन-सहमति है और जनता सम्प्रभु को असीमित अधिकार इसलिए प्रदान करती है कि वह जनकल्याण के हित में कार्य कर सके। दूसरी ओर, हॉब्स प्राकृतिक अवस्था से उत्पन्न अराजकता की भावना से प्रेरित होकर सम्प्रभु को निरंकुश अधिकार प्रदान करता है जिससे अराजकता का अंत हो सके।

3. अदेय : हस्तान्तरित (Inalienable : Transferred)–रूसो सम्प्रभुता को अदेय मानता है, जबकि हॉब्स जनता द्वारा समझौते की प्रक्रिया में उसका हस्तान्तरण करा देता है। इस प्रकार, रूसो के विपरीत हॉब्स जनता की सर्वोच्च सत्ता को नष्ट कर शासक को सर्वोच्चता प्रदान करता है।

4. केवल कानून निर्माता : सभी शक्तियाँ (Only Law-maker : All Powers)–रूसो का सम्प्रभु केवल कानून निर्माता होता है, कार्यपालक और न्यायाधीश नहीं। दूसरी ओर, हॉब्स का सम्प्रभु स्वयं कानून-निर्माता, कार्यपालक और न्यायाधीश भी होता है।

5. राज्य और सरकार में भेद : भेद नहीं (Difference between State and Government : No Difference)–रूसो राज्य और सरकार के भेद को स्पष्ट कर सम्प्रभुता राज्य को प्रदान करता है और सरकार को सम्प्रभु का अभिकर्ता मात्र मानता है। दूसरी ओर, हॉब्स राज्य और सरकार में कोई भेद नहीं करता है।

रूसो और लॉक के सम्प्रभुता-सिद्धांत का तुलनात्मक अध्ययन (A Comparative Study of Rousseau and Locke's Theory of Sovereignty)

समानता (Similarity)

1. सम्प्रभुता जन-सहमति पर आधारित (Sovereignty Based on People's Consent)–रूसो और लॉक दोनों ने सम्प्रभुता को जन-सहमति पर आधारित किया है। दोनों के अनुसार सम्प्रभुता का निवास-स्थल राज्य है, शासक या राजा या कार्यपालिका नहीं। इस प्रकार, दोनों ने लोकप्रिय सम्प्रभुता के सिद्धांत का समर्थन किया है।

2. राज्य और सरकार में भेद (Difference between State and Government)–दोनों विचारकों ने राज्य और सरकार के भेद को स्पष्ट किया है।

3. दोनों वैयक्तिक स्वतंत्रता का समर्थक (Both Supporter of Individual Liberty)–रूसो और लॉक दोनों वैयक्तिक स्वतंत्रता के पोषक है। वैयक्तिक स्वतंत्रता की रक्षा हेतु जहाँ लॉक व्यक्ति को प्राकृतिक अधिकारों से विभूषित करता है, वहाँ रूसो इस बात पर जोर देता है कि सम्प्रभु को ऐसा कार्य नहीं करना चाहिए जो समस्त समुदाय के हित में न हो, उसे कानून के समक्ष सभी नागरिकों को समान मानना चाहिए और न्याय के शासन को बनाये रखना चाहिए तथा उसे जनता पर कोई ऐसा बंधन नहीं लगाना चाहिए जो समुदाय के लिए निरर्थक हो।[1]

विभिन्नताएँ (Differences)

उपर्युक्त समानताओं के अतिरिक्त दोनों में निम्न अंतर हैं–

1. जनसमुदाय सदा क्रियाशील : नहीं (Community Always Active : Not)–यद्यपि रूसो और लॉक दोनों लोकप्रिय सम्प्रभुता के सिद्धांत में विश्वास करते हैं और सम्प्रभुता को जन-सहमति पर आधारित करते हैं, तथापि लॉक का जनसमुदाय रूसो की तरह सदैव सक्रिय नहीं होता है। इसलिए, लॉक के अनुसार जन-सम्प्रभुता का प्रयोग शासन का विधायी अंग अपने बहुमत द्वारा करता है। जबकि विधानपालिका जन-सहमति की अवज्ञा कर उसके विरूद्ध कार्य करती है। तभी लॉक का जनसमुदाय सक्रिय होता है और वह विधानपालिका को भंग कर सकता है। दूसरी ओर, रूसो की सामान्य इच्छा–जो सम्प्रभु भी है, सदैव सक्रिय रहती है।

---

1. Rousseau, *The Social Contract*, Book II, Chapter 4.

2. सम्प्रभुता अदेय : हस्तांतरित (Sovereignty in alienable : Transferred)–रूसो की सम्प्रभुता अदेय है। जबकि लॉक के अनुसार सम्प्रभुता का हस्तान्तरण हो सकता है। यही कारण है कि जहाँ लॉक संसदीय-सम्प्रभुता में विश्वास करता है, रूसो उसका विरोध करता है।

3. प्रतिनिधित्व नहीं : सम्भव (Representation not : Possible)–रूसो के अनुसार सम्प्रभुता का प्रतिनिधित्व नहीं हो सकता है, जबकि लॉक इसका प्रतिनिधित्व सम्भव मानता है।

4. शक्तियों का प्रयोग (Use of Powers)–जहाँ लॉक का जनसम्प्रभु अपनी विधायी, कार्यकारिणी और न्यायिक शक्तियों के प्रयोग का अधिकार शासन के विभिन्न अंगों को सौंप देता है, रूसो का जनसम्प्रभु केवल कार्यकारिणी और न्यायिक शक्तियों का प्रयोग शासन के अंगों द्वारा करवाता है, विधायी शक्ति का नहीं। विधायी शक्ति का प्रयोग तो जनसम्प्रभु स्वयं करता है।

5. सम्प्रभु निरंकुश : सीमित (Sovereign Absolute : Limited)–रूसो का सम्प्रभु निरंकुश, असीमित, अनियन्त्रित और अमर्यादित है, जबकि लॉक का सम्प्रभु सीमित, मर्यादित, नियन्त्रित और सांविधानिक है। यही कारण है कि जहाँ लॉक के दर्शन में शक्ति-पृथक्करण और शक्ति संतुलन के सिद्धांत का बीज पाया जाता है, रूसो के दर्शन में इस तरह का कोई संकेत नहीं मिलता। रूसो के सिद्धांत में कार्यकारिणी और न्यायिक शक्तियों का प्रयोग शासन के विभिन्न अंगों द्वारा होने पर भी शासन पूर्णतः जनसम्प्रभु के अंतर्गत रहता है।

उपर्युक्त तथ्यों के आधार पर मॉर्ले का कथन है कि–रूसो के सिद्धांत में हॉब्स के तर्क और पद्धति तथा लॉक के निष्कर्षों का अद्‌भुत मिश्रण है।[1]

इसका तात्पर्य यह है कि हॉब्स के समान रूसो सम्प्रभु को असीमित और अमर्यादित मानता है, धर्म को राज्य के अधीनस्थ करता है तथा सामाजिक समझौता द्वारा व्यक्ति के समस्त अधिकार सम्प्रभु को सौंप देता है। यहाँ तक रूसो हॉब्स के तर्कों का अनुगमन करता है। लेकिन, उसका निष्कर्ष हॉब्स के विपरीत और लॉक के समान होता है।

हॉब्स के समान निरंकुश राजतंत्र का समर्थन न कर रूसो लॉक के समान जनसम्प्रभुता के सिद्धांत में आस्था प्रकट करता है। इस प्रकार, जहाँ वह सम्प्रभुता के गुणों का वर्णन हॉब्स के समान करता है उसी तरह व्यक्ति-विशेष को सम्प्रभु नहीं मानता है। वह तो लॉक के समान जनसमुदाय को सम्प्रभु मानता है। इसलिए, रूसो के अनुसार सम्प्रभु जनसमुदाय है, कोई व्यक्ति विशेष

---

1. "Rousseau's theory of sovereignty is a curious fusion between the premises and temper of Hobbes and conclusions of Locke."—Morley (Quoted in Tozer).

लेवियाथन नहीं। अतः, यह ठीक ही कहा गया है कि रूसो के सिद्धांत में हॉब्स के तर्कों और लॉक के निष्कर्षों का विलक्षण मिश्रण है। **कोल** ने भी कहा है कि–रूसो हॉब्स की निरंकुश सम्प्रभुता और लॉक की जन-सहमति को मिलाकर लोकप्रिय सम्प्रभुता के दार्शनिक सिद्धांत का प्रतिपादन करता है।[1]

रूसो हॉब्स के समान निरंकुशवादी और लॉक से भी अधिक प्रजातंत्रवादी है (Rousseau is as Absolutist as Hobbes and More Democratic than Locke)

रूसो हॉब्स के समान निरंकुशवादी (Rousseau is as Absolutist as Hobbes)–इसका तात्पर्य यह है कि हॉब्स के समान रूसो भी सम्प्रभुता को असीम, अमर्यादित, अविभाज्य, स्थायी और निरंकुश मानता है। जिस प्रकार हॉब्स का व्यक्ति अपने समस्त अधिकार लेवियाथन को सौंप देता है, उसी प्रकार रूसो का व्यक्ति भी अपने सभी अधिकार सामान्य इच्छा को अर्पित कर देता है। जिस प्रकार हॉब्स के सम्प्रभु का आदेश कानून है, उसी प्रकार रूसो की सामान्य इच्छा कानून की एकमात्र निर्मात्री है। इस प्रकार, रूसो हॉब्स के समान सम्प्रभु की निरंकुशता का समर्थक है। अंतर केवल यही है कि जहाँ हॉब्स व्यक्ति-विशेष की निरंकुश प्रभुसत्ता का समर्थन करता है, वहाँ रूसो जन समुदाय या राज्य की निरंकुश प्रभुसत्ता को मानता है। इसीलिए, रूसो के सामाजिक समझौते को हॉब्स के सिर कटे लेवियाथन की संज्ञा दी गयी है।[2]

सिर कटा शब्द इसलिए कहा गया है कि सामान्य इच्छा किसी व्यक्ति-विशेष या व्यक्ति-समूह की इच्छा न होकर समस्त जनसमुदाय की इच्छा है और इसलिए सम्प्रभु राज्य होता है, कोई व्यक्ति नहीं। सिर कटा होने पर भी रूसो का सम्प्रभु उतना ही निरंकुश होता है जितना कि हॉब्स का लेवियाथन, क्योंकि यदि व्यक्ति सामान्य इच्छा के विरूद्ध आचरण करता है तो सामान्य इच्छा उसे अपनी आज्ञा पालन करने हेतु विवश कर सकती है तथा इस उद्देश्य की पूर्ति हेतु वह शक्ति का प्रयोग करने में भी नहीं हिचकती। इस कारण भी रूसो का सम्प्रभु हॉब्स के सम्प्रभु के समान निरंकुश होता है।

---

1. "Rousseau unites the absolute sovereignty of Hobbes and the popular consent of Locke into the philosophical doctrine of popular sovereignty." Cole, G.D.H.—*Introduction to the Social Contract and Discourses*, Everyman's Library, 1913.
2. "Rousseau's *The Social Contract* is Hobbes's Leviathan with its head chopped off."

रूसो लॉक से अधिक प्रजातान्त्रिक (Rousseau is More Democratic than Locke)

निरंकुश सम्प्रभुता का समर्थक होते हुए भी रूसो लॉक से अधिक प्रजातान्त्रिक है। रूसो का सम्प्रभु हॉब्स के समान स्वेच्छाचारी नहीं होता है। वह तो केवल जनहित में काम करता है तथा जन-सहमति पर आधारित होता है। इस अर्थ में रूसो और लॉक में समानता है। लॉक भी सत्ता को जन-सहमति पर आधारित करता है। लेकिन, लॉक के अनुसार जन-सहमति केवल सत्ताधारियों की नियुक्ति करते समय सक्रिय होती है। इस अवसर को छोड़कर अन्य सभी अवसरों पर विधानपालिका जनता की सर्वोच्चता का प्रतिनिधित्व करती है तथा जनता की शक्ति का प्रयोग करती है। इस प्रकार, लॉक अप्रत्यक्ष प्रजातंत्र का समर्थन करता है। दूसरी ओर, रूसो प्रत्यक्ष प्रजातंत्र को मानता है। उसका जनसमुदाय सदैव संप्रभु बना रहता है। वह अपनी सम्प्रभुता अपने प्रतिनिधियों को हस्तांतरित नहीं कर सकता। उसका प्रतिनिधित्व भी नहीं हो सकता। वह सदैव सक्रिय रहता है। इस प्रकार, रूसो सामान्य इच्छा या राज्य को सम्प्रभु मानता है, विधानपालिका को नहीं।

प्रत्यक्ष प्रजातंत्र का समर्थक होने के नाते रूसो लॉक से भी अधिक प्रजातंत्रवादी है। अतएव, यह कहना भी ठीक है कि व्यक्तिवादी होते हुए भी लॉक नागरिक समाज को सर्वोच्च सत्ता प्रदान नहीं कर सका, लेकिन रूसो की सामान्य इच्छा ने जनता को सम्प्रभु बनाया। रूसो के सिद्धांत में न तो लॉक के समान व्यक्ति की सम्प्रभुता की धारणा है और न हॉब्स के समान जनसमुदाय से पृथक किसी व्यक्ति-विशेष की सम्प्रभुता की धारणा ही उसके अनुसार तो सम्प्रभुता जनसमुदाय में निहित होती है, क्योंकि समझौता करने वाला व्यक्ति सामूहिक रूप में सामान्य इच्छा द्वारा सम्प्रभु-शक्ति को धारण करते हैं।

यह भी कहा गया है कि रूसो के राजनीतिक सिद्धांत का उद्देश्य लॉक के सम्प्रभु व्यक्ति और हॉब्स के सम्प्रभु-राज्य की धारणाओं के बीच सामंजस्य स्थापित करना है।[1] लॉक के सिद्धांत में व्यक्ति प्राकृतिक अधिकारों से विभूषित है। इन्हीं अधिकारों की सुरक्षा हेतु राज्य का निर्माण होता है, शासन की स्थापना होती है तथा व्यक्तियों को राज्य के विरूद्ध विद्रोह करने का भी अधिकार प्राप्त होता है। व्यक्ति स्वयं साध्य होता है और राज्य साधन। स्पष्टतः, लॉक घोर व्यक्तिवादी है तथा वह राज्य की सत्ता को व्यक्ति के प्राकृतिक अधिकारों द्वारा मर्यादित करता है।

---

1. "Rousseau's political theory aimed at reconciling the sovereign individual of Locke with the sovereign state of Hobbes."

इसके विपरीत, हॉब्स के दर्शन में समझौता के बाद व्यक्ति के पास कोई अधिकार नहीं रह जाता। वह अपना समस्त अधिकार सम्प्रभु को सौंप देता है। व्यक्ति सम्प्रभु पर न कोई सीमा डाल सकता है और न उसके विरूद्ध आत्मरक्षा के सिवा विद्रोह ही कर सकता है। जहाँ लॉक के अनुसार राज्य ऐसा कोई कानून भी नहीं बना सकता जिससे व्यक्ति के प्राकृतिक अधिकारों का अतिक्रमण हो। हॉब्स के अनुसार व्यक्ति सम्प्रभु राज्य की इच्छा के विरूद्ध किसी परम्परा को भी नहीं अपना सकता है। इस प्रकार, जहाँ लॉक के सिद्धांत में व्यक्ति सम्प्रभु है, हॉब्स के सिद्धांत में राज्य सम्प्रभु है।

रूसो का सिद्धांत इन दोनों अतिवादी सिद्धांतों के बीच समन्वय स्थापित करता है। वह भी लॉक के समान व्यक्ति की स्वतंत्रता, समृद्धि और सुरक्षा का समर्थन करता है। लेकिन, व्यक्ति के अधिकार को वह प्राकृतिक अधिकार न मानकर सामाजिक अधिकार मानता है। दूसरी ओर, लॉक के विपरीत और हॉब्स के समान रूसो अधिकार को राज्य की सृष्टि मानता है, सार्वजनिक हित में व्यक्ति के कार्यों पर प्रतिबंध लगाता है तथा राज्य के विरूद्ध व्यक्ति को कोई अधिकार प्रदान नहीं करता है। इस प्रकार, रूसो का सिद्धांत हॉब्स के सम्प्रभु राज्य की धारणा का भी समर्थन करता है तथा लॉक के समान वैयक्तिक स्वतंत्रता और अधिकार को भी मान्यता प्रदान करता है।

रूसो का सम्प्रभुता सिद्धांत लॉक के वैधानिकवाद और हॉब्स के निरंकुशवाद का मिश्रण है।

(Rousseau's theory of Sovereignty of Locke's Constitutionalism and Hobbes's absolutism)

विद्वानों का यह भी कहना है कि रूसो का राजनीतिक सिद्धांत लॉक के वैधानिकवाद और हॉब्स के निरंकुशवाद के बीच एक समझौता है। रूसो का सम्प्रभु हॉब्स के सम्प्रभु के समान निरंकुश, असीम, अविभाज्य, स्थायी और अमर्यादित है। इस निरंकुशता के अलावे, रूसो का सम्प्रभु लॉक के समान वैधानिक है। लॉक के वैधानिक के अनुसार राज्य व्यक्तियों के प्राकृतिक अधिकार से मर्यादित है, प्राकृतिक अधिकार प्राकृतिक कानून द्वारा मर्यादित हैं, तथा शासन नागरिक समाज द्वारा मर्यादित हैं। स्वयं शासन के अंतर्गत कार्यपालिका विधानपालिका के द्वारा मर्यादित है।

रूसो का सम्प्रभु भी निरंकुश होने के बावजूद सदा सार्वजनिक हित में कार्य करता है, जनता पर व्यर्थ सीमा नहीं डालता है, कानून के निर्माण की प्रक्रिया में सभी सदस्यों के मतों पर ध्यान देता है, सबों पर कानून समान रूप से लागू करता है तथा कानून के समक्ष सभी नागरिकों को समान मानता है। इस प्रकार, रूसो का सम्प्रभु भी स्वयं अपने ऊपर वैधानिक मर्यादा आरोपित

करता है तथा अपनी सत्ता का प्रयोग उस जनसमुदाय पर करता है जो स्वयं सम्प्रभु है। अतएव, रूसो की सम्प्रभुता के सिद्धांत में हॉब्स की निरंकुशता और लॉक की वैधानिकता का मिश्रण है।

निष्कर्ष

निष्कर्ष में यह कहा जा सकता है कि रूसो का सम्प्रभुता-सिद्धांत हॉब्स की कानूनी सम्प्रभुता और लॉक की राजनीतिक सम्प्रभुता का सम्मिश्रण है। इस संदर्भ में, **अरनेस्ट रीज** का ठीक ही कहना है कि–रूसो हॉब्स की निरंकुश सम्प्रभुता को और लॉक की लोकप्रिय सहमति को संयुक्त करके, लोकप्रिय सम्प्रभुता के दार्शनिक सिद्धांत का प्रतिपादन करता है।[1]

इस प्रकार, रूसो जन-सम्प्रभुता का पुजारी है। वह एक राजा के स्थान पर जन प्रभुत्व को स्थापित करता है। यह उसके राजनीतिक दर्शन की मुख्य विशेषता है जो कि विभिन्न व्यक्तियों की स्वार्थपूर्ण इच्छाओं को सामान्यहित के प्रति निर्देशित करती है और समाज को एक संगठित तथा सजीव व्यक्तित्व प्रदान करके उसे सम्प्रभु स्वामी एवं समस्त कानूनों का स्रोत बनाती है।

प्रश्न
(Questions)

1. रूसो के संप्रभुता-सिद्धांत की आलोचनात्मक व्याख्या कीजिए।
   Explain critically the Rousseau's theory of sovereignty.
2. रूसो की संप्रभुता का अर्थ और विशेषताओं पर प्रकाश डालिए।
   Discuss the meaning and features of the sovereignty of Rousseau.
3. रूसो की संप्रभुता के सिद्धांत का विवेचन करें तथा उसके ऊपर प्रतिबंधों का भी उल्लेख करें।
   Discuss the Rousseau's theory of Sovereignty and mention limitations on it.
4. रूसो और हॉब्स के संप्रभुता-सिद्धांत का तुलनात्मक अध्ययन कीजिए।
   Make a comparative study of Rousseau and Hobbes's theory of sovereignty.
5. रूसो और लॉक के संप्रभुता-सिद्धांत का तुलनात्मक अध्ययन कीजिए।
   Make a comparative study of Rousseau and Locke's theory of sovereignty.

---

1. "Rousseau unites the absolute sovereignty of Hobbes and the popular consent of Locke into the philosophic doctrine of popular sovereignty." Ernest Rhys—*Introduction to the Social Contract*, 1927.

6. "रूसो के सिद्धांत में हॉब्स के तर्क और पद्धति तथा लॉक के निष्कर्षों का अद्‌भुत मिश्रण है।" मॉर्ले। व्याख्या कीजिए।

   "Rousseau's theory of sovereignty is a curious fusion between the premises and temper of Hobbes and conclusions of Locke." Morley. Explain.

7. "रूसो हॉब्स के समान निरंकुशवादी और उससे भी अधिक प्रजातंत्रवादी है।" व्याख्या कीजिए।

   "Rousseau is an Absolutist as Hobbes and more democratic than Locke." Explain.

8. "रूसो का संप्रभुता-सिद्धांत लॉक के वैधानिकवाद और हॉब्स के निरंकुशवाद का मिश्रण है।" स्पष्ट कीजिए।

   "Rousseau's theory of sovereignty is a blend of Locke's constitutionalism and Hobbes's absolutism." Elucidate.

9. "रूसो हॉब्स की निरंकुश संप्रभुता को और लॉक की लोकप्रिय सहमति को संयुक्त करके, लोकप्रिय संप्रभुता के दार्शनिक सिद्धांत का प्रतिपादन करता है।" अरनेस्ट रीज। विवेचन कीजिए।

   "Rousseau unites the absolute sovereignty of Hobbes and the popular consent of Locke into the philosophic doctrine of Popular Sovereignty." Ernest Rhys. Discuss.

वस्तुनिष्ठ प्रश्न
(Objective Questions)

1. Who said this?

   "Sovereignty is the exercise of general will."

   (a) Rousseau (b) Locke (c) Hobbes (d) Bodin

2. Who said this?

   "As nature gives everyman an absolute power over all his limbs, the Social Pact gives the body politic an absolute power over all its members; and it is this same power which, when directed by the general will, bears...the name of sovereignty."

   (a) Locke (b) Rousseau (c) Bodin (d) Hobbes

3. Who said this?

   "He defines sovereignty with fulness and precision of Hobbes and gave it an abode and an operation that satisfied the feeling of Locke."

   (a) Sabine (b) Jones (c) Dunning (d) Coker

4. Who said this?

"I say that sovereignty being merely the exercise of general will can never be alienated and the sovereignty, since it is only a collective will can be represented by itself, power can be transferred, not will."

(a) Locke (b) Bodin (c) Hobbes (d) Rousseau

5. Who said this?

"The will either is or is not general, is that of the whole people or that of part of the people. In the first case the expression of the will is a sovereign act and makes law, in the second case it is merely a particular will or an act of the magistrate-utmost a decree."

(a) Rousseau (b) Locke (c) Gettell (d) Coker

6. Who said this?

"Rousseau believed that sovereignty was always in the whole people."

(a) Sabine (b) Gettell (c) Coker (d) Wayper

7. Who said this?

"Rousseau's theory of sovereignty is a curious fusion between the premises and temper of Hobbes and conclusions of Locke."

(a) Sabine (b) Coker (c) Morley (d) Jones

8. Who said this?

"Rousseau unites the absolute sovereignty of Hobbes and the popular consent of Locke into the philosophical doctrine of Popular Sovereignty."

(a) Dunning (b) Jones (c) Coker (d) G.D.H. Cole

9. यह कथन किसका है?

"रूसो की अविभाज्य संप्रभुता की धारणा, जनता को अपने विधि निर्माण के कार्य को हस्तान्तरित करने की अनुमति देती है। जहाँ तक कार्यपालिका और न्यायपालिका के कार्यों का संबंध है, रूसो का विचार है कि वे सरकार के विशिष्ट अंगों द्वारा किए जाने चाहिए, लेकिन ये अंग पूर्ण रूप से जनता की संप्रभुता के अधीन होते हैं। रूसो ने कहीं भी शक्तियों के पृथक्करण का संकेत नहीं दिया है।"

(क) ऐबेंस्टीन (ख) सेबाइन (ग) कोकर (घ) जोन्स

10. यह कथन किसका है?

"जिस प्रकार प्रकृति प्रत्येक मनुष्य को अपने शरीर के सभी अंगों पर निरंकुश शक्ति प्रदान करती है, उसी प्रकार सामाजिक समझौता राजनीतिक समाज को अपने सभी सदस्यों पर निरंकुश शक्ति प्रदान करता है।"

(क) लॉक (ख) रूसो (ग) हॉब्स (घ) बोदां

11. यह कथन किसका है?

"रूसो अपने संप्रभु को वैसी ही निरंकुश और सर्वोच्च शक्ति देता है, जैसी हॉब्स अपने संप्रभु को देता है। अंतर केवल यह है कि जबकि रूसो के संप्रभु की निरंकुश सत्ता का आधार, नागरिकों की सहमति है, हॉब्स के संप्रभु की निरंकुश सत्ता का आधार ऐतिहासिक दृष्टि से भ्रान्तिपूर्ण कोई सामाजिक समझौता है।"

(क) कोकर (ख) वेपर (ग) जोन्स (घ) मैक्सी

12. यह कथन किसका है?

"संप्रभुता का प्रतिनिधित्व नहीं किया जा सकता है। यह अनिवार्य रूप से सामान्य इच्छा में निहित है तथा सामान्य इच्छा का प्रतिनिधित्व नहीं किया जा सकता है। अतः, जनता के प्रतिनिधि न तो उसके प्रतिनिधि होते हैं और न हो सकते हैं। वे केवल उसके सर्वोच्च अधिकार होते हैं।"

(क) लॉक (ख) हॉब्स (ग) बोदां (घ) रूसो

13. यह कथन किसका है?

"रूसो उन व्यक्तियों को संप्रभु मानता है, जो सामाजिक समझौता द्वारा राजनीतिक समाज के रूप में संगठित होते है।"

(क) ऐबेंस्टीन (ख) सेबाइन (ग) वेपर (घ) कोकर

14. यह कथन किसका है?

"रूसो का विश्वास है कि किसी भी संभव तर्क या तथ्य द्वारा संपूर्ण राजनीतिक निकाय के अलावा न तो किसी दूसरे को संप्रभुसत्ता का स्वामी माना जा सकता है, तथा न सामान्य इच्छा के अलावा किसी अन्य की अभिव्यक्ति में उसकी सत्ता को स्वीकार किया जा सकता है।"

(क) कोकर (ख) डनिंग (ग) वेपर (घ) लॉक

15. यह कथन किसका है?

"संप्रभु को ऐसी कोई बात नहीं करनी चाहिए जो संपूर्ण राज्य के लिए अहितकर हो। उसे कानून के समक्ष सभी को समान समझना चाहिए तथा

न्याय-व्यवस्था को बनाये रखना चाहिए और उसे अपनी जनता पर कोई ऐसा प्रतिबंध नहीं लगाना चाहिए जिसका राज्य के लिए कोई अर्थ न हो।"

(क) लॉक (ख) हॉब्स (ग) रूसो (घ) बोदां

16. यह कथन किसका है?

"रूसो हॉब्स की निरंकुश संप्रभुता को और लॉक की लोकप्रिय सहमति को संयुक्त करके, लोकप्रिय संप्रभुता के दार्शनिक सिद्धांत का प्रतिपादन करता है।"

(क) कोकर (ख) वेपर (ग) डनिंग (घ) अरनेस्ट रीज

उत्तर
(Answers)

1. (a) 2. (b) 3. (c) 4. (d) 5. (a) 6. (b) 7. (c) 8. (d) 9. (क) 10. (ख) 11. (ग) 12. (घ) 13. (क) 14. (ख) 15. (ग) 16. (घ)

◈ ◈ ◈

24

सरकार

(Government)

राज्य और सरकार में अंतर

(Distinction between State and Government)

रूसो ने अपने सामाजिक समझौते के प्रसंग में पहले राज्य और सरकार का अंतर स्पष्ट किया है, उसके बाद सरकार पर प्रकाश डाला है। राज्य और सरकार के अंतर को स्पष्ट करते हुए कहा गया है कि–राज्य वह सम्पूर्ण राजनीतिक निकाय है, जिसका निर्माण सामाजिक समझौता द्वारा होता है, और जिसमें सामान्य इच्छा का आवास होता है। इसके विपरीत, सरकार केवल वह व्यक्ति या व्यक्ति-समूह है, जिसे राजनीतिक निकाय द्वारा सामान्य इच्छा को क्रियान्वित करने का कार्य सौंपा जाता है।[1]

इससे यह स्पष्ट है कि सामाजिक समझौता द्वारा राज्य का निर्माण होता है और सम्प्रभुता सम्पन्न राज्य ही सरकार का निर्माण करता है। **रूसो** के शब्दों में–जबकि राज्य का अपना अस्तित्व होता है, सरकार का अस्तित्व केवल सम्प्रभु के कारण होता है।[2]

सरकार का निर्माण

(Formation of the Government)

रूसो की सरकार के निर्माण के संदर्भ में, **डनिंग** ने लिखा है कि सम्प्रभुता-सम्पन्न जनता सरकार का निर्माण करने के लिए एक स्थान पर

---

1. Dunning.
2. "The state exists by itself, while the government exists only through the sovereign."—Rousseau—*The Social Contract*, Book III, Chapter 1.

एकत्रित होती है। वह पहले मतदान द्वारा सरकार का स्वरूप निश्चित करती है। उसके बाद, वह मतदान द्वारा उस सरकार के पदाधिकारियों को नियुक्त करती है। रूसो के अनुसार, जनता के इन दोनों कार्यों में अंतर है। उसका पहला कार्य, सामान्य इच्छा को अभिव्यक्त करता है और दूसरा कार्य, सरकार के निर्माण के लिए आदेश को प्रकट करता है। ये दोनों कार्य, जनता के दो स्वरूपों को प्रदर्शित करते हैं। पहले स्वरूप में, वह सम्प्रभुता-सम्पन्न राज्य अर्थात् सम्प्रभु है। दूसरे स्वरूप में, वह प्रजातंत्रीय सरकार का रूप ग्रहण कर लेती है। इस प्रकार, वह प्रजातंत्रीय सरकार का निर्माण करती है।

रूसो ने सरकार के निर्माण के विषय में जिस प्रक्रिया का उल्लेख किया है, उसे वह सब प्रकार की सरकारों के निर्माण के लिए अनिवार्य मानता है। इससे यह निष्कर्ष निकलता है कि वह सब प्रकार की सरकारों का प्रारंभ प्रजातंत्र से मानता है। **डनिंग** के शब्दों में–रूसो के विचार में प्रत्येक सरकार का उद्‌भव प्रजातंत्र में माना जाना चाहिए।[1]

सरकार का अर्थ
(Meaning of the Government)

रूसो ने राज्य और सरकार में जो भेद किया है, उससे सरकार का अर्थ कुछ स्पष्ट हो जाता है। राज्य सामाजिक समझौता द्वारा निर्मित होनेवाला और सामान्य इच्छा को व्यक्त करनेवाला सम्प्रभुता-सम्पन्न राजनीतिक राज्य है। इसके विपरीत, सरकार इस राज्य के आदेश द्वारा स्थापित किया जाने वाला और सामान्य इच्छा को क्रियान्वित करनेवाला निकाय है। इस निकाय अर्थात् सरकार के सदस्य अलग-अलग न्यायाधीश और सामूहिक रूप में राजा कहे जाते हैं। **रूसो** लिखता है कि–इस निकाय के सदस्य न्यायाधीश या शासक कहे जाते हैं, और सम्पूर्ण निकाय को राजा के नाम से पुकारा जाता है।[2]

सरकार सम्प्रभु और जनता के बीच कड़ी (Government is a Link between the Sovereign and People)

रूसो का कथन है कि सरकार के सभी सदस्य चाहे वे शासक हों या न्यायाधीश हों, सम्प्रभु के सेवक होते हैं। उन सबकी स्थिति समान होती है, और वे सम्प्रभु के कर्मचारियों के रूप में उसके कानूनों को क्रियान्वित करते हैं, उसके आदेशों का पालन करते हैं, और उसके निर्देशों को जनता तक पहुँचाते है। इस प्रकार, सरकार सम्प्रभु और जनता के बीच एक कड़ी या

---

1. "In Rousseau's thought, every government must be considered as originating in democracy."—Dunning.
2. Rousseau, *The Social Contract*, Book III, Chapter 1.

निकाय है। अपनी इस धारणा के आधार पर सरकार का अर्थ स्पष्ट करते हुए, **रूसो** ने लिखा है कि–सरकार राजा और प्रजा के बीच का निकाय है, जिसका निर्माण उनमें पारस्परिक संबंध स्थापित करने, कानूनों को क्रियान्वित करने, तथा व्यक्ति की नागरिक और राजनीतिक स्वतंत्रता को सुरक्षित रखने के लिए किया जाता है।[1]

सरकार का कार्य (Functions of the Government)

कानून लागू करना (To Execute Laws)–रूसो के अनुसार सरकार का मुख्य कार्य–जनता द्वारा बनाये गए कानूनों को राज्य में लागू करना है। इसका कारण यह है कि रूसो कानूनों को सामान्य इच्छा की अभिव्यक्ति मानता है, और चूँकि सामान्य इच्छा जनता में निहित रहती है, इसलिए केवल जनता ही कानूनों का निर्माण कर सकती है। सरकार का कार्य केवल इन कानूनों को लागू करना है। इस प्रकार, रूसो केवल कार्यपालिका को ही सरकार मानता है। **डनिंग** के शब्दों में–रूसो के लिए सरकार का कार्य केवल कार्यपालिका-संबंधी शक्ति है।[2]

सरकार व्यवस्थापिका का एजेन्ट मात्र (Government Only the Agent of the Legislature)

रूसो ने सरकार को व्यवस्थापिका का एजेन्ट मात्र माना है। इस संदर्भ में, **हरमॉन** का कथन है कि कानून निर्माण या व्यवस्थापिका संबंधी कार्यों पर केवल सम्प्रभुता-सम्पन्न राज्य का ही अधिकार है। व्यवस्थापिका सरकार का अंग नहीं है और न कार्यपालिका व्यवस्थापिका-संबंधी कार्यों में साझीदार है। व्यवस्थापिका ही सरकार की स्थापना करती है। इस प्रकार, सरकार व्यवस्थापिका को एजेन्ट मात्र है और उसके प्रति पूर्ण रूप से उत्तरदायी है। सरकार का निर्माण व्यवस्थापिका के किसी कानून द्वारा होता है, समझौता द्वारा नहीं। उसके केवल कर्तव्य होते हैं और कोई स्वतंत्र शक्तियाँ नहीं होती हैं।[3]

जनता द्वारा सरकार को हटाना (Removal of Government by the People)

रूसो ने व्यवस्थापिका अर्थात् सम्प्रभुता-सम्पन्न जनता का सरकार पर पूर्ण आधिपत्य स्थापित कर दिया है। जनता अपनी इच्छानुसार उसकी शक्तियों को कभी भी सीमित या संशोधित कर सकती है, या उनको पूर्ण रूप से वापस

1. "The government is an intermediate body established between the subjects and the sovereign for their mutual correspondence, charged with the execution of the laws and with the maintenance of liberty, both social and political."—*Ibid.*, Book III, Chapter 1.
2. Dunning.
3. Harmon.

ले सकती है। इसका अर्थ यह है कि जनता एक सरकार को हटाकर दूसरी सरकार की स्थापना कर सकती है। **हरमॉन** का भी कहना है कि–सम्प्रभुता सम्पन्न जनता अपनी स्वयं की इच्छा से सरकार को हटा सकती है।[1]

व्यवस्थापिका का महत्व (Importance of Legislature)–रूसो सम्प्रभुता-सम्पन्न राज्य को सरकार से अधिक महत्व देता है। उसने व्यवस्थापिका को राज्य का हृदय और कार्यपालिका को राज्य का मस्तिष्क कहा है।[2] जिस प्रकार मस्तिष्क के ठप हो जाने पर मनुष्य जीवित रह सकता है, हृदय की गति रूक जाने पर नहीं। उसी प्रकार कार्यपालिका के अभाव में राज्य जीवित रह सकता है, लेकिन व्यवस्थापिका के अभाव में नहीं। यहाँ पर व्यवस्थापिका को सरकार का एक अंग नहीं माना गया है। बल्कि व्यवस्थापिका तो जनसमुदाय में ही निहित है जिसे कानून निर्माण का एकमात्र अधिकार प्राप्त है।

कार्यपालिका का महत्व (Importance of Executive)–यद्यपि रूसो सरकार को सम्प्रभु-समुदाय का एजेन्ट मानता है तथापि वह उसके महत्व को अस्वीकार नहीं करता। सरकार को वह राज्य का पैर मानता है। जिस प्रकार पैर के बिना कोई व्यक्ति चल नहीं सकता, उसी प्रकार दृढ़ सामान्य इच्छा के रहते हुए भी कार्यपालिका के अभाव में राज्य गतिशील नहीं हो सकता है।[3]

अत:, राज्य के सफल संचालन के लिए यह आवश्यक है कि व्यवस्थापिका और कार्यपालिका में परस्पर पूर्ण सहयोग हो। यदि दोनों एक-दूसरे के कार्य में हस्तक्षेप करे, तो राज्य भंग हो सकता है और अराजकता की स्थिति उत्पन्न हो सकती है।

इस प्रकार, रूसो की दृष्टि में व्यवस्थापिका और कार्यपालिका दोनों का अपना-अपना महत्व है।

सरकार का वर्गीकरण
(Classification of Government)

रूसो ने सरकार का वर्गीकरण उसके निर्माण करनेवाले व्यक्तियों की संख्या के आधार पर किया है। उसका कथन है कि सरकार का रूप देश और काल के अनुसार परिवर्तित होता रहता है तथा इस बात पर निर्भर रहता है कि उसकी बागडोर कितने व्यक्तियों के हाथों में है। उसके अनुसार सरकार के अग्रलिखित चार प्रकार होते हैं–

---

1. "The sovereign people may remove the government at its own pleasure."—Harmon.
2. Rousseau, *The Social Contract*, Book III, Chapter 11.
3. *Ibid*., Book III, Chapter 1.

1. राजतंत्र, 2. कुलीनतंत्र, 3. प्रजातंत्र, और 4. मिश्रित सरकार।

1. राजतंत्र (Monarchy)

परिभाषा (Definition)–रूसो का कहना है कि यदि सरकार की बागडोर एक व्यक्ति के हाथ में होती है तो उसे राजतंत्र कहते है।

दोष (Demerits)

1. सार्वजनिक हित नहीं (No Public Welfare)–रूसो का मत है कि राजा राज्य की एकता को बनाये रख सकता है। लेकिन, वह अपने हित में कार्य करेगा, सार्वजनिक हित में नहीं।

2. निरंकुश (Absolute)–प्रत्येक राजा में स्वभावत: निरंकुश बनने की इच्छा होती है।

3. बड़े राज्यों के लिए उपयुक्त (Suitable for—States)–राजतंत्र केवल बड़े राज्यों में सफल हो सकता है और बड़ा राज्य प्राय: कुशासित होता है।

4. पदाधिकारी भ्रष्ट (Corrupt Officials)–राजतंत्र में अकेले राजा शासन नहीं कर सकता है। इसलिए, अनेक पदाधिकारियों की नियुक्ति की जाती है। लेकिन, राजतंत्र में भ्रष्ट, धूर्त्त, कपटी, प्रतिभाहीन, क्षुद्रव्यक्ति, षड्यंत्रकारी और कुचेष्टक व्यक्ति ही उच्च पदों पर नियुक्त किए जाते हैं।

5. उत्तराधिकार की समस्या (Problem of Succession)–राजतंत्र में उत्तराधिकार की समस्या बनी रहती है। यदि राजा की नियुक्ति निर्वाचन के द्वारा हो, तो गुटबंदी, षड्यंत्र और भ्रष्टाचार की सम्भावना बढ़ जाती है। यदि उसकी नियुक्ति वंशानुगत हो, तो सर्वोत्तम राजा का उत्तराधिकारी निकृष्ट, दुर्बल और मूर्ख हो सकता है।[1]

इस प्रकार, रूसो ने राजतंत्र के दोषों पर प्रकाश डाला है।

2. कुलीनतंत्र (Aristocracy)

परिभाषा (Definition)–जब राज्य के शासन की बागडोर कुछ व्यक्तियों के हाथों में होती है तो उसे कुलीनतंत्र कहते हैं।

प्रकार (Kinds)–रूसो कुलीनतंत्र के अग्रलिखित तीन प्रकारों पर विचार करता है–

1. प्राकृतिक कुलीनतंत्र (Natural Aristocracy)–रूसो के अनुसार प्राकृतिक कुलीनतंत्र केवल आदिम कालीन जातियों के लिए उपयुक्त होता है।

---

1. *Ibid.*, Book III, Chapter 6.

2. वंशानुगत कुलीनतंत्र (Hereditary Aristocracy)–वंशानुगत कुलीनतंत्र को रूसो सरकार का निकृष्टतम रूप मानता है।

3. निर्वाचनात्मक कुलीनतंत्र (Elective Aristocracy)–रूसो निर्वाचनात्मक कुलीनतंत्र को सर्वोत्तम और सबसे अधिक स्वाभाविक शासन व्यवस्था मानता है।

गुण (Merits)–रूसो ने इसके निम्नांकित गुणों का उल्लेख किया है–

1. कार्यकारिणी और विधायिनी शक्ति में स्पष्ट भेद (Clear Distinction between Executive and Legislative Powers)–रूसो के अनुसार यह शासन-व्यवस्था कार्यकारिणी और विधायिनी शक्ति में स्पष्ट विभेद करती है। यह कार्यकारिणी शक्ति कुछ योग्य व्यक्तियों के हाथों में सौंपती है और विधायी शक्ति समस्त जनसमुदाय को सौंपती है।

2. योग्य पदाधिकारी (Able Officials)–इस व्यवस्था में ईमानदार, बुद्धिमान और योग्य व्यक्ति पदाधिकारियों के रूप में निर्वाचित होते हैं।

3. सुगम प्रशासन (Good Administration)–इसमें जनसभा को बुलाना आसान होता है। घरेलू नीतियों का संचालन बड़ी तत्परता और कर्मठता के साथ व्यवस्थित रूप से किया जाता है तथा वैदेशिक नीतियों का निर्देशन गरिमा और उत्कर्ष के साथ किया जाता है।

वस्तुत:, रूसो का यह निर्वाचनात्मक कुलीनतंत्र आधुनिक प्रजातंत्र का ही प्रतिरूप है। मंत्रिमंडलीय शासन-व्यवस्था भी इससे मिलती-जुलती है। अंतर केवल इतना ही है कि जहाँ आधुनिक प्रजातंत्र में मन्त्रियों की नियुक्ति राजा या राष्ट्रपति के द्वारा होती है, रूसो की व्यवस्था में मन्त्रियों का चुनाव समस्त जनता के द्वारा होता है। इसके साथ ही, जहाँ आजकल मंत्री जनता के प्रतिनिधियों या संसद के प्रति उत्तरदायी होते हैं, रूसो के मंत्री प्रत्यक्ष रूप से समस्त जनसमुदाय के प्रति उत्तरदायी होते हैं।[1]

3. प्रजातंत्र (Democracy)

परिभाषा (Definition)–जब राज्य के शासन की बागडोर सम्पूर्ण जनता के हाथों में होती है तो उसे प्रजातंत्र कहते हैं।

दोष (Demerits)–रूसो ने व्यावहारिक आधार पर प्रजातंत्र के निम्नांकित दोष पर विचार किया है–

---

1. *Ibid.*, Book III, Chapter 5.

1. सच्चा प्रजातंत्र नहीं (Not Real Democracy)—रूसो का मत है कि सच्चा प्रजातंत्र न तो कभी रहा है और न कभी हो सकता है जिसमें कि समस्त नागरिक या उनका बहुसंख्यक भाग कानून को क्रियान्वित करने में भाग ले।

2. सम्प्रभु और सरकार में स्पष्ट भेद नहीं (Not Clear Distinction between the Sovereign and the Government)—रूसो का कथन है कि प्रजातंत्र में सम्प्रभु और सरकार में विभेद कर पाना भी कठिन हो जाता है और इसका परिणाम भयंकर हो सकता है।

3. समिति-प्रणाली (Committee System)—सार्वजनिक कार्य के सम्पादन के लिए निरंतर एकत्र होना, जनता के लिए असम्भव हो जाता है। फलस्वरूप, विवश होकर उसको यह कार्य किसी समिति को सौंपना पड़ता है। लेकिन, जैसे ही जनता अपना यह कार्य किसी समिति को सौंपती है, वैसे ही शासन का रूप भी परिवर्तित हो जाता है।

4. राज्य छोटा (Small State)—प्रजातंत्र की सफलता के लिए यह आवश्यक है कि राज्य छोटा हो, लोग सरल स्वभाव के हों, उनमें सद्गुण हो, स्थिति, सम्पत्ति, अधिकार और सत्ता के क्षेत्र में उनमें पूर्ण समानता हो तथा वे विलासी न हों। इन सब शर्तों की पूर्ति होना सदा संभव नहीं होता।

5. भावावेश में कार्य (Work in Emotion)—प्रजातंत्र में जनता बड़ी आसानी से भावावेश में बहकर मूर्खतापूर्ण और अनुचित कार्य कर बैठती है। यह जन-क्रान्ति और आन्तरिक आन्दोलन से भी सदा पीड़ित रहता है।

रूसो का विचार है कि प्रजातंत्र के सैद्धांतिक गुण ही व्यवहार में उसके अवगुण बन जाते हैं। इसलिए, रूसो का कहना है कि—यदि देवताओं का देश हो, तभी इसकी शासन-व्यवस्था प्रजातंत्रात्मक हो सकती है। इतनी उत्कृष्ट सरकार मनुष्यों के स्वभाव के अनुकूल नहीं होती।[1]

4. मिश्रित सरकार (Mixed Government)

रूसो का मत है कि राजतंत्र, कुलीनतंत्र और प्रजातंत्र, इसमें से कोई भी सरकार अपने शुद्ध रूप में नहीं पायी जाती है। अतएव, अपने इस विश्वास के आधार पर वह मिश्रित सरकार को मान्यता देता है।

परिभाषा (Definition)—जो शासन-व्यवस्था दो प्रकार की शासन-प्रणालियों के मिश्रण से बनती है, वह मिश्रित सरकार कहलाती है।

---

1. "If there were a nation of Gods, its form of government would be democratic. So perfect a government is not adapted for men."—*Ibid.*, Book III, Chapter 4.

प्रत्येक सरकार प्रत्येक राज्य के लिए उपयुक्त नहीं (Every Government not Suitable for Every State)

रूसो ने, **द सोशल कॉन्ट्रैक्ट** के तीसरे खंड के आठवें अध्याय में मॉण्टेस्क्यू के समान यह विचार व्यक्त किया है कि प्रत्येक सरकार प्रत्येक राज्य के लिए उपयुक्त नहीं है। देश, काल, परिस्थिति और जलवायु के अनुसार शासन-प्रणालियाँ भिन्न-भिन्न होती हैं। रूसो के अनुसार राजतंत्र बड़े और धनी राज्यों के लिए उपयुक्त होता है। कुलीनतंत्र मध्यम आकार वाले उन राज्यों के लिए उपयुक्त होता है जो न अत्यधिक धनी होते हैं और न अत्यधिक निर्धन। इसके साथ ही, प्रजातंत्र छोटे आकार के निर्धन राज्यों के लिए ही उपयुक्त होता है। इसी प्रकार, रूसो का विचार है कि निरंकुशतंत्र गर्म देश के लिए उपयुक्त होता है तथा समशीतोष्ण प्रदेश में ही अच्छी शासन-व्यवस्था संभव है।[1]

सर्वोत्तम सरकार
(Best Government)

अच्छे शासन के चिह्न (Sign of Good Administration)

सरकार के उपर्युक्त रूपों में से कौन-सा रूप सर्वोत्तम है? एक अच्छे शासन के चिह्न क्या हैं? रूसो इस प्रश्न का कोई उत्तर न देकर, अतिशय बुद्धिमानी का परिचय देता है। उसका कहना है कि सिद्धांत रूप में यह बताना असम्भव है कि सरकार का कौन-सा रूप सर्वोत्तम है। यह आवश्यक नहीं है कि श्रेष्ठ बुद्धि जिस रूप को सर्वोत्तम समझती है, वह प्रत्येक देश, प्रत्येक काल और प्रत्येक परिस्थिति के लिए उपयुक्त हो। देश, काल और परिस्थितियों के अनुसार कोई भी रूप सर्वोत्तम या निकृष्टतम हो सकता है।

जनसंख्या की वृद्धि (Growth of Population)

रूसो ने जनसंख्या की वृद्धि को सर्वोत्तम सरकार की कसौटी माना है। उसकी मान्यता है कि प्रत्येक सरकार का उद्देश्य अपने नागरिकों की सुरक्षा और समृद्धि प्रदान करना है। जनसंख्या की वृद्धि ही इस बात का द्योतक है कि जनता सुरक्षित भी है और समृद्ध भी। इसलिए, जो सरकार जनसंख्या की वृद्धि में सहायक होती है, वही श्रेष्ठ होती है। **रूसो** के शब्दों में–जिस प्रकार की अधीनता में बाह्य सहायता, देशीयकरण या उपनिवेशों के बिना नागरिकों की संख्या में अधिकतम वृद्धि होती है, वह निश्चित रूप से सर्वोत्तम है। जिस सरकार की अधीनता में जनसंख्या न्यून हो जाती है, वह निकृष्टतम है।[2]

---

1. *Ibid.*, Book III, Chapter 8.
2. *Ibid.*, Book III, Chapter 9.

प्रत्यक्ष प्रजातंत्र (Direct Democracy)

रूसो ने सभी प्रकार की सरकारों में यूनानी नगर-राज्यों के प्रत्यक्ष प्रजातंत्र के प्रति विशेष उत्साह प्रदर्शित किया है। क्योंकि, जनता ही सामान्य इच्छा की अभिव्यक्ति करती है और केवल उसी के द्वारा निर्मित किए जानेवाले कानून वास्तव में कानून होते हैं। **गेटेल** का भी कथन है कि–इस बात में विश्वास करते हुए कि विधि निर्माण में सम्प्रभुता-सम्पन्न जनता को स्वयं प्रत्यक्ष रूप से कार्य करना चाहिए, रूसो ने प्रत्यक्ष प्रजातंत्र का समर्थन किया है।[1]

प्रत्यक्ष प्रजातंत्र में विश्वास करने के कारण ही, रूसो प्रतिनिधि सभाओं को राजनीतिक पतन का चिह्न मानता है। उसके अनुसार प्रतिनिधित्व का अर्थ है–नागरिकों की स्वतंत्रता का हनन। रूसो इंग्लैण्ड की तत्कालीन निर्वाचन-प्रणाली की घोर निंदा करते हुए कहता है कि–इंग्लैण्ड की जनता अपने को स्वतंत्र समझती है, लेकिन उसका यह विचार बिल्कुल गलत है। वह केवल संसद के लिए प्रतिनिधियों के निर्वाचन के समय ही स्वतंत्र होती है।[2]

रूसो के प्रत्यक्ष प्रजातंत्र के समर्थक होने के उपर्युक्त कारण के अतिरिक्त और भी अनेक कारण है। इनकी ओर संकेत करते हुए **गेटेल** ने लिखा है कि–रूसो ने देखा कि सरकारों को लोक नियंत्रण से बचने और अपनी शक्तियों का प्रसार करने की प्रवृत्ति होती है। अतः, उसने इस सिद्धांत का प्रतिपादन किया कि केवल छोटे राज्यों में ही, जहाँ व्यक्ति सरल जीवन व्यतीत करते हैं, सामान्य इच्छा अपनी सर्वोच्चता को स्थायी रूप से सुरक्षित रख सकती है। बड़े और जटिल राज्यों में सरकार द्वारा शक्ति के अपहरण को रोकने के लिए रूसो का सुझाव था कि सम्प्रभुता-सम्पन्न जनता की समय-समय पर सभायें होनी चाहिए, जिनसे उसे इस बात का निर्णय करना चाहिए कि वर्तमान शासन-प्रणाली को सुरक्षित रखा जाय या नहीं तथा पदारूढ़ अधिकारियों को आसीन रहने दिया जाय या अपदस्थ कर दिया जाय। रूसो का यह भी कहना था कि जब जनता सम्प्रभुता-सम्पन्न सभा के रूप में एकत्र हो, तब उस समय सरकार का क्षेत्राधिकार समाप्त हो जाना चाहिए।[3]

राजनीतिक विचारधारा के इतिहास में रूसो के उपर्युक्त विचारों का महत्व दर्शाते हुए, **गेटेल** आगे लिखता है कि–रूसो के विचारों में हमें इस सिद्धांत का पूर्वाभास मिलता है कि संविधान के संशोधन के लिए तथा पदाधिकारियों

1. "Believing that the sovereign people must act directly in making law, Rousseau favoured direct democracy."—Gettell.
2. "The English people think themselves free, but it is greatly mistaken; they are free only during the elections for members of parliament; so soon as they are elected, the people are enslaved and become a zero."—Rousseau.
3. Gettell.

को पदासीन रखने के लिए समय-समय पर जनता का मत ले लिया जाया करे। जेफरसन ने रूसो के इस विचार को अपनाया कि प्रत्येक पीढ़ी के लोगों को अपने संविधान की पुनः परीक्षा करने का अधिकार होना चाहिए तथा अमेरिका के अनेक राज्यों ने अपने-अपने संविधानों में संविधान सभाओं की निश्चित अवधि के उपरांत बुलाने के सिद्धांत को स्थान दिया।[1]

सरकार की आलोचनाएँ
(Criticisms of the Government)

रूसो की सरकार की अग्रलिखित आलोचनाएँ विशेष रूप से उल्लेखनीय है–

1. प्राचीन वर्गीकरण (Old Classification)–आलोचकों का कहना है कि रूसो ने जो सरकार का वर्गीकरण किया है–वह **प्राचीन** है। उसमें कोई नवीनता या मौलिकता नहीं है। अरस्तू ने इस वर्गीकरण का **विस्तारपूर्वक** वर्णन किया है। इस संदर्भ में मैक्सी ने भी लिखा है कि–रूसो ने **सरकार के स्वरूपों** का जो वर्णन किया है, वह उसका एक सबसे अधिक **निराशाजनक कार्य है**।[2]

2. निर्धन राज्य के लिए प्रजातंत्र अनुपयुक्त (Democracy **not Suitable** for Poor State)–रूसो ने कहा है कि प्रजातंत्र निर्धन राज्य के लिए **उपयुक्त** लेकिन, अनुभव यह बताता है कि निर्धन राज्य में स्वतंत्रता, समानता **और** प्रजातंत्र का अच्छे ढंग से विकास नहीं होता है।

3. जनसंख्या की वृद्धि, सर्वोत्तम सरकार की गलत कसौटी (Growth of Population, Wrong Measuring Rod of the Hest Government)–इस आधुनिक युग में जनसंख्या की वृद्धि के आधार पर किसी राज्य की सरकार को सर्वोत्तम मान लेना, निरी मूर्खता होगी। वस्तुतः, जनसंख्या की वृद्धि से जनता का जीवन-स्तर नीचे गिरता है और राज्य की समृद्धि पर आघात पहुँचता है। आज जनसंख्या के आधार पर चीन और भारत को सर्वश्रेष्ठ नहीं मान सकते। अमेरिका और रूस ही सर्वश्रेष्ठ राज्य है जो जनसंख्या वृद्धि पर नियंत्रण रखे हुए हैं।

4. सरकार व्यवस्थापिका का एजेंट नहीं (Government not Only Agent of Legislature)–रूसो ने सरकार को व्यवस्थापिका का केवल एजेन्ट मात्र माना है। लेकिन, वर्तमान राजनीति के संदर्भ में सरकार अर्थात् कार्यपालिका ही श्रेष्ठता प्राप्त की है। वह व्यवस्थापिका के एजेन्ट के रूप में काम नहीं करती है।

---

1. Gettell.
2. "Rousseau's treatment of forms of government is one of his poorest performances."—Maxey.

5. प्रत्यक्ष प्रजातंत्र संभव नहीं (Direct Democracy not Possible)–रूसो ने प्रत्यक्ष प्रजातंत्र में और यूनानी नगर-राज्यों में अपनी आस्था प्रकट की है। वर्तमान समय में छोटे-छोटे राज्यों का स्थान बड़े-बड़े राज्यों ने ले लिया है और प्रजातंत्र के सिद्धांतों पर अपनी सरकार का गठन किया है। अतएव, आज के युग में प्रत्यक्ष प्रजातंत्र का व्यावहारिक रूप देना सम्भव नहीं है।

6. शान्ति और संस्कृति का विकास (Progress of Peace and Culture)–रूसो ने कहा है कि न तो शांति और न संस्कृति के विकास को सर्वोत्तम सरकार का लक्षण माना जाना चाहिए। यहाँ रूसो ने गलत विचार प्रकट किया है। वस्तुतः, शांति और संस्कृति का विकास ही अच्छी सरकार का मापदंड होना चाहिए।

निष्कर्ष

रूसो की सरकार की जो भी आलोचना की जाय, इतना सत्य अवश्य है कि उसने राज्य और सरकार के भेद को स्पष्ट किया है। सरकार को व्यवस्थापिका का एक एजेन्ट माना है। इसके साथ ही, शासन का कुछ रूप क्यों न हो सम्प्रभुता जनसमुदाय में निहित रहती है जिसकी अभिव्यक्ति सामान्य इच्छा के द्वारा होती है। प्रत्यक्ष प्रजातंत्र रूसो का एक आदर्श शासन-व्यवस्था है जो जनमानस को चिरकाल तक प्रकाश-स्तम्भ के समान मार्ग प्रदर्शित करता रहेगा। जनवाणी ही देववाणी है–रूसो की यह पवित्र पुकार राजनीतिक विचारधारा के इतिहास में अमरवाणी का चिर और स्थायी प्रतीक है।

प्रश्न
(Questions)

1. रूसो की सरकार के वर्गीकरण का विवेचन करें।
   Discuss Rousseau's classification of government.
2. रूसो के अनुसार राजतंत्र, कुलीनतंत्र और प्रजातंत्र के दोषों की विवेचना कीजिए।
   Examine the demerits of Monarchy, Aristocracy and Democracy according to Rousseau.
3. रूसो की सर्वोत्तम सरकार की मीमांसा कीजिए।
   Discuss Rousseau's the best government.
4. रूसो की सरकार के अर्थ और कार्यों का उल्लेख करें।
   Mention the meaning and functions of the Rousseau's government.

वस्तुनिष्ठ प्रश्न
(Objective Questions)

1. Who said this?

   "The state exists by itself, while the government exists only through the sovereign."

   (a) Rousseau (b) Hobbes (c) Locke (d) Bodin

2. Who said this?

   "In Rousseau's thought, every government must be considered as originating in democracy."

   (a) Sabine (b) Dunning (c) Coker (d) Maxey

3. Who said this?

   "The government is an intermediate body established between the subjects and the sovereign for their mutual correspondence, charged with the execution of the laws and with the maintenance of Liberty, both social and political."

   (a) Locke (b) Hobbes (c) Rousseau (d) Bodin

4. Who said this?

   "The sovereign people may remove the government at its own pleasure."

   (a) Coker (b) Wayper (c) Maxey (d) Harmon

5. Who said this?

   "If there were a nation of gods, its form of government would be democratic. So perfect a government is not adapted for men."

   (a) Rousseau (b) Locke (c) Bodin (d) Coker

6. Who said this?

   "Believing that the sovereign people must act directly in making law, Rousseau favoured direct democracy."

   (a) Coker (b) Gettell (c) Wayper (d) Maxey

7. Who said this?

   "The English people think themselves free, but it is greatly mistaken; they are free only during the elections for members of Parliament, so soon as they are elected, the people are enslaved and become a zero."

   (a) Locke (b) Hobbes (c) Rousseau (d) Bodin

8. Who said this?

"Rousseau's treatment of forms of government is one of his poorest performances."

(a) Sabine (b) Wayper (c) Coker (d) Maxey

9. यह कथन किसका है?

"राज्य वह संपूर्ण राजनीतिक निकाय है, जिसका निर्माण सामाजिक समझौता द्वारा होता है, और जिसमें सामान्य इच्छा का आवास होता है। इसके विपरीत, सरकार केवल वह व्यक्ति या व्यक्ति-समूह है, जिसे राजनीतिक निकाय द्वारा सामान्य इच्छा को क्रियान्वित करने का कार्य सौंपा जाता है।"

(क) डनिंग (ख) सेबाइन (ग) कोकर (घ) वेपर

10. यह कथन किसका है?

"इस निकाय के सदस्य न्यायाधीश या शासक कहे जाते हैं, और संपूर्ण निकाय को राजा के नाम से पुकारा जाता है।"

(क) लॉक (ख) रूसो (ग) बोदां (घ) कोकर

11. यह कथन किसका है?

"रूसो के लिए सरकार का कार्य केवल कार्यपालिका, कार्यपालिका संबंधी शक्ति है।"

(क) कोकर (ख) वेपर (ग) डनिंग (घ) मैक्सी

12. यह कथन किसका है?

"रूसो संप्रभुता-संपन्न राज्य को सरकार से अधिक महत्व देता है। उसने व्यवस्थापिका को राज्य का हृदय और कार्यपालिका को राज्य का मस्तिष्क कहा है।"

(क) लॉक (ख) हॉब्स (ग) बोदां (घ) रूसो

13. यह कथन किसका है?

"रूसो के विचारों में हमें इस सिद्धांत का पूर्वाभास मिलता है कि संविधान के संशोधन के लिए तथा पदाधिकारियों को पदासीन रखने के लिए समय-समय पर जनता का मत ले लिया जाया करे।"

(क) गेटेल (ख) वेपर (ग) मैक्सी (घ) जोन्स

उत्तर
(Answers)

1. (a) 2. (b) 3. (c) 4. (d) 5. (a) 6. (b) 7. (c) 8. (d) 9. (क) 10. (ख) 11. (ग) 12. (घ) 13. (क)

◈ ◈ ◈

25

कानून का सिद्धांत

(Theory of Law)

सामाजिक समझौता राज्य को सिर्फ जीवन और अस्तित्व प्रदान करता है। यह कानून ही है जो राज्य को इच्छा और गति प्रदान करता है। इसके साथ ही, यह नागरिकों के अधिकारों का निर्धारण करता है और उनके बाह्य आचरण को भी नियन्त्रित करता है। यह स्वतंत्रता, समानता और न्याय की स्थापना करता है। यदि कानून की उपेक्षा की जाएगी तो राज्य नष्ट हो जाएगा और लोगों को पुनः प्राकृतिक अवस्था में लौट जाना पड़ेगा। अतएव, सभ्य समाज और राज्य के लिए कानून का रहना अति आवश्यक है।

कानून की परिभाषा और अर्थ (Definition and Meaning of Law)

परिभाषा (Definition)–रूसो के अनुसार कानून-निर्माण सम्प्रभु का कार्य है। सम्प्रभु का निवास सामान्य इच्छा में है, इसलिए कानून-निर्माण का कार्य केवल सामान्य इच्छा कर सकती है। स्वयं **रूसो** कहता है कि–यह पूछना आवश्यक नहीं है कि कानूनों का निर्माण करना किसका कार्य है, क्योंकि ये सामान्य इच्छा के कार्य है।[1]

रूसो का विचार है कि चूँकि सामान्य इच्छा के कार्य ही वास्तविक अर्थ में कानून है, और क्योंकि सामान्य इच्छा सम्प्रभुता सम्पन्न जनता द्वारा अभिव्यक्त की जाती है। इसलिए, कानून निर्माण का कार्य केवल जनता द्वारा ही किया जा सकता है।

1. Rousseau—*The Social Contract*, Book II, Chapter 6.

रूसो ने कानून की परिभाषा इस प्रकार दी है–कानून सम्पूर्ण जनता का, सम्पूर्ण जनता के लिए प्रस्ताव है, जिसका संबंध ऐसे विषयों से होता है जिनका संबंध सबसे होता है।[1]

कानून का अर्थ (Meaning of Law)

रूसो के उपर्युक्त कानून की परिभाषा का विश्लेषण किया जाय, तो यह स्पष्ट है कि कानून के लिए दो शर्तें आवश्यक है–

1. कानून जनता द्वारा निर्मित और जनता के लिए (Law Made by People and for the People)–रूसो के अनुसार कानून सब जनता द्वारा सब जनता के लिए बनाया जाना चाहिए, चूँकि जनता ही कानून के अधीन रहती है। इसलिए, उसका निर्माण भी जनता के द्वारा होना चाहिए।

2. सामान्य हित (Common Interest)–रूसो का कथन है कि कानून का संबंध केवल सामान्य हित के विषयों से होना चाहिए, व्यक्ति-हित के विषयों और कार्यों से नहीं। कानून विशेषाधिकारों की सृष्टि कर सकता है, लेकिन वह उन्हें किसी व्यक्ति-विशेष को प्रदान नहीं कर सकता। इसी प्रकार, कानून राजतंत्र और वंशानुगत उत्तराधिकार के सिद्धांत की स्थापना कर सकता है। लेकिन, वह किसी व्यक्ति-विशेष को राजा नहीं घोषित कर सकता। व्यक्तिगत रूप से किसी मनुष्य के लिए या किसी विशेष कार्य के निर्धारण के लिए कानून नहीं बनाया जाता है। जो आदेश सामान्य इच्छा से उत्पन्न नहीं होता और सम्पूर्ण जनता से संबंधित नहीं होता, वह कानून नहीं कहला सकता है।

इन दोनों शर्तों में से किसी एक के अभाव में आदेश कानून का रूप नहीं ले सकता है। वह आज्ञप्ति होता है, कानून नहीं। ऐसी स्थिति में, वह कार्यपालिका का कार्य होगा, सम्प्रभुता-सम्पन्न सामान्य इच्छा का नहीं। संक्षेप में, रूसो के अनुसार कानून के लिए यह आवश्यक है कि उसका निर्माण समस्त जनता द्वारा हो, वह सबके लिए सामान्य रूप से मान्य हो, सामान्य हित के लिए उसका निर्माण किया गया हो और उसका संबंध केवल सामान्य कार्यों से हो।

कानून की विशेषताएँ (Characteristics of Law)

रूसो के कानून की अग्रलिखित विशेषताएँ उल्लेखनीय है–

1. व्यापक क्षेत्र (Wide Scope)–राज्य में कानून का क्षेत्र अनिवार्यतः व्यापक होता है। सभी व्यक्ति इसकी परिधि के अंतर्गत आते हैं।

---

1. "A law is a resolution of the whole people, for the whole people, touching a matter that concerns all."—*Ibid.*, Book II, Chapter 6.

2. कानून की सर्वोच्चता (Supremacy of Law)–राज्य में कानून को सर्वोच्च स्थान प्राप्त है। कोई भी व्यक्ति कानून के ऊपर नहीं है। राजा भी नहीं, क्योंकि वह भी राज्य का ही एक सदस्य है।

3. अन्यायपूर्ण नहीं (Not Unjust)–कानून कभी अन्यायपूर्ण नहीं हो सकता, क्योंकि यदि सभी लोग कानून के स्वयं ही निर्माता हैं तो कोई भी अपने विरूद्ध अन्याय नहीं करना चाहेगा।

4. बंधन नहीं (Not Hurdle)–कानून किसी के लिए बंधन नहीं होता, क्योंकि सभी सामान्य इच्छा में स्वतंत्र है और जो स्वतंत्र है वह अपनी स्वतंत्रता के साथ परतंत्र नहीं हो सकता। वस्तुत:, कानून तो सामान्य इच्छा का ही अभिलेख है।

5. व्यक्ति की सत्ता नहीं (No Individual Rule)–कानून में इच्छा की सार्वभौमिकता और उद्देश्य की सार्वभौमिकता दोनों ही सम्मिलित हैं। इसलिए, कभी भी व्यक्ति-विशेष की सत्ता कानून का स्वरूप नहीं धारण कर सकती।

6. प्रशासन कानून पर आधारित (Administration Based on Law)–रूसो के अनुसार कोई भी राज्य जिसका प्रशासन कानून के आधार पर हो, गणतंत्र राज्य है। चाहे उसकी सरकार का स्वरूप कुछ भी (राजतंत्र, कुलीनतंत्र या प्रजातंत्र) हो। इस प्रकार, सभी वैधानिक सरकारें गणतंत्रीय कहलायेंगी।[1] यहाँ कानून और सामान्य इच्छा को रूसो ने एक ही वस्तु मान लिया है इसलिए यह भी कहा जा सकता है कि सारी सरकारें जो सामान्य इच्छा पर आधारित हों, गणतंत्रीय हैं।

7. जनकल्याण (People's Welfare)–रूसो का कथन है कि कानून का सम्बन्ध सम्पूर्ण जनता के हितों और कार्यों से होता है, किसी व्यक्ति-विशेष या कार्य विशेष से नहीं। जैसे, कानून यह तो निश्चित कर सकता है कि कुछ व्यक्तियों को विशेषाधिकार प्रदान किए जाने चाहिए, लेकिन वह इन विशेषाधिकारों को किसी व्यक्ति-विशेष को प्रदान नहीं कर सकता है। इसके साथ ही, कानून कुछ निश्चित आधारों पर नागरिकों का वर्गीकरण तो कर सकता है, लेकिन उनको इन विभिन्न वर्गों में विभाजित नहीं कर सकता है।

इस प्रकार, कानून में किसी व्यक्ति की सत्ता, स्वार्थ, पक्षपात और संकीर्णता के लिए कोई स्थान नहीं है। यह हमेशा जनकल्याण की कामना करता है।

---

1. "Every state under such a law is a republic, whatever its administrative form. The legitimate state is always a republic." Wright—*The Meaning of Rousseau*, Chapter III.

8. नागरिक कानून निर्माता (Citizens Law Makers)–रूसो की दृष्टि में नागरिकगण ही कानून के असली निर्माता होते हैं।

कानून का वर्गीकरण (Classification of Law)

रूसो ने **द सोशल कान्ट्रैक्ट** में निम्नांकित चार प्रकार के कानूनों का वर्णन किया है–

1. राजनीतिक कानून (Political Law)–यह सम्प्रभु का राज्य के साथ संबंध निर्धारित करता है।

2. दीवानी कानून (Civil Law)–दीवानी कानूनों के द्वारा नागरिकों के पारस्परिक संबंध का निर्धारण होता है।

3. फौजदारी कानून (Criminal Law)–फौजदारी कानून, कानूनों को भंग करनेवालों को दंड निर्धारित करता है।

4. परम्परागत कानून (Traditional Law)–इसके अंतर्गत परम्परा, रीति-रिवाज, अभिसमय, नैतिकता और जनमत को स्थान दिया गया है। रूसो की दृष्टि में यही कानून राज्य के वास्तविक कानून हैं और ये नागरिकों के हृदय पर खुदे हैं।

कानून सिद्धांत की आलोचनाएँ (Criticisms of the Theory of Law)

आलोचकों ने रूसो के कानून-सिद्धांत की आलोचनाएँ अग्रलिखित रूप से की हैं–

1. कानून सार्वजनीन नहीं (Law not Universal)–रूसो के अनुसार कानून के लिए यह आवश्यक है कि वह सबको समान रूप से प्रभावित करे। लेकिन, ऐसा कम ही कानून होता है जो सब पर समान रूप से लागू हो सकता है। जैसे–गर्भवती या विधवा स्त्री के विषय में कुछ ऐसे कानून होते हैं जो सब पर तो क्या, सब औरतों पर भी समान रूप से लागू नहीं होते।

2. कार्यपालिका का आदेश कानून नहीं (The Order of the Executive, not Law)–रूसो का यह कथन कि कार्यपालिका का आदेश कानून नहीं होता है, क्योंकि वह सम्प्रभु का आदेश नहीं होता। स्वयं उसकी इस उक्ति से मेल नहीं रखता है कि शासक का आदेश तब तक वैध माना जाय, जब तक सम्प्रभु उसका विरोध नहीं करता।

3. विशिष्ट गुणों की उपेक्षा (Negligence of Distinctive Attributes)–रूसो कानून के सभी विशिष्ट गुणों को बताने में भी असमर्थ है। उसे इस तथ्य का बोध अधूरे रूप से ही होता है कि कानून आदेश होता है। सहमति पर

जोर देने के कारण, वह कानून को राज्य और उसके सदस्यों के बीच का एक समझौता मात्र मानता है।

4. केवल सामान्य इच्छा कानून का स्रोत नहीं (Only General Will is not the Source of Law)–रूसो ने केवल सामान्य इच्छा को ही कानून का स्रोत माना है। जबकि आजकल न्यायिक निर्णय, धर्म, रीति-रिवाज, अभिसमय और व्यवस्थापिका आदि भी कानून के स्रोत माने जाते हैं।

5. कानून का वर्गीकरण त्रुटिपूर्ण (Defective Classification of Law)–रूसो ने कानून को चार वर्गों में जो बाँटा है, वह त्रुटिपूर्ण है। वस्तुतः, आजकल कानून का वर्गीकरण विस्तृत रूप से किया गया है।

6. कानून सरकार निर्मित (Law Made by the Government)–रूसो ने कहा है कि कानून सामान्य इच्छा की अभिव्यक्ति है और सामान्य इच्छा जन इच्छा पर आधारित है। इस प्रकार, कानून जन निर्मित होता है। लेकिन, व्यवहार में यह नहीं पाया जाता है। कानून का निर्माण सरकार करती है।

कानून का महत्व (Importance of Law)

रूसो के कानून का निम्नांकित महत्व उल्लेखनीय है–

1. सरल कानून (Simple Law)–विद्वानों का मत है कि कानून संबंधी रूसो की विचारधारा अत्यंत ही सरल है। क्योंकि, कानून ही एक मात्र माध्यम है जिसके द्वारा सामान्य इच्छा अपने को अभिव्यक्त करती है।

2. कम कानून (Less Law)–प्लेटो और गांधी के समान रूसो भी कानून की वृद्धि को राज्य के लिए शुभ नहीं मानता है। उसके अनुसार वही राज्य स्वस्थ और आदर्श हो सकता है, जिसमें बहुत कम कानून होते हैं।

3. व्यक्तिवादी (Individualistic)–विद्वानों का मत है कि कानून संबधी रूसो का विचार व्यक्तिवाद की धारणा को पुष्ट करता है। उसके अनुसार कानून अपने स्रोत और क्षेत्र दोनों में सामान्य होता है। स्रोत में इसलिए कि वह सबके द्वारा सब का आदेश है तथा क्षेत्र में इसलिए कि वह सब पर समान रूप से लागू होता है। इन दोनों गुणों के चलते राज्य पर एक प्रकार की सीमा लग जाती है और वह नागरिकों के साथ मनमाने रूप से विभेद नहीं कर सकता है। इस प्रकार, रूसो कानून के सिद्धांत द्वारा राज्य की शक्ति पर अकुंश डालता है और व्यक्ति की स्वतंत्रता की रक्षा करता है। अतः, यदि सामान्य इच्छा द्वारा रूसो का समष्टिवादी के रूप में हमारे सामने उपस्थित होता है, तो कानून के सिद्धांत द्वारा एक व्यक्तिवादी के रूप में प्रकट होता है।

इस संदर्भ में, **गेटेल** का कथन है कि–रूसो का कानून-संबंधी विचार, आधुनिक मूल कानून या संविधान की उस धारणा के बहुत निकट है जिसके अनुसार सभी सरकारी शक्तियों का प्रयोग किया जाता है।[1]

कानून-निर्माता (Legislator)

रूसो ने **द सोशल कॉन्ट्रैक्ट** के खण्ड दो के सातवें अध्याय में कानून-निर्माता पर प्रकाश डाला है–

1. कानून-निर्माता चरित्रवान (Legislator should be a Man of Character)–गणराज्य की स्थापना के लिए रूसो ने कानून-निर्माता की व्यवस्था की है। उसके अनुसार कानून-निर्माता चाहे तो एक व्यक्ति हो सकता है या व्यक्ति समूह, लेकिन वह ऐसा होना चाहिए जो सामान्यहित को पहचान कर उसके अनुसार आचरण करने की क्षमता होनी चाहिए। वह स्वयं चरित्रवान होना चाहिए और उसमें नागरिकों के चरित्र में सुधार कर सकने की सामर्थ्य होनी चाहिए।

2. कानून का महान पंडित (Great Scholar of Law)–रूसो का कानून-निर्माता मनु, मूसा, सोलन, लायकरगस, नूमा और काल्विन के समान कानून का महान पंडित होता है। उसका पद अपूर्व होता है और उसकी प्रतिभा अद्वितीय होती है। वह संविधान का भाग नहीं होता है। वह न तो सम्प्रभु होता है, न शासक। वस्तुतः, वह संविधान का निर्माता और संस्थापक होता है।

3. असाधारण प्रतिभा का व्यक्ति (A Man of Extraordinary Genius)–रूसो का कथन है कि कानून निर्माता में असाधारण प्रतिभा होती है। उसका कार्य मानव स्वभाव को इस रूप से परिवर्तित करना है कि मनुष्य अपने हित को सम्पूर्ण सामाजिक के साथ मिला सके, अपने एकाकी और भौतिक अस्तित्व को सामाजिक और नैतिक अस्तित्व में बदल सके तथा शारीरिक संवेग, भावना और स्वार्थ के स्थान पर कर्तव्य, विवेक और परमार्थ की भावना को प्रतिष्ठित कर सके।[2]

कानून-निर्माता में ऐसी योग्यता भी होनी चाहिए जिससे वह जनता की इच्छा और आवश्यकता के अनुसार कानून का निर्माण कर सके। उसे जनता के स्वभाव, राष्ट्र के चरित्र, भू-प्रदेश का आकार, जनसंख्या, मिट्टी और जलवायु के अनुकूल ही कानून का निर्माण करना चाहिए। इन सब परिस्थितियों के अनुकूल कानून की रूपरेखा बनाने के लिए कानून-निर्माता को एक ऐसा महान दार्शनिक होना चाहिए जिसमें प्रगाढ़ ज्ञान, प्रखर अंतर दृष्टि, उच्च आदर्श और असाधारण प्रतिभा हो।

---

1. Gettell.
2. Rousseau, *The Social Contract*, Book II, Chapter 7.

4. परामर्शदाता: कानून जन-सहमति पर आधारित (Advisor: Law Based on the Consent of the People)–यद्यपि कानून-निर्माता कानून की रूपरेखा तैयार करता है तथापि वह उसे न पारित कर सकता है और न लागू ही। वह न तो सम्प्रभु होता है, न न्यायाधीश। उसका कार्य केवल जनता को यह बतलाना है कि उसके लिए क्या सर्वोत्तम है। जनता की स्वीकृति के बिना कानून-निर्माता द्वारा बनाया गया विधान, कानून नहीं बन सकता। कानून पारित करने का कार्य जनता का अक्षुण्ण अधिकार है। जिसे वह कभी भी किसी को प्रदान नहीं कर सकती है। कानून-निर्माता का कार्य केवल एक विशेषज्ञ, मार्ग-दर्शक और परमर्शदाता के समान है जो कानून के निर्माण में जनता का पथ-प्रदर्शन करता रहता है।

कानून-निर्माता की आलोचनाएँ (Criticisms of Legislator)

कानून-निर्माता संबंधी रूसो के विचार में अनेक भ्रांतियाँ और दोष हैं–

1. कानून-निर्माता का जन्म (Birth of Legislator)–समाज में कानून-निर्माता का जन्म कब होता है? उसका सामाजिक समझौते से क्या संबंध है? रूसो का मत है कि समझौते के बहुत बाद कानून-निर्माता का जन्म होता है। यदि यह सत्य है तो रूसो यह नहीं बताता है कि इन दोनों के अंतराल में सामाजिक परिस्थिति कैसी होती है।

2. मानव स्वभाव का परिवर्त्तन (Change of Human Nature)–रूसो का कहना है कि कानून-निर्माता में ऐसी योग्यता होनी चाहिए कि वह मानव स्वभाव को बदल सके। वह मनुष्य के प्राकृतिक और भौतिक जीवन को सामाजिक और नैतिक जीवन में बदल सके। लेकिन, यह धारणा गलत है। कानून जनता पर थोपा नहीं जाता, बल्कि उसका निर्माण सामाजिक, आर्थिक, राजनीतिक और धार्मिक परिस्थितियों से होता है तथा उसका विकास भी धीरे-धीरे होता है।

3. विवेकशून्यता (Irrationalism)–आलोचकों का कथन है कि रूसो के कानून-निर्माता संबंधी विचार में विवेकशून्यता का भी आभास मिलता है। यद्यपि रूसो का कानून-निर्माता प्लेटो के दार्शनिक के समान जनहित के लिए अपनी सुबुद्धि के अनुसार कानून बनाता है, तथापि वह साधारण लोगों से इस बात की आशा नहीं कर सकता है कि वे विवेक के द्वारा उसके कानून का अनुमोदन करेंगे।

4. कानून-निर्माता दुर्लभ (Rare Legislator)–रूसो ने जिस लायकरगस, सोलन और मनु जैसे कानून-निर्माताओं की कल्पना की है जो दुर्लभ हैं। ऐसे कानून-निर्माता शताब्दियों में पैदा लेते हैं।

इस प्रकार रूसो ने कानून और कानून-निर्माताओं पर विस्तार पूर्वक प्रकाश डाला है।

प्रश्न
(Questions)

1. रूसो के कानून-सिद्धांत का विवेचन करें।
   Discuss Rousseau's theory of law.
2. रूसो के कानून की परिभाषा और वर्गीकरण की समीक्षा करें।
   Examine the definition and classification of Rousseau's law.
3. रूसो के कानून की परिभाषा और विशेषताओं का मूल्यांकन करें।
   Evaluate the definition and characteristics of Rousseau's law.
4. रूसो के कानून की परिभाषा, विशेषताएँ और महत्व का वर्णन करें।
   Describe the definition, characteristics and importance of Rousseau's law.
5. रूसो के कानून-सिद्धांत पर एक लेख लिखिए।
   Write an essay on Rousseau's theory of law.
6. रूसो के कानून-निर्माताओं की समीक्षा करें।
   Examine Rousseau's legislators.

वस्तुनिष्ठ प्रश्न
(Objective Questions)

1. Who said this?
   "A Law is a resolution of the whole people, for the whole people, touching a matter that concerns all."
   (a) Rousseau (b) Aquinas (c) Locke (d) Gettell
2. Who said this?
   "Every state under such a law is a republic, whatever its administrative form. The legitimate state is always a republic."
   (a) Locke (b) Wright (c) Coker (d) Wayper
3. यह कथन किसका है?
   "रूसो का कानून-संबंधी विचार, आधुनिक मूल कानून या संविधान की उस धारणा के बहुत निकट है जिसके अनुसार सभी सरकारी शक्तियों का प्रयोग किया जाता है।"
   (क) कोकर (ख) वेपर (ग) गेटेल (घ) सेबाइन

उत्तर
(Answers)

1. (a) 2. (b) 3. (ग)

◈ ◈ ◈

26

स्वतंत्रता एवं समानता
(Liberty and Equality)

स्वतंत्रता
(Liberty)

स्वतंत्रता का अर्थ (Meaning of Liberty)

रूसो स्वतंत्रता का महान पुजारी है। उसने **द सोशल कॉन्ट्रैक्ट** में स्वतंत्रता पर अपना विचार व्यक्त किया है। उसके अनुसार स्वतंत्रता मानव का परम आंतरिक तत्व है। स्वतंत्रता को परिभाषित करते हुए **रूसो** ने लिखा है–स्वविहित कानून का पालन करना स्वतंत्रता है।[1]

इसका अर्थ यह नहीं है कि प्रत्येक व्यक्ति अपने लिए अलग-अलग कानून बनाता है और इसी कानून के पालन में उसकी स्वतंत्रता निहित है। इसका अर्थ तो यह है कि सामाजिक समझौते के बाद प्राकृतिक अवस्था का अंत होता है तथा राज्य या समुदाय की उत्पत्ति होती है। इस समुदाय की अपनी एक सामान्य इच्छा होती है। सामान्य इच्छा के द्वारा कानून का निर्माण होता है और इसी कानून के पालन में स्वतंत्रता निहित होती है।

रूसो की स्वतंत्रता, स्वच्छन्दता या मनमाना कार्य करने की सुविधा का नाम नहीं है, बल्कि जनहित को ध्यान में रखकर बनाये गये कानूनों का पालन करने का नाम है। सड़क की बायीं ओर चलने का नियम एक सामान्य हित को साधने वाला नियम है। इसका पालन करने से व्यक्ति की स्वतंत्रता नष्ट नहीं होती, बल्कि सुरक्षित होती है। अगर व्यक्ति इसका उल्लघंन करता है तो वह

1. "Obedience to a self-prescribed law is liberty."—Rousseau, *The Social Contract*, Book I, Chapter 8.

निश्चित रूप से सामान्य हित को हानि पहुँचाता है तथा अपनी स्वतंत्रता को नष्ट करता है।

स्वतंत्रता का विश्लेषण
(Analysis of Liberty)

रूसो की स्वतंत्रता का विश्लेषण अग्रलिखित तीन आधारों पर किया जा सकता है–

1. **नैतिकता का आधार** (Basis of Morality)–रूसो ने स्वतंत्रता को नैतिकता का आधार माना है। स्वतंत्रता मानवता का प्राण है। जब स्वतंत्रता का अपहरण होता है, तो मानवता का तिरोभाव हो जाता है। स्वतंत्रता ही नैतिकता का आधार है, क्योंकि स्वतंत्र भाव से काम करने पर ही उसका उत्तरदायित्व हो सकता है, अन्यथा जड़वत् कार्य करने में नैतिकता कदापि व्यक्त नहीं हो सकती है। दूसरे शब्दों में, स्वतंत्रता तृष्णा की प्रेरणा नहीं, नैतिकता की उपज है; शारीरिक संवेग की पुकार नहीं, कर्तव्य की आवाज है; भावना या इच्छा की पूर्त्ति का साधन नहीं, विवेक की प्रतिमूर्त्ति है; स्वार्थ की उगारिका नहीं, परमार्थ की देवी है; वैयक्तिक हित का साधन नहीं, सार्वजनिक कल्याण का माध्यम है। इस प्रकार रूसो की स्वतंत्रता एक नैतिक धारणा है।

2. **सामाजिक समझौता का आधार** (Basis of the Social Contract)–रूसो ने सामाजिक समझौता को व्यक्तिगत स्वतंत्रता का आधार बताया है। उसका कहना है कि यद्यपि व्यक्ति सामाजिक समझौता द्वारा अपने सभी अधिकारों को समाज को समर्पित कर देते हैं, लेकिन उनकी स्वतंत्रता नष्ट नहीं होती है। इसका कारण यह है कि समाज-समझौता करने वाले व्यक्तियों का ही संगठित रूप है। अतः, वह उसकी स्वतंत्रता पर प्रतिबंध नहीं लगा सकता है। इस प्रकार, रूसो ने सामाजिक समझौता के आधार पर व्यक्तिगत स्वतंत्रता का समर्थन किया है।

3. **कानून का आधार** (Basis of Law)–रूसो ने कानूनों के अंतर्गत प्राप्त होनेवाली स्वतंत्रता के महत्व का पूर्ण समर्थन किया है। उसका कथन है कि राज्य व्यक्ति का विराट रूप है। राज्य जो भी कानून बनाता है, वे व्यक्ति की इच्छा से ही बनते हैं। अतएव, व्यक्ति कानूनों को अपनी स्वतंत्रता पर लगाए गए प्रतिबंध नहीं मान सकता है। कानूनों का पालन करके ही व्यक्ति को शक्ति, श्रेष्ठता और आत्म-नियंत्रण की प्राप्ति होती है, जो मानव-जीवन के विशिष्ट लक्ष्य हैं। **रूसो** ने कहा है कि–राज्य में निवास करनेवाले किसी व्यक्ति को यह नहीं कहना चाहिए कि वह कानून के ऊपर है।[1]

1. Rousseau, Second Discourse.

वस्तुतः, रूसो के अनुसार तो सामान्य इच्छा द्वारा निर्मित कानून के अनुसार आचरण कर ही मनुष्य पूर्णतः स्वतंत्र हो सकता है; क्योंकि तभी वह अपनी इन्द्रियों और प्रवृत्तियों को संयमित कर विवेक के अनुसार कार्य कर पाता है।

स्वतंत्रता का महत्व
(Importance of Liberty)

रूसो के राजनीतिक सिद्धांत में स्वतंत्रता का महत्वपूर्ण स्थान है। वह **द सोशल कॉन्ट्रैक्ट** ग्रंथ का प्रारम्भ इस सुविख्यात उक्ति से करता है कि–मनुष्य स्वतंत्र जन्म लेता है।[1] वह प्रगति के लिए स्वतंत्रता को आवश्यक मानता है। स्वतंत्रता के प्रति अपने प्रेम के कारण उसने दास प्रथा की आलोचना और निरंकुश सरकार की भर्त्सना की है। उसने यह भी कहा है कि स्वतंत्रता को त्यागने का अर्थ मनुष्य होने के नाते अपने गुणों, अधिकारों और मानवता के प्रति अपने कर्तव्यों का त्याग करना है।[2] उसने सामान्य इच्छा की धारणा का भी नैतिक स्वतंत्रता के सहायक के रूप में स्वीकार किया है। उसने स्वतंत्र राष्ट्रों का यह संदेश दिया है कि–स्वतंत्रता प्राप्त की जा सकती है, लेकिन दो बार हस्तगत कभी नहीं की जा सकती है।[3]

स्वतंत्रता की रक्षा के लिए रूसो ने कानून, समानता और लघु आकार के राज्य का समर्थन किया है। उसने **द सोशल कॉन्ट्रैक्ट** की एक पाद-टिप्पणी में लिखी है कि मानव-जाति की अभिवृद्धि शांति के द्वारा जितनी नहीं होती, उससे कहीं अधिक स्वतंत्रता के द्वारा होती है।[4] स्वतंत्रता का पुजारी होने के कारण, वह प्रत्यक्ष प्रजातंत्र का समर्थन करता है, अप्रत्यक्ष प्रजातंत्र का नहीं, जहाँ जनता द्वारा चुने गए प्रतिनिधि जनता के लिए कानून बनाते हैं, स्वयं जनता नहीं। रूसो ने यह स्पष्ट कर दिया है कि जैसे ही कोई राष्ट्र अपने प्रतिनिधियों को नियुक्त करता है, वह अपनी स्वतंत्रता खो देता है।[5]

रूसो ने सत्ता के साथ स्वतंत्रता के महत्व को भी स्वीकार किया है। स्वतंत्रता की सुरक्षा के लिए ही उसने सत्ता पर जोर दिया है। रूसो के अनुसार स्वतंत्रता सुरक्षित होनी चाहिए, क्योंकि संदिग्ध स्वतंत्रता कोई स्वतंत्रता नहीं होती। लेकिन सत्ता को भी सर्वोच्च होना चाहिए, क्योंकि प्रतिबन्धित शक्ति निरर्थक होती है। इसलिए, रूसो ने अपने सिद्धांत में सत्ता और स्वतंत्रता के

1. *Ibid.*, Book I, Chapter 7.
2. *Ibid.*, Book I, Chapter 4.
3. "Liberty may be acquired but never recovered."—*Ibid.*, Book II, Chapter 8.
4. *Ibid.*, Book III, Chapter 9.
5. *Ibid.*, Book III, Chapter 15.

बीच सुघड़ समन्वय स्थापित करने का प्रयास किया है। उसने सामान्य इच्छा और कानून के सिद्धांतों द्वारा इन दोनों में एक ऐसा सामंजस्य स्थापित करने की चेष्टा की है जिसमें न तो सर्वोच्च सत्ता का अभाव हो, न स्वतंत्रता का। लेकिन, रूसो अपने इस प्रयास में पूर्णतः सफल नहीं हो सका है, जो इसकी आलोचनाओं से स्पष्ट हो जाता है।

स्वतन्त्रता की आलोचना
(Criticism of Liberty)

विभिन्न आलोचकों ने रूसो की स्वतंत्रता की आलोचना निम्नांकित रूप से की है–

1. स्वतंत्रता और सामान्य इच्छा में विरोधाभास (Contradiction between Liberty and General Will)–रूसो सामान्य इच्छा की सम्प्रभुता और व्यक्तिगत स्वतंत्रता के बीच समन्वय स्थापित नहीं कर पाता है। एक ओर तो वह सामाजिक कल्याण के लिए व्यक्तिगत स्वतंत्रता को आवश्यक मानता है। लेकिन, दूसरी ओर वह सामाजिक कल्याण के विरूद्ध व्यक्ति को कोई ऐसा अधिकार, जिसमें स्वतंत्रता का अधिकार भी सम्मिलित है, प्रदान नहीं करता है। अतः, रूसो के सिद्धांत में तार्किक विरोधाभास है। सत्य यह है कि रूसो की सामान्य इच्छा का सिद्धांत इतना अमूर्त्त, अव्यक्त और दुरूह है कि उसमें स्पष्टतः यह नहीं बताया गया है कि समुदाय के अंदर व्यक्तियों को अपने कार्य व्यापार में कहाँ तक स्वतंत्र छोड़ा जा सकता है।[1]

2. स्वतंत्रता लघुराज्यों में ही नहीं (Liberty not Only in Small States)–रूसो का मत है कि स्वतंत्रता की प्राप्ति लघु राज्यों में ही संभव है। लेकिन, इतिहास इस बात का साक्षी है कि स्वतंत्रता की मांग लघु राज्यों में ही नहीं, बल्कि विशाल राज्यों में अधिक उठती है। प्लेटो और अरस्तू लघु नगर-राज्यों के समर्थक होते हुए भी स्वतंत्रता के प्रवक्ता नहीं थे। स्टोइक और ईसा के अनुयायियों ने स्वतंत्रता के लिए नारा लगाया, लेकिन वे लघु राज्यों के लिए नहीं बल्कि विश्व राज्य के लिए। अतः, रूसो का यह तर्क गलत है कि स्वतंत्रता के लिए राज्य का आकार छोटा होना आवश्यक है।

3. अधिक जनसंख्या, कम स्वतंत्रता (More Population, Less Liberty)–रूसो के अनुसार राज्य की जनसंख्या जिस अनुपात में बढ़ती है, उसी अनुपात में नागरिकों की स्वतंत्रता घटती है।[2] रूसो का यह तर्क कितना अनुपयुक्त और उपहासास्पद है, यह इसी बात से स्पष्ट हो जाता है कि रूसो के सिद्धांत के

1. Sabine.
2. *Ibid.*, Book III, Chapter 1.

अनुसार स्विट्जरलैंड का नागरिक ब्रिटेन के नागरिक की तुलना में तेरह गुना अधिक स्वतंत्र होने का दावा करेगा। रूसो का यह तर्क उसके अतिरंजित व्यक्तिवाद, सम्प्रभुता की सच्ची धारणा के प्रति उसके दोषपूर्ण समझ और उसकी कठोर गणितीय पद्धति के खतरे का परिचायक है।[1]

4. स्वतंत्रता केवल नैतिक नहीं (Liberty not Only Moral)–रूसो का यह विचार भी पूर्णतः सत्य नहीं प्रतीत होता है कि मनुष्य तभी स्वतंत्र हो सकता है जब वह अपनी सामान्य या नैतिक इच्छा के अनुकूल कार्य करे। वस्तुतः, मनुष्य उसी हद तक अपने को स्वतंत्र अनुभव करता है जिस हद तक वह अच्छा जीवन बिता पाता है। लेकिन, अच्छे जीवन का अर्थ केवल नैतिकता का नहीं, बल्कि विज्ञान, कला, सम्मान और सौन्दर्य का भी उपासक होता है। अतः, स्वतंत्रता का आविर्भाव केवल नैतिक मान्यताओं से नहीं होता। वह तो उन आकांक्षाओं से उत्पन्न होती है जो नैतिक होने से कहीं अधिक कलात्मक, बौद्धिक और राजनीतिक होती हैं।[2]

5. नैतिकता की उत्पत्ति धीरे से (Origin of Morality Slowly)–आलोचकों का कथन है कि नैतिक मान्यता की उत्पत्ति शनैः शनैः मनुष्यों के सामाजिक सम्पर्क से होती है। इसके साथ ही, नैतिकता की प्रक्रिया कानून की प्रक्रिया से सर्वथा भिन्न होती है। कानून की तरह मनुष्य स्वयं अपने लिए नैतिकता का निर्माण नहीं करता है।

6. कानून स्वतंत्रता के मार्ग में सहायक (Law is Helpful to Liberty)–यदि कानून से रूसो का तात्पर्य उस विधान से है जो मनुष्य स्वतः अपने लिए बनाता है, तो भी उसका पालन करने में स्वतंत्रता निहित नहीं हो सकती है। कानून के निर्माण की प्रक्रिया में सक्रिय रूप से भाग लेने का अर्थ यह नहीं है कि मनुष्य स्वेच्छा से उसका पालन करेगा ही। यदि मनुष्य उसका पालन भी करे, तब भी स्वतंत्रता उसके पालन में निहित नहीं होती। कानून स्वतंत्रता के मार्ग में सहायक हो सकता है, लेकिन स्वयं कानून के पालन में स्वतंत्रता निहित नहीं होती।

निष्कर्ष

उपर्युक्त आलोचनाओं के अतिरिक्त, रूसो का स्वतंत्रता संबंधी विचार उसके राजनीतिक सिद्धांत का एक महत्वपूर्ण अंग है। रूसो का यह तर्क कि

---

1. "Rousseau's argument illustrates at once his exaggerated individualism, his imperfect grasp of the true conception of sovereign and the dangers of his rigid mathematical method."—Tozer.
2. *Ibid.*

विवेकी और आत्मसंचयी होकर ही मनुष्य स्वतंत्र होने का दावा कर सकता है, अपनी वासना और तृष्णा का दास होकर नहीं। उसने ठीक ही कहा है कि स्वतंत्रता का अर्थ बंधन हीन जीवन नहीं, अपनी तुच्छ प्रवृत्तियों से मुक्ति पाना है, अपने स्वार्थ की पूर्ति करना नहीं, परोपकार की वेदी पर आत्मबलिदान करना है; अपनी वासना की तृप्ति करना नहीं, नैतिक मूल्यों का पालन करना है; दूसरों को कुचलकर आगे बढ़ना नहीं, बल्कि सामाजिक कल्याण हेतु अपनी सेवा अर्पित करना है।

रूसो के अनुसार वही राज्य वास्तव में स्वतंत्र है जो सार्वजनिक कल्याण की भावना से प्रेरित होकर कार्य करता है, अपने नागरिकों में सद्गुणों का संचार करता है, उनकी प्रतिभाओं का विकास करता है, उनके विचार के क्षेत्र को विस्तृत करता है, उनमें दया, सहानुभूति और करूणा की भावना भरता है तथा उनकी आत्मा को ऊँचा उठाता है। जो राज्य ऐसा नहीं करता, वह स्वतंत्र होने का दावा नहीं कर सकता है।

वस्तुत:, सच्ची स्वतंत्रता राज्य में ही संभव है और राज्य जितना शक्तिशाली होता है, उतनी ही अधिक सुरक्षित व्यक्तियों की स्वतंत्रता होती है। दुर्बल राज्य में स्वतंत्रता खतरे में रहती है। इस प्रकार, रूसो ने अपने सिद्धांत में व्यक्तिगत स्वतंत्रता के साथ पूर्ण शक्ति सम्पन्न राज्य की भी व्यवस्था की है। रूसो स्वतंत्रता का महान मसीहा है जिसकी अमर वाणी का प्रभाव संपूर्ण मानव समाज पर चिरंतन पड़ता रहेगा।

समानता
(Equality)

समानता का अर्थ (Meaning of Equality)

रूसो की स्वतंत्रता समानता पर आधारित है। उसका कथन है समानता के अभाव में स्वतंत्रता संभव नहीं है। उसके अनुसार समानता का अर्थ एकरूपता नहीं है। वह इस बात को स्वीकार करता है कि मनुष्य में स्वाभाविक रूप से शारीरिक और बौद्धिक असमानता होती है। अतएव, समानता का अर्थ यह नहीं है कि सभी नागरिकों को शारीरिक और बौद्धिक रूप से समान होना चाहिए।

समानता से रूसो का अर्थ यह भी नहीं है कि सब नागरिकों की सम्पत्ति और आमदनी समान होनी चाहिए। शारीरिक शक्ति और बौद्धिक क्षमता में असमान होने के कारण कुछ लोग दूसरों की तुलना में अवश्य ही अधिक प्रगति करेंगे तथा अधिक धन जमा करेंगे। रूसो की समानता इस धारणा पर आधारित नहीं है कि समाज में श्रेणी नहीं होनी चाहिए तथा एक व्यक्ति को दूसरे की तुलना में धनी या गरीब नहीं होना चाहिए।

समानता से रूसो का अर्थ कानूनी, नैतिक और आर्थिक समानता है। मनुष्यों की प्राकृतिक असमानता के सिद्धांत को स्वीकार करके भी रूसो कानूनी, नैतिक और आर्थिक समानता का समर्थन करता है।

समानता के प्रकार (Kinds of Equality)

रूसो ने समानता के निम्नांकित तीन प्रकारों का उल्लेख किया है–

1. **कानूनी समानता** (Legal Equality)–रूसो के अनुसार कानूनी समानता का अर्थ यह है कि कानून के निर्माण में सभी लोगों को समान रूप से मताधिकार होना चाहिए तथा कानून के समक्ष सबको समान समझना चाहिए। कानून के द्वारा वर्ग, जाति, वंश, सम्पत्ति या अन्य किसी आधार पर किसी के साथ विभेद नहीं करना चाहिए।

2. **नैतिक समानता** (Moral Equality)–नैतिक समानता का अर्थ यह है कि सार्वजनिक कार्यक्षेत्र में भाग लेने का सबको समान रूप से अवसर मिलना चाहिए तथा किसी भी व्यक्ति को किसी दूसरे व्यक्ति के उद्देश्य की पूर्ति के लिए साधन नहीं समझना चाहिए। सबके व्यक्तित्व का समान रूप से आदर होना चाहिए।

3. **आर्थिक समानता** (Economic Equality)–आर्थिक समानता का अर्थ यह है कि कोई इतना धनी न हो कि वह दूसरों को खरीद सके तथा कोई इतना गरीब भी न हो कि वह अपने को बेचने के लिए बाध्य किया जा सके।[1]

समाज श्रेणियों में विभक्त हो सकता है, लेकिन श्रेणी का आधार सम्पत्ति नहीं, बल्कि नागरिकों की उम्र या राज्य के प्रति सेवा या पद होना चाहिए। दूसरे शब्दों में, रूसो का कथन है कि निम्न श्रेणी से उच्च श्रेणी में प्रवेश पाने का अधिकार उन नागरिकों को होना चाहिए, जो उम्र में श्रेष्ठ हों या जिन्होंने समुदाय के प्रति सर्वाधिक योगदान किया हो या जो सार्वजनिक पद पर आसीन होने के लिए जनता द्वारा निर्वाचित किए गए हों।[2] किसी भी स्थिति में, सम्पत्ति के आधार पर समाज को श्रेणीबद्ध नहीं किया जाना चाहिए।

असमानता के दोष (Demerits of Inequality)

रूसो के अनुसार असमानता से अग्रलिखित दोष उत्पन्न होते हैं–

1. **आर्थिक असमानता मानव स्वभाव को भ्रष्ट करती है** (Economic Inequality Corrupts Human Nature)–रूसो के अनुसार आर्थिक असमानता

---

1. "...no citizen should be rich enough to be able to buy another, and none poor enough to be forced to sell himself."—Rousseau, *The Social Contract*, Book II, Chapter 11.
2. Plamenatz.

के कारण मनुष्य भ्रष्ट, पापी, कलुषित और दुश्चरित्र होता है। उसने कहा है कि शासन की स्थापना धनियों के स्वार्थों की पूर्ति और गरीबों के शोषण के लिए की जाती है। धनी व्यक्ति निर्धनों को राजनीतिक समाज की सदस्यता स्वीकार करने तथा बाद में अपने स्वार्थों की पूर्ति करने एवं कानून और न्याय-व्यवस्था को स्वीकृति करने के लिए विवश करते हैं। रूसो का यह विचार कार्लमार्क्स की इस उक्ति से मिलता-जुलता है कि शासन का मुख्य कार्य धनियों की रक्षा करना और निर्धनों का शोषण करना है। इस अर्थ में रूसो के सिद्धांत में मार्क्सवाद का बीज पाया जाता है।

2. **धनी घमंडी** (Rich People Proud)–असमानता धनी लोगों को घमंडी बनाती है तथा निर्धनों को उनके अधीनस्थ करती है। धनी अपने को सम्मानित और निर्धन अपमानित समझते हैं। सम्पत्ति ही सम्मान की कसौटी बन जाती है। अतएव, धन के संग्रह हेतु मनुष्यों में स्पर्धा शुरू हो जाती है। धनी विलासितापूर्ण जीवन व्यतीत करते हैं, जबकि गरीब दरिद्रता की चक्की पीसते रहते हैं।

3. **शिक्षा स्तर का पतन** (Fall of Standard of Education)–असमानता शिक्षा पर भी अपना कुप्रभाव डालती है। इससे शिक्षा के स्तर का पतन होता है। जिस समाज में असमानता होती है वहाँ के बच्चों को सिद्धांतों की शिक्षा दी जाती है, लेकिन व्यावहारिकता पर ध्यान नहीं दिया जाता है। परिणामस्वरूप, शिक्षा-व्यवस्था छली, कपटी और पाखंडी व्यक्तियों का ही निर्माण कर पाती है।

4. **व्यक्तिगत स्वतंत्रता खतरे में** (Individual Liberty in Danger)–असमानता के कारण व्यक्तिगत स्वतंत्रता भी खतरे में पड़ जाती हैं। असमानता सार्वजनिक हित के मार्ग में बाधा उपस्थित करती है और राज्य के स्थायित्व पर भी चोट पहुँचाती है। धनी और निर्धन वर्गों से निर्मित राज्य स्थायी नहीं हो सकता। **रूसो** ने लिखा है कि एक वर्ग से निरंकुश शासकों की उत्पत्ति होती है, दूसरे से निरंकुशता के समर्थकों की। यदि एक वर्ग खरीदता है तो दूसरा बेचता है। इस प्रकार, सार्वजनिक स्वतंत्रता के साथ सौदेबाजी की जाती है।[1]

5. **राजनीतिक स्वतंत्रता खतरे में** (Political Liberty in Danger)–रूसो के अनुसार आर्थिक असमानता राजनीतिक स्वतंत्रता के लिए घातक होती है। जो नागरिक अपने जीवन-यापन के लिए दूसरे पर निर्भर करता है वह राजनीतिक विषयों पर अपने स्वतंत्र विचार का प्रयोग नहीं कर सकता है। कानून के निर्माण की प्रक्रिया में भी वह अपना स्वतंत्र मतदान नहीं कर सकता है।

6. **देशभक्ति की भावना की कमी** (Lack of National Feeling)–असमानता राज्य के प्रति नागरिकों की निष्ठा को क्षीणकर देती है तथा नागरिकों

1. *Ibid.*, Book II, Chapter 11.

के देशभक्ति की भावना को कमजोर बनाती है। निर्धन लोग राज्य के कार्यों में अभिरूचि नहीं लेते।

उपर्युक्त तथ्यों के आधार पर रूसो ने असमानता पर प्रचंड प्रहार किया है।

समानता की स्थापना के लिए सुझाव (Suggestions for Bringing Equality)

रूसो ने समानता की स्थापना हेतु कुछ सुझाव दिए हैं। उसका विचार है कि चूँकि परिस्थितियाँ सदा समानता को नष्ट करने पर तुली हुई रहती है, अतएव कानून की शक्ति द्वारा समानता को बनाये रखने के लिए नागरिकों को सतत जागरूक और प्रयत्नशील रहना चाहिए।

1. अप्रत्यक्ष कर (Indirect Tax)–रूसो का एक सुझाव है कि समानता की स्थापना अप्रत्यक्ष करों द्वारा होनी चाहिए। जैसे–धनियों से धन संग्रह करने के साधनों से वंचित कर तथा भिखारियों के लिए भिक्षागृहों और अनाथालयों का निर्माण कर नहीं, बल्कि नागरिकों को भिखारी होने से बचाकर ही समानता की स्थापना हो सकती है। पोलिटिकल इकॉनॉमी में रूसो ने सुझाव दिया है कि विलासिता संबंधी सामानों पर भारी कर लगाकर धनियों को नियंत्रित किया जा सकता है। इसके साथ ही, धनी और निर्धन नागरिकों के बीच की गहरी खाई को पाटा जा सकता है।

2. सम्पत्ति के उत्तराधिकार कानून द्वारा (Through Law of Inheritance of Property)–कोर्सिका की सांविधानिक योजना में रूसो ने कहा है कि यदि कोई नागरिक अपने जीवन में किसी सम्पत्ति का स्वामी होता है, तो इसका अर्थ यह नहीं है कि उसे इस बात का भी निर्णय करने का अधिकार हो कि उसकी मृत्यु के बाद उसकी सम्पत्ति का अधिकारी कौन होगा। अतएव, रूसो उत्तराधिकार के कानूनों को इस रूप से संशोधित करने का परामर्श देता है जिससे सभी को कुछ सम्पत्ति हो तथा किसी को भी अत्यधिक सम्पत्ति न हो। यहाँ रूसो केवल उत्तराधिकार के कानूनों में सुधार लाकर ही समानता की स्थापना करना नहीं चाहता, बल्कि इस बात पर भी बल देता है कि राज्य को ही समस्त भौतिक सम्पत्ति का स्वामी होना चाहिए।

इस प्रकार, रूसो ने समानता पर अपना विचार प्रकट किया है।

प्रश्न
(Questions)

1. रूसो की स्वतंत्रता-संबंधी धारणा का विवेचन करें।
   Discuss Rousseau's concept of Liberty.

2. रूसो की स्वतंत्रता का अर्थ, आधार और महत्व का वर्णन करें।
   Describe the meaning, bases and importance of Rousseau's Liberty.
3. रूसो के समानता-संबंधी विचार की समीक्षा करें।
   Examine Rousseau's ideas on Equality.
4. रूसो की समानता का अर्थ, प्रकार, दोष और सुझाव का विवेचन करें।
   Discuss the meaning, kinds, demerits and suggestions of Rousseau's Equality.
5. रूसो की स्वतंत्रता और समानता की धारणा को स्पष्ट कीजिए।
   Elucidate Rousseau's concept of Liberty and Equality.
6. रूसो की स्वतंत्रता और समानता पर एक लेख लिखिए।
   Write an essay on Rousseau's Liberty and Equality.

वस्तुनिष्ठ प्रश्न
(Objective Questions)

1. Who said this?
   "Obedience to a self-prescribed law is liberty."
   (a) Rousseau (b) Locke (c) Hobbes (d) J.S. Mill
2. Who said this?
   "Liberty may be acquired but never recovered."
   (a) Locke (b) Rousseau (c) Coker (d) Wayper
3. Who said this?
   "Rousseau's argument illustrates at once his exaggerated individualism, his imperfect grasp of the true conception of sovereign and the dangers of his rigid mathematical method."
   (a) Rousseau (b) Locke (c) Tozer (d) Sabine
4. Who said this?
   "...no citizen should be rich enough to be able to buy another, and none poor enough to be forced to sell himself."
   (a) Locke (b) Sabine (c) Coker (d) Rousseau
5. यह कथन किसका है?
   "राज्य में निवास करने वाले किसी व्यक्ति को यह नहीं कहना चाहिए कि वह कानून के ऊपर है।"
   (क) रूसो (ख) लॉक (ग) मिल (घ) ग्रीन

6. यह कथन किसका है?

"मनुष्य स्वतंत्र जन्म लेता है।"

(क) लॉक (ख) रूसो (ग) प्लेटो (घ) अरस्तू

7. यह कथन किसका है?

"स्वतंत्रता को त्यागने का अर्थ मनुष्य होने के नाते अपने गुणों, अधिकारों और मानवता के प्रति अपने कर्तव्यों का त्याग करना है।"

(क) लॉक (ख) वेपर (ग) रूसो (घ) कोकर

8. यह कथन किसका है?

"मानव-जाति की अभिवृद्धि शांति के द्वारा जितनी नहीं होती, उससे कहीं अधिक स्वतंत्रता के द्वारा होती है।"

(क) सेबाइन (ख) डनिंग (ग) वेपर (घ) रूसो

9. यह कथन किसका है?

"जैसे ही कोई राष्ट्र अपने प्रतिनिधियों को नियुक्त करता है, वह अपनी स्वतंत्रता खो देता है।"

(क) रूसो (ख) लॉक (ग) मिल (घ) ग्रीन

10. यह कथन किसका है?

"....रूसो की सामान्य इच्छा का सिद्धांत इतना अमूर्त्त, अव्यक्त और दुरूह है कि उसमें स्पष्टत: यह नहीं बताया गया है कि समुदाय के अंदर व्यक्तियों को अपने कार्य-व्यापार में कहाँ तक स्वतंत्र छोड़ा जा सकता है।"

(क) वेपर (ख) सेबाइन (ग) डनिंग (घ) कोकर

11. यह कथन किसका है?

"राज्य की जनसंख्या जिस अनुपात में बढ़ती है, उसी अनुपात में नागरिकों की स्वतंत्रता घटती है।"

(क) लॉक (ख) प्लेटो (ग) रूसो (घ) अरस्तू

12. यह कथन किसका है?

"....अत:, स्वतंत्रता का आविर्भाव केवल नैतिक मान्यताओं से नहीं होता। वह तो उन आकांक्षाओं से उत्पन्न होती है जो नैतिक होने से कहीं अधिक कलात्मक, बौद्धिक और राजनीतिक होती हैं।"

(क) लॉक (ख) ग्रीन (ग) मिल (घ) रूसो

उत्तर
(Answers)

1. (a) 2. (b) 3. (c) 4. (d) 5. (क) 6. (ख) 7. (ग) 8. (घ) 9. (क) 10. (ख) 11. (ग) 12. (घ)

27

सम्पत्ति, अधिकार, शिक्षा और धर्म

(Property, Rights, Education and Religion)

सम्पत्ति (Property)

सम्पत्ति के विषय में रूसो के विचार में निश्चितता का अभाव है। कभी वह उसे बुरा मानता है, तो कभी अच्छा। उसने अपनी विभिन्न रचनाओं में सम्पत्ति पर विभिन्न विचार व्यक्त किया है।

डिसकोर्सेज ऑन इनइक्वैलिटी (Discourses on Inequality)

रूसो ने अपनी इस रचना में व्यक्तिगत सम्पत्ति पर प्रचण्ड प्रहार किया है तथा उसे सभी बुराइयों, पापों और कुकर्मों की जड़ कहा है।

पोलिटिकल इकॉनॉमी (Political Economy)

उपर्युक्त विचारधारा के विपरीत रूसो ने इस रचना में सम्पत्ति को समाज की आधारशिला और नागरिकों का एक ऐसा पवित्र अधिकार माना है जो कुछ अर्थों में स्वतंत्रता से भी अधिक महत्वपूर्ण है। यहाँ उसने सम्पत्ति को अभिशाप नहीं, वरदान माना है। उसने सम्पत्ति को पाप नहीं, बल्कि पुण्य का प्रतीक माना है; तथा दूषित नहीं, पवित्र संस्था माना है। इसके साथ ही, उसने सम्पत्ति को पैशाचिक शक्ति का द्योतक न मानकर सबसे अधिक महत्वपूर्ण मौलिक अधिकार माना है।

इसी प्रकार का विचार रूसो ने **ईमाइल** (अध्याय पाँच) ग्रंथ में भी व्यक्त किया है।

द सोशल कॉन्ट्रैक्ट (The Social Contract)

रूसो ने **द सोशल कॉन्ट्रैक्ट** में सम्पत्ति पर जो विचार प्रकट किया है वह उसका अन्तिम निर्णय है। क्योंकि, इसके बाद इस संबंध में उसके विचारों में कोई परिवर्तन नहीं होता है। इस ग्रंथ में रूसो ने कहा है कि नागरिक समाज के आविर्भाव के पूर्व प्राकृतिक अवस्था में व्यक्ति केवल आधिपत्य का दावा कर सकता है, सम्पत्ति का नहीं। सम्पत्ति का आविर्भाव तो समझौते के बाद नागरिक समाज में होता है। नागरिक समाज में प्रवेश करते समय व्यक्ति अपना समस्त अधिपत्य समुदाय के हाथों में सुपुर्द कर देता है तथा समुदाय सम्पत्ति के अधिकार की सृष्टि करता है।

प्राकृतिक अवस्था का अधिपत्य शक्ति पर आधारित होता है। वह अधिपत्य समुदाय के द्वारा ही सम्पत्ति के रूप में परिवर्तित किया जा सकता है जो हक पर आधारित होता है। पुनः, जहाँ अधिपत्य इस बात पर निर्भर करता है कि सबसे पहले किसी वस्तु पर किसने अपना स्वामित्व स्थापित किया है, सम्पत्ति का निर्णय इस बात से होता है कि राज्य ने उसे मान्यता दी है या नहीं। अतएव, जहाँ अधिपत्य का आधार शक्ति और प्रथम दखल है, सम्पत्ति का आधार हक और राज्य की मान्यता है। प्रथम, स्वामित्व का अधिकार वास्तविक तभी होता है जब सम्पत्ति की स्थापना की जाती है।

आधिपत्य को न्याय संगत बनाने के लिए तीन शर्तें (Three Conditions for Making the Possession Legal)–रूसो ने **द सोशल कॉन्ट्रैक्ट** के खंड एक के अध्याय नौवां में किसी भी अधिपत्य की न्याय संगत बनाने के लिए निम्नांकित तीन शर्तों का होना आवश्यक बतलाया है–

1. जिस जमीन पर व्यक्ति स्वामित्व स्थापित करे वह खाली हो तथा उस पर पहले से कोई निवास न करता हो;

2. व्यक्ति को उतना ही क्षेत्र अधिकृत करना चाहिए जितना उसके जीवन-निर्वाह के लिए आवश्यक हो; और

3. अधिपत्य की स्थापना निरर्थक समारोह के द्वारा न कर परिश्रम के द्वारा करनी चाहिए।[1]

वस्तुतः, सामाजिक समझौता ही व्यक्ति के अधिपत्य को सम्पत्ति में बदलता है तथा वास्तविक स्वामित्व का कानूनी मान्यता प्रदान करता है।

सम्पत्ति का अधिकार राज्य में ही सम्भव (Right to Property Possible Only in State)–लॉक के विपरीत, रूसो का विचार है कि सम्पत्ति प्राकृतिक

1. Rousseau, *The Social Contract*, Book I, Chapter 9.

अधिकार नहीं है। यह एक नागरिक अधिकार है जिसकी सृष्टि राज्य करता है। राज्य ही अपने नागरिकों को सम्पत्ति का अधिकार प्रदान करता है। क्योंकि, राज्य सम्पत्ति का निर्माता है। अतः, सार्वजनिक हित में राज्य व्यक्ति की सम्पत्ति के अधिकार को परिवर्तित, संशोधित, निर्देशित और नियन्त्रित कर सकता है।

रूसो आर्थिक समानता का भी प्रबल समर्थक है। यद्यपि उसने यह स्वयं स्वीकार किया है कि मनुष्य स्वभाव से सम्पत्ति का इतना प्रेमी होता है कि व्यक्तिगत सम्पत्ति का मूलोच्छेद नहीं किया जा सकता है, फिर भी वह सम्पत्ति की असमानता का समर्थन नहीं करता है।

अधिकार (Rights)

रूसो लॉक के समान जीवन, स्वतंत्रता और सम्पत्ति के अधिकार को मानता है। लेकिन, लॉक उन अधिकारों को प्राकृतिक मानता है, जबकि रूसो ने उन्हें नागरिक अधिकार माना है। रूसो की दृष्टि में, कोई अधिकार प्राकृतिक नहीं होता है, बल्कि राज्य ही अधिकारों की सृष्टि करता है। अतएव, राज्य में ही जीवन, स्वतंत्रता और सम्पत्ति जैसे अधिकारों का उपभोग संभव है। राज्य के परे अधिकारों का कोई मूल्य नहीं है।

रूसो ने नैतिक, कानूनी और आर्थिक समानता के अधिकारों का भी उल्लेख किया है। उसका मत है कि सार्वजनिक हित की दृष्टि से व्यक्ति अपनी स्वतंत्रता और अधिकारों का उस सीमा तक त्याग कर देता है, जहाँ तक सर्वोच्च सत्ता त्याग इनको छोड़ना आवश्यक समझे।

शिक्षा (Education)

रूसो ने **ईमाइल** ग्रन्थ में शिक्षा पर अपना विचार व्यक्त किया है। इस ग्रन्थ ने शिक्षा के क्षेत्र में क्रांति उत्पन्न कर दी है। इसी ग्रन्थ के कारण रूसो को प्रगतिवादी शिक्षा का जनक माना जाता है। रूसो ऐसी शिक्षा के पक्ष में था जो मनुष्य की आन्तरिक प्रकृति को सँवार कर उसे वैभवशाली बनाये। उसके अनुसार शिक्षा का मुख्य उद्देश्य मानव प्रकृति की सुदृढ़ पुनर्स्थापना करना है।

रूसो ने इस बात पर जोर दिया है कि बचपन से युवावस्था तक नागरिकों को गृह-शिक्षा और नागरिक-शिक्षा दी जानी चाहिए। उसने बचपन में धार्मिक शिक्षा दिए जाने का घोर विरोध किया है, जो तत्कालीन समाज में बच्चों को दिया जाता है। इसी कारण, रूसो को धर्म विरोधी और क्रान्तिकारी घोषित किया गया।

रूसो ने इस ग्रंथ में शिक्षा-योजना और शिक्षण-विधि पर जो भी विचार दिया है, वे आज भी शिक्षा के क्षेत्र में पथ प्रदर्शक का कार्य कर रहे हैं। इसी ग्रंथ के कारण रूसो के कितने शत्रु हो गये। इसमें धर्म विरोधी विचार होने

के कारण, पादरियों ने इसे अग्नि की भेंट की। इसके साथ ही, इसी ग्रंथ में व्यक्त क्रांतिकारी विचारों के कारण, रूसो को फ्रांस छोड़कर भाग जाना पड़ा।

वस्तुतः, रूसो का **ईमाइल** ग्रंथ शिक्षा शास्त्र पर लिखा गया एक अनुपम कृति है जिसे सम्पूर्ण मानव समाज अपनाता रहेगा।

धर्म (Religion)

रूसो ने **द सोशल कॉन्ट्रैक्ट** के चतुर्थ खंड के आठवें अध्याय में धर्म-संबंधी विचारों पर प्रकाश डाला है। उसका कथन है आदिम काल से ही राज्य और धर्म में घनिष्ठ सम्बन्ध रहा है। लेकिन, आदिम काल के असभ्य लोगों को अनुशासित करने में धर्म ने जितना योगदान किया, उतना आधुनिक काल में वह नहीं कर सकता है। आज का मनुष्य धर्म से कहीं अधिक कानून और राज्य की एकता की धारणा से अनुशासित होता है। रूसो भी हॉब्स के समान चर्च जैसी धार्मिक संस्थाओं को राज्य के कठोर नियंत्रण में रखने का पक्षपाती है तथा राज्य को नये धर्म की स्थापना करने का अधिकार प्रदान करता है।

धर्म के प्रकार (Types of Religion)

रूसो ने अग्रलिखित तीन प्रकार के धर्म का वर्णन किया है–

1. वैयक्तिक धर्म, 2. नागरिक धर्म, और 3. पुरोहित धर्म।

1. वैयक्तिक धर्म (Personal Religion)–वैयक्तिक धर्म सरल और पवित्र होता है। यह आंतरिक और स्वाभाविक होता है। इसमें न मन्दिर, न वेदियाँ और न संस्कार होते हैं। रूसो इसे वास्तविक ईश्वरवाद या प्राकृतिक दैवी कानून की संज्ञा देता है। यद्यपि वह इस धर्म को पवित्र और उत्कृष्ट मानता है, फिर भी वह इसकी आलोचना करता है। उसके अनुसार यह असामाजिक होता है, देशभक्ति की भावना का विरोधी होता है, भौतिक जगत से मनुष्यों के ध्यान को खींचकर काल्पनिक जगत की ओर उन्मुख करता है तथा नागरिकों को निरंकुश शासन के प्रति सहिष्णु बनाता है।

2. नागरिक धर्म (Civil Religion)–नागरिक धर्म देश की रूढ़ियों, संस्कारों और कानूनों पर आधारित होता है। इसमें मनुष्य अपने देश और देवता दोनों से प्रेम करता है। लेकिन, इसमें दोष यह है कि यह मनुष्य को अन्धविश्वासी और संकुचित बनाता है। राष्ट्रों को असहिष्णु बनाता है। कलह और हत्या को बढ़ावा देता है। इसके साथ ही, यह एक राष्ट्र को दूसरे राष्ट्र के साथ धर्म के नाम पर युद्ध करने के लिए प्रेरित करता है।

3. पुरोहित धर्म (Religion of Priest)–यह धर्म पुरोहितों के द्वारा दिया जाता है। लामा और रोम के ईसाई धर्म प्रचारकों के धर्म इसके उदाहरण हैं। रूसो इस धर्म को निकृष्ट मानता है, क्योंकि यह दो सत्ताओं को जन्म देता है जिसके कारण संघर्ष और कलह का वातावरण उत्पन्न होता है तथा राज्य की प्रगति में बाधा पहुँचती है।

धर्म और राज्य में सम्बन्ध (Relationship between Religion and State)

रूसो ने धर्म और राज्य के वास्तविक संबंध के विषय में अपना सिद्धांत प्रतिपादित किया है। उसका मत है कि राज्य को केवल सार्वजनिक क्षेत्र में हस्तक्षेप करने का अधिकार है। सम्प्रभु का मुख्य उद्देश्य श्रेष्ठ नागरिकता का निर्माण करना है। पारलौकिक जगत की बातें सम्प्रभु के क्षेत्र से बाहर होती है।

राजकीय धर्म (State Religion)

रूसो राजकीय धर्म के सिद्धांत का प्रतिपादन करता है। उसके अनुसार राजकीय धर्म के सिद्धांतों का निर्धारण सम्प्रभु करेगा और राज्य स्वयं उनको लागू करेगा। यह धर्म धार्मिक हठवादिता के रूप में नहीं, बल्कि सामाजिकता की भावना, जिसके बिना न कोई व्यक्ति अच्छा नागरिक हो सकता है या न विश्वासी प्रजा ही, के रूप में निश्चित होगा। इसमें उन सभी धार्मिक मतों को मौलिक सिद्धांतों के रूप में ग्रहण किया जाएगा जिन्हें व्यापक रूप से स्वीकृति प्राप्त हो तथा उन सभी धार्मिक मतों को बहिष्कृत किया जाएगा जिनके कारण नागरिकों में कलह और राष्ट्रों में संघर्ष हुआ हो।

सम्प्रभु किसी नागरिक को यह धर्म मानने के लिए विवश नहीं कर सकता है, लेकिन इस धर्म में विश्वास नहीं करने वालों को वह राज्य से निष्कासित कर सकता है। सम्प्रभु उनको धार्मिक दंड न देकर नागरिक दंड प्रदान करेगा। उन्हें नास्तिक, पापी और भ्रष्ट समझकर नहीं, बल्कि असामाजिक, कर्तव्यच्युत, कानून और न्याय का विरोधी मानकर दंडित करेगा। यदि कोई व्यक्ति नागरिक धर्म को सार्वजनिक रूप से स्वीकार करने के बाद उसका उल्लंघन करता है, तो राज्य उसे प्राणदंड की सजा भी दे सकता है, क्योंकि कानून के समय झूठ बोलकर उसने महान अपराध किया है।[1]

इस प्रकार, रूसो न तो ईसाई धर्म को राज्य में प्राथमिकता देने की नीति का समर्थन करता है और न धर्मनिरपेक्ष राज्य की ही कल्पना करता है। सामाजिक नैतिकता, राजनीतिक एकता और राज्य की सर्वोच्चता को सुरक्षित रखने के लिए वह राजकीय धर्म की स्थापना पर बल देता है।

---

1. *Ibid.*, Book IV, Chapter 8.

हॉब्स और लॉक से तुलना (Comparison to Hobbes and Locke)

धर्म के संबंध में रूसो की तुलना हॉब्स और लॉक से की जा सकती है। हॉब्स के समान रूसो भी चर्च पर राज्य के नियंत्रण का पक्षपाती है। दोनों धर्म के निरूपण का अधिकार राज्य को देते हैं।

लॉक के समान रूसो भी नागरिकों के प्रति असहिष्णु है। लेकिन, रूसो की तरह लॉक यह नहीं कहता है कि नागरिकों को राज्य द्वारा निर्धारित धर्म को सार्वजनिक रूप से स्वीकार करना चाहिए तथा एक बार स्वीकार करने के बाद उल्लंघन करने पर उन्हें प्राणदण्ड की सजा मिलनी चाहिए। वह सिर्फ यही कहता है कि यदि कोई नास्तिक सार्वजनिक रूप से धर्म को अस्वीकार करता है तो राज्य को उस व्यक्ति के प्रति सहनशील नहीं होना चाहिए। इस प्रकार, धर्म के संबंध में रूसो लॉक की तुलना में हॉब्स के अधिक निकट है और लॉक से कम उदार है।

आलोचना (Criticism)

रूसो के राजकीय धर्म की आलोचना की गयी है। उसका यह धर्म वैयक्तिक स्वतंत्रता के लिए घातक सिद्ध हो सकता है। राज्य में यदि किसी समय किसी विशेष धर्म के लोग बहुमत में आकर सरकार का निर्माण करें, तो वे सार्वजनिक इच्छा के नाम पर अपने धर्म को राजकीय धर्म बताकर दूसरों पर उसे लादने का प्रयास करेंगे।

ऐसी स्थिति में, निर्दोष नागरिकों को सताया जा सकता है तथा पाखंडी और धर्मांध लोगों की चलती हो सकती है। परिणामतः, राज्य स्वयं अत्याचारी होकर वैयक्तिक स्वतंत्रता पर आघात कर सकता है।

इस प्रकार, धर्म सम्बन्धी रूसो का विचार अनुदारवादी ही नहीं है, बल्कि अत्याचारतंत्र का बीजारोपण भी करता है।

प्रश्न
(Questions)

1. रूसो के संपत्ति-संबंधी विचार का विवेचन करें।
   Discuss Rousseau's Views on Property.
2. रूसो के अधिकार और धर्म संबंधी विचार की समीक्षा कीजिए।
   Examine Rousseau's views on Rights and Religion.
3. रूसो के धर्म-संबंधी विचार की मीमांसा करें।
   Discuss Rousseau's views on Religion.

4. रूसो के संपत्ति, अधिकार, शिक्षा और धर्म-संबंधी विचारों का संक्षेप में उल्लेख करें।
   Mention briefly the views of Rousseau on Property, Rights, Education and Religion.
5. रूसो के संपत्ति और धर्म पर विचार को स्पष्ट कीजिए।
   Elucidate Rousseau's views on Property and Religion.
6. रूसो के संपत्ति, अधिकार, शिक्षा और धर्म पर एक लेख लिखिए।
   Write an essay on Rousseau's Property, Rights, Education and Religion.

वस्तुनिष्ठ प्रश्न
(Objective Questions)

1. **Discourses on Inequality** ग्रंथ के रचयिता कौन हैं?
   (क) रूसो (ख) लॉक (ग) हॉब्स (घ) बोदां
2. **The Emile** पुस्तक के लेखक कौन हैं?
   (क) लॉक (ख) रूसो (ग) लास्की (घ) बेन्थम
3. **The Social Contract** पुस्तक के रचनाकार कौन हैं?
   (क) गेटेल (ख) कोकर (ग) रूसो (घ) वेपर
4. यह कथन किसका है?
   "...संपत्ति का आविर्भाव तो समझौते के बाद नागरिक समाज में होता है...।"
   (क) लॉक (ख) हॉब्स (ग) बोदां (घ) रूसो
5. यह कथन किसका है?
   "कोई अधिकार प्राकृतिक नहीं होता है, बल्कि राज्य ही अधिकारों के सृष्टि करता है।"
   (क) रूसो (ख) लॉक (ग) हॉब्स (घ) लास्की
6. यह कथन किसका है?
   "लोगों को ऐसी शिक्षा मिलनी चाहिए जो उनकी आंतरिक प्रकृति को संवार कर उसे वैभवशाली बनाये।"
   (क) लॉक (ख) रूसो (ग) हॉब्स (घ) गेटेल
7. यह कथन किसका है?
   "धार्मिक संस्थाओं को राज्य के कठोर नियंत्रण में रहना चाहिए तथा राज्य को नए धर्म की स्थापना करने का अधिकार भी होना चाहिए।"
   (क) लॉक (ख) हॉब्स (ग) रूसो (घ) वेपर

8. यह कथन किसका है?

"राजकीय धर्म के सिद्धांतों का निर्धारण संप्रभु करेगा और राज्य स्वयं उनको लागू करेगा।"

(क) सेबाइन (ख) कोकर (ग) लॉक (घ) रूसो

उत्तर
(Answers)

1. (क) 2. (ख) 3. (ग) 4. (घ) 5. (क) 6. (ख) 7. (ग) 8. (घ)

28

व्यक्तिवाद, समाजवाद, निरंकुशवाद और प्रजातंत्र

(Individualism, Socialism, Absolutism and Democracy)

रूसो का जीवन और सिद्धांत दोनों काफी जटिल रहा है। **हरमॉन** का कथन है, "रूसो के विचारों की व्याख्या उतने ही ढंगों से की गई है, जितने व्याख्याकार हुए हैं।" वस्तुतः, रूसो की विचारधारा में व्यक्तिवाद, समाजवाद, निरंकुशवाद और प्रजातंत्र आदि परस्परविरोधी विचार देखे जा सकते हैं।

व्यक्तिवाद
(Individualism)

दो निबंधों में व्यक्तिवाद (Individualism in Two Treatises)

डिजान की अकादमी के लिए रूसो द्वारा जिन दो निबंधों की रचना की गई, उनमें उसके द्वारा इस बात के लिए जोर दिया गया है कि मानवीय सभ्यता और तत्संबंधी सामाजिक और राजनीतिक संस्थाएँ ही समस्त बुराइयों की जड़ हैं। यदि हम वास्तविक सुख, स्वतंत्रता और श्रेष्ठता प्राप्त करना चाहते हैं, तो हमें प्रकृति की ओर लौटना होगा। उसके द्वारा की गई सामाजिक कृत्रिमताओं की आलोचना व्यक्तिवाद की दिशा में ही प्रमाण है। वह इस बात पर बल देता है कि राज्य और सामाजिक जीवन की अन्य संस्थाओं ने व्यक्तियों को नैतिकता और स्वतंत्रता की दिशा में आगे बढ़ाने के बजाय उन्हें नैतिकताविहीन और दास की स्थिति में ही पहुँचाने का कार्य किया है। वह अपने **द सोशल**

कॉन्ट्रैक्ट का प्रारंभ ही इस पंक्ति से करता है, "मनुष्य स्वतंत्र जन्म लेता है, लेकिन वह सर्वत्र जंजीरों में जकड़ा हुआ है।"[1]

व्यक्तिवाद सामाजिक समझौते में (Individualism in Social Contract)

रूसो के द्वारा राज्य की उत्पत्ति के संबंध में सामाजिक समझौते का प्रतिपादन भी व्यक्तिवाद का ही समर्थन है; क्योंकि समझौता सिद्धांत के अनुसार राज्य एक कृत्रिम संस्था है तथा व्यक्ति राज्य के बिना भी अपना जीवन व्यतीत कर सकता है। रूसो ने **द सोशल कॉन्ट्रैक्ट** में अनेक स्थानों पर सामाजिक और राजनीतिक बंधनों से व्यक्ति की मुक्ति के लिए आह्वान किया है। वस्तुतः, रूसो ने अपने दर्शन का प्रारंभ एक व्यक्तिवादी दार्शनिक के रूप में ही किया है।

समाजवाद
(Socialism)

यद्यपि रूसो को एक वैज्ञानिक समाजवादी या साम्यवादी नहीं कहा जा सकता; क्योंकि वैज्ञानिक समाजवाद का विधिवत रूप से प्रतिपादन रूसो के बहुत बाद में कार्ल मार्क्स द्वारा किया गया, फिर भी उसकी विचारधारा में समाजवाद के बीज स्पष्ट रूप से विद्यमान है तथा इस बात के कुछ संकेत मिलते हैं कि कार्ल मार्क्स ने भी रूसो से प्रेरणा ली थी।

समानताएँ (Similarities)

रूसो की निम्नांकित विचारधारा समाजवाद से ओतप्रोत है–

1. निजी संपत्ति (Private Property)–समाजवादी विचारधारा निजी संपत्ति और अर्थकेंद्रीकरण का विरोध करती है; क्योंकि यह व्यक्ति द्वारा व्यक्ति के शोषण का प्रतीक है। रूसो की विचारधारा भी यही है। उसके अनुसार प्राकृतिक अवस्था आदर्श अवस्था थी। लेकिन, जैसे ही निजी संपत्ति के सर्प का उदय हुआ, प्राकृतिक अवस्था की समस्त शांति समाप्त हो गई। रूसो ने डिजान की अकादमी के लिए लिखे गए अपने निबंध असमानता की उत्पत्ति और उसकी नींव में निजी संपत्ति की संस्था पर प्रचंड प्रहार करते हुए उसे बिल्कुल अस्वाभाविक और अनौचित्यपूर्ण बताया है। इसके साथ ही, उसने समस्त मानवीय असमानता, कलह, असंतोष और संघर्ष का मूल कारण निजी संपत्ति को माना है।

2. राज्य (State)–रूसो राज्य संस्था का भी आलोचक है। एक स्थान पर वह लिखता है, "नागरिक शासन एक ऐसा पैशाचिक शासन है, जो व्यक्तिगत

1. "Man was, born free but everywhere he is in chains"—Rousseau.

संपत्ति की कृत्रिम वैधानिकता को मान्यता देता है।" इसी धारणा को आगे चलकर कार्ल मार्क्स ने अपनाते हुए राज्य को शोषण का एक यंत्र कहा है।

3. अधिकार सामाजिक देन (Rights are Social Product)–रूसो संपत्ति के अधिकार को प्राकृतिक अधिकार के रूप में नहीं मानता, बल्कि इसका नियमन समाज द्वारा किए जाने की बात कहता है। **सेबाइन** के अनुसार, "समाजवाद को रूसो की यह देन है कि एक सामान्य धारणा के रूप में समस्त अधिकार, जिनमें संपत्ति का अधिकार भी सम्मिलित है, समाज के अंदर ही अधिकार है, न कि उसके विरूद्ध।"[1]

असमानताएँ (Differences)

उपर्युक्त समानताओं के अतिरिक्त, रूसो न तो समाजवादी है, न साम्यवादी। वस्तुतः, दोनों में निम्नलिखित मौलिक अंतर हैं–

1. संपत्ति (Property)–रूसो निजी संपत्ति का समर्थन करता है, साम्यवादी उसका विरोध।

2. भौतिक प्रगति (Material Progress)–रूसो भौतिक प्रगति का विरोधी है; क्योंकि इसी के चलते व्यक्ति दूसरों पर निर्भर करता है और असमानता की उत्पत्ति होती है। लेकिन, साम्यवादी उसका समर्थक है; क्योंकि भौतिक प्रगति समानता का संहारक नहीं, बल्कि उसकी स्थापना में सहायक सिद्ध हो सकती है।

3. भविष्य (Future)–साम्यवादी मानव भविष्य के प्रति आशावान है, रूसो निराशावादी।

4. कृषि : उद्योग (Agriculture : Industry)–रूसो कृषिप्रधान समाज के संदर्भ में समुचित वितरण और समानता का वर्णन करता है, जबकि साम्यवादी औद्योगिक सभ्यता के संदर्भ में।

5. समानता : राज्य (Equality : State)–साम्यवादियों की तरह रूसो समानता की स्थापना के लिए न तो उत्पादन, वितरण और विनिमय के साधनों पर व्यक्तिगत स्वामित्व को मिटाना चाहता है, न योजनाबद्ध आर्थिक व्यवस्था का उल्लेख करता है, न उत्पादन के संबंध में सहकारिता सिद्धांत की बात करता है, न राज्य के विलीन होने की आवश्यकता को स्वीकार करता है और न वर्गविहीन समाज की स्थापना ही करना चाहता है। उसका उद्देश्य तो केवल ऐसे सीधे-सादे और छोटे राज्य की स्थापना करना है, जहाँ प्रत्येक नागरिक को कम-से-कम इतनी संपत्ति हो कि वह अपने जीवन-निर्वाह के लिए दूसरों पर

1. "What Rousseau contributed to socialism was the much more general idea that all rights including those of property, are rights within the community and not against."—Sabine.

निर्भर न करे तथा अपनी आर्थिक परतंत्रता के चलते राजनीतिक स्वतंत्रता को खो न दे। अतः, रूसो के आदर्श राज्य में कानून और शासन का उद्देश्य उस समानता की स्थापना करना है, जिससे राज्य के सर्वाधिक गरीब नागरिक के पास भी इतनी संपत्ति हो कि वह धनियों के चंगुल से मुक्त रह सके।

उपर्युक्त तथ्यों से यह स्पष्ट है कि रूसो न तो समाजवादी है और न साम्यवादी लेकिन, उसके दर्शन में समाजवाद के बीज विद्यमान हैं।

निरंकुशवाद
(Absolutism)

रूसो को सामान्यतः प्रजातंत्र का अग्रदूत माना जाता है। लेकिन, उसके दर्शन में कुछ ऐसी बातें हैं, जिनसे निरंकुशवाद को समर्थन प्राप्त होता है। उनका उल्लेख निम्नलिखित रूप से किया जाता है–

सामान्य इच्छा निरंकुश (Absoluteness of the General Will)

रूसो के सम्पूर्ण राजनीतिक दर्शन का सार 'सामान्य इच्छा' है, जो बहुत अधिक विवादास्पद है। उसने कहा है कि सामान्य इच्छा का पालन करना प्रत्येक व्यक्ति के लिए अनिवार्य है। यदि कोई व्यक्ति सामान्य इच्छा के आदेश का पालन नहीं करता, तो उसे ऐसा करने के लिए बाध्य किया जा सकता है। दूसरे शब्दों में, व्यक्ति को स्वतंत्र होने के लिए बाध्य किया जा सकता है। इसके साथ ही, यह भी संकेत किया गया है कि राज्य में राजनीतिक दल, चर्च, आर्थिक और धार्मिक संघ का गठन नहीं हो सकेगा।

रूसो की 'सामान्य इच्छा' उन सभी लक्षणों–सर्वोच्चता, अदेयता, अखंडता और निरंकुशता आदि–से परिपूर्ण है, जो निरंकुशता के आधार समझे जाते हैं। इसी आधार पर **ए० डाइड** ने लिखा है, "रूसो सामान्य इच्छा की आड़ में बहुमत की निरंकुशता का प्रतिपादन और समर्थन करता है।" रूसो के सामाजिक समझौते में निरंकुशतावाद का एक प्रमुख तत्व यह है कि समझौते में व्यक्ति अपनी समस्त शक्तियों का समर्पण कर देता है और समझौते के परिणामस्वरूप उत्पन्न 'सामान्य इच्छा' पूर्णतः निरंकुश है। रूसो ने स्पष्ट कहा है कि राज्य का व्यक्तियों के पूर्ण जीवन पर अधिकार होता है तथा व्यक्ति का मूल कर्तव्य राज्य की आज्ञाओं का पालन करना ही है।

राज्य का सावयव सिद्धांत
(Organic Theory of State)

रूसो ने सामाजिक समझौता के आधार पर जिस राजनीतिक समाज की स्थापना की है, वह राज्य के सावयव सिद्धांत का जन्म देता है। व्यक्ति राज्य

का अभिन्न अंग है। उससे परे उसका कोई अस्तित्व नहीं। सामान्य इच्छा इस सावयव को विशिष्ट व्यक्तित्व प्रदान करती है, राज्यरूपी इस सावयव को अपने व्यक्तियों पर निरंकुश सत्ता प्राप्त है। आगे चलकर हीगल ने रूसो के इस सिद्धांत से प्रेरणा ली है और उसके आधार पर राज्य के निरंकुशतावाद के सिद्धांत का प्रतिपादन किया है।

इस प्रकार, रूसो के राजदर्शन में निरंकुशतावाद का भी पुट मिलता है।

प्रजातंत्र
(Democracy)

विद्वानों का मत है कि यद्यपि रूसो की विचारधारा में निरंकुशता के भी कुछ चिह्न हैं, लेकिन उसकी विचारधारा मूल रूप से प्रजातांत्रिक है। समझौतावादी विचारकों में सबसे प्रमुख प्रजातंत्रवादी फ्रांस की क्रांति के प्रणेता रूसो को ही कहा जाता है। प्रजातंत्रीय धारणा की जैसी सशक्त अभिव्यक्ति उसके दर्शन में हुई है, वैसी संभवतः दूसरे किसी भी विचारक के दर्शन में नहीं। रूसो के प्रमुख प्रजातंत्रीय विचारों को निम्नांकित रूप से दर्शाया जा सकता है–

लोकप्रिय संप्रभुता (Popular Sovereignty)

प्रजातंत्र लोकप्रिय संप्रभुता की धारणा पर आधृत है और लोकप्रिय संप्रभुता का सबसे प्रमुख प्रतिपादक रूसो है। रूसो संप्रभु शक्ति जनता में निहित मानता है और उसका मत है कि जनता के द्वारा संप्रभुता का सतत रूप से प्रयोग किया जाना चाहिए। इसके अतिरिक्त, रूसो के दर्शन में सरकार समुदाय का अभिकर्तामात्र है, जिसके द्वारा केवल उन्हीं शक्तियों का प्रयोग किया जाता है जो समुदाय के द्वारा उसे सौंपी जाएँ। रूसो का यह विचार निश्चित रूप से प्रजातंत्र को प्रवाह और प्रेरणा प्रदान करता है।

कानून (Law)

रूसो के द्वारा दी गई कानून की परिभाषा भी प्रजातंत्र को अनुप्राणित करनेवाली है। कानून को रूसो जनता की आवाज मानता है। इसके साथ ही, उसका कहना है कि कानून समस्त व्यक्तियों का ऐसा प्रस्ताव है, जो किसी विषय पर सामान्य रूप से प्रभाव डालता है।

जनकल्याणकारी राज्य (Welfare State)

रूसो के द्वारा जनकल्याणकारी राज्य के सिद्धांत का भी सर्वप्रथम प्रतिपादन किया गया है। वह राज्य को सामान्य इच्छा की अनुभूति ही कहता है तथा रूसो की इस सामान्य इच्छा का आधार जनकल्याण ही है। रूसो के अनुसार, "राज्य का कर्तव्य प्रत्येक व्यक्ति के हित में प्रयत्न करना है।" जनकल्याणकारी राज्य की अपनी इस धारणा के आधार पर रूसो प्रजातंत्र के मार्ग को प्रशस्त करता है।

वस्तुतः, रूसो प्रजातंत्र का अग्रदूत है। इस संदर्भ में, **कोल** का कहना है, "रूसो के हाथों में सामान्य इच्छा का सिद्धांत मौलिक रूप से प्रजातंत्रीय हो जाता है तथा इस बात का दावा करता है कि जनता सैद्धांतिक रूप में ही नहीं, बल्कि वास्तविक रूप में शासन करेगी।" रूसो ने ही राजनीतिक जगत में प्रजातंत्र को एक सजीव सिद्धांत के रूप में प्रतिष्ठित किया है।

उपर्युक्त तथ्यों से यह स्पष्ट है कि रूसो प्रजातंत्र का मसीहा है, जिसके पदचिह्नों पर आधुनिक मानव चल रहा है।

प्रश्न
(Questions)

1. रूसो के व्यक्तिवाद और समाजवाद की विवेचना कीजिए।
   Discuss Rousseau's Individualism and Socialism.
2. रूसो के निरंकुशवाद और प्रजातंत्र की समीक्षा कीजिए।
   Examine Rousseau's Absolutism and Democracy.
3. रूसो के व्यक्तिवाद, समाजवाद, निरंकुशवाद और प्रजातंत्र पर संक्षेप में प्रकाश डालिए।
   Examine briefly Rousseau's Individualism, Socialism, Absolutism and Democracy.
4. "रूसो के राजनीतिक सिद्धांत में व्यक्तिवाद, समाजवाद, निरंकुशवाद और प्रजातंत्र के बीज पाए जाते है।" इस कथन की विवेचना कीजिए।
   "There are seeds of Individualism, Socialism, Absolutism and Democracy in Rousseau's Political theory." Discuss this statement.

वस्तुनिष्ठ प्रश्न
(Objective Questions)

1. Who said this?
   "What Rousseau contributed to socialism was the much more general idea that all rights including those of property, the rights within the community and not against."
   (a) Sabine (b) Coker (c) Wayper (d) Dunning
2. यह कथन किसका है?
   "नागरिक शासन एक ऐसा पैशाचिक शासन है, जो व्यक्तिगत संपत्ति की कृत्रिम वैधानिकता को मान्यता देता है।"
   (क) लॉक (ख) रूसो (ग) कोकर (घ) वेपर

3. यह कथन किसका है?

   "रूसो सामान्य इच्छा की आड़ में बहुमत की निरंकुशता का प्रतिपादन और समर्थन करता है।"

   (क) लॉक (ख) रूसो (ग) ए० डाइड (घ) गेटेल

उत्तर
(Answers)

1. (a) 2. (ख) 3. (ग)

◈ ◈ ◈

29

राजनीतिक विचारधारा में रूसो का महत्व, देन और प्रभाव

(Rousseau's Importance, Contributions and Influence of Political Thought)

रूसो का महत्व और देन

(Importance anc Contributions of Rousseau)

आलोचकों ने रूसो को परस्परविरोधी विचारों के लिए उत्तरदायी ठहराया है। जैसे–(क) मनुष्य स्वतंत्र जन्म लेता है, लेकिन वह सर्वत्र स्वयं को जंजीरों में पाता है; (ख) वह मनुष्य पतित पशु है, जो चिंतन करता है; और (ग) हमें सभी तथ्यों को उठाकर एक तरफ कर देना चाहिए, क्योंकि समस्याओं से वे असंबद्ध हैं। इसके साथ ही, रूसो का सामाजिक समझौता काल्पनिक है। वह प्रतिनिधि सरकार का विरोध करता है तथा सर्वाधिकारवाद का समर्थन करता है।

रूसो की जो भी आलोचना की जाए, वह स्वतंत्रता, समानता, प्रजातंत्र जैसे विचारों के लिए राजनीति में अमर स्थान रखता है। **ऐबेंस्टीन** ने ठीक ही कहा है, "उस समय से आज तक रूसो का संदेश, संसार के सब कोनों में पहुँचाया गया है तथा अपनी सजीवता और चिरजीवी सामयिकता के कारण स्वतंत्र मनुष्यों को आज भी सर्वत्र अनुप्राणित कर रहा है।"[1]

---

1. "Since then, the message of Rousseau has been carried to all corners of the world, and its vitality and persistent timeliness continue to inspire free men everywhere."—Ebenstein.

राजनीतिविज्ञान के क्षेत्र में रूसो के निम्नलिखित योगदान विशेष रूप से उल्लेखनीय हैं, जो उसकी महत्ता को प्रदर्शित करते हैं–

1. मानव स्वभाव (Human Nature)–रूसो ने मानव स्वभाव को लॉक के समान अच्छा माना है, जबकि मेकियावेली और हॉब्स ने मानव स्वभाव को स्वार्थी बताया है। इस संदर्भ में, **रूसो** का दृष्टिकोण अधिक प्रशंसनीय रहा है।

2. प्रकृति की ओर लौटो (Back to Nature)–रूसो ने अपने युग के साथ-साथ भावी पीढ़ियों को प्रकृति की ओर लौटने का नारा दिया। इस नारे का शिक्षा, साहित्य, दर्शन और राजनीति पर गहरा प्रभाव पड़ा। यूरोप में तो प्रकृतिवादियों का एक आंदोलन ही चल पड़ा था। वस्तुतः, प्रकृति की ओर लौटने का आह्वान कर रूसो ने मानव का ध्यान वर्तमान राज्य के अनेक दोषों की ओर आकृष्ट किया है।

3. मनुष्य एक राजनीतिक प्राणी है (Man is a Political Animal)–रूसो से बहुत पूर्व अरस्तू ने यह सिद्ध किया था कि मनुष्य एक राजनीतिक प्राणी है और राज्य में ही उसके समग्र व्यक्तित्व का विकास संभव है। रूसो ने अरस्तू के इस सिद्धांत को राजनीति में पुनः स्थापित किया।

4. सामाजिक समझौता (Social Contract)–रूसो ने हॉब्स और लॉक की तरह यह सिद्ध किया कि राज्य ईश्वर की कृति नहीं है, बल्कि मनुष्य के आपसी समझौते का परिणाम है। गेटेल ने कहा है कि रूसो के बाद सामाजिक समझौते का प्रभाव अमेरिका पर पड़ा। जेफरसन और मेडीसन ने अपनी रचनाओं में इसे अत्यधिक रूप से विकसित किया। वस्तुतः, जो सिद्धांत ऐतिहासिक दृष्टि से गलत और तर्क की दृष्टि से असंगतियों से भरा हुआ था, उसने इंग्लैंड की क्रांति (1688 ई॰), फ्रांस की क्रांति और अमेरिका की क्रांति को औचित्य प्रदान किया तथा आधुनिक प्रजातंत्र और नागरिक स्वतंत्रता के लिए दार्शनिक आधार का काम किया।

5. सामान्य इच्छा (General Will)–रूसो के संपूर्ण राजनीतिक दर्शन का मूल केंद्र-विंदु सामान्य इच्छा का सिद्धांत है। यह उसकी सबसे महत्वपूर्ण और मौलिक देन है। उसने इसके द्वारा संप्रभुता और स्वतंत्रता में समन्वय स्थापित किया है तथा बहुमत के निर्णय को न्यायोचित बताकर प्रजातंत्र की नींव को मजबूत किया है। रूसो का यह सिद्धांत चाहे कितना भी अस्पष्ट क्यों न लगता हो तथा एक विशेष परिस्थिति में सामान्य इच्छा का पता लगाना चाहे कितना भी कठिन क्यों न हो, लेकिन इस बात में जरा भी संदेह नहीं किया जा सकता कि जो चीज समाज को संभव बनाती है, वह सामान्य इच्छा ही है। अतएव, इसे सामान्य उद्देश्यों की सामान्य चेतना माना गया है। यह सिद्धांत यह प्रमाणित

करता है कि राज्य का आधार जनइच्छा है, शक्ति नहीं। इस संदर्भ में, **ऐबेंस्टीन** ने लिखा है, "रूसो प्रथम आधुनिक विचारक है, जिसने अपने सामान्य इच्छा के सिद्धांत के आधार पर उत्तम शासन को स्वशासन से संबंधित करने का प्रयत्न किया है।"

6. लोकप्रिय संप्रभुता (Popular Sovereignty)–रूसो की महत्वपूर्ण देन संप्रभुता का सिद्धांत भी है। उससे पूर्व बोदाँ और हॉब्स ने संप्रभुता पर विचार किया। लेकिन, इनमें से किसी ने भी इसका प्रयोग व्यक्ति की स्वतंत्रता का समर्थन करने के लिए नहीं किया। उनके हाथों में इसने राज्य की संप्रभुता का रूप धारण किया। लेकिन, रूसो ने संप्रभुता को सामान्य इच्छा में निहित करके लोकप्रिय संप्रभुता के सिद्धांत का शिलान्यास किया। उसने अपने इस सिद्धांत द्वारा संप्रभुता को निरपेक्ष और व्यक्ति को स्वतंत्र बनाया है। **मैक्सी** का भी कथन है, "रूसो पर चाहे जो भी आरोप लगाए जाएँ, लेकिन उसने राजनीतिक विचारों के क्षेत्र में निस्संदेह रूप से एक अत्यंत महत्वपूर्ण कार्य किया है, वह कार्य है–लोकप्रिय संप्रभुता के सिद्धांत का प्रतिपादन।"

7. राज्य और सरकार में अंतर (Difference between State and Government)–रूसो ने राज्य और सरकार में अंतर बताते हुए कहा कि राज्य वह संपूर्ण जनसमुदाय है, जिसका निर्माण समझौते द्वारा हुआ। सरकार व्यक्ति या व्यक्तिसमूह है, जिसकी नियुक्ति राज्य द्वारा सामान्य इच्छा के सर्वोच्च आदेशों को क्रियान्वित करने के लिए होती है। इस प्रकार, सरकार राज्य के अधीन रहनेवाली सत्ता है। यह परिवर्तनशील है। लेकिन, राज्य स्थायी होता है।

8. कानून (Law)–रूसो के अनुसार कानून का निर्माण सामान्य इच्छा के द्वारा होती है। जनता कानून निर्माण में भाग लेती है। वह कानून के अधीन होती है। कानून में परिवर्तन करने की आवश्यकता पर विचार करने के लिए समय-समय पर जनता की सभाएँ होनी चाहिए। इस प्रकार, संविधान में संशोधन करने का अधिकार जनता को होना चाहिए। रूसो का यह विचार आधुनिक संविधान को जन्म देता है।

9. स्वतंत्रता और समानता (Liberty and Equality)–रूसो ने स्वतंत्रता और समानता पर जो विचार प्रकट किया, वह फ्रांस की क्रांति का मुख्य आधार बना। उसका यह विचार कि कानून के अंदर ही व्यक्ति स्वतंत्रता का उपभोग कर सकता है, सत्य के काफी समीप है। समानता का अर्थ एकरूपता नहीं है, बल्कि लोगों को इतना आर्थिक साधन आसानी से मिल सके, जिसके द्वारा वे अपने जीवन का निर्वाह ठीक से कर सकें।

10. राजकीय धर्म (State Religion)–रूसो ने तात्कालिक धार्मिक कुरीतियों की भर्त्सना की है। उसने वैयक्तिक, नागरिक और पुरोहित धर्म का विश्लेषण

किया है। इसके साथ ही, एक राजकीय धर्म के सिद्धांत का प्रतिपादन किया है, जिसे सभी नागरिकों को मानना चाहिए। उसी से राज्य का कल्याण संभव है।

11. राष्ट्रीयता का जनक (Father of Nationality)–रूसो के सिद्धांत में राष्ट्रीयता का कोई सिद्धांत स्पष्ट रूप से प्रतिपादित नहीं हुआ है, लेकिन उसकी सामान्य इच्छा की व्याख्या राष्ट्रीयता की ही एक दार्शनिक व्याख्या है। इसमें सामुदायिक भावना, जातीय एकता और नागरिक जीवन की सर्वोच्चता की अभिव्यक्ति हुई है। राष्ट्रीयता के विकास के लिए इतना पर्याप्त है। इसके द्वारा लोगों में राष्ट्रीयता की भावना का संचार हुआ। इसी आधार पर रूसो को राष्ट्रीयता का जनक कहा जाता है। सेबाइन का भी मत है कि, यद्यपि रूसो स्वयं राष्ट्रवादी नहीं था, लेकिन उसने नागरिकता के प्राचीन आदर्श को इस रूप में उपस्थित किया कि उससे राष्ट्रवाद के विकास में योगदान प्राप्त हुआ।

12. सावयव सिद्धांत (Organic Theory)–रूसो का राज्य सावयव सिद्धांत पर आधृत है। उसके अनुसार व्यक्ति राज्यरूपी शरीर का अंग है, जो अलग-अलग कार्य करता है, दूसरे अंगों के कार्यों में हस्तक्षेप नहीं करता तथा राज्य से अलग होने पर उसका अस्तित्व भी समाप्त हो जाता है। रूसो ने कहा है कि राज्य में कार्यपालिका और न्यायपालिका मस्तिष्क के समान हैं, उद्योग और व्यवसाय उदर के समान हैं तथा आय रक्त के समान है।

रूसो का प्रभाव
(Influence of Rousseau)

रूसो ने राजनीतिविज्ञान के विकास पर गहरा प्रभाव डाला है, जिसका उल्लेख निम्नलिखित रूप से किया जाता है–

1. राज्यक्रांति (State Revolution)–रूसो को फ्रांस की राज्यक्रांति का जनक माना जाता है। फ्रांसीसी क्रांति का मूलमंत्र स्वतंत्रता, समानता और भातृत्व की भावना था, जो रूसो का ही विचार था। अमेरिका के स्वाधीनता आंदोलन पर भी रूसो का गहरा प्रभाव पड़ा।

2. आधुनिक राजनीतिक विचारधारा (Modern Political Thought)–विद्वानों का कथन है कि रूसो के दर्शन में समाजवाद, प्रजातंत्र और निरंकुशवाद जैसे आधुनिक राजनीतिक विचारधारा के बीज मिलते हैं। समाजवाद के संबंध में उसके विचार असमानता पर संवाद निबंध में मिलते हैं, जिसमें उसने व्यक्तिगत संपत्ति पर प्रबल प्रहार करते हुए, आर्थिक विषमताओं के उन्मूलन का प्रस्ताव किया है। उसके अनुसार, संपत्ति का प्रयोग सदा सामाजिक हित में होना चाहिए। प्रजातंत्र का विचार उसके लोकप्रिय संप्रभुता के सिद्धांत में निहित है। निरंकुशतावाद का विचार सामान्य इच्छा के सिद्धांत में मिलते हैं,

जिसके अंतर्गत यह कहा गया है कि सबको सामान्य इच्छा का पालन करना चाहिए।

3. आदर्शवाद (Idealism)–रूसो जर्मन और ब्रिटिश आदर्शवाद का अग्रदूत माना गया है। जहाँ एक ओर वह कांट के माध्यम से स्वतंत्रता का उद्घोषक बनता है, वहीं दूसरी ओर हीगल के माध्यम से सत्ता का संस्थापक भी बन जाता है। हीगल के राज्यविषयक विचारों के बारे में कहा गया है कि वह और कुछ नहीं, रूसो की सामान्य इच्छा का ही नया बाना है।

4. रोमांसवाद (Romanticism)–रोमांसवादियों की तरह रूसो ने विवेक पर नहीं, भावना पर; मस्तिष्क पर नहीं, हृदय पर; जीवन की कुरूप विलासिता पर नहीं, सादगी पर; उपयोगिता पर नहीं, सौंदर्य पर; यथार्थ की कठोरता पर नहीं, कल्पना की उड़ान पर; परंपरागत सामाजिक रूढ़ियों पर नहीं, वैयक्तिक उन्मुक्ति पर; ज्ञान और विज्ञान पर नहीं, संवेदना और अंत:प्रेरणा पर जोर दिया है।

रूसो के प्रभाव, महत्व और योगदान से संबद्ध कुछ लेखकों के विचार निम्नलिखित रूप से द्रष्टव्य हैं–

डॉयल (Doyle) के अनुसार, "रूसो के ग्रंथ फ्रांसीसी राज्यक्रांति की पाठय-पुस्तकें बन गईं। उस संकटपूर्ण समय में उसके शिष्य सड़कों पर और अपनी सभाओं में उसका संदेश सुनाते थे। उसके सिद्धांतों ने क्रांति की कल्पना को उसी प्रकार प्रज्वलित किया, जिस प्रकार धर्म सुधार-युग में बाइबिल ने व्यक्तियों की कल्पना को उत्तेजित किया था, और जिस प्रकार बीसवीं शताब्दी में मार्क्स के 'दास कैपिटल' ने रूस के क्रांतिकारियों को उन्मत्त बनाया। रूसो ने घोर दुविधा और असंतोष के समय यूरोप के समक्ष प्राचीन और जर्जर ढांचे को नष्ट करने का औचित्य और विनाश के पश्चात प्राप्त करने योग्य आदर्श को प्रस्तुत किया!"

हर्नशॉ (Hearnshaw) लिखता है, "रूसो जनता को राजनीतिक शक्ति का अंतिम स्रोत मानता है। वह सामान्य हित को सरकार का न्यायोचित लक्ष्य घोषित करता है। वह इस बात पर बल देता है कि राज्य एक सामाजिक सावयव है। वह इस विचार को विकसित करता है कि सावयव होने के कारण उसका अंत:करण और सामान्य इच्छा होती है। वह इस सिद्धांत का प्रतिपादन करता है कि राजनीतिक कर्तव्य का वास्तविक आधार अनुमति है। वह घोषित करता है कि स्वतंत्रता और अधिकार में अंतिम रूप में सामंजस्य होना संभव है। राजनीतिक आदर्शवादियों में उसका ऊँचा स्थान है।"

कोल (Cole) का कथन है, "रूसो का राजनीतिक प्रभाव समाप्त होने के बजाय प्रतिदिन बढ़ रहा है।"[1]

वेपर (Wayper) ने इस संबंध में बताया है, "रूसो ने अपनी सबल और मौलिक प्रतिभा की छाप राजनीति, शिक्षा, धर्म और साहित्य पर छोड़ी, तथा यह कहना कोई अतिशयोक्ति नहीं कि वह आधुनिक युग की ओर आनेवाले समस्त मार्गों के द्वार पर मिलता है।"[2]

उपर्युक्त तथ्यों से यह स्पष्ट है कि रूसो अपने युग का महान विचारक है। उसके दर्शन में सभी आधुनिक राजनीतिक विचारों के बीज मिलते हैं। उसका दर्शन राजनीतिक विचारधारा के इतिहास में प्रकाश-स्तंभ है, जो सदा मार्ग आलोकित करता रहेगा।

प्रश्न
(Questions)

1. राजनीतिक विचारधारा में रूसो के महत्व और देन का विवेचन करें।
   Discuss Rousseau's importance and contributions to Political Thought.
2. राजनीतिक विचारधारा पर रूसो के प्रभाव पर प्रकाश डालिए।
   Discuss the Rousseau's influence on Political Thought.
3. राजनीतिक विचारधारा में रूसो के महत्व, देन और प्रभाव का वर्णन करें।
   Describe Rousseau's importance, contributions and influence to Political Thought.
4. राजनीतिक विचारों के इतिहास में रूसो के महत्व का मूल्यांकन कीजिए।
   Assess the importance of Rousseau in the History of Political Thought.
5. "रूसो के राजनीतिक दर्शन में समाजवाद, निरंकुशतावाद और प्रजातंत्र के बीज विद्यमान है।" समीक्षा कीजिए।
   "Rousseau's Political Philosophy contains the seeds of Socialism, Absolutism and Democracy." Discuss.

---

1. "Rousseau's political influence, so far from being dead, is everyday increasing."– Cole, G.D.H., *Introduction to The Social Contract and Discourses*, 1913, Introduction.
2. "Rousseau left the stamp of his strong and original genius on politics, education, religion and literature; and it is hardly any exaggeration to say that he is to be found at the entrance to all paths leading to the present."—Wayper.

वस्तुनिष्ठ प्रश्न
(Objective Questions)

1. Who said this?

   "Since then, the message of Rousseau has been carried to all corners of the world, and its vitality and persistent timeless continue to inspire free men everywhere."

   (a) Ebenstein (b) Sabine (c) Dunning (d) Coker

2. Who said this?

   "Rousseau's political influence so far from being dead, is everyday increasing."

   (a) Wayper (b) G.D.H. Cole (c) W.T. Jones (d) Coker

3. Who said this?

   "Rousseau left the stamp of his strong and original genius on politics, education, religion and literature; and it is hardly any exggeration to say that he is to be found at the entrance to all the paths leading to the present."

   (a) Sabine (b) Coker (c) Wayper (d) Gettell

4. यह कथन किसका है?

   "रूसो प्रथम आधुनिक विचारक है, जिसने अपने सामान्य इच्छा के सिद्धांत के आधार पर उत्तम शासन को स्वशासन से संबंधित करने का प्रयत्न किया है।"

   (क) कोकर (ख) वेपर (ग) मैक्सी (घ) ऐबेंस्टीन

5. यह कथन किसका है?

   "रूसो पर चाहे जो भी आरोप लगाए जाएँ, लेकिन उसने राजनीतिक विचारों के क्षेत्र में निसंदेह रूप से एक अत्यंत महत्वपूर्ण कार्य किया है, वह कार्य है–लोकप्रिय संप्रभुता के सिद्धांत का प्रतिपादन।"

   (क) मैक्सी (ख) वेपर (ग) कोकर (घ) सेबाइन

6. यह कथन किसका है?

   "रूसो का राजनीतिक प्रभाव समाप्त होने के बजाय प्रतिदिन बढ़ रहा है।"

   (क) वेपर (ख) कोल (ग) कोकर (घ) मैक्सी

7. यह कथन किसका है?

   "रूसो ने अपनी सबल और मौलिक प्रतिभा की छाप राजनीति, शिक्षा, धर्म और साहित्य पर छोड़ी, तथा यह कहना कोई अतिशयोक्ति नहीं कि

वह आधुनिक युग की ओर आने वाले समस्त मार्गों के द्वार पर मिलता है।"

(क) कोकर (ख) जोन्स (ग) वेपर (घ) गेटेल

उत्तर
(Answers)

1. (a) 2. (b) 3. (c) 4. (घ) 5. (क) 6. (ख) 7. (ग)

परिशिष्ट

ग्रंथावली
(Bibliography)

——: *Political Writings of Rousseau.*

——: *Confessions*, Two Vols. Everyman's Library, Tr. by J.M. Cohen (Penguin Books).

——: *The Political Writings of Rousseau* with notes and introduction by C.E. Vaughan, 2 Vols. a photolitho reprint, 1961.

——: *The Social Contract, A Critical Study of its Development*, Oxford University Press, 1957.

Aaron, R.I. : *John Locke*, 2nd ed., Oxford University Press.

Barker, E. : *Social Contract : Essays on Locke, Hume and Rousseau*, 1948.

Bhandari, D.R. : *History of European Political Philosophy*, 1970.

Bowle, John : *Western Political Thought*, 1949.

Broome, J.H. : *Rousseau: A Study of His Thought*.

Catlin, G. : *A History of Political Philosophers*, 1950.

Chapman, John : *Rousseau—Totalitarian or Liberal*.

Cobban, Alfred : *Rousseau and the Modern State*.

Coker, F.W. : *Readings in Political Philosophy*, 1950.

Cole, G.D.H. : *Introduction to the Social Contract and Discourses*.

Cook, T.I. : *History of Political Philosophy*, Chap. XVIII.

Doyle, Phyllis : *A History of Political Thought*, 1955.

Dunning, W.A. : *A History of Political Theories* (*From Luther to Montesquieu*), Chap. VIII.

Dunning, W.A. : *A History of Political Theories (Rousseau to Spencer)*, 1970.

Durant, Will : *The Renaissance.*

Ebenstein, W. : *Great Political Thinker*, 1962.

Foster, M.B. : *Masters of Political Thought*, Vol. I & II, 1956.

Friedrich, C.J. : *An Introduction to Political Theory.*

Geisar, K.F. and Jaszi : *Political Philosophy (From Plato to Jeremy Bentham)*, 1927.

Gettell, R.G. : *History of Political Thought.*

Gough, J.W. : *John Locke's Political Philosophy*, Oxford University Press.

Hacker, Andrew : *Political Theory : Philosophy, Ideology and Science.*

Harmon, M.J. : *Political Thought (From Plato to the Present)*, 1964.

Hearn Shaw : *Social and Political Ideas of the Thinkers of the Augustan Age.*

Hearnshaw : *Social and Political Ideas of Sixteenth Century Thinkers.*

Hobby, T. : *Leviathan*, Oxford University Press, ed. by Michael Oakeshott.

Hood : *Leviathan.*

Jones, W.T. : *Masters of Political Thought*, Vol. II, 1959.

Laski, H.J. : *Political Thought in England (From Locke to Bentham)*, 1920.

Locke, John : *Two Treatises on Government*, Everyman's Library, 1924.

Masters, Roger D. : *The Political Philosophy of Rousseau.*

Maxey, C.C. : *Political Philosophies*, 1961.

Mayers, J.P. : *Political Thought—The European Tradition.*

McDonald, L.C. : *Western Political Theory*, 1968.

McGovern, W.M. : *From Luther to Hitler.*

McIlwain, C.H. : *The Growth of Political Thought in the West*, 1932.

डा॰ बूलचन्द : **सामाजिक पाषाण**, (रूसो के The Social Contract का हिंदी अनुवाद, प्रकाशन ब्यूरो, उत्तर प्रदेश, लखनऊ), 1956।

Murray, R.H. : *The History of Political Science (From Plato to thePresent)*, 1929.

Osborn : *Rousseau and Burke.*

Plamenatz : *Man and Society*, Vol. I.

Rousseau, J.J. : *The Social Contract and Discourses*, Translation by G. D.H. Cole, Everyman's Library, ed. by Charles Frank.

Russell, B. : *History of Western Philosophy*, 1946.

Sabine, G.H. : *A History of Political Theory*, 1968.

Shklar, Judith : *Man and Citizen : A Study of Rousseau's Social Theory*.

Strauss : *The Political Philosophy of Hobbes.*

Talmon, J.L. : *Origins of Modern Totalitarian Democracy*.

Vaughan, C.E. : *Studies in the History of Political Philosophy*, 1925.

Vereker, C. : *The Development of Political Theory.*

Vossler, Otto : *Rousseau's Theory of Liberty.*

Warrender, Howard : *The Political Philosophy of Hobbes*, Oxford University Press.

Watkins, F. : *Political Tradition of the West.*

Wayper, C.L. : *Political Thought*, London, English Universities Press, 1954.

Will Durant, *The Renaissance*.

Wright, E H. : *The Meaning of Rousseau.*

लॉक : **शासन पर दो निबंध,** हिंदी अनुवाद, सरला मोहन कृत, हिंदी साहित्य समिति, लखनऊ, 1960।

Zagorin : *Political Thought in the English Revolution*, Chap. XIII.

◈◈ ◈ ◈

शब्दावली
(Glossary)

अनुशक्ति Sanction

अनुभूतिमूलक पद्धति Empirical Method

अर्ल ऑफ शेफ्ट्स्बरी Earl of Shaftesbury

आइजक Isaac

आर्मेडा Armada

आर्थर कोलियर Arthur Collier

आज्ञप्ति Decree

ओट्स Oates

इच्छा और अनिच्छा Desire and Aversion

कन्फेशनस Confessions

काउन्टी County

क्रामवेल Cromwell

कारोलीना Carolina

गौरवपूर्ण क्रांति Glorious Revolution

गैलिलियो Galileo

चेम्बरी Chambery

जैविक Organic

जॉसेफ प्रीस्टले Joseph Priestley

टूर्गो Turgot

डेकार्टे Descartes

डेविड हार्टले David Hartley
डर्बीशायर Derbyshire
डिजोन की अकादमी Academy of Dijon
तुरिन Turin
दियारे Diderot
न्यायवादी Attorney
न्यायिता Equity
न्यू चैटल Neu Chatel
नूमा Numa
प्यूरिटन Puritan
प्रेमिका मामा Beloved Mamma
पैट्रीआर्का Patriarcha
फ्रेडरिक महान Frederick the great
बर्न Berne
बेकन Bacon
बेन जॉन्सन Ben Janson
बिशाप पीटर ब्राउन Bishop Peter Brown
भद्र बर्बर Noble Savage
मॉण्टमोरेंसी Montmorency
मैडम-डी-एपिने Madame-de-Epiney
मैडम-डी-वरसेल्ली Madame-de-Vercelli
मैडम-डी-वारेन्स Madame-de-Warens
मैडम-डी-ब्रोग्ली Madame-de-Broglie
मेरी Mary
मरक्यूरी-डी-फ्रांस Mercure-de-France
माल्मेसबरी Malmesbury
मीडिया Media
यूरीपीडीज Euripedes
यूक्लिड Euclid

रक्तहीन क्रांति Bloodless Revolution
रिंगटन Wrington
राब्सपीयर Robespierre
लवलेस क्लेक्शन Lovelece Collection
लॉर्ड ऐशले Lord Ashley
ला चारमेट्स Les-charmettes
लायकरगस Lycurgus
लेवियाथन Leviathan
विलियम कवेण्डिश William Cavendish
विलियम ऑफ ओरेंज William of Orange
विंतजनरीड Vintz-enried
विवेक-विरोध Anti-Rational
शास्त्रीय शिक्षा Classics Education
सर जरवेस क्लिन्टन Sir Gervese Clinton
सॉमर सेट शायर Somerset Shire
सोलन Solon
स्विट्जरलैंड Switzerland
सूजने बर्नार्ड Suzanne Bernard
सहज बुद्धि या अंतप्रेक्षण Intuition
संवेग Sentiment
स्वर्गिक आनंद Idyllic Bliss
हेलवेशियस Halvetius
हार्वे Harvey
ह्विग दल Whig Party
हैल्वेशस Helvetius
हॉलबाक Holbach
हॉब हाउस Hobhouse